日本近代法学の巨擘

磯部四郎研究

平井一雄
村上一博
編

信 山 社

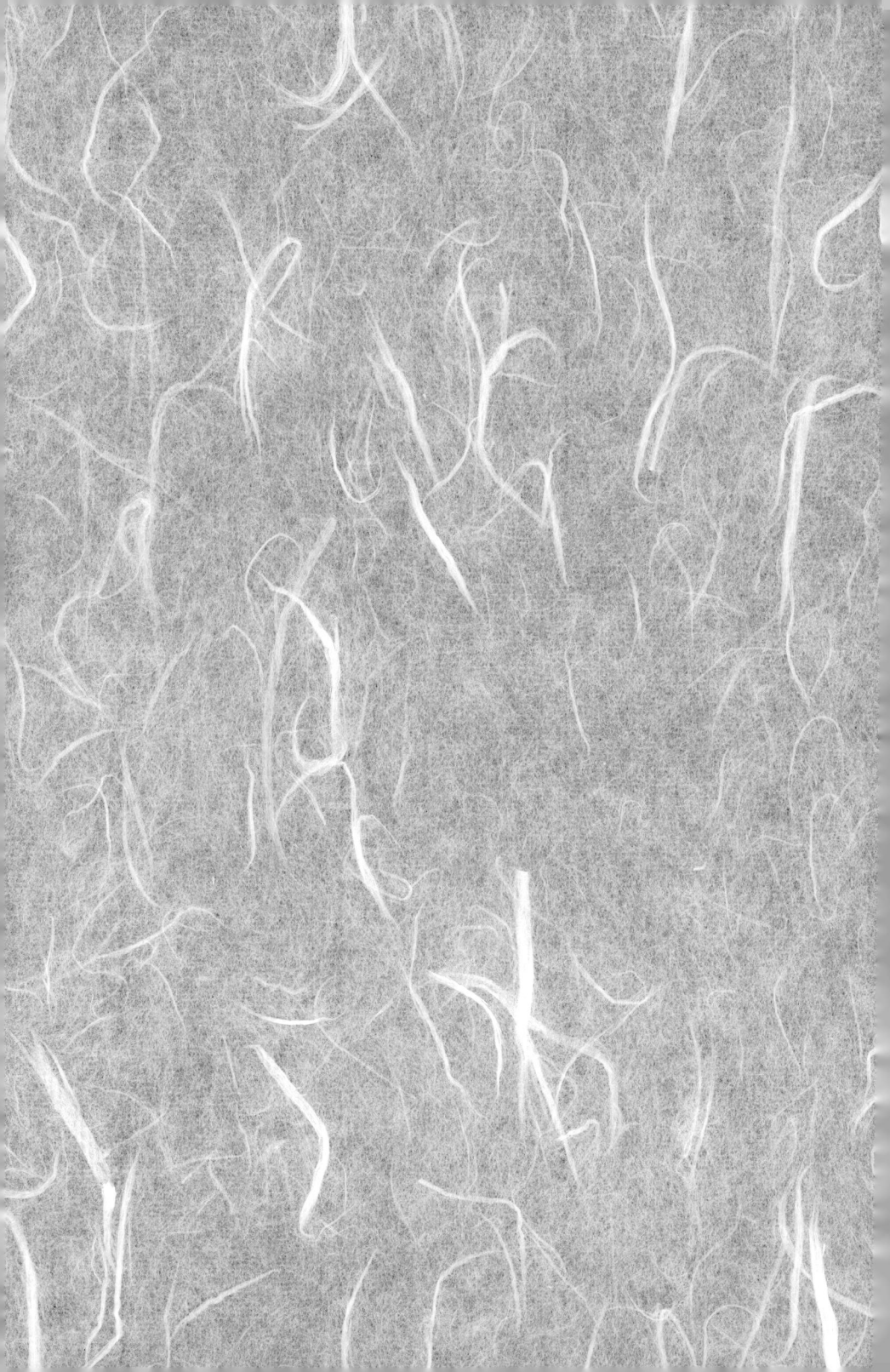

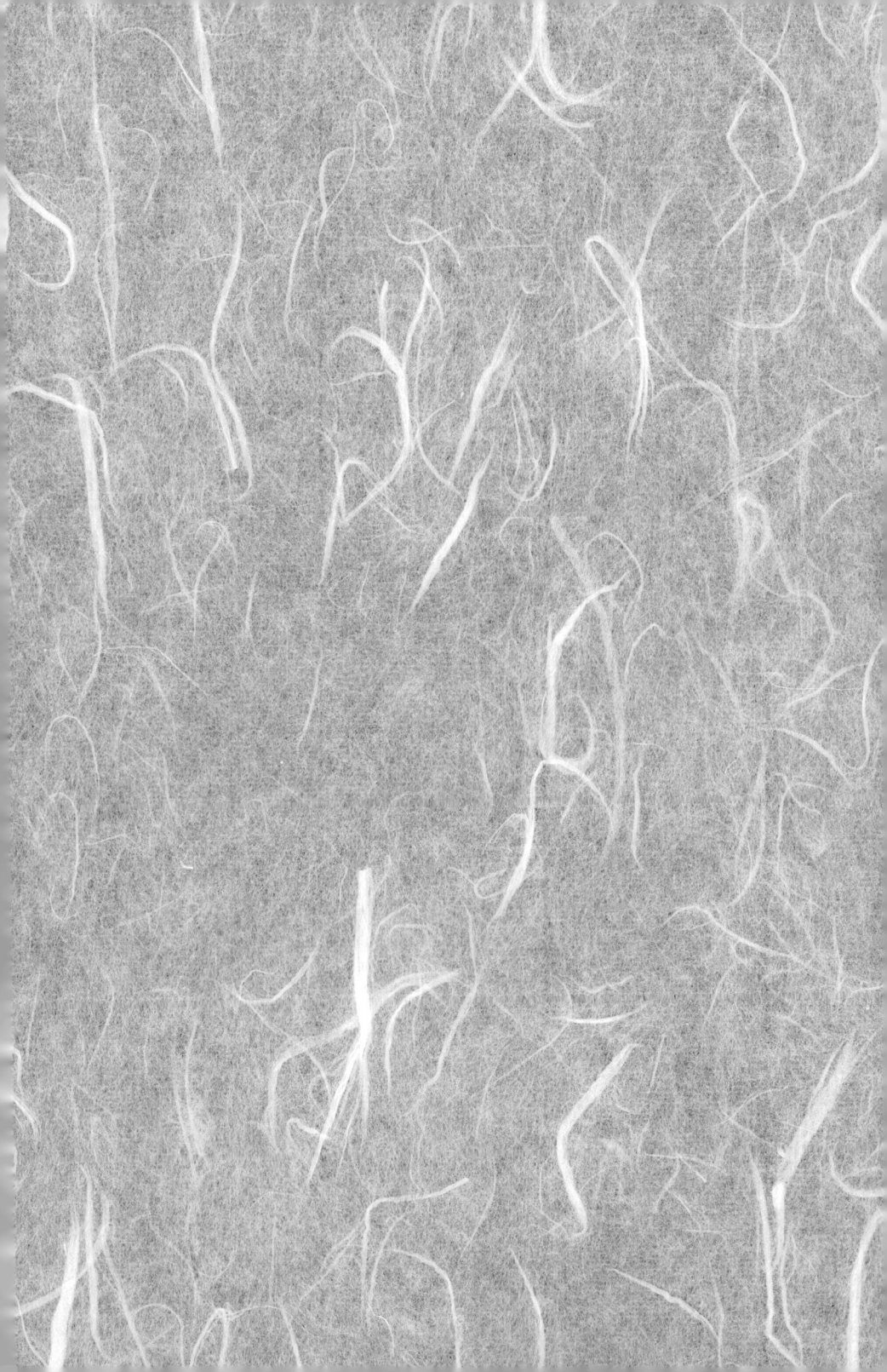

青年時代の磯部四郎

明法寮の同窓生と（後列左端）

明治25年撮影
（前列左から熊野敏三、宮城浩蔵、岸本辰雄、磯部四郎、光妙寺三郎）

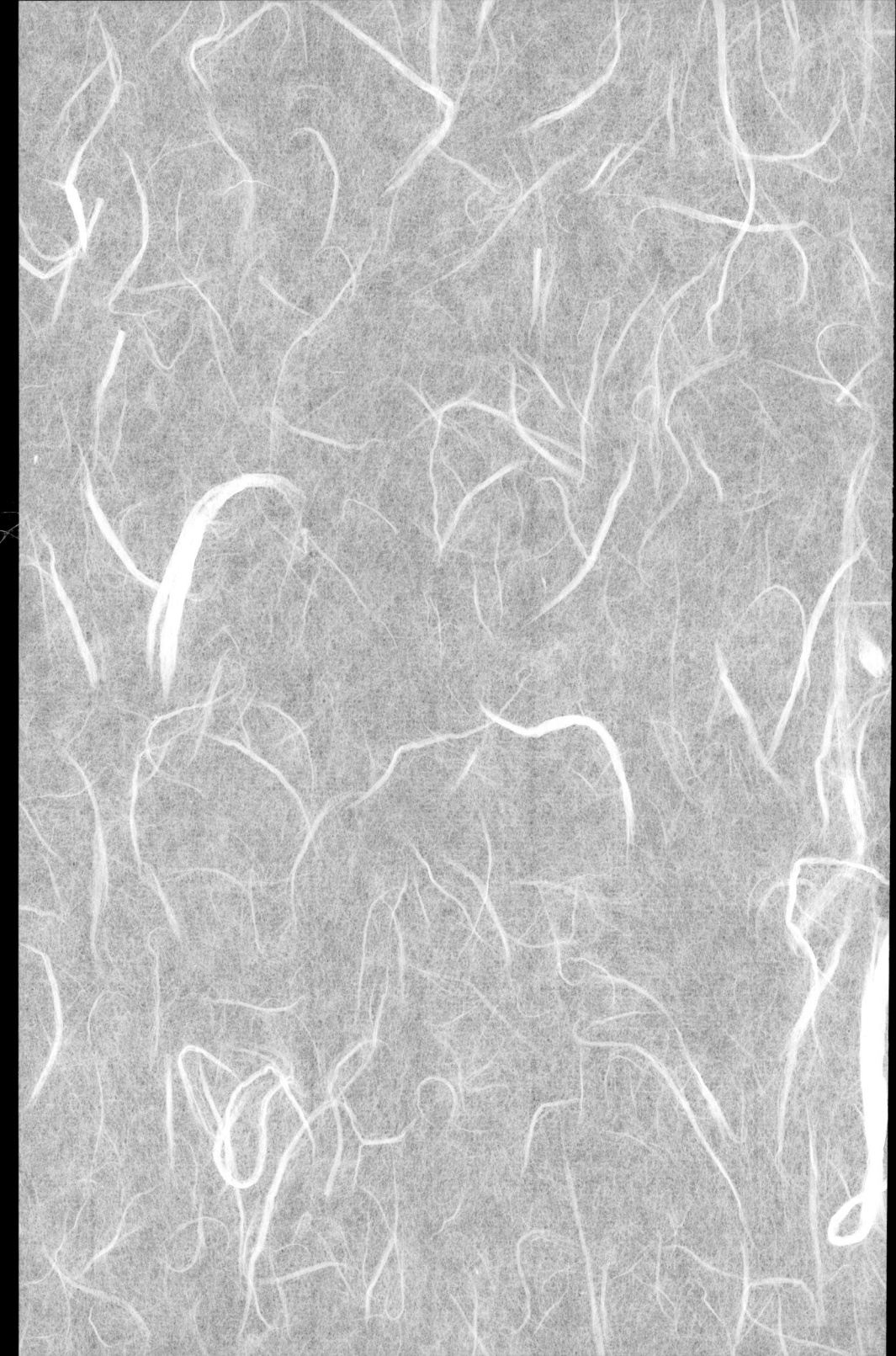

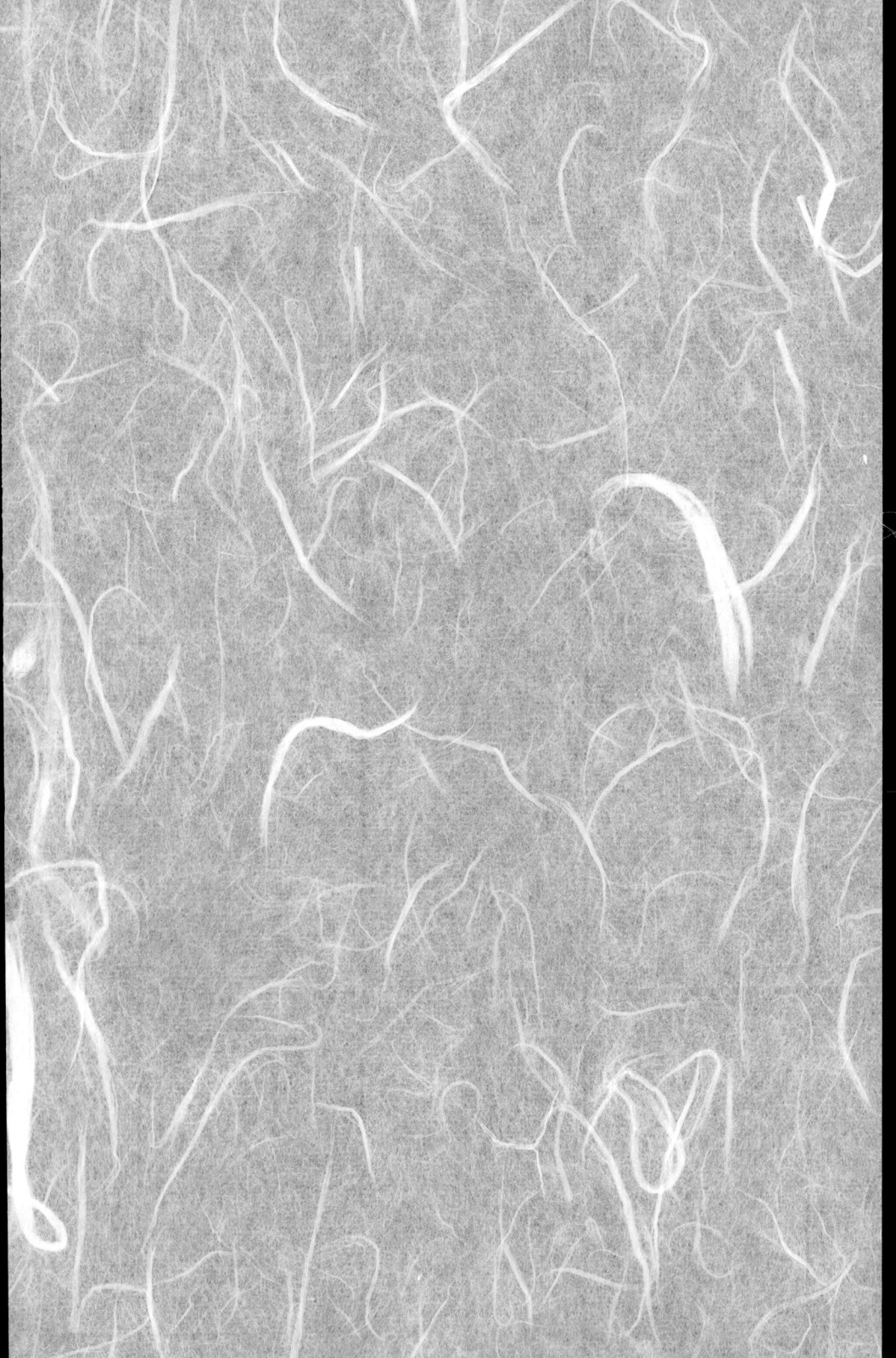

大正５年旭日中綬章授与

磯部四郎邸（旧伊達家下屋敷、関東大震災で焼失）

はしがき

「日本近代法の父」といわれるG・E・ボアソナードが、明治政府の招聘により来日したのは明治六年のことであった。その後ボアソナードは二二年にわたって、わが国の近代法の策定に力を尽くすのであるが、彼を支えて活躍した法学者の一人に富山県出身の磯部四郎がいる。

民法典については、梅、富井、穂積のいわゆる三博士があまりにも有名だが、彼らが立法作業のなかで「既成法典」と呼んだ旧民法はボアソナードの起草によるが、その一部は磯部を含む日本人委員の手に成るものである。磯部は、民法のみならず広汎な法分野での著作を残しており（本書「磯部四郎関係図書分野別目録」参照）、当時、法に関心をもつ者に対して果たした啓蒙的業績は多大なものであったといって過言ではない。

本書は、今日ではやや埋もれた人ともいえる磯部四郎について、作家、法学者、郷土史家、出版人などが集って、多角的に彼の人となりや仕事について、『磯部四郎研究』と銘を打ち、思う所を叙述したものである。

本書が成るについては以下のような経緯がある。かなり前のことだが、本書の出版元である信山社の渡辺左近氏が私との雑談のなかで、「磯部四郎はたいへんな人ですよ。」といわれたことがある。周知のように、信山社は「日本立法資料全集」の別巻として、磯部の著書を数多く復刻している。渡辺氏はその編集作業を通じてこれらを読まれ、法学者としての磯部の「大きさ」に触れてこのような感想を洩らされたものであろう。対する私は、磯部が、司法省留学生としてパリ大学に学び、帰国してはボアソナードの片腕として旧民法の策定に参画したが、司法官弄花事件で官を辞し、弁護士となってからは、貴族院議員でありながら大逆事件の弁護を引き受けるなど、かなりの曲折を経たその人物像に興味を有していたにとどまるが、「研究会でも始めてみましょうか。」とお答えしたのであった。

研究会を立ち上げた以後は、すべて、本書の編者のお一人である明治大学教授村上一博氏のお力による。度々の研究会の運営から、磯部ゆかりの高岡で、高岡法科大学のご好意と谷口貴都教授を中心とする関係者のご尽力により催された「富山が生んだ法曹界の巨人磯部四郎」と題するシンポジウムのセッティングまで、村上教授なくしては、この『磯部四郎研究』は続かなかったであろう。私は、メンバーの中で年長であることと、研究の会の「いいだしっぺ」であることから、編者の一人となり「はしがき」を書いているに過ぎない。

ちなみに、高岡法科大学でのシンポジウムの成果は『高岡法学』一七巻一・二合併号に掲載されている。本書は、その折の報告を基にして加筆したものと、その他のテーマおよび執筆者を加えて成り立っている。

本書の編者が二人とも、民法学と法史学との研究者であるところから、磯部の法学者としての業績に光を当てての出版と思われるかもしれないが、そうではないことは本書の「目次」を見ていただければおわかりであろう。すでに述べたように「研究会」のメンバーである執筆者は多岐にわたっているのである。

就中、木々康子氏は作家で、磯部四郎とは従兄弟である日本におけるインテリジェントな先駆者的美術商である林忠正、奇しくもこの両名の義理の孫にあたられる方で、この二人を主人公とする小説、『陽が昇るとき』（筑摩書房、一九八四年）の著者である。本書の「磯部四郎断章」は、このような方の手に成るものとしてお読みいただきたい。その他、衆議院議員としての磯部、あるいは、当時の新聞記事から拾った磯部像、また、渡辺氏自ら「出版人から見た磯部四郎の魅力」なる一文を寄稿されるなど、本書は、法学研究者のみによる業績研究とは、一味も二味も異なった内容となっている。磯部四郎は、人間的にみても興味深い人物である。秀才であり、自信家であり、多くの仕事をしながら、赴くところどこかいい加減なところもあり、花札で身を誤って後悔したりもする。読者は、本書で、磯部のこのような面にも触れられることであろう。その意味で、本書は、磯部四郎個人史研究ともなっている。編者として、密かに自負するものである。

磯部については、本書の他に、村上一博編『磯部四郎論文選集』(信山社、二〇〇五年) がすでに刊行されている。本人の著書は、「日本立法資料全集別巻」で、論文、講演筆記等は、前述の『論文選集』で (巻末には、磯部のパリ大学法学部卒業(法学士号取得)論文まで収められている)、磯部の法学者としての評価あるいは人物評価は、本書で、ということで、同人についてはこれでおおよそ知ることが出来るようになったと思われる。

民法学に限ってであるが、磯部の他に同時期の、たとえば、宮城浩蔵、岸本辰雄、井上正一、井上操などの法学者で、まだ光を当てられていない人達が多数いる。今日の民法学の発展が、これら先学の啓蒙的努力の上に成り立っていることを想うとき、われわれの仕事はまだ続けられなければならない。

最後になるが、梅謙次郎の研究でも著名である学習院大学教授岡孝氏に、研究会にご参加いただいたことにお礼申し上げるとともに、本書の出版に関しても大変にお世話になった信山社の渡辺左近氏にも心から感謝申し上げたい。

平井一雄

二〇〇七年二月

目　次

目次

〈執筆者一覧（五十音順）〉

江戸恵子　法政大学現代法研究所
岡　孝　学習院大学法学部教授
木々康子　作家
栗三直隆　郷土史家
高倉史人　高岡法科大学法学部助教授
谷口貴都　高岡法科大学法学部教授
長沼秀明　明治大学文学部兼任講師
橋本恭宏　中京大学法科大学院教授
平井一雄　中京大学法科大学院教授
村上一博　明治大学法学部教授
山泉　進　明治大学法学部教授
横内　豪　上智大学大学院博士課程
渡辺左近　信山社出版

磯部四郎断章

木々康子

はじめに

私の小説に『蒼龍の系譜』『陽が昇るとき』の二著がある。前者は幕末維新の動乱の中を生きた加賀藩領、越中高岡の蘭学者長崎浩斎の家系を描いた。後者はその孫に当る林忠正、磯部四郎の従兄弟同士が、明治十一年の春、パリのカルチェ・ラタンで再会するところから始まっている。林はその後パリに留まり、美術商として日本美術を紹介、販売し、また親しく印象派の画家たちと交流して、日本に初めて印象派の絵画をもたらした人間として著名である。磯部四郎は、司法省派遣の第一回留学生としてパリ大学に学び、明治十一年に帰国して、フランス人の政府顧問ボアソナードを助けて民法を編纂した。二人は共に蘭学者の祖父の、強い影響のもとにあったと言える。

一　生い立ち

磯部四郎は加賀百万石の支藩、富山十万石の藩士林太仲の四男である。代々、禄高百五十石から二百石の中士の林家は、高岡の長崎家とは濃い姻戚関係にあった。三代に亙り太仲を名乗る、その初代の太仲は優れた才覚を買われて郡奉行、目付などを歴任し、役料も加えれば知行を二百五十石にもした。しかし、勘定奉行として贋札事件に連座し、閉門を命じられて知行は一気に八十石となった。失意の父の後を継いだ二代目太仲は十五歳だった。

彼は父に勝るとも劣らぬ才覚と果断な性格から、名君と謳われた十代藩主前田利保に重用され、門閥ではない者の最高地位、若年寄にまで栄達し、知行も百三十石にまでに回復させた。しかし、彼は三十二歳の若さで夭折した。その後を継いだ三代太仲はまだ十二歳の前髪の少年だった。父譲りの激しい気性の少年は度々商家から品物を強奪したと、その幼時の素行を郷土史に記されている。

売薬以外は主だった産業も資源もなく、高い山々に囲まれた富山は、神通川の激流を抱えた貧しい不毛の国である。どの藩でも町家からの借財に苦しんだ幕末期に、富山の貧困は特に激しいものだった。知行は減知、半知(半分の給与)、ときに無給与にさえなった。それでも〝代々二百石の家門〟を自負する林家は、その誇りを維持するには家来や馬の数を減らすことは出来ず、ひそかに食事を減らしたりするのが実情だった。

二代太仲は普通なら成長するまで部屋住みとする次男以下の息子たちを、幼い頃に養子に出し、四男の秀太郎(のちの磯部四郎)はまだ赤子のうちに、最も身分の低い足軽の家に養子に出さねばならなかった。豪気な父親はある種の風格をもった赤子を抱いて「こやつはどんな境遇でも立派に生きて行くだろう」とその将来を予言したと言うが、内心は貧しい足軽の家に養子に出す辛さをかみしめていたに違いない。

事実、その境遇は悲惨なものだった、と磯部自身が度々回想している。二歳の時に実父を失い、四歳の時に養父を失った秀太郎は、さまざまな苦難に直面した。それでも養母しげが、優れた学才を見せる秀太郎を宝のように慈しみ励ましたことを、彼は生涯の恩義として繰り返し述べている。

実母のふきは高岡の長崎浩斎の長女だが、武士の妻の衿持をもって、一生を毅然として過した女性だった。実子の秀太郎に対しては、あくまでも足軽として扱い、台所での食事、庭からの挨拶しか許さなかった。晩年は林家で過し、林忠正が死亡してからは磯部家で大切に養われた。武士の後家らしく、いつも紫色の被布《ひふ》を着て侍女をつれて歩き、「紫おばあ様」と尊敬を受けていたという。

三代林太仲は若い仲間七人と同盟を組み、崩壊寸前の藩政改革を企てていたが、単純な意気込みから同志の一人島田勝摩が独走して、有力な家老を惨殺する事件を起した。島田勝摩は切腹となったが、その行為には町中の賞賛が集まった。雪の降りしきる中、彼の葬儀が行われた光厳寺を大勢の民衆が取り囲み、潔い青年武士の死を悼んだという。元治元（一八六四）年、維新の四年前のことである。この盟友島田勝摩のために太仲など友人たちが建てた墓が、富山の城下町の南、八尾の久婦須《くぶす》川上流の本法寺に建てられている。現在「風の盆」に集う何万人もの人々は、維新の前に散った青年武士を知ることもないだろう。

太仲は罪一等を許されて長崎へ追放された。だが、長崎は世の動きから外れた小国の藩士にとって、目も覚めるような先進地だった。そこに集まる各藩の留学生は、宣教師や外国人商人から言葉や海外知識を学び、新しい洋式武器を買い入れていた。薩摩藩の海軍生は洋服を着用し、陸軍生は西洋銃を担って訓練をしていた。言葉はすでにオランダ語、英語を越え、フランス語が主に学ばれていた。「百聞は一見にしかず」のとおり、これまで貴重な指針だった叔父長崎言定（浩斎の長男で林忠正の実父）の蘭学の知識や尊皇攘夷論、学問の基礎とした儒学は、抜け殻のように古かったのである。ここにはすでに〝新しい時代〟が実現していた。

太仲は「維新の大号令」を聞いて、直ちに軍艦と武器を買い取り、海路富山に帰った。そして藩ただ一人の新知識として、たちまち藩の指導者となった。藩を代表し、新政府の貢士として「下ノ議事所」に出仕した後、徴士となって、まだ戦火も収まらぬ越後の柏崎に内国権判事として赴任した。その兄太仲の力添えで、京都御所御門の警衛に当っていた足軽の秀太郎は脱藩し、柏崎知事、大納言久我准麿の元に身を寄せた。

秀太郎はそれを機に、磯部四郎と改名した。身分と貧困に縛られて勉学も自由に許されなかった境遇から、彼を一気に解き放ったのは維新の到来であり、兄の権力だった。その方向をフランスに定めたのも、兄太仲だったのである。

二　フランス留学まで

明治二（一八六九）年、磯部四郎は藩費留学生として東京に向った。昌平黌に籍をおき、フランス語を村上英俊の達理堂で学び、やがて昌平黌が大学南校と変ると、南校でフランス学を学び始めた。林太仲の養嗣子となった長崎言定の次男志芸二《しげじ》が林忠正と名を変えて、貢進生《こうしんせい》（藩の石高によって定員を決め、藩の俊秀を藩費で大学南校に学ばせた制度。富山藩の定員は二名）として上京したのは、一年後の明治三年である。

明治五年、江藤新平を中心に五大法（刑法、刑事訴訟法、民法、民事訴訟法、商法）の作成や指令を行っていた司法省明法寮が、大学南校から二十一人の学生を引き抜いて法律専門の学生を養成することになり、磯部も明法寮に移った。

磯部の回想によれば、この「司法省明法寮学校」は至れり尽くせりの待遇で、生徒たちは衣服や文具まで与えられ、身のまわりの世話には係の官吏が当ったという。その後、中途退学したり、落第や転科したりで、一一名だけの生徒が残ったが、そのすべてはフランス留学を果して、法律の編纂や法律学校の設立など、司法制度にさまざまな貢献をしている。

明治八（一八七五）年、十一人の明法寮生徒のうち七人が留学を命ぜられ、磯部も選ばれてパリに出発した（この時点で「司法省明法寮学校」は廃止され、「司法省法学校」に引き継がれていった）。パリ大学に留学した学生たちは、カルチエ・ラタンのオデオン劇場近くに分散して下宿し、磯部は今も残るオテル・サン・シュルピスに滞在した。そのうち同じオテルに暮らしていた関口、岡村の二人は客死し、無事帰国を果したのは磯部を含めて五人だけだった。

留学した年にバカロレア（大学受験資格）を取得した磯部は、三年後の明治十一（一八七八）年八月、リサンシエ（学士号）を取ると、これで充分祖国の役に立つことが出来ると、他の留学生に先だって、その年の十二月に帰国した。ちなみに、林忠正の日記によると、翌十二年秋に岸本辰雄、宮城浩蔵が帰国し、十三年一月の時点では、まだ木下広次、栗塚省吾、熊野敏三がパリに滞在している。

三　民法創成の流れ

磯部は帰国して直ちに、仕事を求めて司法卿の大木喬任を訪ねた。兄の太仲が長崎勤学から維新当時まで、親しかったからと思われる。翌十二年の二月、磯部は判事に任官した。

これまで、一刻も早く新国家を建設しようと意気込む江藤新平によって、明治三年に着手された民法編纂の事業は、四年頃にフランス法に則って、個人を社会の単位におく「民法決議」を作成したが、これとは別に明治五年四月から三か月、司法省明法寮で民法会議が開かれ、フランス民法典に倣った「皇国民法仮規則」を作成した。我が国で作られた総合的な最初の民法典である。しかし、その中の人事、相続編は、フランス民法典を著しく修正し、個人主義的だった江藤の考えは否定されて、家父長を中心とする家単位の社会構成になり、その後長く我が国を支配する家族制度の骨格をなすものとなっている。それはのちに旧民法、明治民法という二つの形で発展して、法典論争で争われる中心問題となっていくのである。

明治五年十月から江藤が主催する司法省民法会議が開かれ、ジョルジュ・ブスケを中心にジュ・ブスケを通訳として、箕作麟祥訳のフランス民法と「皇国民法仮規則」を基礎に審議し、「民法仮法則・八八条」が成立、提出されたが、地方官の反対にあって施行されないまま終り、江藤の役割も、民法編纂における市民的な精神も終焉した。

この後、明治六年、左院に移された民法審議は、司法省の「民法仮法則」から大きく転換して日本古来の習俗が考慮され、「皇国民法仮規則」を受け継いだ「左院民法草案」が成立した。それは、その後の民法の形成に大きな意味を持つものであった。

ついで同六年、民法編纂は新たに司法卿となった大木喬任のもとで行われることになったが、八年に左院が廃止されたあと、九年までは事実上中断された状態だった。それは六年末から法典編纂のために招聘されたボアソナードが、七年二月からの「台湾征討」の後始末に忙殺されたこと、七年二月に、他ならぬ江藤新平が佐賀の士族に擁されて「佐賀の乱」を惹き起し、江藤が馘首の極刑に処せられたことと、何事も慎重な大木喬任によって、省内も慎重論が大勢を占めたからと言われている。

明治九年、司法卿大木喬任は民法典編纂の急務であることを上申し、草案は十年、十一年の二回に分けて箕作麟祥から提出された。この「十一年草案」は江藤が手がけた「民法決議」「民法仮法則」の精神を継ぐ、フランス法典に近い近代的、市民的なものであったので、「フランス民法と逕庭なし」として退けられ、十二年、廃案となった。帰国した磯部四郎が大木卿を訪ねたのは、丁度この頃であった。

四　民法編纂に参加

明治十三（一八八〇）年、元老院内に大木喬任を総裁とする民法編纂局が設けられ、ボアソナードに起草を依頼した民法編纂に、磯部四郎も加わることになった。

五大法のうち刑法は、すでに十四年に公布、十五年から実施されていた。民法はボアソナードの仏文草案を箕作麟祥、黒川誠一郎と、太政官権少書記官となった磯部四郎が翻訳することから始まった。明治十九年から二十年まで、編纂事業は不平等条約改正のために外務省に移されたが、その失敗のために再び司法省に移った。そして法務大臣山田顕義を委員長とする法律取調委員会によって審議され、二十一年に内閣に提出された。特に日本の風俗、慣習に留意する必要のある「身分法（人事編、財産獲得編第三部「相続等」）」だけは熊野敏三、光妙寺三郎、黒田綱彦、磯部四郎、井上正一が原案を起草し、明治二十年十月頃までに草案が完成した。これが〝反伝統的・市民的〟と言われる『第一草案』である。

だが、これには地方官、司法官などの意見や法律取調委員などによって大修正が加えられ、明治二十三年四月、内閣に提出された。そこからその成案は元老院で修正が加えられ、さらに枢密院の議をへて、ボアソナードの財産法は二十三年四月に、日本人起草の身分法は同年十月にそれぞれ公布され、二十六年一月一日から施行の予定と決った。しかし、個人を主体とし、今後の資本主義社会を展望した『第一草案』は、各所を廻るごとに大修正、削除が次々に加えられて骨抜きにされ、近代的な民法は見る影もなく変貌していたのである。この変貌したものが、法典論争に巻き込まれて葬られることになる「旧民法」である。

五 『第一草案』の進歩性

『第一草案』の中では、例えば妻の権利能力を認め、長男の家督相続を認めながらも、二、三男以下にも相続を認め、「家」ではなく「個人」の所有となっている。男女、嫡、庶子、年齢にかかわらず均分相続としている。この審議の時、磯部は他家に養子に出た者も均分に相続することを主張して譲らなかったというが、自分自身が他家に出たことの不幸を考えていたのではないのだろうか。まだ男女平等とまではいかないが、夫婦の財産も妻は夫の収入の半分を所有し、夫婦は各々財産を持つ独立した関係であると言う。離婚も妻から訴えることも出来、その際、〝姦通又ハ太甚《ハナハダ》シキ不行跡〟も男女平等の条件という。庶子と私生児の区別もない。この法案を見た、まだ封建的な社会の中に浸かったまま疑わなかった〝男〟たちは、肝を潰したに違いない。その上、この草案を書いた熊野敏三は、まだ男女平等を実現していないフランス社会を、なまぬるいと批判していたという。

民法典論争の口火を切ったといわれる法学士会意見書は、明治二十二年五月に出された。これは『第一法案』に向けて出されたもので、肝を潰した学士たちが「日本の淳風美俗」に反するものと考えたのも無理はない。しかし、その後の論争の展開は、二十三年に公布された「旧民法」に対してのものであり、学者によっては、「旧民法」は否定されたのち作られた「明治民法」よりも反動的なところさえあると言う。「民法典論争」が必ずしも、旧思想が進歩的な法案に反対したとは言い難いといわれる所以であろう。この論争は仏法派と英法派の争いであり、あるいは条約改正を急ぐ政府と、これに反対する勢力の暗闘であるとも言われ、論争は法曹界ばかりか、政界、思想界を巻き込んだ大論争となり、明治二十四年、守旧派の穂積八束の「民法出テ、忠孝亡ブ」のキャッチフレーズによって大勢は決まり、二十五(一八九二)年の議会において法案の延期が議決されたのである。

現在の学説はどのようになっているのか、小説を書いた時点の古い資料を見ている私には論ずることは難しいので、研究者のご意見に委ねることにする。ただ、「民法出テ、忠孝亡ブ」の言葉によって事が決着したのだったら、やはり日本の古い体質を〝淳風美俗〟と信ずる思想が、進歩的な精神に勝ったのだと考えるのが順当ではなかろうか。その後の日本の社会の動きを見れば一目瞭然であり、大正十年にも、「日本の淳風美俗」を鑑《かんが》みる民法改正問題が起きているし、現在も、この「日本の美風」は亡霊のように憲法(二十四条)改正問題に顔を出している。

『第一法案』を起草した熊野、井上、磯部などパリに学んだ法学者たちの進歩性は、あまりに早過ぎたが、永く記憶されるべきものと思う。

六　日本社会への絶望

明治十二年十二月に、磯部四郎がパリの林忠正宛に出した手紙が残っている。細かいフランス文で書かれた手紙は、フランス語の法律書の中に入れられたまま、百年以上もたって発見されたものである。その中で磯部は「君はヨーロッパを回遊しているそうで、まったく羨ましい。しかし、どうかもう、僕にはそちらの様子は知らせないでくれ。(それを読む僕は)非常に苦しい。どうか判ってくれ」と認めている。

この頃は、帰国した磯部四郎がすでに判事に任官していた年だが、この手紙は、帰国後の彼の、祖国に対する大きな絶望を物語っている。島崎藤村も、のちに当時を次のように回想している。

「……私は、旧い道徳に反抗することばかり知って、新しい道徳の曙光さへも認めることの出来なかったような、不幸な時代に成長した。私の周囲は、真に隣人を愛して見たこともなくて、ただ抽象的に道徳を説くような恐ろしい声で満たされて居た。斯うした声ほど私に反感を起させるものはなかった。私は他の学友と同じように、反抗に継ぐ反抗をもってした」。

これは当時の日本の前近代的な社会に絶望した、などという単純なものではあるまい。維新の変革によって世は変り、明るい希望に満ちている筈なのに、新しい道徳も生み出せず、殺伐として混乱した世相からは、確たる未来の展望も出来ない絶望だけを感じ取るのであろう。それはただ反抗に継ぐ反抗を生んだのである。

「明六社」が結成されて啓蒙思想家の活動が始まったのは、明治六年である。明治七年一月、江藤、後藤、副島、板垣など八人による「民撰議院設立建白書」が出されたあと、二月に『明六雑誌』が正式に発刊された。この動きに対して賛否両論が激しく渦巻き、自由民権運動の全国的な展開の途を開いた。板垣退助は立志社を創立し、翌八年、立志社は全国の自由民権派に呼びかけて愛国社を結成した。これに対し政府は六月に「讒謗律」「新聞紙条例」を定めて言論の弾圧を始め、『明六雑誌』は十一月、ついに廃刊を余儀なくされた。

磯部が留学のためにフランスに向けて出発したのはこの頃だったが、彼が何よりも衝撃を受けたのは、明法寮時代に指導を受けた豪気果敢な江藤新平が、七年二月に「佐賀の乱」を起して斬首、曝し首という極刑に処されたことであろう。九年、熊本県士族による「神風連の乱」や「秋月の乱」「萩の乱」「伊勢の暴動」などの蜂起が次々に起きて、大勢の処刑者を出した。士族民権派の急進的な雑誌も多数発刊された。

ついで明治十年一月、「西南戦争」が勃発し、九州各地でも次々に反乱が起きた。九月に西郷が自刃して戦争は終焉し、「維新」の現実に不満をもつ士族の反乱もほぼ終った。翌年、江藤新平の処刑に当った元薩摩藩士の大久保利通が刺殺された。明治維新の第一の功労者であり、政権確立に努力していた人物でもあった。

磯部はこの絶望に気圧されるように、帰国後から明治二十五年頃までに、寸暇を割いて五大法に亙る四十数巻の著書を残している。大学の講義も行い、近代法の整備によって、世を啓蒙しようと努力したのである。

七　自由民権

磯部四郎の「憲法」の著書『憲法講義』（明治二十二）『大日本帝国憲法注釈』（明治二十二）の二冊を読んでみると、憲法とは「国権・君権を縛るもの」としながら、同時に「民権も平等に縛るもの」としている。まだ「五箇条の御誓文」の精神が朝野ともに生きていた当時、憲法の解釈書を書いた人々は一様に「君主権が憲法によって制限され、国民の権利と自由が保証された」と解釈し、「議会に擬せずに天皇が法律を作ることは出来ない」と明記して、「国民の代表者は衆議院である」ことを自明の理としている。自由民権を声高に書き立てたジャーナリストの一人関直彦（日報社社長）などは「君主が違憲の行為をした時は憲法を守る必要はない」と、暗に国民の抵抗権まで仄めかしている。しかし、歴史学者家永三郎が「最も反動的意見」としている磯部四郎の論調は、決して自由民権派が喜ぶようなものではない（家永三郎『明治国家の法と思想』）。

磯部はフランスで度々革命が起きたのは「全ク言論出版ノ自由ト集会結社ノ自由トヨリ生ジタル結果ナリト言テ可ナリ」として、出版、言論の自由は、集会条例・出版条例・新聞条例の範囲内で行われるべきであり、「軽躁虞《オモンバカ》リナキノ輩」が「口ヲ開ケバ我ガ施政ノ状態ヲ以テ偏ニ擅断ニ渉ルモノノ如キ言ヲ発シ」と、現代で言えば保守反動の最たるものの言である。

だが、当時の彼の立場と時代の状況を見てみると、近代国家の建設のために他の留学生に先んじて帰国した磯部の目にしたものは、林忠正宛の手紙に書いたとおりの、絶望的な世相であった。そのためか、明治十年代から二十年にかけては、自由民権運動の最も高揚した時期であり、加波山事件、秩父騒動などの騒乱事件や、大臣暗殺計画や内乱陰謀事件などが次々に起きている。青年たちは新しい国家の運命に情熱を傾け、天下国家を我がことのように憂えて行動した。しかし、まだ未成熟な反体制運動には目に余るものがあったのだろう。また現実にパリの社会の中で暮らし、一八七〇年のパリ・コミューンの深い傷痕も知って、争乱の恐ろしさは身に沁みて知っていた。また、幕末期の兄太仲の藩政改革運動の犠牲者島田勝摩、高岡の叔父の尊攘運動に対する苛酷極まる処刑や、何よりも江藤新平の「佐賀の乱」の処刑、それに続く武士団の騒乱など見てきた磯部には、暴発する運動が生む荒廃を知り過ぎていたのであろう。

一刻も早く立法を済ませ、国家の形を整え、条約改正を成し遂げたいと願う「国家の秘蔵っ子」（第一次の留学生は、そのように呼ばれていた）の一人磯部は帰国後、司法省権大書記官から大審院判事の要職を歴任していた。その磯部には、「軽躁虞リナキノ輩」の軽挙は目に余ったにちがいない。

家永教授は誠実な歴史学者だが、進歩的史学の立場から〝自由民権こそ善であり、それを妨げる天皇制国家こそ悪である〟との単純に二分した評価は、最近まで私自身も冒されていた誤りであり、その価値付けが近代史を歪めた罪は大きいと思う。

当時、自由民権運動には、心ある若者の多くが参加していて、藤村の言う「私は他の学友と同じように、反抗に継ぐ反抗をもってした」というのも、こうした反政府運動だったのかも知れない。かの北村透谷も熱心な行動家だったが、資金に行き詰まった同志が朝鮮でクーデターを起すための強盗事件（大阪事件）を企んだ時、透谷はどうしても行動を共に出来ず、頭を剃って親友に詫び、運動から身を退いたという。その後、自殺に追い込まれていった彼の心に、この時のあらゆる意味での絶望が大きな影を落としていたことは否めないのではないか。

八　大逆事件

磯部は『憲法講義』（明治二十二）の中で「仮設《タトエ》バ被告事件ノ国事犯ニ関スル如キハ、場合ニ依リ公開ヲ停ルヲ得策トス。斯ノ如キ事件ニ関シ裁判ヲ公開スルトキハ、裁判席ノ静粛ヲ害シ、其ノ甚シキニ至リテハ社会公衆ヲ騒ガスニ至ルノ危険少ナカラザレバナリ」と書いている。『刑事訴訟法講義』（明治二十三）附則の「陪審制度論」や、のちの大逆事件、その後の彼の陪審員設置の運動を思うと不思議な思いがする。

しかし、彼は帰国した翌明治十二年、治罪法制定委員会に「たかが財産の争いに過ぎない民事訴訟に代言人の依頼を許しながら、人間の生命、名誉を左右する刑事訴訟に代言人の弁護を許さないのは治罪法の一大欠陥だ」として「刑事弁護制度」の意見を上申したが、「悪人を弁護するとは何事か」と直ちに否決された。この上申に賛同したボアソナードによって、翌年、刑事弁護制度は実現したのである。彼の『日本治罪法講義』を読むと、「無《む》辜《こ》の良民を嫌疑のために牢獄に繋いではならない」「無辜を罰しないために」と繰り返し人権に対する並々ならぬ擁護を示している。これは彼の生涯を貫いた姿勢であった。

「大逆事件」の弁護依頼が来たとき、彼は三日三晩徹夜して、膨大な記録を読んだという。そして被告たちの冤罪を確信したのである。「大逆事件のような人がしりごみするような国事犯の弁護も快く引き受けた」と家永教授も驚き、その理由は〝官僚だった頃は出来ないことで、在野法曹になったからだ〟と単純に結論づけているが、この時、東京弁護士会は被告たちの冤罪を知りながら、ついに弁護士会として声を挙げることは一切無かったのである。ちなみにその前年の「日比谷騒乱事件」のとき、当時東京弁護士会々長だった磯部は、民衆に対して暴行を行った警察官を訴追すべき、と再三にわたって要求している。

磯部は、国民の請願権まで否定するような憲法解釈を加えながら、一方で「もし憲法の範囲を越えて勅令が出され、それによって国民の権利が侵害されたときは、その勅令の効力は失われるばかりでなく、国民は失われた権利の賠償を国務大臣に請求することが出来る」と賠償請求権を主張していて、最も反動的な法曹と指摘した家永教授をさえ戸惑わせている。磯部には、ある種のバランス感覚があったのではないのだろうか。祖国の近代化には懸命な努力をしながら、性急な「近代主義」の落ち込む陥穽を感知していたのかも知れない。

「法典調査会でいちばん喋ったのもこの男で、種々雑多な修正動議したけれどもまた一も成り立たなかったそうな」(「茶話」明治三十四)と、磯部は面白可笑しく揶揄されている。また法典論争でもいちばん華やかに争ったのも彼であるのに、時に延期派よりも反動的なことまで論じてしまったり、弁護の時に、相手方の弁護を滔々とやってしまってから気がついたなど、こうした逸話には事欠かない。

だが、彼は『仏国民法証拠篇講義』(明治二十三)の中で「……例えば、〝人は自由なり〟と言う一文章はその字数からすると、実に短いが、この一文の真の意味を社会に知らせるために、数世紀の間に犠牲とした人間の血は、これを集めれば大河ともなるだろう。文章が短いといって、そこに含まれる事柄の重要さを軽く推し量ってはならないのである」と記している。彼は国家建設の重大な時期の中で自分自身の立場を弁えながら、フランスで学んだ自由と権利の二本の太い柱を生涯揺るぐことなく貫いたように見える。「国家の秘蔵子」と期待された最初のフランス留学生であり、絶大な国家の信任を得ていたボアソナードと共に、いわば温室の中で、比較的自由に立法の仕事に携わった彼は、維新の理想とパリで学んだ理念を実現出来ると信じた幸福な世代であった。

だが、明治十四年の政変、十八、十九年の官制の大改革、国家の必要とする官僚の育成を図る、学制改革での「帝国大学令」の発令、二十二年の「憲法発布」、二十三年の「教育勅語の発布」と、日本の風土にふさわしい国家建設、つまり個人を無視した強力な国家は着々と作り出され、日清・日露の戦勝によって西欧諸国と並んだという自負は、大逆事件によって社会主義者を一掃し、さらに強い権力国家を確立したのである。

その頃には、仏法の次世代の学者、英法、独法の学者も次々に生れ出て、磯部たちは数少ないエリートではなくなっていった。磯部の理念はこの国で実現されることはなく、次第に色褪せたものになっていったのである。諦念のなかに晩年を過した磯部は、大正十二年の大震災で遺体も残さずに死亡した。

一方の林忠正は日本とフランスを往復し、日本の近代化のために物心両面の努力を続けた。磯部と違って、フランスに足場を置いている分、彼の行動は思うが儘だった。国粋主義者フェノロサ、岡倉天心と果敢に闘い、それらを代表する東京帝国博物館長の九鬼隆一をやっつける「鬼征伐」は有名な逸話である。

しかし、林が日本の若い画家たちのために蒐集し、日本に持ち帰った印象派を中心とするコレクションは、参考にもされず、死亡後アメリカで散逸させられている。一九〇〇年万国博覧会事務官長のとき、「世界の良識」を貫いて、世界から顰蹙を買っていた日本商人に〝ぼろ儲け〟をさせず、「日本の美風」を一蹴した林は、売国奴の汚名を着せられて今日に至っている。そして大逆事件後、日本の社会は何よりも「自由」「民権」を標榜するフランス思想を忌み嫌ったのである。

フランスに学び、フランスで生きた従兄弟同士の、それぞれの近代化の努力は、当時の日本では真に認められることはなかった。しかし、「日本の近代とは何か」をテーマとして作品を書いてきた私に、彼らは貴重な材料を与え、恰好なモデルとなってくれた。日本の「近代」の底にある、日本の風土の本質を暴いてくれたのである。

エピローグ

磯部四郎が花札賭博で、大審院検事の要職から辞任に追い込まれた「弄花事件」は、柳橋の料亭「初音」でフランス派の法曹官僚が芸者と花札賭博で遊んだ事件である。花札が大好きな磯部は、謹厳実直な大審院長児島惟謙までも花札の座布団の前に坐らせ、大騒ぎで遊んだ。しかし、内通者がいて、料亭の女将をはじめ芸者十八人が警察に呼び出され、大審院の判検事の何人かが懲戒裁判にかけられるという大事件となった。判検事は免訴となったが、大津事件の正義の士、児島惟謙は辞任を余儀なくされた。磯部にとって、痛恨この上ない生涯の大不祥事だった。

晩年、磯部は就寝前の蚊帳の中で頭を抱えて「俺は花札で、数々の失敗をしてしまった。それでも花が止められないのは、何て情けないことだ」と涙さえ滲ませたという。

しかし、彼は明治天皇にまで花札を教え、天皇もいたく興味を持ったとか、遊んだとか、ということである。

パリ大学法学部留学時代の磯部四郎
――学籍カードと法学士号取得論文――

村上一博

一　司法省派遣留学生

明治五（一八七二）年八月、司法省明法寮の法学校（明治四年九月二七日開設）の生徒となり、ブスケ（Georges Hilaire Bousquet）とボワソナード（Gustave Emile Boissonade de Fontarabie）の講義に列した、いわゆる司法省法学校正則科第一期生のうち、明治八年五月の同寮廃止をうけて、一〇名がフランスへの留学を命じられた。木下廣次・熊野敏三・井上正一・磯部四郎・栗塚省吾・関口豊・岡村誠一（以上、八年出発）、宮城浩蔵・小倉久・岸本辰雄（以上、九年出発）である(1)。彼らはパリ大学法学部に正式に入学して法律学を学ぶこととなった。

彼ら司法省派遣の留学生たちが、パリ大学法学部への正式な登録許可を取得できるように、ボワソナードが「前以仏国文部卿大学校教官へモ夫々依頼ノ手続」(2)を執っていたようであり、また、近年発見された駐仏公使鮫島尚信の書簡（控え）から、鮫島が、外務大臣のドゥカーズ公爵（Duc Decazes）に対して、留学生たちの正式登録に必要な「文科バカロレア（文科得業士）資格」の免除を、一八七五年一〇月一八日付（木下以下の七名に関して）

および一八七六年一〇月一二日付（宮城以下の三名に関して）で申請していたことも明らかになっている。(3)
木下以下の七名は一八七五年一一月三日、宮城以下の三名は一八七六年一一月一一日に、首尾よく、文部大臣からパリ大学法学部への登録許可を取付けることができた。(4)

二　磯部四郎の学籍カード

彼ら一〇名が、パリ大学法学部で何を学び、またどのようなフランス生活を送ったのか、その経緯を窺い知ることができる日記や私信の類は、僅かしか発見されていない。一八七七年九月五日付で、栗塚・木下・磯部・井上・熊野・関口の六名が司法省大少丞に宛てた書簡は、「平常学資之外別途手当金」の下付を申請したものであるが、この書簡から彼等の勉学の一端を窺い知ることができる。(5)

前遣留学生徒六名謹一簡拝呈仕候。皆様御清適御奉務奉祝賀候。僕等壮康勉学罷在候。乍憚御放念可被下候。陳ハ僕等着仏已ニ二歳、過日法学専門第二期之試験モ過シ、来夏第三期ノ試業首尾好終候ヘハ、法学専門科卒業、且奉命通ノ三年ハ満期ニ御座候。然ルニ、僕等当地去留進退ノ儀ハ、勿論御省ノ命ニ可有之候ヘ共、尚僕等銘々ノ見込所見モ有之候間、満期後滞留ノ儀各名ヨリ別書ヲ以テ可奉願候様存居候。扨、右云フ来歳法学第三期ノ試業ノ儀ハ、前々経過セシ第一年第二年ノ試験ニ比較候ヘハ、学事ノ難易ハ兎モ角モ、雑費上ニ付テハ大ニ差違有リ。試験税著述印刷代等ニ例年外之費用有之候。既ニ今日迄払候通リ、一年百七拾五フランク之修業料（聴講料《アンスクリプション》）之他ニ、三百フランク之試験税、二百フランク之論題料（テエズ」法律之一課中ニ付テ問ヲ設ケテ論シ上梓シテ学校ニ示シ教師ト之ヲ弁論シ其ノ討議ニ答フ）、百五十フランク之論題上梓賃、試験用意論題預（ママ）講ノ為メ私ニ教師ヲ雇ノ代価六百フランク、都合千四百二拾五フランク、日本之貨幣ニテ弐百八拾五円程ノ学費ヲ要ス。尤修業料平生ノ学費中ニテ仕払、試験税教師雇料ヲモ一部分ハ平生ノ学費中ニテ句面可仕筈ニ付、左様可仕候間、何卒、八百フランク、大日本貨幣百六拾円、各名ニ御下賜被降度、此段奉願上候。元来右出費ノ儀ハ矢張学費ニ御座候ヘハ、僕等学給中ニテ調達可仕筈之処、来歳試験入費ノ儀ハ例年外之出費ニ御座候間、別段奉願上候事ニ御座候事宜御推察ノ上宜敷御執計被降候様偏ニ奉願上候以上

第三年目の法学士号取得に向けて、試験費用や印刷代など経費が嵩む旨を訴えているほか、個人的に教師を雇って法学士論文と口頭試問に備えていたことなどが知られて興味深い。

右の書簡のほか、司法省関係資料からパリ大学における勉学の様子を伝える資料は見出されないが、パリの国立文書館（Archives Nationales）に保管されている、パリ大学法学部の「就学及び登録カード」（Fiches de scolarité et d'inscription）から、彼らの勉学の過程を追跡することができる。これまでに、このカード群から、一八七三〜七六年の日本人登録者として一四名、すなわち、上述した一〇名のほかに、黒川誠一郎・光妙寺三郎・中村孟・西園寺望一郎（公望）の四名のカードが確認されている。これらの学籍カードのうち、既に、西園寺公望のカードについては岩井忠熊・鈴木良の両氏、また岸本辰雄と宮城浩蔵のカードについては、それぞれ、大久保氏と中村義幸氏による紹介がある(6)。本稿では、主に大久保氏の研究を参照しながら、磯部四郎の学籍カードについて検討することにしたい。

二　磯部四郎の学籍カード

磯部四郎の学籍カードとしては、書式の相違する新旧二種類のカードが存在する。両カードの記載内容を比較してみると、旧カードには、磯部本人の署名があり、また登録料や試験料が記載されているのに対して、新カードには、文科バカロレアについて「同等」（équivalance）と記され、また各試験の担当教官名が列記されているなど、いくつかの相違点が見出されるが、両カードを相互補完的に利用することで、磯部の勉学の足跡を辿ることができる(7)。

パリ大学法学部への入学に際して、「同等」学力が認定されて文科バカロレア資格が免除されたのをうけて、磯部は、第一回目の登録手続を、同時に渡仏した他の六名と同じく、一八七五年一一月五日（担当教官は Beudant・

表A　受講登録年月日と担当教官

学年	登録回数	登録年月日		担当教官
		磯部四郎	井上正一	
I	第1回 第2回 第3回 第4回	1875・11・5 1876・1・3 1876・4・8 1876・6・20	1875・11・5 1876・1・6 1876・4・8 1876・6・16	Beudant, Labbé
II	第5回 第6回 第7回 第8回	1876・11・3 1877・1・15 1877・4・14 1877・6・28	1876・11・7 1877・1・12 1877・4・12 1877・6・28	Beudant, Labbé, Leveillé, Glasson
III	第9回 第10回 第11回 第12回	1877・11・5 1878・5・8 1878・5・8 1878・6・24	1877・11・3 1878・1・15 1878・4・13 1878・6・27	Beudant, Vuatrin, Rataud

Labbé両教授）に行っている。当時の受講登録は、三ケ月毎に年四回行われ、順調に進級すると三年間で法学士（licencié en droit）の資格を取得することができた。磯部の登録年月日と担当教官名を、三年間一度の躓きもなく順調に登録を重ねて法学士号を取得した井上正一の場合と比較してみよう（表A）。

磯部の場合、第一〇回登録は本来の一月の登録時期を逸し、第一一回登録も約一ケ月遅れている（健康上あるいは経済上の事情からか、理由の詳細は不明である）。しかし、第一〇・一一回目を併せて登録することで乗り切り、結局は、最短の三年間で全一二回の登録を終えている。

この間、磯部は、法学得業士（bachelier en droit）の学位を取得するための試験（口述）を二度（第一回目は一年間受講後、第二回目は二年間受講後に）受け、さらに、法学士の学位を取得するために二度の試験（筆記＋口述）をへて、最後に学位論文を提出し、口頭諮問を受けている[8]（表B）。

成績評価は、各試験教官が、白（秀）・白赤（優）・赤（良）・赤黒（可）・黒（不可）の五色の判定球のうち、一つを投票箱に投じるという形式で行われ、全員が白球を投じた場合には「Eloge（賞讃の意）」と記載され、黒球が二個以上あれば不合格となったらしい。磯部の場合、二度の得業士試験ではすべ

表B　磯部四郎の試験関係記録

学年	試験の種類	受験登録日	受験日	成　績	試　験　教　官
Ⅰ	得業士第１回	1876・６・29	７・29	（Éloge[3B]）	Labbé, Cassin, Cauwès
Ⅱ	同　第２回	1877・６・13	８・４	（Éloge[4B]）	Bonnier, Santerre, Desjardins, Cassin
	法学得業士証書授与；1877・10・22				
Ⅲ	法学士第１回	1877・12・４	12・20	（2B、1BR、1R）	De Valroger, Machelard, Accarias, Lefebvre
	同　第２回	1878・６・17	７・12	（1BR、2R、1N）	De Valroger, Vuatrin, Beudant, Accarias
	学位論文試験	1878・７・10	８・６	（2B、2R）	Beudant, Vuatrin, Glasson, Lyon-Caen
	法学士証書授与；1878・８・24				

て白球「Éloge」の評価をえて得業士の学位を取得している。次いで、法学士号取得にむけた二度の試験では、一度目は二白・一白赤・一赤、二度目は一白赤・二赤・一黒と、やや苦戦した様子だが、最後の学位論文審査では、二白・二赤と、まずまずの成績を収めている。ちなみに、後に日本人として最初にディジョン大学で仏国法学博士号を取得した井上正一の場合は、(9)二度の得業士試験は「Éloge」で磯部と同様だが、法学士試験の一度目は三白・一赤、二度目は二白・一赤・一黒、学位論文審査では二白・二赤であるから、磯部より少し成績がよかったと言えるであろう。

教官についても、一言しておこう。一年目の担当教官はBeudant（民法）・Labbé（ローマ法）の二人、二年目は、Beudant・Labbé・Leveillé（刑法）・Glasson（民事訴訟法）の四人、三年目はBeudant・Vuatrin（行政法）・Rataud（商法）の三人である。試験教官としては、この他に、Cassin（行政法）・Cauwès（政治経済学）・Bonnier（刑事訴訟法）・Santerre（民法 Colmet-de-Santerreか）・Desjardins（刑事訴訟法）・De Valroger（ローマ法およびフランス法史）・Machelard（ローマ法）・Accarias（学説彙纂）・Lefebvre（慣習法）・Lyon-Caen（産業法）の名前が見出される。

学籍カードを見る限り、入学から卒業まで磯部ともっとも関わりが深かった教官は、Beudant（民法）である。Beudant（Léon-Charles-Adolphe）は、著名な鉱物学者（François Sulpice Beudant）の息子として、一八二九年一月九日に生まれ、最初、ストラスブール大学法学部で二四年間過ごした後、一八五七年にテゥールーズ大学、そして一八六二年にパリ大学に移った。磯部ら日本人留学生を指導していた一八七八年にDurantonに替わって民法の主任教授となり、同年法学部長に選ばれたが、健康上の理由から一八八七年に辞職し、一八九五年七月二八日に死去した。彼は、政治経済学を導入したり、法学士コースに、法制史・国際私法の講義を設けるなど法学部のカリキュラム改革に貢献したと言われている。その著書に、『民法講義（Cours de droit civil）』三巻（一八九六―一九〇〇）および『個々人の権利と国家（Le droit individual et l'État）』（一八九二）などがある。(10)

三　磯部四郎の法学士号取得論文

さて、一八七五年一一月五日に第1回登録を行った七名のなかで、およそ一年後の一八七六年一〇月二四日に病没した岡村誠一を除く六名は、最終的に全員が法学士号を取得することができた。(11)ただし、取得に要した年月には、早晩二年以上の開きがある。取得順で言えば、磯部四郎（一八七八年八月六日口頭試問、八月二四日取得）、井上正一（八月七日口頭諮問、八月二四日取得）、熊野敏三、関口豊、木下廣次、栗塚省吾（一八七九年一一月一九日口頭諮問、一八八一年二月二八日取得）の順となり、六名中では磯部が井上とともに、最初に法学士号を取得している。もっとも、パリ大学法学部で法学士号を取得した最初の日本人は、光田（三田）＝光妙寺三郎（一八七八年一月三一日口頭諮問、二月二三日取得）であるから、磯部は二番目の取得者ということになる。

法学士号取得論文は、ローマ法から一題目（ラテン語で記述）そして、民法および民法以外のフランス法から各一題目（フランス語で記述）を選んで作成すべきものとされ、後者は抽籤で決定されたらしい。博士論文とは異なり、「印刷する必要はなかった」(大久保泰甫氏)と言われてきたので、その内容を知ることはほぼ絶望的かと思われていたが、現在では、光妙寺・磯部・木下・栗塚(福井県武生市立図書館所蔵の栗塚省吾文庫)、および、磯部・栗塚・井上・宮城[リヨン大学提出](パリのフランス国立図書館)の六名の論文が確認されている[12]。

磯部論文の表紙には、一八七八年八月六日午後四時から、当該論文およびその他の学習事項に関する口頭試問が、主査 Beudant・副査 Vuatrin, Glasson, Lyon-Caen によって行われる旨が記されており、前掲の学籍カードの記載とも一致している[13]。

論文の構成は、ローマ法からの一題が「婚姻の儀礼について(De Ritu Nuptiarum)」、フランス法からの二題は、「婚姻の証明について(De la preuve de mariage)」(民法分野)と「知事の権限について(Des attributions des préfets)」(行政法分野)であり、前者はラテン語で、後者二編はフランス語で書かれている。

ラテン語で書かれた「婚姻の儀礼について(De Ritu Nuptiarum)」は、『学説彙纂(Digesta)』第二三巻二章を中心に、十二表法やユスチニアヌスの法学提要なども引用しながら、ローマ法における婚姻について概観したものであり、「婚姻の証明について(De la preuve de mariage)」は、フランス民法人事編第一九四〜二〇〇条を注釈した論文である。第一九四条は、婚姻の証明について、身分登記簿に登録された挙式証書(acte de célébration)の提出を原則と定めているが、必要性・良識・公平の観点から、子の嫡出性の認定などに関して、三つの例外、すなわち、①身分登記簿の不存在ないし喪失の場合に、文書(titres et papiers domestique)および証人による証明[第一四六条]、②身分占有(possession d'état)による証明[第一九七条]、③刑事訴訟手続きの結果による証明[第一九八条]が認められていることを論じている。また、「知事の権限について(Des attributions des préfets)」は、知事の性格(第一章)・知事の行政上の権限(第二章)・知事の訴訟上の権限(第三章)の三章に分けて、多くの単行法令および勅令を引用しながら、考察している。とくに、第二章では、中央権力の代理人としての権限と地方の代表者としての権限という、知事の二面性を簡潔に示している。

各論文の目的は、特定のテーマについて、勉学の成果を、論点を要領よく整理して纏めることにあったと考えてよいであろう。したがって、内容それ自体の斬新さ・卓越さはともかく、ラテン語およびフランス語による論文作成能力―文章の良し悪しの判断は筆者の及ぶところではない―が(口述試問とともに)、評価されたのであろう。(14)

(1) 司法省明法寮に開設された法学校の経緯や生徒等の動向については、手塚豊「司法省法学校小史」(『法学研究』第四〇巻六・七・一一号、一九六七年、のち手塚豊著作集第九巻『明治法学教育史の研究』慶応通信、一九八八年、所収)に詳しい。もっとも、法学校における講義内容については、いまなお不明な点が多い(村上一博「司法省法学校における法学講義―井上操による七冊の仏文ノート―」『明治大学大学史紀要』第一〇号、二〇〇四年一二月および「悲運の司法官・井上操の仏文ノート」『明治大学学園だより』第三四六号、二〇〇五年一月、など参照)。

(2) 「生徒仏国へ留学ノ儀ニ付伺」(『公文録』明治一一年一月・二月、司法之部 [2A-10-[公]2349])。

(3) ドゥカーズ外務大臣宛ての鮫島尚信書簡は、それぞれ次のとおりである(訳語・訳文に不統一が見られるが、訳書の通りとした)。

① 〔鮫島文書研究会編『鮫島尚信在欧外交書簡録』思文閣出版、二〇〇二年、一八九~一九〇・四二三頁〕

閣下は幾度かにわたり、私の依頼により、日本人学生が文科バカロレア資格の証書を提出することなく法学部の講義を受けられるよう、文部大臣からしかるべき許可を取って下さいました。

またしても同様の許可を閣下に切にお願い致します。

我が国政府によってフランスの法律を学ぶために送られた七人の学生(その氏名は同封のリストに記されています)がパリに着いたところです。この者たちはそのために、東京の法律学校で特別の準備教育を受けました。この者たちは私の申請しております免除を有効に利用できるものと確信しております。

	年齢
磯部四郎 (Issobé Siro)	二三歳

井上正一　(Inovouyé Seiiti)　二四歳
関口　豊　(Sékigouti Yutaka)　二三歳
栗塚省吾　(Kourizouka Seigo)　二二歳
熊野敏三　(Koumano Binzo)　二〇歳
岡村誠一　(Okamoura Seiiti)　二一歳
木下広次　(Kinochita Firoji)　二三歳

②〔『同書』二一〇〜二一一・四四二〜四四三頁〕

先に、閣下は私の要請に応じて文部大臣から、日本人留学生が文科バカロレア資格の証書を提出せずに、パリ大学法学部で聴講できる必要な許可を得て下さいました。

本日は、本国政府の訓令にしたがって、同学部に宮城［浩蔵］氏・小倉［久］氏・岸本［辰雄］氏（M. M. Miyaki, Ogoura et Kishimoto）ら三名の新しい学生の入学を要請致します。彼らは、フランスに到着したばかりで、法律の勉学を続けるため、日本の司法省が派遣してきたものです。

彼らに以前と同様の特権が与えられれば、誠に有難く存じます。

（4）大久保泰甫「明治初期、パリ大学法学部日本人学生の留学記録㈠」（『東京大学史紀要』第一六号、一九九八年三月）八頁。

（5）「司法省所轄仏国留学生栗塚省吾外五名ニ学資外雑費支給」（『太政類典』第三編［自明治十一年、至明治十二年］・一二「学制」［2A-9-［太］660］）。

なお、磯部には「巴里書生の状態」と題した小説があるが（『名家談叢』第二一・二二号、明治三〇年五・六月）、連載が二回で途切れていることもあり、ここから、留学生らのパリ生活を窺い知ることはできない。

（6）パリ大学学籍簿については、大久保泰甫「岸本辰雄の留学生活」（『明治大学史紀要』第四号、一九八四年三月）および、同・前掲「明治初期、パリ大学法学部日本人学生の留学記録㈠」が、もっとも重要な研究である。中村義幸「パリ法科大学における宮城浩蔵の留学生活」（『明治大学史紀要』第一二号、一九九四年一二月）も参考になるが、鈴木良「西園寺公望とフランス」（後藤靖編『近代日本社会と思想』吉川弘文館、一九九二年）は、学籍簿（年月日など）の誤読が散見されるのみならず、留学生の人名などについても不正確な記述が多い。

（7）学籍カードの裏面には、住所（demeure）が記載されている。磯部の場合、第一回登録時は、32, Boulvard Saint-Michel（現在は Joseph Gibert 書店）、第二回登録以降は、7, rue Casimir Delavigne（旧 Hôtel Saint-Sulpice、現在は Hôtel Jardin de l'odeon）に移り、卒業まで変わっていない。栗塚・木下・関口・岡村も同じ住所（当時は学生アパートか）であった。

ちなみに、学籍簿では、磯部の生年月日は、一八五二年五月二五日と記されているが、後掲の法学士論文では一八五二年七月二六日となっている。また、明治法律学校の「教員姓名外資格書」では嘉永三（一八五〇）年三月、木々康子氏によれば同年七月、東恵雄『明治弁護士列伝』（明治三一年刊）では嘉永四（一八五一）年五月二六日、『大正過去帳』では同年七月一五日とあり、いずれの記載が正しいのか判然としない。

（8）大久保氏によれば、試験科目は、法学得業士第一回試験が、ローマ法（ユ帝「法学提要」前半）および民法（序章、第一編および第二編）、同第二回試験が、民法（第三編中、第七一一条～第一三八六条および第二二一九～二二八一条）・民事訴訟法（第四八条～第五一六条）・治罪法および刑法（第一条～第七四条および第四六三条）、法学士第一回試験が、ローマ法（ユ帝「法学提要」後半）、同第二回試験が、民法（第三編中、第一三八七条～第二二一八条）・商法および行政法、であった。

（9）司法省派遣留学生のうち、法学士号を取得後、さらに法学博士の学位取得にまで至ったのは、井上正一（ディジョン大学法学部・一八八一年七月四日口頭諮問・九月一九日取得［村上一博「井上正一―日本人初の仏国法学博士―」『明治大学大学史紀要』第八号、二〇〇三年一二月、参照］）と、熊野敏三（パリ大学法学部・一八八三年七月二七日口頭諮問・一二月三一日取得）の二名のみである。なお、私費留学生として、一八七七年一一月にリヨン大学法学部に入学した富井政章も、一八八〇年八月に法学士号を取得したのち、さらに一八八三年二月に法学博士号を取得している。

（10）Rev. d'economie polit., avr. 1896., および、Rev. intern. de l'enseignement, XXX, 199. など参照。彼の民法学説の特徴や日本人留学生らに及ぼした影響については、今後の課題としたい。ちなみに、Charles Beudant の息子である Robert Beudant（グルノーブル大学法学部教授）が、父親の著作の改訂版を刊行している。

(11)　ちなみに、関口豊は、法学士号取得後、一八七九年八月二七日にパリで病死している。
(12)　福井県武生市立図書館所蔵の栗塚省吾文庫に、磯部の法学士号取得論文が所蔵されていることは、木々康子氏からご教示いただき、同文庫の閲覧にあたっては、栗波敏郎館長（当時）に特にお世話になった。お二人に厚くお礼を申し上げたい。なお、六名の論文は、順次、『Meiji Law Journal』において復刻・紹介している。
(13)　磯部の法学士論文は、村上一博編『磯部四郎論文選集』（信山社、二〇〇五年）に収載されている。
(14)　アンリ・カピタンによれば（Capitant Henri, La thèse de doctrat en droit, 3e éd., 1935.）、それまで口述式で行われていたテーズが論文式に変わったのは一八五〇年であり(日本人留学生らは同法の適用を受けた)、論文の末尾には、テーズ本来の意味（自己の主張）を引き継いで、「提案」（proposition）を付すべきこととされていた。なお、カピタンは、テーズの科目は、ローマ法・民法・刑法・国際法の四つであり、一八八二年から、論文数が二つ（ローマ法とその他）に減ぜられたと述べているが（大村敦志『法源・解釈・民法学―フランス民法総論研究―』有斐閣、一九九五年、一一八頁）、この点は、磯部らの論文に当てはまらない。

新学籍カード

Issobe Siro

né à Etchu

départ^{t}, d Japon le 25 Mai 1852

Bachelier ès Lettres, le equivalence 18・・ Académie de

Désignation ses cours.	Inscriptions.	Observations.
Labbé Beudant	1er le 5 Novembre 1875 N. 1761 2e le 3 Janvier 1876 N. 23 3e le 8 avril 1876 N. 1070 4e le 20 Juin 1876 N. 984	
Beud Labbé Leveil Glas	5e le 3 9bre 1876 N. 1082 6e le 15 Janvier 1877 N. 1877 7e le 14 Avril 1877 N. 1610 8e le 28 Juin 1877 N. 1304	
Beud Vuat Rataud	9e le 5 9bre 1877 N. 1450 10 le 8 mai 1878 N. 59 11e le 8 mai 1878 N .60 12e le 29 Juin 1878 N. 1515	

Examens

1er la bac 29 juillet 1876（Éloge） Labbé, Cassin, Cauwès

2e ex bac 4 août 1877（éloge） Bonn, Sant, Desj, Cassin

Diplôme 22 Octobre 1877

1er exam lic 20 Xbre 1877 (2B1BR1R) De Valrog, Mach, Accarias, Lefebvre

2e ex lic 12 Juillet 1878 1BR. 2R. 1N De Valrog, Vuat, Beud, Accarias

6 août 1878 (2B2R) Beud, Vuat, Glass, Ly Caen

新学籍カード

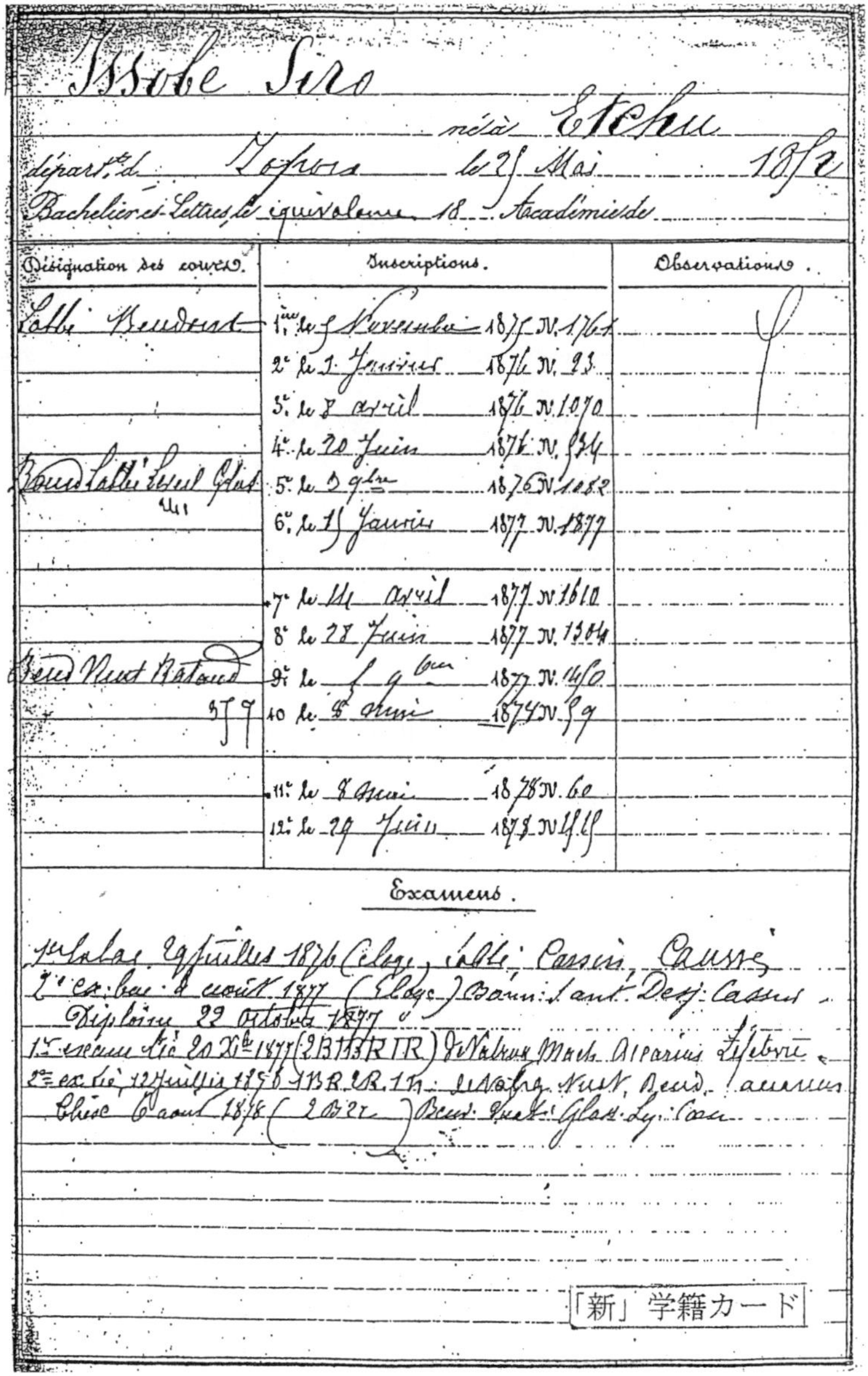
Issobe Siro
né à Etchu
départ. de Toyama le 25 Mai 1852
Bachelier ès Lettres, le équivalence 18 Académie de

Désignation des cours	Inscriptions	Observations
	1re le 5 Novembre 1875 N. 1764	
	2e le 3 Janvier 1876 N. 93	
	3e le 8 avril 1876 N. 1070	
	4e le 20 Juin 1876 N. 534	
	5e le 3 9bre 1876 N. 1082	
	6e le 15 Janvier 1877 N. 1877	
	7e le 14 avril 1877 N. 1610	
	8e le 28 Juin 1877 N. 1304	
	9e le 5 9bre 1877 N. 1450	
	10 le 8 Mars 1878 N. 59	
	11e le 8 Mars 1878 N. 60	
	12e le 29 Juin 1878 N. 455	

Examens.

Diplôme 22 Octobre 1877

「新」学籍カード

旧学籍カード

Issobe Siro

né à Etchu dép^{tt}, de Japon le 25 Mai 1852
Bach^{er}, ès Lettres le Acad^{ie}, de
Demeure ses parents signature de l'Etudiant

Inscriptions de la Licence			
Nos des Registres	Date des Inscriptions	Désignation ses Proffesseurs	Droits soldes
1761	1e, 5 Novembre 1875	Beudant, Labbé	3250
23	2e, 3 Janvier 1876		3250
1070	3e, 8 Avril 1876		3250
574	4e, 20 Juin 1876		3250
1082	5e, 3 9bre 1876		3250
1877	6e, 15 Janvier 1877	Beud, Labbé, Leveil, Glas	3250
1510	7e, 14 Avril 1877		3250
1304	8e, 28 Juin 1877		3250
1450	9e, 5 9bre 1877		3250
57	10e, 8 Mai 1878	Beud, Vuat, Rataud	3250
60	11e, 8 Mai 1878		3250
1515	12e, 24 Juin 1878		3250

Comptecourant N^{os} Examens et Receptions

Nature ses Actes	Consign ou remises des Droits			Droits acquis ses remboursements		
	souches	Dates・・・	Droits soldes	Dates・・・	Droits acquits	
1er Ex. bac.	2020	29 juin 1876	100	29 juillet 1876 324 (Éloge)	60	40
2e exam bac	1999	13 juin 1877	200	4 Août 1877 452 (Éloge)	60	140
dipl.						
1er ex lic	4143	4 Xbre 1877	100	20 Xbre 1877 105 (2B1BR1R)	60	40
2' exam lic.	2274	17 juin 1878	100	12 juillet 1878 52 (1BR2R1N)	60	40
Thèse licence	3596	10 juillet 1878	240	6 août 1878 180 (2B2R)	100	140
		diplôme 24 Août 1878				

旧学籍カード

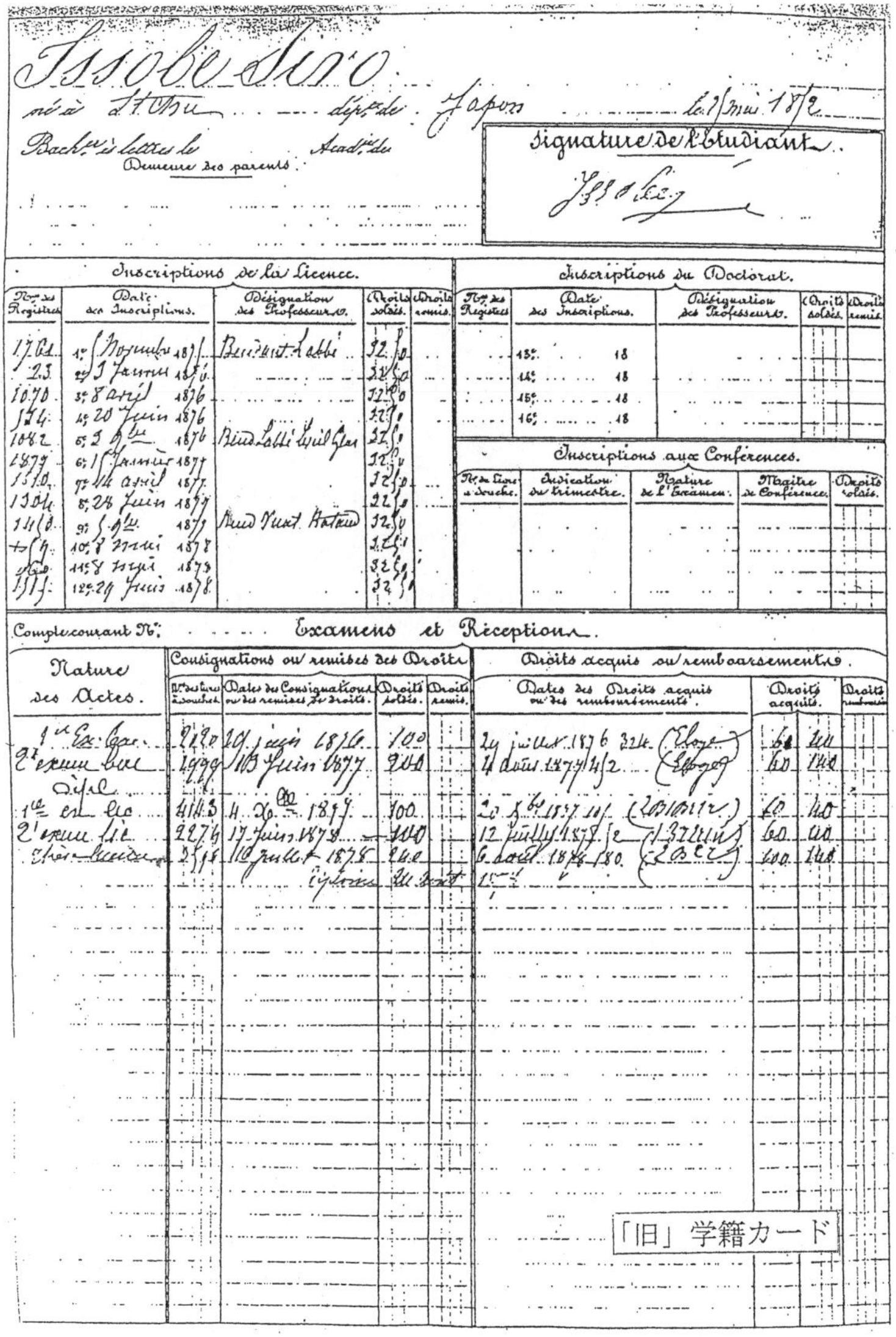
Issobe Siro

né à ... dépt de Japon ... le ... 1852

Bachr ès lettres le ... Acadie du ...

Demeure des parents

Signature de l'Étudiant

Inscriptions de la Licence.

Nos des Registres	Date des Inscriptions.	Désignation des Professeurs.	Droits soldés.	Droits remis.
1761	1e Novembre 1875	Beudant Labbé	32 50	
23	2e ... Janvier 1876		32 50	
1070	3e 8 avril 1876		32 50	
1514	4e 20 Juin 1876		32 50	
1082	5e ... 1876		32 50	
1877	6e ... Janvier 1877		32 50	
1310	7e 14 avril 1877		32 50	
1304	8e 24 Juin 1877		22 50	
1410	9e ... 1877		32 50	
	10e 8 mai 1878		32 50	
	11e 8 mai 1878		32 50	
1515	12e 29 Juin 1878		32 50	

Inscriptions du Doctorat.

Nos des Registres	Date des Inscriptions.	Désignation des Professeurs.	Droits soldés.	Droits remis.
	13e ... 18			
	14e ... 18			
	15e ... 18			
	16e ... 18			

Inscriptions aux Conférences.

No du Livre à Souche.	Indication du trimestre.	Nature de l'Examen.	Maître de Conférence.	Droits soldés.

Compte courant No: ... Examens et Réception.

Nature des Actes.	Consignations ou remises des Droits: No du livre à souche.	Dates des Consignations ou des remises des Droits.	Droits soldés.	Droits remis.	Droits acquis ou remboursements: Dates des Droits acquis ou des remboursements.	Droits acquis.	Droits rembour.
1er Ex. bac.		... juin 1876	100		24 juillet 1876	60	40
2e exam bac		... Juin 1877	100		... 1877	60	40
1er ex lic		... 1877	100			60	40
2e exam lic		17 Juin 1878	100			60	40
Thèse licence		... juillet 1878	240		... 1878	100	140

「旧」学籍カード

磯部四郎の法学士号の論文の表紙

Monsieur Kourizouka

FACULTÉ DE DROIT DE PARIS

Issobé

THÈSE

POUR

LA LICENCE

l'acte public sur les matières ci-après sera présenté et soutenu
le mardi 6 août 1878, à 4 heures.

PAR

ISSOBÉ (Siro).
(Né à Toyama (Japon), le 26 juillet 1852.)

Président :	M. Beudant,	*Professeur.*
Suffragants :	MM. Vuatrin,	*Professeurs.*
	Glasson,	
	Lyon-Caen,	*Agrégé.*

dat répondra en outre aux questions qui lui seront faites sur les autres matières de l'enseignement.

PARIS
IMPRIMERIE DE CHARLES NOBLET
13, rue Cujas, 13

（武生市立図書館栗塚文庫蔵）

Beudant の著書の表紙

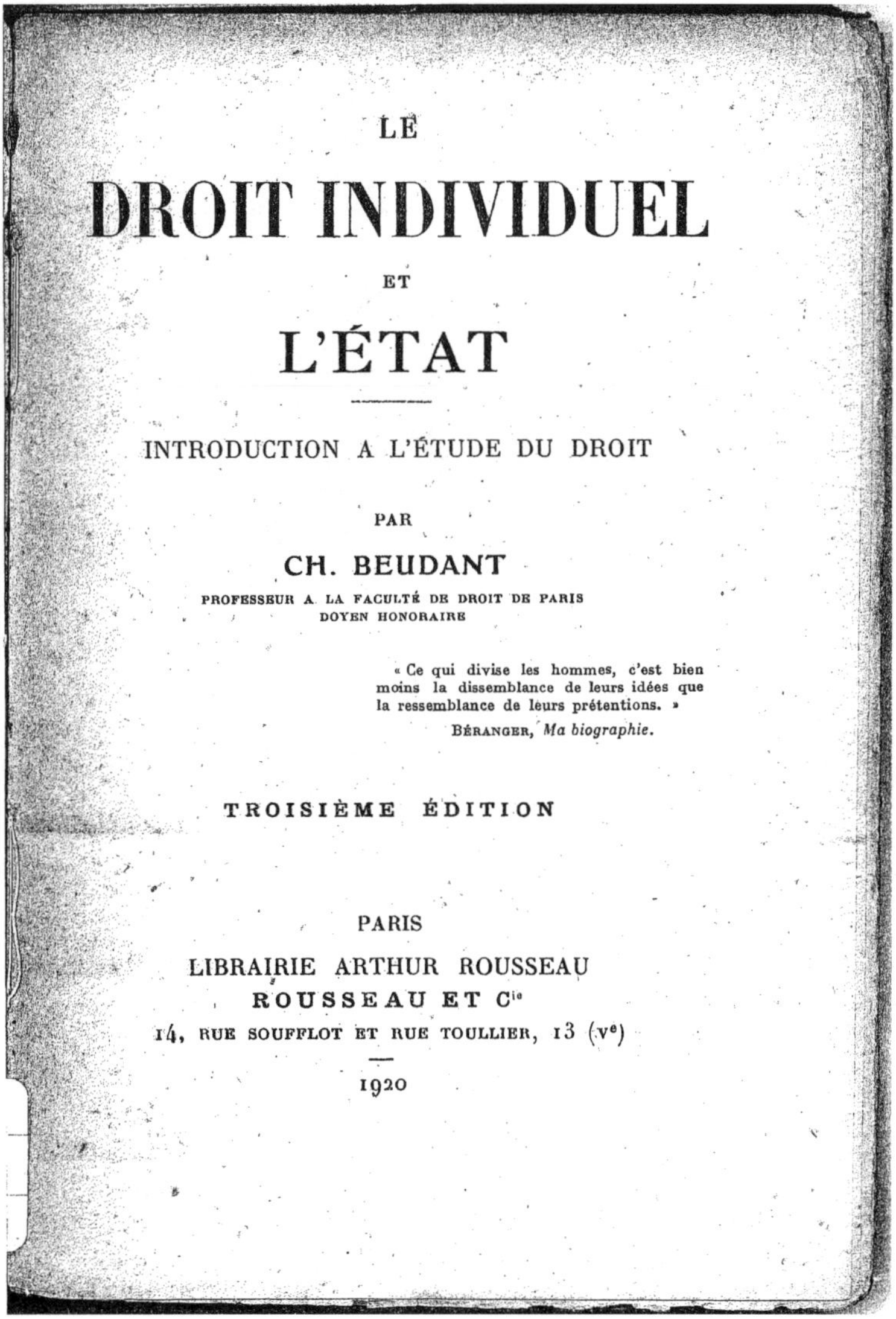

LE

DROIT INDIVIDUEL

ET

L'ÉTAT

INTRODUCTION A L'ÉTUDE DU DROIT

PAR

CH. BEUDANT

PROFESSEUR A LA FACULTÉ DE DROIT DE PARIS
DOYEN HONORAIRE

« Ce qui divise les hommes, c'est bien moins la dissemblance de leurs idées que la ressemblance de leurs prétentions. »
BÉRANGER, *Ma biographie.*

TROISIÈME ÉDITION

PARIS
LIBRAIRIE ARTHUR ROUSSEAU
ROUSSEAU ET Cie
14, RUE SOUFFLOT ET RUE TOULLIER, 13 (ve)
1920

（明治大学図書館蔵）

磯部四郎のパスポート

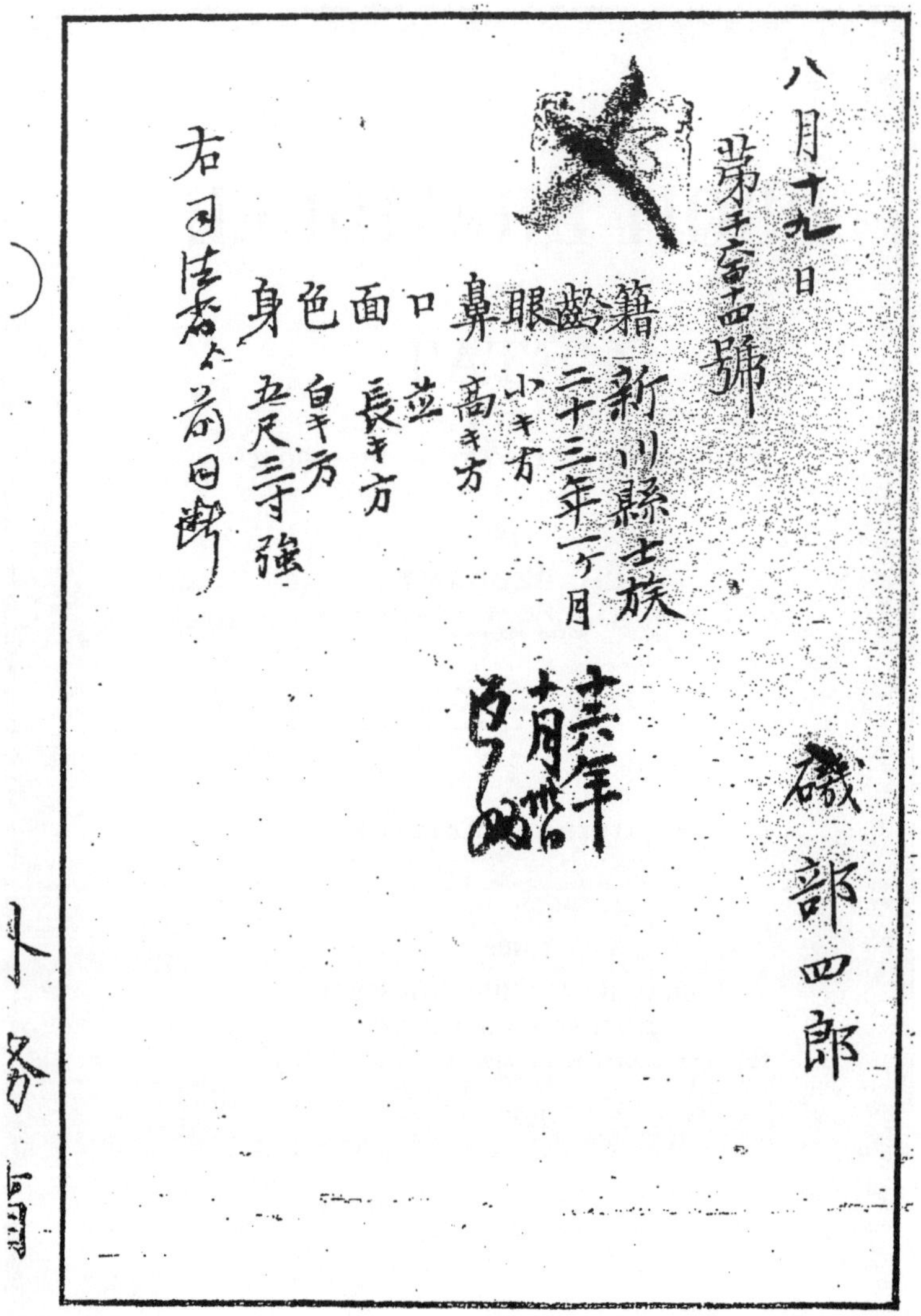
八月十九日
第千番十四號
磯部四郎
籍 新川縣士族
齢 二十三年一ヶ月
眼 小キ方
鼻 高キ方
口 並
面 長キ方
色 白キ方
身 五尺三寸強
十三年十二月廿日

磯部四郎のパリ下宿跡

司法省議法局修補課における磯部の活動

村上一博

一　大木喬任との出会い

明治一一（一八七八）年八月二四日に、パリ大学法学部から「法学士（licence en droit）」の学位を取得した磯部四郎は、同年一二月に帰国し[1]、翌一二（一八七九）年一月から司法省に出仕、二月一七日に司法省判事、次いで三月一八日に議法局修補課の修補委員に任じられた（～一三年四月一六日）。修補委員のかたわら、明治一二年四月から司法省法学校速成科第一期生に対して、フランス刑法と治罪法を講義し、一三（一八八〇）年一月二二日民法編纂委員兼務（被叙正八位）、二月一七日司法権少書記官、三月五日太政官権少書記官法制部勤務を経て、四月三〇日民法編纂委員専務となった。すなわち、磯部が帰国後最初に任じられたのが修補委員であり、修補委員退任後は、本格的に民法編纂作業に邁進していくことになるのである。

こうした司法省への磯部の登用は、大木喬任司法卿によるものであり、磯部と大木の間には、以前から何らかの繋がりがあったと推測される。これを裏付ける一つの資料として、大木喬任文書（国立国会図書館憲政資料室）中に、磯部の実兄林太仲（富山県大参事）が大木に宛てた書簡が残されている[2]。

洗手謹而呈書久々不相伺候処先以　御鳳祥奉恐賀候此頃ハ愚弟四郎義厚御眷愛越
蒙り候段相承肝銘奉拝謝候就而ハ同人甚下拙進退之義懇ニ御内諭之趣申聞
昨朝参代到情陳述仕度同行拝謁相願奉悩
尊聴候如ニ御座候然ルニ世勢時ト共尓進み身ハ年毎ニ老境尓到リ迚も当頭進外
之御用辺ニハ相立申間敷候得共多年特別之御厚意ニ背き候而ハ無限遺憾之到りニ付
官之大小給之厚薄越不論賢明卿公之下ニ奉職スルハ何敢テ辞センヤ衆テ進退
如何ハ謹テ奉待　英断候也

十三年十月廿六日　　　　　　　　　　　　林暁雪

再拝

大木卿公閣下

この書簡から、林太仲は大木と、旧知の間柄であったことが知られる（明治元年二〜九月頃に京都で知遇をえたようである）から、帰国した磯部の就職斡旋方を大木に依頼したと考えてよいであろう。もっとも、後年（明治三四年六月一四日）、大木を回顧した談話のなかで、磯部は、兄太仲の関与については一言も触れず、大木との初対面の様子について次のように述べている(3)。少し長くなるが、大木と磯部の性格がよく顕れていると思われるので、煩を厭わず引用しておきたい。

凡ソ観察ト云フコトガ大切デ有ルガ、拙者ガ観察スル所デハ大木伯ノ為人ヲ有体ニ批評スルト至テ友誼ニ厚ク人情ニ富ンデ居ラレタ、乍併伯ニ知ラレテカラハ如是友誼ニモ厚ク人情ニモ富ンデ居ラレルト申上ベキナレトモ最初ハ仲々人ニ気ヲ許サナイ達デアル、一体伯ハ人ノ前ニ立チテ仕事ヲ為ス人デハナイ、帷幄ノ裡ニ座シテ算ヲ運ラシ人ノ裏面ニ隠レテ仕事ヲ為ル人デ有ルト存スル、何ヲ以テ斯ク申スカト云フト、大木伯ハ決シテ叨ニ人ニ気ヲ許サヌ達デ有カラ何ウモ初面会ノ時ニ困ル、初面会ノ時ニ兎角ニ躊躇セラル、傾キガ有ツテ急ニ対面ノ出来ザルハ畢竟是レ彼レハ自己ヲお先ニ使フガ為ニ来邸カ但シハ実際自分ヲ敬慕シテ来邸シタノカト云フ疑念ガ有ラシイ明治十一年十二月頃デ御座イマシタ……拙者ハ仏国カラ遊学満期デ帰朝シテ未ダ何方ヘモ奉職ヲシナイ時デ有リマシタガ先ツ大木邸ヲ尋ネマシタ、処ガ面会ガ出来ナイ、其後ハ根気能クモ、三四度モ訪問致マシタガ是レモ亦同様面会ガ出来ナイカラ、其レカラ拙者ハ今度直接司法省ヘ出掛マシタ、ソウシテ漸ク面会ヲ遂ケタカラ此時拙者ハ伯ニ向テ拙者ハお邸ノ方ヘ三四度御尋ネ致シマシタガ何時モ拝謁ガ出来ナイ、ソコデ今日本省ヘ罷出テ拝謁ヲ願フタ理由デ御座イマス、拙者ガ斯ク屢々御邸ヘ罷出タルハ私事ノ為メデハナイ、申サハ公事デアル、国家ノ為メデアル、拙者モ長々官命ニテ仏国ヘ留学ヲシテ居マシタカラハ多少見聞スル所ノモノガ有リマスルカラ伯ニ於テモ是等ノ事情ヲ御尋ネニ相成ルコトト存シテ屢々御尋ネ致シタノデアリマスガ、併シ卿ニ於テ別ニ御用モ無イト云ハルレバ拙者モ御尋ネ申ス必要モナイト存シマスト申シタ処ガ……卿ハ其レナラ今日来邸スベシト云ハレタカラ当日御約束通リ参邸シタ、スルト稍ヤ暫時経過シテカラ先生出テ御座ツタ、拙者ハワザト黙ツテ口ヲ開カズニ居タ処ガ先生ハ不審ニ思ツテ、何カ用ガ有ツテ来タノダロウガ何故沈黙居ルノカト云ハレルカラ、イヤ何カ御尋ネニ成ツタラ御答ヲ致サウト存シマシテ斯ク謹ンテ待ツテ居ルノデ有リマスト申シタ処ガ、先生稍ヤ暫時考ヘ込マレタ、シテ口ヲ開イテ

「仏国ハ物価ハ高貴デアルカラ留学生共ハ困難ヲスルダロウ、留学生共ハ何ウシテ居ルカ」

トノ御尋ネデ有ルカラ拙者ハ

「左様デ御座イマス……留学生共ハ勉強ヲシテ居ルト申上クレハ虚言カモ知レズ……其レカト申シテ遊ンデ日ヲ送ツテ居リマスト申上クレハ讒謗ヲスルワケニ成リマス、物価ハ御高察ノ如ク寔ニ高価デアルカラ困リマス」

ト答ヘタ処ガ……先生今度ハ

「仏蘭西ノ政治上ノ事ハ如何デアルカ」トノ御尋ネヲ発セラレタ

「政治上ノ事ハ一向存ジマセヌ」ト答ヘタ

「何ウシテ政治上ノ事ヲ存ゼヌカ」ト云ハレタカラ

「拙者ハ官命ニテ法律ノ研究ニ参ツタノデアリマスカラ政治上ノ事ハ承知シマセヌ」ト答ヘタ

「留学中新聞ハ読マナカツタカ」ト云ハレタカラ

「新聞ハ読ミマシタ」ト答ヘタ
「ソレニ何ウシテ政治上ノ事ヲ知ラヌカ」ト云ハレタカラ
「新聞上ノ記事ヤ、人ノ噂位ヲ取次デ物知リ顔ニ申上タ処デ誤聞謬見ガ多イカラ却テ是レ間違ノ種デアル、且ツ拙者ハ法律学ノ研究ニ参ツテ居ルノデ有ツテ見レバ勢イ他ヲ顧ミルニ遑アラズト云フノデアリマス」ト答ヘタ
「ソレデモ長イ留学中ニハ何カ記臆ニ存スルコトガ有ラウ」ト強イテ尋ネラレタカラ
「政治上ノ事ニ付キ一ツ感心致シタコトガアルガ」ト申シタラ
「其レハ何ンダ」ト尋ネラレタカラ
「ソレハ行政学ノ泰斗トモ云ハレル大家バツトリー氏ハ内務大臣ヤ文部大臣ヲ勤メタ人デ有ルガ……此ノバツトリー氏ハ大臣ヲ辞スルト其ノ翌日カラ大学ノ講座ヘ出テ行政法ノ講義ヲ致スト云フ様ナ風デ御座イマシテ、何ウモ感心ナ事デ御座イマス、是レガ日本デ御座イマスト今日職ヲ辞スルト、即チ大臣デモ辞スルト明日カラハ何事モセズニ居ルト思ヘマス、然ルヲバツトリー大博士ノ如キハ今日大臣ヲ辞スルト明日カラ学校ノ方ヲ本職ト心得テ講座ニ上リテ行政法ノ講義ヲ始メテ、書生ヲ薫陶スルト云フ始末デ、其ノ人ノ為メ国ノ為メニ尽ス所ハ到底日本人ナドノ企及ブ所デハ有リマセヌト思ヘマス」ト申シタラ
「ナル程、ソウカ」ト云ツテ大ニ賛同ノ意ヲ表サレマシタ、シテ自己ハ左様有リ度思フ否ナ左様為サネハナラント思フ、人苟クモ公義心ガアレハ朝ニ在テモ野ニ在テモ所謂出処トモ国家ノ進運ヲ計ルノナラ宜敷ケレトモ人々皆ナ国家ヲ取ル積リデヤルカラ、其レデ行カナウ、其レデ在朝ノ時ト在野ノ時トニヨリテ……所謂出処ニヨリテ意向ヲ異ニスルヤウニ成ルノデアル、参議ハ即チ参議デアル、所謂天子ヲ補翼シ奉ル任デアルノダ、併シナガラ一旦故アリテ朝廷ヲ退イタ其時ニハ一個人トシテ何事ヲシテ居ルカ、一向ニ個人トシテ人ノ為メ国ノ為メニ尽スヘキ事ヲ致サナイ、コレハ尽スヘキ事ヲ知ラナイカラデアラウ、是ニ由テ之ヲ観レハ行政学ノ泰斗タルバツトリー大博士ノ内務大臣ヲ辞シタル其ノ翌日カラ大学ノ講座ニ罷出テ、泰然トシテ講義ヲ致スナドノ事ハ実ニ善イ手本ダ、永久不滅ノ亀鑑デアルト申サレタ

この磯部の談話は、「慎重居士」と綽名された大木の性格と、人を食ったような横柄不遜な磯部の態度を彷彿させる。ともあれ、大木（当時四七歳）は、二〇歳程も若いフランス帰りの法学徒を登用、重職に抜擢して、その最新のフランス法知識を縦横に発揮する場を与えたのである。

二　司法省議法局修補課における活動

修補課は、明治一二年二月二四日から一三年四月一六日まで、司法省議法局（一〇年一月に新設され、当初は刑法課・民法課・刑法編纂課・民法編纂課の四課から構成されていた）内に追加設置された一分課であり、その任務は、刑民法など新法典の起草・編纂とはまったく無関係で、「当時の現行法令の不備、欠陥を修補すること」にあった。(4)

修補課の具体的な活動内容については、法務図書館所蔵『修補課各委員意見書類』（第一・二巻）(5)によって部分的に知ることができる。手塚豊氏の考証によれば、右の意見書類は、原本ではなく複写本であり、しかも修補課の最終的廻議案ではなく、同課で審議された意見書の「約七割」程度、各委員の見解も「過半」を含むにすぎない。このような資料的制約があるとはいえ、最終的廻議案の原本が見出されない現在、右の意見書類は、修補課に関して残存する唯一の資料であり、若き日の磯部の立法活動（その全部ではなく、一端にすぎないが）を知ることができる貴重な資料であることは疑いない。

1　法案・意見書の起草

さて、『修補課各委員意見書類』には、磯部が起草した法案・意見書として、(A)「控訴期限間詐偽予防ノ意見」（明治一二年四月二八日）および(B)「刑事代言人ヲ許スル議上申案」（明治一二年六月二七日）の二件が見出される。

(A)　「控訴期限間詐偽予防ノ意見」（乙受二号、明治一二年四月二八日）

法案意見書の冒頭において、磯部は、「予テ民法課長ノ建議ニヨリ長官ヨリ下付セラレタルニ付、控訴期限間詐偽予防」について起案したと述べているから、法案の起草は、自発的意思ではなく、修補課長（渡邊驥か）の「下付」によるものであったことが知られる。ともあれ、法案の内容は、次の通りである。

大政官ヘ上申按

明治十一年第十九号控訴手続第五条ナル三ケ月ノ控訴期限ハ甚タ長キニ過キルヲ以テ曲者執行ノ期ヲ延ンカ為メ故ラニ控訴セント申立其間ニ於テ財産ヲ取隠シ奸詐ヲ為シ得ヘキノ弊アルニ付此期限ヲ縮メントスレハ恐クハ正意ニ控訴スル者ヲシテ其期限ヲ誤ラシメン又控訴ニ先チ仮執行ヲナサシメントスルニ恐クハ身代限ニ非サレハ仮執行ヲモ為シ能ハサル者アラン依テ控訴ノ期限ヲ縮メス仮執行ヲモ為サシメス初審裁判ヲ受クルノ後ニ於テ曲者ヲシテ姦詐ヲ為サシメサル為メニ左ノ方法御定有度御布告案相添及上申候也

御布告按

初審裁判処分法左ノ通相定候条此旨布告候事

第一条　訴訟ノ目的ナル物件ハ初審裁判言渡ノ日ヨリ控訴スルト否トニ管セス裁判執行迄之ヲ質入書入及ヒ売却スルコトヲ禁スルニ付原被告ヨリ該戸長ヘ申立不動産ハ其奥印ヲ止メ確定ノ動産ハ其封印ヲ受クヘシ

第二条　動産不確定物ナレハ其代価ノ金額又金円ナレハ其金円ニ各初審訴訟入費金ヲ添ヘ該戸長ヘ預クヘシ

第三条　前条ノ如ク金額ヲ戸長ヘ預クル能ハサル者ハ身分慥カナル証人ヲ立ツヘシ証人ナキ者ハ戸長債主等ノ立会ヲ受ケ家産明細書ヲ作リ之ヲ戸長ヘ預クヘシ

第四条　控訴ヲ為サントスル者前条々ノ手数ヲ尽シ戸長ノ保証書ヲ受ケ之ヲ控訴状ニ添フヘシ

第五条　終決執行ノ日ニ至リ第一条第三条ノ物品天災及抗拒ス可カラサルノ難ニ罹ルニ非スシテ紛失スルトキハ刑法ニ依リ処分セラルヘシ

右の上申案は、明治一〇年二月一九日の太政官第一九号布告「控訴上告手続」第一章「控訴ノ事」第五条「地方裁判所ノ裁判言渡ヨリ三箇月［三十日ヲ以テ一月トス］ヲ過ルトキハ控訴スルコトヲ許リス。但シ地方裁判所ヨリ上等裁判所ニ至ノ距離八里ヨリ遠キトキハ期限三箇月ノ外ハ里毎ニ一日ノ猶予ヲ増スヘシ」の改正案として起草されたものである。三ヶ月の控訴期間中に、初審で敗訴した側による「財産ヲ取隠シ奸詐ヲ為シ得ヘキノ弊」を防止するための方策が図られている。三ヶ月の控訴期限を縮小すべしとの意見をうけて、磯部は、控訴期限を縮めず、仮執行もなさしめず、また「曲者ヲシテ姦詐ヲ為サシメサル為ニ」、係争財産を確保する措置を講じようとしている。

このような磯部案に対して、池田弥一・犬塚盛巍・喜多千頴・草野允素・山脇玄の四名の委員が「可」としたが、箕作麟祥は、「法案ノ趣旨ニ於テハ異論アラサレトモ文意ノ不明白ナル処頗ル多キ様被存候間今一層明白ニシタル上ニテ更ニ塾考致度事」と記して、可否の判断を留保しており、さらに山脇と清浦圭吾の二人が修正意見を添付している。

〔山脇の修正意見〕

第一条……初審裁判言渡ノ日ヨリ裁判執行迄之ヲ……但シ初審裁判ニ負ケタル者ヨリ控訴権ヲ廃棄スル旨ヲ其裁判所ニ［初審裁判所］申出タルトキハ此限ニ非スノ意ニ致修正度且此意見中戸長ノ手続ハ不動産ニ付テノ奥印ヲ止メシムルニ限リ其他ノ手数ハ元来裁判所ニテ取扱フヘキ事務ナレハ之ヲ以テ戸長ニ任スルトキハ啻ニ其職務ヲ繁多ナラシムルノミナラス又大ニ其所ヲ失スルノ弊アルヲ以テ裁判所ニ托シテハ如何

〔清浦の修正意見〕

訴訟ノ目的タル物件ヲ質入書入又ハ売却スルコトヲ禁シ戸長ノ奥印ヲ止メ又ハ物件ニ封印ヲ為ス等詐欺ヲ慮防スルヲ《（ママ）》旨趣ニ付テハ敢テ間然スルコトナシト雖モ実際ヲ考量スルニ其手続頗ル煩雑ニ渉リ不便モ亦尠カラス依テ資力富饒ナル二三名ノ保証人ヲ立テ始審裁判言渡ノ仮執行ヲ為サハ如何

山脇と清浦は、控訴期限間において係争財産を確保する手続きの煩雑さに疑問を提示しているのである。

磯部案がその後どのように処理されたかは不明であるが、明治一二年五月二〇日に、修補課議案として児島惟謙から控訴期限の短縮についての意見書が提出されており、(6) また、明治一〇年の「控訴上告手続」第五条は、最終的に、明治一五年四月二六日の太政官第二一号布告によって改正され、控訴期間が三ヶ月から二ヶ月に短縮されることになるから、右の磯部の上申案は、太政官に上申されずにおわったか、あるいは上申されたものの太政官の容れるところとならなかったようである。

(B) 「刑事代言人ヲ許スル議上申案」(乙発六八号、明治一二年六月二七日)

修補課において、磯部が刑事代言人の制度を主唱したことは、穂積陳重がこれを高く評価したことで、広く知られている。磯部の上申案は言う。

我邦今日詞訟ニ代言人ヲ許サル、者ハ其能ク詞訟本人ノ情ヲ尽シテ其権利ヲ暢ヘ之ヲシテ枉屈ニ陥ラシムルナキニ在ルナリ其社会ニ益アル亦少カラス然リト雖モ詞訟ノ関係スル所ハ多クハ是レ財物金銭ノ得喪ニ過キス之ヲ刑獄ノ関係スル所ニ比スレハ其軽重大小固ヨリ日ヲ同フシテ語ルヘカラス抑々刑獄ハ栄辱ノ属スル所死生ノ跂ル、所裁判一タヒ其当ヲ失フトキハ人其罪ニ非スシテ長ク囹圄ニ繫カル、ノ苦ヲ受ケ其甚キニ至テハ身首処ヲ殊ニシ復タ日月ヲ見サルノ惨ニ遭フヲ致ス其関係スル所豈ニ至大至重ト謂ハサルヘケン哉然而シテ刑獄ノ原告タル者ハ堂々タル官吏ニシテ学力知識ニ富ムノ人ナリ之ニ反シ其被告タル者ハ大概愚昧卑賤ノ民ナリ其囚ハレテ獄庭ニ到ルヤ畏懼ニ勝ヘス自ラ其辞ヲ尽シ其情ヲ明ニシ以テ原告ノ論スル所ヲ破ルヲ得ルハ万ニ一ヲ望ムヘカラス其ヲシテ呑恨泣冤ナカラシメント欲スルハ蓋シ甚タ難シトス知ル可シ其代言弁護ヲ要スルノ切ナル亦詞訟人ノ比ニ非ス今ヤ我邦独リ詞訟ニ代言ヲ許サレ未タ刑獄ニ之ヲ許サレス豈ニ一大欠典ト謂ハサル可ケンヤ因テ速ニ刑事代言人御差許相成度御布告案相添へ此段上申候也

御布告案

凡ソ犯罪ヲ告ケラル、者ハ其情願ニ由リ代言人ヲシテ代言セシムルコトヲ許ス此旨布告候事

右の意見書は、「大概愚昧卑賤」な刑事被告人の人権を擁護する必要性と、「呑恨泣冤ナカラシメ」る代言人の役割を高らかに謳った当代の名文である。穂積によれば、この磯部案に対して、一〇名の修補課委員中、箕作麟

祥ほか一名が賛成したにすぎず、他の八名は反対したと言う(7)。『修補課各委員意見書類』には、上中案を「否」とした鶴田皓と草野允素によって、次のような意見書が添付されている（穂積によれば、三名の連名）。

立案ノ意ハ則チ可ナリ然レトモ之ヲ実際ニ徴スルニ詞訟代言人タル者狡黠貪婪今日ニ於テ其弊ヲ矯正セサル可カラス之ヲ刑獄ニ許ス其弊安ソ詞訟ニ同シカラサルヲ保スルヲ得ンヤ財物金銭ノ得失ハ猶言フ可キ者アリ栄辱死生ニ係ル所ニシテ是非ヲ転倒シ黒白ヲ変乱スルアラハ其弊タル亦如何ソヤ故ニ訟詞ノ弊ヲ矯正シ然後刑獄ニ及フモ未タ晩カラスト愚考ス

ここには、代言人を「狡黠貪婪」だと断じる深刻な代言人不信感がうかがわれる。穂積は、さらに、これ以外の意見書の内容についても言及している。ある委員は、磯部を「一概その利益ある部分のみを称揚し、かつてその弊害如何を究めず、偏頗の説というべし」と批判し、今日の罪囚は「さらぬだに狡猾強戾」、剛者は「あくまで強情を張り、柔者は巧に詐弁を弄し、欺罔百端、免れて恥なし」

而ルニ、今又代言人ヲ許サントス、恐クハ其弁護ハ罪囚ノ冤枉ヲ伸べ其屈辱ヲ雪グニ適セズシテ、却テ其強戻狡猾ヲ媒助スルノ好具タランノミ。

と極論した。委員中には、「一、二検事の出廷弁論を許すに非ざれば、弁護人を許すべからずとする論者もあった……当時外国法継受、新法制定の熱心家であった司法卿大木喬任、司法大輔山田顕義の両氏さえ、決議書の否決欄に捺印した」とも記している。

ちなみに、刑事弁護の制度は、明治一三年七月公布の治罪法第二六六条で規定されることになるが、その理由について、穂積は、治罪法起草者であったボワソナードが磯部説に賛成したためであり、当時の大官連は、「非常なる外国人崇拝者で……御雇外国人のいう事なら、殆んど一も二もなく尤もと考えて鵜呑みにするを例としたから」だと述べている。

ボワソナードが、磯部の刑事代言必要論を知っていたか否かは明確でないが、修補課において審議された明治一二年六月の時点で、代言人に対する不信感がひとつの根拠とされて、磯部案が否決されたことは疑いない。他の委員たちに比較して、フランス法知識に裏打ちされた磯部の人権感覚の進取性と卓越性は、高く評価されてしかるべきであろう。[8]

(C)「陪審法案」（明治一二年、月日不明）

法務図書館所蔵の『修補課各委員意見書類』には見出されないが、右の二件のほかに、陪審制度の設置について、磯部が法案を起草していたことは明らかである。[9]

尾佐竹猛は、次のように記している。

……それから、ボアソナード案とは如何なる関係であつたか不明であるが、明治十二年に司法卿大木喬任が陪審法起案を命じ、修法《ママ》課の磯部四郎之を起案した。それは、仏国法に拠つたのであるが、司法省の議を経て法制局へ提出した。

法制局に提出せられたのは、集法《ママ》課の課長の渡邊驥といふ先生がお持になつて行つた、此渡邊驥といふ先生はナカ〳〵司法省を双肩に背負つて、万事事を裁かれた者でございますが、法律の事には少しくお暗いやうでございます。けれども其当時の制度と致しまして、誰が拵へたものであらうとも、身分相応の人が所謂法制局等に提出して、其案に依つて弁明を為さらんければならぬ。所が少しく法律にお暗かつたが、どう云ふ訳かと云ふと、斯様々々でござると直ぐに其所でお答をせんならぬ、そこでマア己が持つて行つて来やうと云ふので、法制局へお持出しになつた、所が遺憾ながら尚早といふ議論で以て潰れました。（磯部四郎談）

尚早といふ唯一の理由で否決されたのであるが其尚早の理由といふのは政府の顧問たりしロバート、プレーダの

専制政府を戴くの国に於ては陪審法は一箇の虚飾物たるに過ぎず云々

日本国民が先づ地方政治の小事より始め漸々国事に与り政治思想に富みたるの後に非ざれば陪審法を設け至難の担任を負はしむるは特に徒労に属するのみならず又種々の弊害を生ずべきことを明知すべし。（千八百七十九年十二月九日）

とある意見の影響を受けたのであらう。当時は何事にもあれ欧米制度の輸入に急なるのときであつたから、陪審法も起草せられたのであるが、同時にまた外人の意見は権威を有するのであつたから、右の意見に依つて反対され潰されたので［はな］いかと推測される。

此否決のとき司法卿は起草者の磯部を呼び、其起案の杜撰なる為め否決せられたるものとし叱責したるに、磯部はそれでこそ大政府であると空嘯いた、司法卿益赫怒し其故を詰りしに、磯部の曰く陪審法の如き大法典を書生上りの青二才に、しかも日を限つて起草せしむるのが間違である、之を通過せしめなかつたのは流石に大政府であると答へたとの噺がある、四光太夫の面目躍如たるものがある。陪審史上の一挿話として正に千古に伝ふべきである。

尾佐竹の文中に磯部の談話が引用されているが、磯部自身も後年、陪審制の創設論議の中で、次のように述べている。(10)

陪審制度の問題は近時司法部に対する批難の声と共に在野法曹家並に政治家に依て盛に提唱せられ、如何にも耳新しく聞ゆれども、其実は然らすして既に明治十二年の昔故大木伯が司法卿たりし時代に、司法省に修補課なる一課を設け主として法律上の缺点を修補することを掌らしめ、之に当時の法曹家を兼任せしめ、以て種々の法制を起草せしめたることあり、当時は旧刑法も尚未た草案の時代に属し、此刑法を実施するには其母国たる仏国の制度に倣ひ、我国も亦陪審制度を置くへきか否やの問題起り、余は陪審制度に関する起草の命を受け調査起案の上司法当局の議事に附し、後、成案を法制局に廻付せし所、同局に於ては尚研究を要するの趣意を以て制限せり、而して当時は今日と異り各省の成案は其起案者をして法制局に提出せしめす、局長若しくは其他の上長官より提出するの習慣にて之か為め弁明宜しきを得す為めに其侭葬り去られたる法案も亦尠なからす、則ち陪審制度案の如きも蓋し其轍を履みたるに外ならす。

修補課において議論された磯部の陪審法案について、その内容を知りえないのは残念であるが、陪審制度の立案を委ねられて、フランスの制度に倣って法案を起草したことは明白であり、それが否決されたときに見せた磯部の自身の学識に対する自信と気概の様は、尾佐竹が指摘したように、まさしく「四光太夫の面目躍如」たるも(11)

のがあろう。

2　各種法案に対する賛否意見

『修補課各委員意見書類』中には、以上のような磯部自身による起案のほかに、他の委員によって起草された議案に対して、磯部が下した「可」「否」の判断、およびその理由書が計一四件、見出される。

(a)　「諸規則ヲ犯シ罰金科料ニ処セラレ無力納完スル能ハサル者ヲ拘留ニ換ユルノ議ニ付上申案」（乙発三八号、明治一二年五月一四日児島惟謙起案）に対しては、磯部はこれを「否」とし、反対意見を提示している。

往昔物件負債返納期限延滞ヨリ官其延滞者ヲシテ強テ返却セシメン為メ一時之ヲ拘留セシコト啻ニ我国ノミナラス各国挙テ此苛風ヲ存セリ而シテ当時大抵此法ヲ廃棄セシ者ハ蓋シ故アリ夫レ人ノ自由ヲ束縛スルヤ仮令一日一瞬間ト雖モ価ヲ以テ論ス可カラサル所ロアルナリ不得止ハ単ニ身代限ヲ以テ其所及ヲ尽サシムルノミ又人情ニ適スト云可シ然リ其利害得失如何ハ暫ラク置テ不問ナリ今ヤ罰金ト云エ通常負債ト云其依テ生スル所ロ異ナルト雖モ義務者ヨリ之ヲ見レハ官ニ要スルモ平人ニ要スルモ其要スルヤ一ナリ而シテ平人ニ要スルモノハ之ヲ償ハシムルニ身代限ヲ以セシムルニ不過シテ官ニ要スルモノハ其身ヲ拘留シ一日五拾銭ノ価ヲ以テ人生貴重ノ自由ヲ束縛スルハ官独リ其権ヲ恃ミ私スル所アルニ似タリ依テ不肖之ヲ否トス

児島による立案の趣旨は、酒類税則証券印税規則煙草税則等の諸罰則を犯した者や裁判所の喚問に不参の者に対する罰金科料の刑が、無資力者の場合には機能していないことから、「五拾銭ヲ一日ニ折算シ之ヲ拘留ニ換」(規則案第一条) えようというのだが、磯部は、「人ノ自由ヲ束縛スルヤ仮令一日一瞬間ト雖モ価ヲ以テ論ス可カラサル」との理由により、児島案に反対するのである。

(b)　「重典売田宅律修正ノ議」（乙発三九号、明治一二年五月一二日加藤祖一起案）は、「新律綱領」の「重典売田宅」条、すなわち凡已ニ典売シテ人ニ与ル田宅ヲ将テ重ネテ典売スル者ハ、得ル所ノ価銭ヲ贓ニ計ヘ、竊盗ニ準シテ論シ、価ヲ追徴シテ主ニ還シ、田宅ハ原ノ典買主ニ附ス。若シ重ネテ典買スルノ人及ヒ牙保情ヲ知ル者ハ、犯人ト同罪。価ヲ追シ官ニ入ル知ラサル者ハ坐セス。
其典スル所ノ田宅園林等、年限已ニ満チ本主価ヲ備ヘテ取贖スルニ、若シ典買主事故ニ託シテ肯セサル者ハ、笞三十。限外ニ於テ逓年得ル所ノ花利ハ追徴シテ本主ニ給シ、原価ニ依テ取贖セシム。其年限満ルト雖モ、本主取贖スル力ナキ者ハ、此律ニ拘ラス。

について、前項部分を「凡已ニ典売シテ人ニ与ル田宅ヲ将テ重ネテ典売スル者ハ、得ル所ノ価銭ヲ贓ニ計ヘ窃盗ニ準シテ論ス。若シ重ネテ典買スルノ人及ヒ牙保情ヲ知ル者ハ、犯人ト同罪。知ラサル者ハ坐セス。」と改正し、「価ヲ追徴シテ主ニ還シ、田宅ハ原ノ典買主ニ附ス」という文言を削除（くわえて後項全体も削除）しようというものである。改正の理由は、「該辞書ノ如キ物件上負債ヲ担保シ本犯等資力ノ不足ヲ補ハシムル実際ノ情理完全ノ処分ヲ為スヲ要センニモ、到底該律文ノ田宅ハ原ノ典買主ニ附スヘキ明文ナキヲ要ス。且質入書入規則創定ノ後ハ質流地ト謂フコト無キニ付、旁重典売田宅律前項ヲ改正シ、後項ヲ删除シ当然ト存候」と言う。しかし、磯部は、次のように述べて、この改正案に反対する。

前ニ盗売田宅律アルモノヨリ推考スルニ重典売田宅律ハ田宅質入書入ノ一点ヲ論セシモノニ似タリ然ルトキハ此ノ条ヲ以テ前ニ書入或ハ質入シテ後ニ其田宅ヲ売渡ストキノ処分ニ付テ論セシモノニ非ス只二重書入質入処分法ヲ挙シノミナラン故ニ其両権平等ニシテ軽重アルコトナシ既ニ軽重ナケレハ後得権者ヲシテ前得権者ニ其権ヲ附セシムルハ最モ至当之理ナリ故ニ本条ハ改正ニ不及若シ又前ニ書入或ハ質入シテ後ニ其田宅ヲ売渡ストキノ処分ヲ設ケント欲セハ他ニ新法ヲ起草シテ可ナラン乎而シテ其新法ノ可否如何ハ不肖未タ之ヲ不知

磯部は、当該「重典売田宅」条を「盗売田宅」条と区別して、「前ニ書入或ハ質入シテ後ニ其田宅ヲ売渡ストキノ処分」でなく「二重書入質入処分法」を規定したものに過ぎないから、「後得権者」が「前得権者」に権利を付与すべきは当然であって、改正の必要はないと言うのである。

(c)「本年二月本省丙第一号達修正ノ議」(乙発四二号、明治一二年五月二二日中川忠純起案)は、二月二四日司法省丙第一号達「自今死罪囚ノ赦典ヲ乞フ可キ者ハ検事章程第三条ニ照拠シ裁判ヲ得ルノ後具上可致尤モ赦典ヲ乞フコトハ決放ヲ執行スル所ノ地方官ヘ通知可致置此旨相達候事」について、死刑囚の恩赦を「上等裁判所検事」のみの権限に改めんとの提案である。磯部は、「当省本年丙第壱号達ハ実際上既ニ起草委員意見ノ如ク慣行スルニ付キ必シモ別段達ヲ以テ修正ニ及ハズトモ差支ナシト雖モ御達ト実際慣行ノ間ニ於テ齟齬スル処アルハ不都合ナリ故ニ本案修正ノ議亦可ナリトス」という賛成意見を述べている。ちなみに、右達を改正する達は発せられることなく、翌明治一三年の太政官第三七号布告「治罪法」によって消滅することになる。

(d)「無能力者ノ罰金科料ヲ禁獄ニ換フル義」(乙発四六号、明治一二年六月三日土師経典起案)は、罰金科料を支払えない者は身代限によって取り立てるのが成規であるが、「人民未タ民権ヲ重セサルヨリ覰トシテ身代限ノ汚辱ナルヲ知ラサル者鮮カラス懲戒ノ主意貫徹セラル」が故に、完納せざる金額を禁獄に換えようとの趣旨である。磯部は、同案に対して基本的に賛成しつつ、補足意見を付している。

本案無力者ノ罰金科料ヲ禁獄ニ換フルトアルハ敢テ真ノ無力者ヲ責ムルニ此ノ法ヲ以テセント欲スルニ非ス或ハ無力ヲ口実トシ官ヲ弄シテ其刑ヲ免レントスルノ黠漢ヲ矯正セント欲スルニ在ルノミ何トナレハ本案ノ禁獄ヲ加ルヤ罰金幾価ヲ以テ禁獄幾日ニ換フルトセサレハナリ此ノ故ニ一円ノ罰金ニ換フルニ或ハ禁獄五日ヲ以テシ或ハ四十日ヲ以テスルコトアリ必ヤ判官ノ明智活断時ニ臨シテ事実ヲ暢瞭シ苟モ人民ヲシテ刑ノ何者タルヲ知ラシメント欲スルナリ本案ノ眼目刑律ノ大本ヲ得タリ然ト雖モ本案ハ一般加刑ノ法則ヲ挙ルノミ或ハ真ノ無力者ニシテ其犯罪ハ一時ノ過失ニ出テ額内ノ最モ軽ルキ禁獄ヲ以テ罰金ニ換フルモ尚ヲ無常ニ似タルノ場合ヲ酌量軽減スルノ粂ナシ一点ノ缺ト云フ可シ依テ左ノ但シ書ヲ加エテ如何

但シ裁判官ノ見込ニ依リ額外ニ酌量軽減スルハ格別ナリ

前掲の(a)議案では、罰金科料を拘留・禁獄に換えることに反対しながら、およそ三週間後の右議案では、一転してこれを「可」としている。おそらくは、罰金科料の未納が、深刻な弊害を招来している現状を磯部が理解したためではないかと考えられるが、人身自由の束縛を否とする毅然とした主張はやや後退したかに思われる。もっとも、裁判官の裁量「明智活断」によって、「酌量軽減」する余地を残そうとしている点は評価されてよいであろう。

(e)「(糺問判事職務仮規則一部修正ノ儀)」(乙発四七号、明治一二年五月二九日伴正臣起案)は、高知の宇和島・中村の実例を引きながら、「糺問判事職務仮規則」第八・一一・一二条を「但糺問判事ノ所在遠隔ニシテ警察署ノ設ケ近接ナル時ハ事ノ軽重難易ヲ量リ便宜ノ為メ直ニ其地ノ警察署ニ委任シテ問訊セシムルモ亦妨ケナシトス」と改正しようとするものである。磯部は、同案に反対の立場から、

本案事ノ難易軽重ヲ斟酌シ警察官ヲシテ被告人ヲ問糾セシムルハ実際ニ於テ便利ナルヘシト雖トモ被告人ヲ問糾スルハ特ニ糾問判事ノ職ニシテ警察官ニ委任スヘキモノニ非ス家宅臨検証人問訊ト同一ニ論スヘカラス蓋シ家宅臨検証人問訊ハ被告人ヲ糾問スルノ楷梯タルニ過キス故ニ此二者ハ警察官ニ委任スルモ敢テ妨ケナシト雖モ糾問判事ノ特職タル被告人問糺ヲ将テ警察官ニ委任スヘシトセハ警察官ノ職ト糺問判事ノ職ト相混スルニ至ルノ恐レアリ故ニ本案ヲ否トス

と主張し、警察官に、糺問判事の「特職」である「被告人問糺」を委任することの否を論じている。

(f)「証拠金ノ儀ニ付上申案」(乙発五〇号、明治一二年五月三一日岡本豊章起案)は、「内外人民関係詞訟ニ付証拠金収方之儀従来区々相成」ため「自今一切相収めざる様」に統一すべしとの趣旨であり、磯部もこれに賛成しつつ、補足意見を付している。

彼ニ取テ我ニ取ラサルノ理ナシ我レニ取ラサレハ彼モ亦取ルノ理ナシ本案発論ノ理由ニ至テハ敢テ啄ヲ容レズ然リト雖モ各国未タ地外《マ》邦権《マ》ヲ有シ我カ国民ノ各国領事庭ニ訟ヲ求ムルモノハ尚ヲ其国土ニ至テ裁決ヲ仰クニ異ナラス之ヲ

処スル必ス其国法ニ依ラサル可カラス領事ト雖モ亦之ヲ如何トモスルコト能ハス然リ本案幸ニ各国法律ニ抵触スル所アラサレハ各国領事ナルモノ本案ノ理由ヲ遵守セサルヲ得ス若シ不幸ニシテ抵触スル所アレハ我カ政府ヨリ本案ヲ以テ各国領事ニ示スハ或ハ各国ノ法典ヲ是非スル所ロアルニ似タリ亦行ハレサルモノニ庶幾シ然リト雖モ曾テ聞ク東洋地方ノ交際ニ於テ一時ノ権法ニ出ルモノモ有ルト果シテ然ラハ本案ヲ以テ各国領事ヘ示スモ亦其当ヲ得ルカ

基本的に証拠金不収納に統一することに賛成しながらも、治外法権の特権により各国領事が自国法に拘束される可能性を指摘しているのである。

(g)　「裁判官ニ於テ軽罪犯ヲ仮釈ス可キ議案」（甲発八二号、明治一二年一〇月二五日橋口兼三起案）は、明治一〇年の太政官第一七号布告「保釈条例」では「保証金無ケレハ仮釈スルコトヲ得」ないが、懲役百日以下の軽罪犯の場合に「裁判官ニ於テ被告人ノ逃亡及ヒ罪証隠滅ノ虞無シト認ムル者無力ニシテ保証金ヲ出ス能ハサレハ」保証金二名以上を立てることで仮釈を許すことにしてはとの趣旨である。磯部は、同案に反対する。

本案ノ議至当ナリト雖モ文末ニ至リ保証人二名以上ヲ立テ之ヲ願フアラハ裁判官之ヲ許ス可キ云々ノ如キハ実地不適当ト言ハサルヘカラス如何トナレハ民間往々保証金ヲ出ス能ハサルモノ有ルヲ以テ之ヲ見レハ保証人二名以上ヲ立ルコト能ハサル者モ亦随テ踵ヲ継ク可シ然ルトキハ保証人ヲ立ルコトヲ得ルモノ、幸ニシテ立ルコトヲ不得モノ、不幸ナリ又以為ク本文ノ意ニ由テ之ヲ見レハ保証金或ハ保証人ヲ立ル上ハ事義情実ヲ不問一般軽罪犯ノ拘留ヲ仮釈セサルヲ不得ナリ実ニ治罪彼是斟酌ノ基ニ戻リ其弊或ハ無頼ノ悪漢ヲシテ濫ニ保証人トナシ徒ヲ引キ類シ聚メ共ニ失踪脱兎ヲ逞フセシムルノ大害ヲ今日ニ醸スノ憂ナシト云フ可カラス然ラハ之ヲ如何シテ可ナランヤ曰ク保証金或ハ保証人アルモ其許ス可カラサルハ之ヲ許サス又保証人ナキモ其許ス可キハ之ヲ許シ一ツニ以テ彼是斟酌ヲ基トシ事義情実ニ因リ其権ヲシテ判官ノ明察ニ委任シ保証金或ハ保証人ノ有無ニ因テ苟モ幸不幸ヲ生セシメサルハ蓋シ訟庭治罪ノ公道ナリ依テ布告案ヲ左ニ付シ各位ノ高裁ヲ仰ク

明治十年二月九日太政官布告第十七号保釈条例ニ付ス

第一条　懲役終身以上ニ該ル可キ者及ヒ先キニ重罪ノ刑ニ処セラレタル者ヲ除クノ外保証金或ハ保証人ノ有無ニ不関

裁判官ノ見込ヲ以テ審訊中ノ繋留ヲ仮釈スルコトヲ得ルヘシ
但シ保証金或ハ保証人アルモ仮釈ヲ許ス可カラサル者ト裁判官ニ於テ見込ムトキハ之ヲ許サヽルハ勿論ナリ

磯部は、右議案がもっぱら二名以上の保証人の有無を基準に保釈の可否を決定しようとする点に反対し、「保証人ノ有無ニ不関」裁判官の「明察」に、仮釈認否の判断を委ねようと言うのである。

以上のような七例のほか、特に自身の意見を述べることなく、他の委員の意見に同調しているにすぎない事例も見られる。(h)「明治九年四月本省達第四十八号司法警察仮規則増補ノ儀」(甲発九三号、明治一二年九月一六日中島錫胤起案) および、(i)「各人民ヨリ使府県以下ニ対スル訴訟ハ地方裁判所ニ於テ受理スヘキノ議」(甲発一〇一号、明治一二年一〇月一四日井上好武起案) に関しては、箕作麟祥のともに「否」とする意見に同調している。

すなわち、箕作の反対意見は、前者においては

本案中拒捕又ハ逃走等ノ憂アリ云々ノ文アレトモ凡ソ犯人ノ逃走セサル可キハ果シテ何等ノ者ニ付キ思料ス可キヤ又其他ノ犯人ハ止ヲ得サル場合ニ非サレハ捕縛繋留スルヲ得ストアレトモ止ヲ得サルニ非スシテ捕縛繋留スル場合アリヤ之ヲ解スル能ハス因テ本按ニ同意セス

また、後者においては

人民ヨリ院省使府県ニ対スル訴訟ニモ民事裁判所ノ管轄タル可キ事柄アリ又行政裁判所ノ管轄タル可キ事柄アリテ其民事裁判所ノ管轄タル可キモノハ地方初審裁判所ニ訟ヘシム可ク行政裁判所ノ管轄タル可キモノハ行政裁判所ニ訟ヘシム可シ然ルニ現今ノ処ニテ別段行政裁判所ノ設ケアラス院省使府県ニ対スル訴訟ヲ何事ニ因ラス悉ク上等裁判所ノ審判ニ付スルハ不条理ナリト雖モ明治八年本省甲第五号布達ニ「当分」ノ語ヲ用ヒタルハ追テ行政訴訟ト司法訴訟トノ別ヲ立テ特ニ行政裁判所ヲ設立セントノ御趣意ナラント思ハル然ル上ハ目今ノ処ニテハ訴訟ノ事柄ノ種類ニ因ラス唯院省ト使府県トノ間ニ於テ差別ヲ立ツルノ理ナシト思考ス故ニ本案ニ同意セズ

という意見である。磯部は、後年、箕作について「法律家として箕作先生を先輩とし又之を先生と称して少しも

差支ない方で」「敬服」していたと記しているから、[12] 傍若無人な磯部とはいえ、箕作説には一目をおき敬意を表していたようである。

このほか、(j)「大審院上等及地方裁判所各職制増加ノ議案」(甲発一〇七号、明治一二年一一月七日丹羽竜之助起案)に対しては、「可」とする賛成意見「官等ノ高下ヲ以テ判事ノ博識才能ヲ区別スルハ上ヲ敬スルノ深志ニ出テルモノニシテ且ツ実際其当ヲ得タルモノト思考ス因テ原案ヲ可トス」、(k)「吟味願ノ習慣ヲ廃スヘキノ議案」(甲発一一〇号、明治一二年一一月一二日岡本豊章起案)に対しては「否」とする反対意見「司法警察及ヒ治罪ノ方法未タ具備セズ目今ノ処吟味願之慣習ハ要用ノモノト思考ス依テ原論ヲ否トス」、(l)「明治十年二月十九日第十九号布告控訴上告手続第二十一条二条改正ノ議案」(甲発一一一号、明治一二年一二月一二日児島惟謙起案)に対しては、「可」「否」の判断を保留「可否如何ハ即答スルヲ得ス他日ノ会議ヲ待テ其如何ヲ決セン」、(m)「告訴吟味願ノ代人並付添人等贓罪又ハ告上不実ニ依リ受断ノ者訟庭ニ出ルヲ禁止セラルノ議案」(甲発七九号、明治一二年一二月一二日橋口兼三起案)に対しては、これを「否」とし[意見なし]、(n)「自首律ヲ廃スルノ議案」(甲発八〇号、明治一二年一二月一五日橋口兼三起案)に対しては、「否」とする反対意見「論主其当ヲ得タリト雖モ刑法修正案第八十五条ヨリ第八十八条ニ至リ自首減刑ノ原則ヲ挙ク此法ノ御施行不日ニ在ラン依テ方今ノ処敢テ改正ヲ要セスト思考ス」を、それぞれ添付している。

三 小括

以上、本章においては、磯部がフランスから帰国後、明治一二年三月から任じられた議法局修補課修補委員時代の諸活動について、主に法務図書館所蔵『修補課各委員意見書類』(第一・二巻)を素材として検討した。前述のように、右の意見書類は、修補課の最終的廻議案ではなく、複写本に過ぎないことから、同課で審議された意見書や各委員の賛否意見のすべてを含むものではなく、それゆえ、若き日の磯部の立法活動の全てを示すわけではない。こうした資料的制約があるとはいえ、この意見書類から浮かび上がってくる磯部の法学識の特徴は、以下の通りである。

修補課委員は、中央政府の司法官僚、全国地方・上等裁判所の所長、一部の大審院判検事によって構成されており[13]、そのため、議案の多くは、裁判実務における法適用の実態を反映したもの、実務的観点から法文の修正を提言したものが多い。もっとも、磯部の場合、彼が起草した法案としては、意見書類では二件、その他の状況証拠から一件が確認されるものの、すべて、修補課長の命に従ったもので、自発的な発案ではない。しかし、刑事代言制および陪審制の創設といった極めて重大な案件が磯部に委ねられていることから、当局が、彼の最新のフランス法知識に対して、どれほどの期待を寄せていたかがうかがわれる。意見書の内容を見ると、控訴期限の短縮について、控訴人の控訴権確保の観点からこれを退け、刑事被告人の人権擁護の観点から刑事弁護の必要性を力説し、国民の司法参加と権利意識の育成の観点から陪審制の創設を訴えている。フランス法知識に裏打ちされた人権感覚は、委員中でも箕作麟祥とともに、卓越している。

他の委員が提案した案件について、磯部が発した認否の判断およびそこに付された意見を見ると、修正案の解釈上の不十分さを指摘した意見が多く、さらには、たとえば(a)において罰金科料を安易に拘留に換えることに反対し、(e)では糺問判事の特権たる問糺を警察官に委ねることの否を訴えるなど、刑事被告人の権利を擁護しようとする姿勢が明確に見出されるのである。

（1）『太政類典』第三編（自明治十一年、至明治十二年）・一二（学制）・生徒「磯部四郎帰朝」（2A-9-〔太〕660）。

（2）大木喬任文書（国立国会図書館憲政資料室）。なお、解説にあたっては日比佳代子氏（明治大学博物館）の御助言をえた。

三　小括

（3）「磯部四郎先生御譚話拝聴筆記」（大木喬任文書）。なお、この筆記録は、大木の伝記を作成するため、内田鉄次郎が大木と親交のあった名士から聞き取りした速記録である。村上一博編『磯部四郎論文選集』（信山社、二〇〇五年）に収載した。

（4）修補課については、手塚豊「司法省修補課（明治十二、三年）関係資料」（『法学研究』第三四巻五号、一九六一年、のち手塚豊著作集第六巻『明治刑法史の研究（下）』慶応通信、一九八六年、所収）に詳しい。

（5）法務図書館所蔵『修補課各委員意見書類』（第一・二巻）［XB100 S4-1a・1b］。

（6）児島は、実際の例を引きながら、「……控訴期限三ケ月ノ長キハ人民ヲ寛待優遇スル者ナリト主意ハ則忠ナリ厚ナリ、然レトモ奸民是ニ因テ義務ヲ免ル、ノ実弊多キヲ奈何セン……」と述べ、区裁判所から地方裁判所への控訴期限について、民事は一ケ月・刑事は十日間とし、地方裁判所から控訴院へは、民事は二ヶ月（刑事は従来通り）に改正すべき旨を提案している。

（7）穂積陳重「刑事弁護制の主唱者」（『続法窓夜話』岩波文庫、一九八〇年）。穂積が閲覧した『修補課各委員意見書類』は修補課の最終的廻議案の原本であると考えられる。幸いにも、穂積論文に当該上申案の扉部分の写真が掲載されているので、本稿が依拠している法務図書館所蔵の『意見書類』のそれと比較しておこう。【写真】

（8）尾佐竹猛も、穂積に依拠しながら、磯部の刑事代言論を評価している（尾佐竹猛「刑事弁護制に就いて」『法曹会雑誌』第二巻一号、一九二四年一月、のち加筆の上、『明治警察裁判史　附刑事弁護制』邦光堂、一九二六年刊、『尾佐竹猛著作集』第二巻、ゆまに書房、二〇〇五年刊、所収）。

（9）尾佐竹猛「日本陪審の沿革」（八）（『法曹会雑誌』第一巻九号、一九二三年一二月、同『明治文化史としての日本陪審史』邦光堂、一九二六年七月刊、前掲『尾佐竹猛著作集』第二巻、所収）一六二～四頁。

（10）磯部四郎「陪審制度の設定を望む」（『日本弁護士協会録事』第一三六号、明治四二年一一月発行）、「陪審を要する意見」（『法律新聞』第六〇六号、明治四二年一一月発行）など。いずれも、前掲・村上一博編『磯部四郎論文選集』に収載されている。

（11）「四光太夫」とは、玄人はだしと言われた浄瑠璃における磯部の芸名である。

（12）「磯部四郎の談（明治三四年八月三日）」（大槻文彦『箕作麟祥君伝』明治四〇年刊、前掲・村上一博編『磯部四

刑事代言人上申案（穂積陳重論文所載の写真）

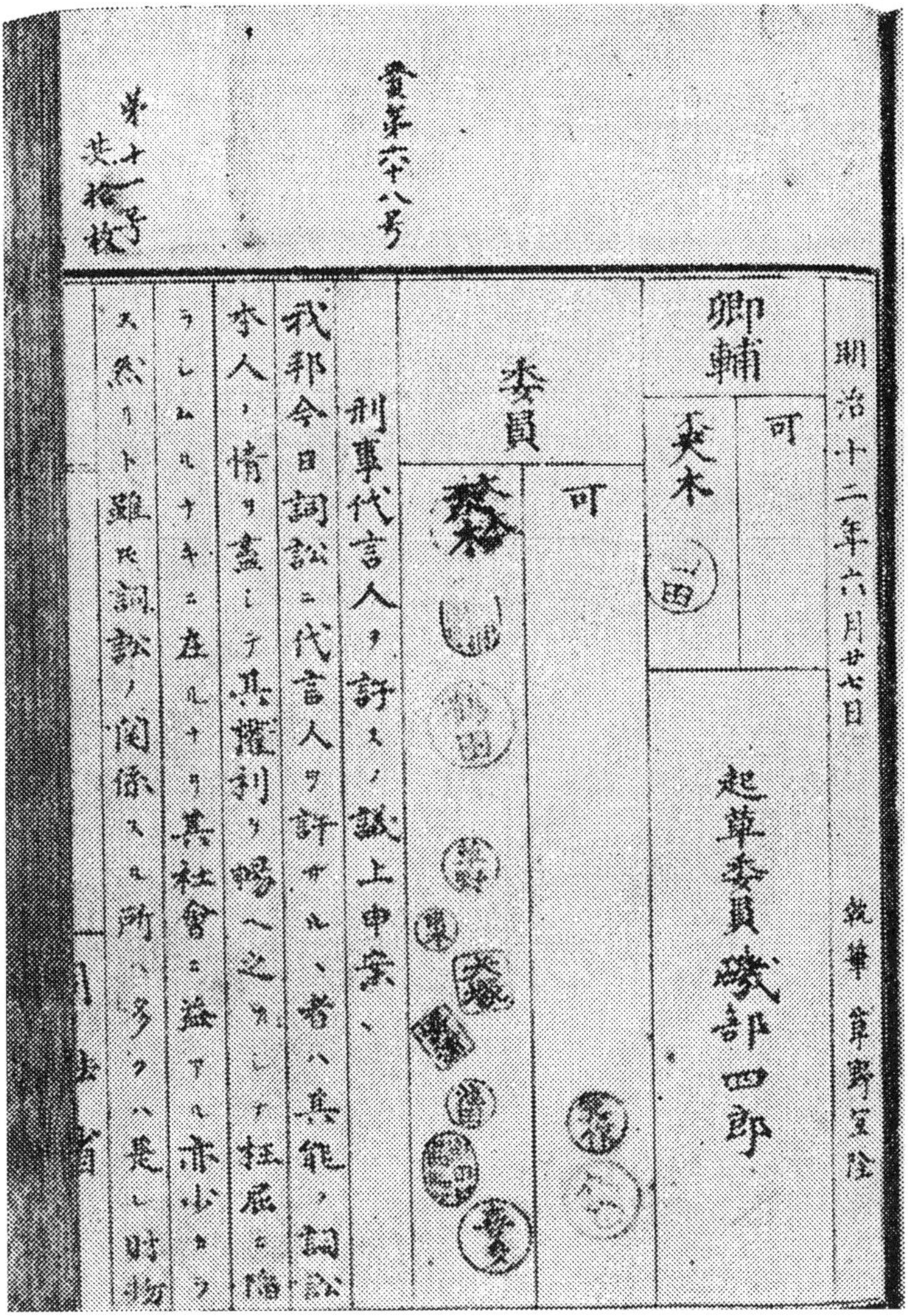

明治十二年六月廿六日
執筆 草野宜隆
起草委員 磯部四郎

卿 可
輔 可
委員 可

第十一号
廿拾枚

第六百六十八号

刑事代言人ヲ許スノ議上申案

我邦今日詞訟ニ代言人ヲ許サルヽ者ハ其能ク詞訟本人ノ情ヲ盡シテ其権利ヲ暢ヘ之カ為メニ枉屈ニ陥ラシムルナキニ在ルナリ其社會ニ益アル亦少カラス然リト雖氏詞訟ノ関係スル所ハ多ク是レ財物

司法省

刑事代言人上申案（法務図書館所蔵資料）

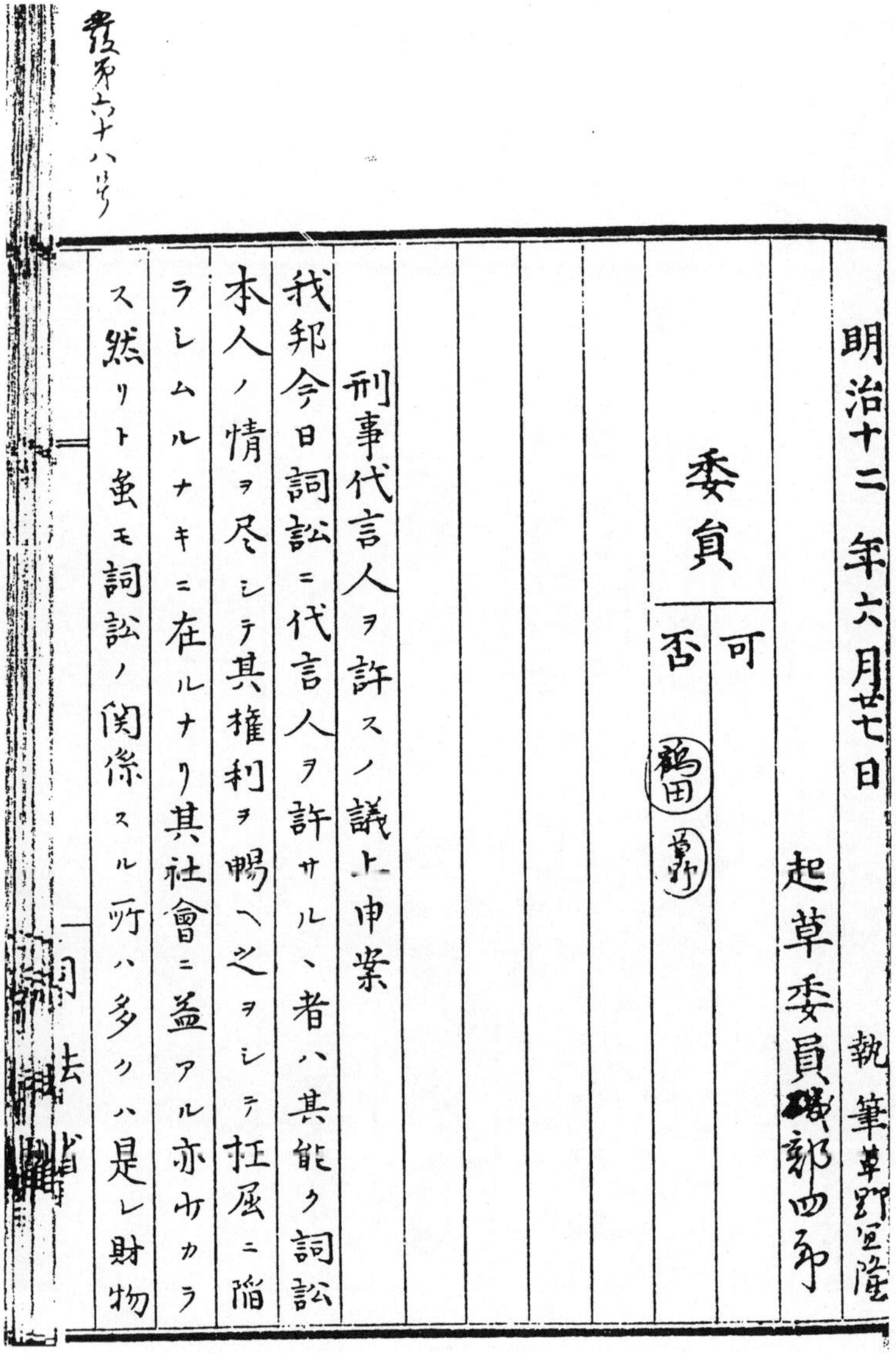
費第六十八号

明治十二年六月廿七日　起草委員磯部四郎　執筆草野宣隆

委員　可　否

鶴田　草野

刑事代言人ヲ許スノ議上申案

我邦今日詞訟ニ代言人ヲ許サルヽ者ハ其能ク詞訟本人ノ情ヲ尽シテ其権利ヲ暢ヘ之ヲシテ枉屈ニ陥ラレムルナキニ在ルナリ其社會ニ益アル亦少カラス然リト雖モ詞訟ノ関係スル所ハ多クハ是レ財物

司法省

郎論文選集』所収）二九九頁以下。
（13）構成委員の姓名と当時の職名は、手塚豊・前掲「司法省修補課（明治十二、三年）関係資料」二七七〜二七九頁、参照。

磯部四郎——民法学者としての一断面

平井一雄

はじめに

磯部四郎(1)を民法学者と呼ぶにはいささかの躊躇がある。というのは、その著作目録をみれば、憲法、商法、刑法、治罪法から、イエーリングの「ローマ法の精神」の訳書まで、広範囲に及んでおり、むしろ法律学者と呼ぶのが相応しい。ただ、私が民法研究者であるので、せめて民法の面から、かれの仕事を評価してみようという大それた考えの下に一文を草したのが本稿である。

「磯部四郎研究」と銘打ったこの企画では、私のほかに、岡教授、橋本教授が民法学者として磯部の民法学評価をされることとなっており、それぞれのお考えに基づいて成果を出されることであろう。ところで、民法に限っても、磯部の著書として「大日本新典民法釈義」全一〇冊（旧民法のコメンタールというべきもの。財産編四冊、財産取得編三冊、証拠編一冊、人事編二冊。残念ながら債権担保編がない。）があるほか、法典調査会の委員としても明治民法の策定にかかわっており、厖大な量にのぼるこれらを通読して、磯部の民法学の特色を喋々する能力は私にはないと言わざるをえない。そのごく一部をとりあげて、なにか磯部の片鱗に触れることはできないか。「民法学者としての一断面」とお断りしたゆえんである。

一　磯部四郎と旧民法編纂との係わり——民法釈義の「緒言」から

先に掲げた「大日本新典民法釈義」(信山社の日本立法資料全集別巻に収められた復刻版による)の「緒言」(2)は、民法の意義から説き起こしてわが国の民法典編纂事業についてまでを書いているが、そこに、磯部自身がいかに編纂事業にかかわったかが述べられているので、以下、これを引用しつつ磯部の活躍振りを見ることにしよう。

まず、明治一三年五月、大木喬任を総裁として民法編纂局が設けられ、ボアソナードも含めて自分も委員の一員となったこと。(3)編纂局の事務の分担は、楠田英世、津田真道、水本成美、玉乃世履、西成度、池田弥一の六人が討議委員で、起草委員の提出する草案を「討論議決スルヲ以テ専務」とし、箕作麟祥、ボアソナード、黒川誠一郎と磯部が起草委員となって、「専ラ草案編成ニ従事」したこと。そして、「起草ハボアソナード氏ノ主管シタル所ナリト雖モ我カ風土人情ノ宜キニ適スルモノト思考スルノ件件ヲ一々同氏ニ報知シテ之ヲ編成セシムル事ヲ怠ラサリシハ起草委員ノ大ニ与リテ力アルト所トス」とする。

このように、間断なく明治一九年三月に至るまで編纂事務を執ってきて、新民法中、財産編、財産取得編の草案は編纂局廃止の前に成ったので、廃局の際大木総裁から既成の民法草案を内閣に提出してその所見を上中したことがある。

明治一九年四月、民法編纂局の事務を司法省に引渡し、同省においてさらに民法草案編纂委員を設けて専ら人事編の起草にあてることとなった。その委員は、南部甕男、妙光寺三郎、井上正一、熊野敏三など八名で自分もその一員となった。明治二〇年一二月法律取調局が設定されるや、民法、商法。訴訟法および裁判所構成法の編纂に関する事務は一切同局に移し、司法大臣山田顕義が委員長となって既成の草案を議定評決する権を有する法律取調委員と起草説明の事務にあたる報告委員とが設けられた。(4)「同局ノ事務上最モ注目スヘキハ会ヲ同局ノ議事ニ外人ヲ列セシメサリシニ在リ蓋シ自国ノ法律ヲ議スルニ外人ヲ参与セシムヘキノ謂レアラサレハナリ」。また、同局の事務分担上分けて「組合」を構成させ、民法については、財産編以下過日発布の民法全部を担当するもの、人事および相続、贈与、遺言ならびに夫婦財産契約に関する事項の編纂を担当するものとし、自分は、相続、贈与、遺言の事項編纂を担当した。「案成リテ各先ツ之ヲ組合会議ニ提出シ其ノ議定リテ後之ヲ各組合ノ議定案トシテ委員会ニ提出セリ他ノ組合モ亦執務ノ手続ハ大略コノ如シ」。

「是ニ由リテ之ヲ観レハ新典民法ハ専ラ外国人ノ手ニ成リテ我カ国固有ノ慣習ヲ顧ミスト世人ノ評スル如キハ全ク無識ノ妄想タル謗リヲ免レサルナリ慣習ヲ旨トスル人事相続ノ如キハ勿論其他ノ部分ト雖モ採ルヘキノ慣習ハ一トシテ我カ民法編纂者ノ漏ササリシモノト余ハ断言シテ憚ラサルナリ」。

このように磯部は、旧民法の編纂事業に深くかかわり、そこにおける仕事を踏まえて「釈義」を上梓するに到ったといえるのである。

二 「釈義」断片――贈与、時効

贈与、時効とも、「釈義」緒言における磯部の言葉を借りれば、いずれもボアソナードが「主管」した部分ではない。

1 贈　与

まず贈与をとりあげるが、ここでは、贈与の成立と忘恩による撤回について触れることとする。

ボアソナードのProjet(5)では、贈与は、第三巻・財産取得編第一一章として、六五六条から六六〇条があてられているに過ぎない。これに対し、旧民法では、財産取得編の第一四章「贈与並びに遺贈」なる表題のもと、贈与の部分は三四九条から三六七条までであり、Projet にない規定が増え詳細になっている。ボアソナードは、その大綱を示しただけで、磯部ら委員が細部を起草したからにほかならない。明治民法では、いうまでもなく五四九条から五五四条までであって、旧民法に比し整理され簡潔となっている。

⑴　贈与の成立

Projet 六五六条一項は、「生前贈与は贈与者が無償すなわち対価を受けずに受諾する（acsepte）受贈者に物権又は債権を与える合意である」とする。しかし、合意のみで成立しなんらの要式を要しないのかはまた別であって、この点については、同六六〇条で、贈与の方式（forme）は本書第二部第三章の包括名義の贈与の関するところで規定するとされているが、結局 Projet ではこの部分は見ることができないので、冒頭に引用した「釈義」の緒言で磯部が述べたように、磯部たち委員が起草したものと解される。

では、旧民法ではどうか。同財産取得編三四九条は、「贈与トハ当事者ノ一方カ無償ニテ他ノ一方ニ自己ノ財産ヲ移転スル要式ノ合意ヲ謂フ」と定め、さらに、同三五八条では、「贈与ハ……普通ノ合意ノ成立ニ必要ナル条件ヲ具備スル外尚ホ公正証書ヲ以テスルニ非サレハ成立セス」として、厳格な要式を要求していたのである。もっとも、同条二項で、「慣習ノ贈物及ヒ単一ノ手渡ニ成ル贈与ニ付テハ此ノ方式ヲ要セス」として、実生活上の不便のないような配慮が施されていた。

ここで、お断りをしておく。以下、諸所で「釈義」を引用するが、原文はカタカナ交じりの文語体であるので、基本的には原意を尊重しつつ私がひらがなを用いた現代文に改めた（要約したところもあり、かつ、短文についてはそのまま引用したところもある）。はたして現代文と言えるのかも心許ないが、ご海容ありたい。

さて、「釈義」によれば、贈与の成立に公正証書を必要とした理由については次のように説かれている。契約自由が民法の法理だが、「一個人の利害得失に関する事項も全くこれを各人の自由に放任するときは、終にはこれがために産を破り、一家の親族をして路傍に彷徨わせるに至るような危険がないとはいえない。このような恐れのある事項は、社会の公益に関するものとして論じなければならない。……贈与の合意についても特別にふまなければならない方式を設定したのは、かように公益を保護する目的に出たものであって、すなわち、当事者の随意に放任しておくときは、おそらくは家産の維持に重大な危険をきたす憂いを免れないと考えたからである。(6)」

このところの起草にあたって磯部らが範としたであろうフランス民法は、八九四条で生存者間の贈与に受贈者の承諾を要する旨を定めるとともに、九三一条で、「生存者間の贈与を定めるすべての証言は、契約の通常の形式にしたがって、公証人の面前で作成される。その原本 minute は、保存される。これに反する場合には、無効とする。(7)」とする。

これを見れば、旧民法の贈与の成立に関しての要件は、フランス民法と同一であると言いうる。このように、贈与の成立ないし有効要件として厳格な要式を求めることは、ドイツにおいても同様であり、磯部の見解は当時の仏・独の立法例とも合致するのである。(8)ところが、明治民法では、書面による贈与は撤回しえない（五五〇条の反対解釈）との制約は設けたものの、その書面は公正証書に限られず、他方、書面によらない贈与の有効性を広く認め、ことの是非はともかく、立法例としては、後述の忘恩による撤回を許さないとする態度とともに、仏・独とは異なる独自のあり方を呈している。

明治民法において、贈与の方式が緩和された理由につき、穂積が法典調査会で述べた骨子は以下の通りである。まず、日本の公証人というものは、外国のようにこれまでの権利関係を説明して依頼者を保護するようにまだなっていないと思われる。さらに、一々公証を経なければ贈与契約は成立しないとするのは甚だ煩わしいことである。それならば無方式でよいかというと諸国で無方式でもよいとするところはない。公正証書である必要がないとする国でも、書面が担保か、一定の額以上については裁判所の認許をえなければならないとされている。公証のごときあまり人民も慣れていない煩わしいことによらず、一方では、重要なことであるから、当事者が充分に考えて、その与える利益享ける利益を明らかにするという意義もあるので、日本の有様からすると書面によるという位のところが穏当の主義であろうかと、このような案とした、とする。なお、既成法典では、慣習の贈物の場合には方式を要せずとなっているが、この慣習ということもその範囲が明らかではないので、書面によらない場合にもとにかく贈与としては成り立つけれども、その履行が完了するまでは取り消すことができるとし、受贈者においても無理に供与せられるということもないから、「各当事者之ヲ取消スコトヲ得」[9]と書いた、と述べている。

旧民法のように、いわゆる日常の贈答を除いて贈与は公正証書によるべしとするか、如上の明治民法の態度をよしとするか、その優劣を判断する場でもなく、また、それをする能力もないが、先述のように、仏・独が厳格な方式を要するとしていることと、他方で家産の管理権は一手に戸主が握っていた明治民法のもとでは、磯部が述べた危惧も決して故なしとはしないであろう。ちなみに、贈与の「節」が審議された明治二八年四月二六日の法典調査会第八一回議事では磯部の発言は見られない。おそらく欠席であったろうと思われる。

(2) 忘恩による贈与の撤回

Projet 五六七条二項は、「贈与者またはその相続人は、法律の認める原因あるにあらざれば、贈与を撤回することを得ない」として、フランス民法九五三条以下を参照条文としてかかげてある。フランス民法九五三条は、贈与の撤回が認められる原因として、第一、受贈者の忘恩、第二、受贈者に課せられた義務の不履行、第三、贈与者の子の事後出生、を掲げているが、これらについてボアソナードはコマンテールで次のように述べている。

日本においては、この第三の原因を認めることは躊躇される。しかし、第一の原因は、自然公平（égalite naturelle）の理由から採用されるべきであり、とくに、第二の原因は、相互に義務を負うものは（贈与のように不公平な場合でも）、自ら義務を履行しないときは相手方にその義務の履行を求めることができないという、一般原則の適用上、採用されることは疑いない[10]、と。

このように、ボアソナードは、贈与の撤回原因として、第一のものと第二のものとが日本民法にも採用されることを期待したが、旧民法ではどうであろうか。同法財産取得編三五〇条一項は、「贈与ハ有期又ハ条件付ナルコト有リ」とし、同二項では、「贈与ハ法律ノ認メタル原因アルニ非サレハ之ヲ廃罷スルコトヲ得ス」として、この点は前掲 Projet とほぼ同様であるが、個別的に贈与廃罷の規定においては、「贈与ハ合意ヲ無効ト為ス普通ノ原因ノ外尚ホ贈与者ノ要約シタル条件ノ不履行ノ為メ之ヲ廃罷スルコトヲ得」（三六三条）として、前述第二の原因についてはは考慮したものの、フランス民法が認めボアソナードが採用さるべきであるとした第一の原因、すなわち忘恩行為による贈与の撤回と、採用に躊躇を覚えるとした第三の原因、すなわち子の事後出生については、ともに明文の規定は設けられなかった（というよりも、意図的に排除された）。そのうち、忘恩について、なぜ旧民法は規定しなかったのか。磯部の「釈義」によれば、以下のようである。

「仏国民法においては、条件の不履行、受贈者の忘恩及び贈与者の子の出生をもって贈与廃罷の特別原因とし我草案者もまた忘恩をもって廃罷の原因とした。蓋し贈与は恩恵の契約であって、売買もしくは交換のように当事者双方において利益を争うような性質を持つ契約ではなく、贈与者がただ受贈者を恵もうとする厚意からでた契約であるのに、受贈者がその厚意に悖りあるいはかえって仇するような行為があったというようになったとすれば、実に忘恩の甚だしいものと言わざるを得ない。それゆえこの忘恩は贈与廃罷の原因としなければならないとするのであろう。しかし、人に向かって恩恵を施そうとする者は、決して報恩を受けようとする意思に基づいてこれをするのではない。にもかかわらず、忘恩をもって廃罷の原因とするときは、受贈者に対して報恩を望む意思がどこかにあると見なければならなくなる。このようなことは、むしろ贈与者の厚意を害するものと言わなければならない。」

また、次のようにも言う。

「廃罷の原因を多く認めることは、ますます所有権の不確定な財産を構造する結果となり理財上においても不得策である。蓋しこの点が我が民法において右二個（子の事後出生も）の原因を削除した所以である。[11]」。

この立場は、明治民法の起草者にも受け継がれる。法典調査会において、贈与規定の説明にあたったのは穂積陳重であるが、次のように言う。

「贈与者ニ対スル恩ヲ忘レテ夫レヲ廃罷スルト云フ規則モ諸国ニアリマスルガ之モ甚ダ不都合ナ規則ト思ヒマス。他人ニ物ヲヤルト云フノハ、或ハ其人ニ好意ヲ表スルトカ情愛上カラヤルトカ或ハ其人ニ対スル恩ヲ謝スルトカ一々相当ノ理由ガアツテヤルノデアツテ決シテ其人カラ恩ヲ買ハウト云フ旨意デハナイ。デ恩ニ背イタラバ之ヲ取返シテ宜イト云フ規定ハ、裏カラ申シマスレバ則チ他人ニ恩ヲ売ル為ノモノデアルト看做スト殆ンド同ジコトデアラウト思ヒマシテ是ハ甚ダ道理上面白クナイ規定ト思ヒマス。斯ウ云フモノハ採用スル必要ハ見マセンダ[12]。」

かようにして、磯部の説くところと同じような見解から、旧民法においても明治民法においても、「忘恩行為による贈与の撤回」は認められないこととなった。贈与とは恩を売るものではないという見方は、あえて言えば武士的潔さとも評しうるが、老後扶養の意も含めて生前に全財産を贈与したところ、受贈者である子は、その後掌を返すように贈与者たる老親に冷たくあたるようになったというような場合における贈与者の救済に、適切な適用条項を欠く結果を招来することとなった。一例を挙げれば、最判昭和五三年二月一七日の事案では、一審は、信義則によって贈与の撤回を認め、二審は、負担付贈与の不履行と構成して解除を認め、最高裁はこの二審判決を維持したものであるが、受贈後の親の扶養を双務契約の規定が準用される負担付贈与と見てよいものかについては、疑問が残るのである。[13]

ともあれ、仏・独などで、おしなべて認められていた忘恩による贈与の撤回を、わが民法では導入しなかったのであるが、このような態度を決める魁となったのが、磯部の見解であると言ってよいであろう。[14]

2 時効観

「釈義」には、磯部の時効観が示されている。ただ、彼の叙述の方法が、概して事例を挙げそれに則して論理を展開していくというものであるため、これを要約することは難しく、したがって、以下では、彼の説くところをほぼそのまま紹介する。なお、かなりの長文に亙ることをお断りしておく。

はじめに、時効には、取得時効と免責事項（消滅時効）との二種あることが説かれ、わが新法（旧民法）が、時効を証拠編中に規定し法律上の推定の一種としたことが当を得たものといえるかを問い、かかる時効の性質論については、これまでさまざまな議論がなされたものの、要するに、一方はこれを「証拠方法」とし、他方はこれを「単に取得および免責方法」とするかであって、まず、後者の所説の大要を挙げれば次のようである。

「およそ所有者も自ずからその本分があって、その所有物を保管し修繕するなどのことを公然と続行することを要する。しかるに、ここにある物の所有者があって、長時間その所有者である本分を実行しないままに経過し、かえって他人がその物を占有し公然に所有者であることの本分を実行して、多少社会の理財を補助してきたとしよう。この際、この物件の所有権はいずれの者に属すとすべきであろうか。かりに、その所有権は公然に所有者としての本分を実行してきた者に属すとしないで、長時間ほとんどこれを放棄して来た者に属すとすれば、ここに解怠者を保護するという結果をみることとなって、これは決して法理の許さないところである。ゆえに、あえて当初の占有の状態がどうであるかを問題にせず、法定の年限を安全に経過した以上は、法律上現にその物件を占有する者を保護して、当然それに所有権を与えなければならない。

義務を免脱するについてもこれと同様である。権利者であれば権利者であることの本分があって、請求期限が到来すればこれを請求するのが至当でありかつその者自身の利益でもある。しかるに、長年月の間一回も請求せずに経過したときはその者が権利を放棄したものと見るほかはないであろう。しいてその利益を権利者に与えて義務者に対し請求をさせる必要があるであろうか。通常は、権利者という者は一日片時もはやく自己の権利の行使がなせることを熱望するもので、現実がそうであるにもかかわらず、権利者である者が当然に実行できる権利を長期間打ち捨てておくのは権利者としての本分を欠くと言える。ゆえに法律はかような懈怠者を保護せず、かえって義務者が安全に法定の年限を経過したときはその義務を免れるものとするのである。すなわち、時効とは、権利を取得しまたは義務を免脱する方法である。」

時効は証拠方法であると主張する学説の主眼は次の通りである。

「時効とは、権利を取得し義務を免れる直接の証拠なしといえども、取得についてはある期間の安全な占有をもって取得の証拠とし、免脱についてはある期間権利者の請求を受けなかったことをもって免脱の証拠とする、一種の法律上の推定をいうものである。時効を単に取得および免脱の方法であるという者がいるが、そもそも、いかに長年月を経過したとしても、その効力によって真に取得した権利を取得あるいは真に免脱した義務を免脱するいわれはない。時効の規定が、他人の物を奪いかつ領しまたは他人に対する義務を履行しなくとも、若干の年月を経過すればすなわちその所有権を取得しまたはその義務を免れるという趣旨であるならば、そのような規定は直ちに廃止すべきである。

実に条理をもって基本とする法律中に、このプレスクリプションの規定を設けたのは、これまた条理および世間普通の状況に基づいて置かれたものに他ならない。物権または人権(債権)があるにもかかわらず、長年月これを等閑に付しておくのは普通の人情に悖るものと言わざるを得ない。われわれは一生の間に他人と種々の契約をすることは無限である。その無限の契約に関する証拠類をいちいち保存する者もまた稀であろう。現にある契約をして権利義務を負担したとしても、その後長年月を経過するに至りもはやこれに関する証拠書類を必要なしと思ったときは、それを反故に付して疑わないのが世間の通例である。

ある物を占有し数十年間公然その物について所有者同様の行為をなしてきた実績がある、あるいは、他の人より数十年来かつて一回も義務履行の請求を受けたことが無いという場合に、突然、自ら物権又は人権(債権)を有すると主張する者が現れて、君の占有物はもとから自分の所有物であるといい、あるいは、君は私に対してかくかくの債務があるといって、数十年前に成立した証拠類を援用してその権原を証明する場合、他方、その占有者またはそのような債務ありと主張された者が所有権の取得を証明しまたは債務の免脱を証明する直接の証拠がないために、所有権を引き渡しまたはその債務の履行せざるを得ないものとするときは、その迷惑はどれほどのものであろうか。これは決して条理の許すところではない。これらの場合、その直接の証拠がなくても、法定の期間を安全に経過するの事実をもって権利取得あるいは義務免脱の証拠とすることは充分に理由のあるところであって、これが時効が証拠方法であって条理および世間普通の状況に基づくものであると言う所以である。」

以上のように、時効の性質に関する二説を披露した上で、磯部は次のように述べるのである。

「上の第一説に従うときは、時効の規定は、むしろ財産取得編に入れるべきであって証拠編中におくことはできないこととなる。本編起草者は(これが誰を指すかは不明―後記参照)かつて第一説に賛成していたが、説を変えたことを喜ぶものである。自分は第一説に反対であった。この説のように、権利なき者に権利を与え義務ある者に義務を免れしめるようなところに時効の意味あるのならば、暗に他人の物を横領し又は債務弁済をしないことを奨励するようなものである。第二説がわが立法の主眼であって、公然平穏な長年月の経過によって正当に権利を取得したであろうまたは義務を免脱したであろうとの、法律上の推定にして証拠方法の一種であることは争い得ないところである。」

ここで、磯部はいかにも彼らしい提案をする。すなわち、時効制度は以上のような目的を有するものであるから、「時証」と言う用語を用いるべきである、と。そして、さらに語を継いで次のように言う。

「相手方は、かつて正当に権利を得たがこれを証明する具を亡失したもの、または、すでに債務を弁済したけれども、当初差し入れた証書を取り戻さずあるいはその受取書を取って置かなかったかもしくはこれを後に亡失したものであろう。だからこそ権利者は以後黙々とそのままに経過してきたのであろうと推定するが故に、長く放擲しておいて突然差し出した証拠類を信ずるに足りないとするのである。このように考えれば、法定の期間を経過した事実が取得または免責の証となるものであって、時間の経過によって取得または免責の効力を生ずるものではない。これが、時効の効を証と改めんと欲する所以である。　時自分はかつて官命を奉じて本編草案を調査するにさいして、プレスクリプションを時証と訳したが、その後取調局において時効と訂正された。」

また、次のようにも言う。

「ある人曰く。第一説でも第二説でも、結局その権利を取得し義務を免脱することになるのであるから同じことになるのではないか、と。自分は、フランス留学中夙に時効は証拠方法であると言う説を信じていた。当時、同窓の僚友、中熊野および岸本などは反対説に組していた。自分は大学に出るかたわらニナール博士に就いて勉強していたが、同氏もまた反対論者の一人であった。しかし、両説の間には明確に区別して見るべき一個の差異がある点を主唱することができる。もし、時効をもって取得の方法なりとするときは、売買、交換、贈与等によって権利を取得した場合と同様に論じなければならない。しかし、これらによって権利を取得した者が、この権利を譲渡者に返還しようとする場合には必ずさらに売買、交換、贈与等のいずれかの方法によらざるをえない。要するに、一旦正当な方法をもって取得した権利は、さらにまたその方法の一つによらなければ他人に移転するものではない。ところが、ある者が時効を主張してある権利ありとの判決を受けたとしても、翌日その権利を敗訴者に返還したと仮定しよう。この場合においては、いわゆる自然義務の履行であって再びその権利を取り戻すことはできない（財産編五六三条参照）。免責時効についてもこれと同様であることは言うをまたないことであって、証拠方法によって獲得した権利もしくは免れた義務は、その者任意に返還しもしくは履行することは全く妨げないのである。(15)」

ここで、ボアソナードの時効観について、簡単に触れておきたい。ボアソナードは、旧民法の時効規定の詳細な策定は日本人委員に委ねられるものとして、Projet では僅か一〇ヶ条を設けていたに過ぎないが、冒頭の一四二六条のコマンテールで、制度の沿革から説き起こしてかなり詳しい時効観を展開している。そこでは、磯部が述べたように、フランスでは、時効を権利得喪の直接の原因とみるか法定証拠とみるかについて学説の対立があり、それゆえ、日本法においてこれを法定証拠と位置付けることには躊躇もあったが、自分はかねてから法定証拠説であり、委員諸君の賛成を得たことでそのように草案を定めることとしたと書かれている。それゆえ、磯部の論述のなかで、本編起草者はかつて権利得喪説であったが後に説を変えたというところの、「本編起草者」をボアソナードとは見難いところから、括弧書で、誰を指すかは不明としたのである。

それはさておき、時効の性質をいかにみるべきかについて、Projet の有名なくだりは次のように言う。「古代の法律学者が、時効を人類の保護者と称したのは、決してこれをもって自己の約束と署名とに対する債務者の不誠実と横領とを保庇する[16]（faire un manteau complaisant）意ではない。実体法が、昔からの所有者あるいは債権者からわずらわされることなく長く平穏に過ごした占有者あるいは債務者の権利のために有利に働くのは、取得者免責の証拠を失いもしくは当初からその証拠を有することを怠った者のためにこれを助けんとするためのみである。[17]」

要するに、ここに説かれていることは、先に紹介した磯部の議論と内容的に変わるところは無い。むしろ、磯部の方がボアソナードのかかる叙述にそのまま乗ってさらにくどく説明したにとどまるというのは酷評に過ぎるであろうか。かようにして、時効制度を権利者あるいは弁済者にしてその証拠を失った者を保護する制度とみたとしても、結果として権利者から権利を奪いあるいは本来なすべき弁済を免れしめることも生じうるが、この点については、すくなくともボアソナードは、正直な者の利益のために法がありそれによって不正直者が保護される結果が生じても、それは最良の法でも免れない危険であるとして、一応の弁明をしているのであるが、磯部にはこの点についての記述は見られないのである。

なお、梅謙次郎に「日本民法証拠編講義[18]」なる著作がある。その「緒言」において、そもそも民法典に証拠編をおく旧民法のあり方を痛烈に批判し、時効制度についてもこれを権利得喪の方法とするのであるが、此処では、その論を紹介する紙幅がない。

三　抵当権本質論

すでに触れたように、「釈義」には債権担保編を欠いている。しかし、物的担保については、現在のところ復刻をみていないが「仏国民法先取特権及抵当権講義」がある。同書は、刊行が明治法律学校であることから、同校における講義用教科書であろうと思われるが、内容は単にフランスの制度の紹介にとどまらず、磯部独自の見解が披瀝されており、ここに採りあげるに値するであろう。そして、とくに、抵当権の本質につき、彼がどのように把握していたのかを見ることにしたい。その理由は、次の点にある。

従来、抵当権の本質は、不動産という「物」を対象にする物権でありながら、もっぱらその価値を把握し、それによって優先的に被担保債権の弁済を受けうる権利とする、価値権説が有力であったと思われる。したがって、抵当権は、目的不動産の占有に干渉しうる権利ではないとされる。このことは、抵当目的物上の不法占拠者に対しても、抵当権者は抵当権に基づく妨害排除請求をなしえないとした最判平成三年三月二二日判決[19]（同判決では、抵当権者が抵当権設定者の有する所有権に基づく妨害排除請求を代位行使することも否定されている）に端的に示されていたと言ってよい。しかし、周知のように、最大判平成一一年一一月二二日[20]が、債権者代位権構成により妨害排除を認め、これを受けて最判平成一七年三月一〇日[21]が場合を限定してではあるが抵当権に基づく妨害排除請求を直截に認めるに至って、かかる効力が、抵当権のいかなる本質から導き得るのかを再考慮すべきことが求められることとなった。このような観点からして、磯部は抵当権の本質をどのように見ていたのかを探る意味があると言えるであろう。

まず、ボアソナードは抵当権の本質をどう見ていたか。彼によれば、抵当権設定者は、残存する所有権に基づき目的不動産につき使用・収益・処分する権利を有するが、所有者として恣にこれを毀損あるいは滅失せしめることをえず、また、処分をなしても抵当権の追及効に服さなければならない。この意味において、抵当権は目的不動産の所有権を支分した不動産上の物権である、と。[22] このように、抵当権の本質を démenbrement de la propriété とするのは、当時のフランスの学説では有力であったようである。

しかし、磯部は、支分権説を排し次のように説く。

「フランス民法二一一四条一項は、抵当権を droit réel としている。これに関しては、実際上の利益におけるよりも法理上の利益を有する問題がある。すなわち、抵当権は一個の物上権であるが、それは所有権の一支分権であるか否かという問題である。

これについて現今反対説と肯定説とがあるが、自分はそのいずれに組みするものではなく、独自の見解を立てるものである。「但シ余ノ説ヲ取ル者アルト否トハ豪モ余ノ関セザル所トス余ハ他力ノ為メニ説ヲ動カス事ヲ為サザルナリ」。もっとも、私見を述べる前に従来の説を「摘録」しよう。

第一説は、抵当権の本質は、所有権の支分権ではなく一種特別の物上権とする説である。この論者は、所有権の構成要素は、目的物を使用・収益・処分しうることに尽きるが、所有権の支分権というためにはこのいずれかの元素をもって組成されていなければならず、抵当権はそれに該当しないということを根拠とする。しかし、所有権は一切の物権を併せて大成したものであるということが正しければ、物権であって所有権に包含されないものはなく、抵当権も物権である以上所有権に包含されるものと解さざるをえない。

第二説は、抵当権は所有権の支分権であるとする説である。この説は、所有権とは一個の物の上に存在しうべき総ての物上権の集合をいう以上、抵当権者が抵当権設定者の所有物上に抵当権なる物権を取得しているとすることは、すなわち所有権中に包含する一物権を支分するものではないか。また、所有権者は対象物を自由に使用・収益・処分しうるものであるが、抵当権の対象となった場合には、これを自由に処置できない。その結果が抵当権者を害することになれば、抵当権者はこれに故障をなすことができる。ゆえに、抵当権は所有権の支分権なりとする。しかし、このように故障をなすの権は抵当権者に限られるものではなく、一般債権者も一一六七条により抵当権者と等しき権利を有するといえるので、このことからして抵当権を所有権の支分権とする説には服しがたい。」

そして、磯部は、抵当権の本質を次のように解すべきだとするのである。

「まず、抵当権は物上権とする以上、所有権から支分された物権とせざるをえないが、それのみならず、一種の未必条件に従う所有権と見るべきである。売買において、売主は、その約定以後事件の到着有無の確定にいたるまで未必条件に従う所有権を有し買主も同じく未必条件に従う所有権を有するのではないか。抵当権もこれと同様である。抵当権の設定契約においては、債務者は他日債務の弁償をしなければ債権者がこれを売却してえた代価よりその債権額を先取りしてよいとの意思で約定をしており、債権者もこれを承諾している。ここにおける債務弁償の有無は未必条件であるから、抵当権は未必条件に従う所有権者であると言えるのである。[23]」

抵当権を所有権の支分権とする見方は、今はいささか奇異に聞こえるかもしれない。しかし、用益物権や担保物権を所有権の権能を制限する制限物権として理解することと相通じるものがあるといえるのではないか。それにしても、磯部の議論はやや緻密さを欠く。第二説の批判において、フランス民法一一六七条を持ち出すが、これは、債権者取消権の規定であり、債務者無資力(フランスでもこれが要件である)という特殊な場合にみとめられた債権の効力である取消権と、抵当権者が抵当目的物を害する場合の「故障」を主張できる権利、これはおそらく抵当権に基づく妨害停止ないし排除を指すと思われるが、それを同列におくことは難しいといわなければなるまい。抵当権者による目的物の処分については、抵当権の追及効に服さねばならず、ボワソナードはこのことも抵当権者が所有権に基づいて全くの自由に処分をなし得ない例としてあげているが(したがって、抵当権が所有権の支分権であることの理由とされる)、磯部はこの点については触れていない。また、売買においては、弁済期が未到来で代金未払いであっても目的物の所有権は「債権の効力として」移転するのであって(フ民七一一条)、代金支払いの有無の未必の条件に係るのではないはずで、磯部の意見を善解すれば、所有権移転時期における、移転時期を確定しなくてもよいとする段階的移転説に通ずるものがあるとでもいえようか。

ところで、抵当権の本質をどのように説明するかは難問であって、価値権説以後の諸説もこれに充分に応えているとは言い難いのではないかと思われる。その中にあって、磯部の「債務者は他日債務の弁償をしなければ債権者がこれを売却して得た代価よりその債権額を先取りしてよいとの意思に基づき……債務者の弁償の有無を未必の条件として目的不動産の所有権がこれに服している」とする叙述は、抵当権の本質を「換価権」とする立場に相通じるものがあるのではないか、と見ることもできよう。

終わりに

以上、大変雑駁ではあるが、磯部の「民法学」の一端を垣間見てきた。われわれは、明治民法の各制度趣旨を理解しようとするとき、ボアソナードにまで遡っていかなる制度設計に基づいて定められたものであるかを尋ねることがままあり、それが今日の解釈の基礎とされる場合を見る。債権譲渡の対抗要件に関する池田教授の業績や、抵当権の物上代位についての清原教授のお仕事などをその例として挙げることができよう。ただ、磯部が「釈義」の緒言で記し、本稿の冒頭で紹介したように、ボアソナードが日本人の委員に起草を委ねた部分があり、そのような部分は旧民法のコメンタールともいえる「釈義」を見るほかはなく、その意味で、「釈義」から学ぶ意義は少なくないと言えるのである。

（1）　磯部は、「いわゆる司法省法学校正則第一期生として卒業後、パリ大学法学部に留学し、法学士の称号を取得して、明治一二年二月に帰朝したばかりであった。」大久保泰甫・高橋良彰『ボアソナード民法典の編纂』（有松堂・一九九九年）四六頁。

（2）　磯部四郎『大日本新典民法釈義・財産編第一部物権㊤』（信山社・日本立法資料全集別巻81）一頁。以下、釈義として引用。

（3）　民法編纂局の委員を命じられたときの磯部の肩書きは、太政官権少書記官であった。前掲『ボアソナード民法典の編纂』三五頁。明治三四年になっての磯部の回想によれば、「箕作先生と僕は、起草係というものであったが、専ら、法理に関係する所は、「ボアソナード」に起草させて、僕らは其翻訳をやった。」とある。同書二四頁。

（4）　明治二〇年一一月の法律取調報告委員としての磯部の肩書きは検事であった（同書一五七頁）。明治二〇年一一月五日には、司法省から選ばれて、磯部四郎、光妙寺三郎、高野真遜、熊野敏三が報告委員となり、家族法関係条文の起草に専念した（同書一六二頁）。

（5）　M. G. Boissonade "Projet de Code Civil pour L'Empire du Japon accompagné d'un commentaire" 1882. わたくしが依拠したのは、一九八三年の宗文館による復刻版である。

（6）　釈義・財産取得編㊦相続法之部二五六—二六六頁。

（7）　訳文は、法務省大臣官房司法法制調査部編『フランス民法典—家族・相続関係—』（法曹会・昭和五三年）による。

（8）　『注釈民法⒁』債権⑸（有斐閣・昭和四一年）二三頁。なお、当時の諸外国の立法例については、法典調査会における穂積委員の説明に詳しい（『法典調査会民法議事速記録三』商事法務研究会・昭和五九年）八三三頁。

（9）　同書八四一頁。

（10）　Projet t. 3 p. 172

（11）　釈義・相続法之部二六五—二六七頁。

（12）　前掲『法典調査会議事速記録三』八三六頁。

（13）　最判昭和五三年二月一七日判タ三六〇号一四三頁。

(14) 贈与に関する最近の研究として、小島奈津子『贈与契約の類型化』(信山社・二〇〇四年)を挙げておく。忘恩のよる贈与の撤回については、同書二二五頁以下を見られたい。また、少し古いが、『贈与の研究』(比較法学会編、有斐閣・昭和三三年)がある。
(15) 釈義・証拠編之部二六二―二七四頁。
(16) この訳語は、『ボアソナード氏起稿再閲修正民法草案注釈』による。
(17) Projet t. 5 p. 236-264. ボアソナードの時効観については、星野英一「時効に関する覚書―その存在理由を中心として―」『民法論集第四巻』(有斐閣・昭和五三年)一九七頁を見られたい。
(18) 『日本民法証拠編講義』(新青出版復刻)。
(19) 最判平成三年三月二二日民集四五巻三号二六八頁。
(20) 最大判平成一一年一一月二四日民集五三巻八号一八九九頁。
(21) 最判平成一七年三月一〇日民集五九巻二号八三六頁。
(22) Projet. t. 4 p. 374
(23) 『仏国民法先取特権及抵当権講義』三五八―三七〇頁。私が所有する同書のコピーは、終わりの部分が欠落しているが、太矢一彦「抵当権の物権性について―フランスの学説を中心として―」獨協法学四八号によれば、明治法律学校講法会より一八九二年に出版されている。同論文一九九頁注(41)。

磯部四郎と現行民法編纂の一端

橋本恭宏

一　はじめに

本稿は、磯部四郎と現行民法との関わりの一端を「委任と代理」、「人権の用語」を素材として探るものである。現行民法の議事速記録を見る限り、法典論争以前の、磯部四郎の面影は見あたらない。議事に参加はしているものの、そこでは、磯部の思いを吐露するようなこともなく、単に、旧民法の起草を思い返し、懐かしんでいるのではないかとの印象が拭えない。こんな感傷的な文章から始める意図はなかったが、文章を書き始めて、一体、磯部四郎は、どんな思いで現行民法の成り立ちを見ていたのか、それが見えてこないのである。

そこで、ここでは、現行民法成立時において、問題となり、磯部四郎の議事への参加が少しでも見てとれ、また、現行民法成立時に特に議論となったと思われる、「委任と代理」、ならびに、民法全体の編別に関する、「人権と債権の用語」の問題について取り上げる。

二　委任と代理(1)

代理制度を法律上認知した近代法は、ごく初期の立法においては、代理とは、委任の外部関係であるとして、委任と代理とは一体のものと考えていた。その後、一九世紀後半のドイツ普通法学において、委任のすべてに代理をともなわないこと、委任以外の雇傭、請負、組合等によっても代理権が与えられることのあることが一般的に承認されるようになった。すなわち、委任と代理とは必然的に結合するものではないとの考え方である。この点、ドイツ民法は、この普通法学によりうちたてられた学説を取り入れ立法的解決を図った（BGB一六七条）。

ところで、今日いう「任意代理」における代理権の発生原因としての行為の法律上の性質が何であるかについては、後述するように、現行民法の立法時から問題となっていた。しかも、わが国においては、立法の際の基礎となった法典の混在（旧民法の修正という形式）による問題を残し、その法律上の性質決定は学説に委ねられている。そのことは、代理の法的構成はどのようにあるべきか、代理権の本質とはなにか、取引の（善意）相手方保護の要件と範囲（表見代理の法的構成）の問題とも密接であることにより、代理制度そのものの捉え方を決定するといってもよいことから、一定の方向性を見出すことが、今なお未解決ともいえる。

さて、この委任と代理の問題は、従来、次のような問題として論議されてきた。

① 代理権の発生原因として（他の諸契約ではなく）委任契約がなければ、代理権は発生しないのか。換言すれば、代理権の発生原因は委任契約に限るのか（私的自治の観点）。

② 代理権の発生原因は単独行為か否か。すなわち、授権行為の性質はなにかという問題（単独行為か、契約か）、ならびに任意代理において、代理権を授与する行為（授権行為）の法的性質はなにか(2)。

一般に通説とされているものは、後にみるように、この代理関係を成立させる基本行為と授権行為とを概念上区別すべきかの問題につき、委任の場合以外にも、代理権が授与される場合がある（雇庸・請負・組合等）として、全く別個のものと考えている。

しかし、今日では、代理制度により法律関係が複雑化するために生ずる問題、すなわち、相手方、第三者との関係が重要な問題となっている（取引安全の観点）。

ところで、「代理」についての歴史を略説すると、ローマ法では、他の人によってある法的行為が行われることを可能にするために、従属する機関による行為、信託、間接代理という他の思考形式が用いられた。間接代理人は、行為を自身の名において、また、彼自身の人格への効果をともなって行う。代理人から本人への法効果の移転は、彼等の間に存在する内部関係から生じた。このようにローマ法では、直接代理の制度が私法上認められていなかったので、ローマ法における mandatum により、その実質的機能を果たしていた。以上のような考え方が影響してか、その後、直接代理の制度が肯定されるようになっても委任契約と代理とは同視されていた。すなわち、代理権は、委任の本質的構成部分であるとされてきたのである。もっとも、この場合における「委任」の概念は、他人の行為を無償で処理することを引き受けることであった(3)。

さて、わが民法は、代理と委任とを必ずしも判然と区別していない（一〇四条、一一一条）。その問題が本稿の課題の一つであるが、後に詳述するように、旧民法が、委任と代理とを一体のものとしていたフランス法の影響の下に作成されたことから、代理は当事者の一方がその名をもってその利益のためにあることを行うことを「他ノ一方ニ委任スル契約ナリ」（旧民法財産取得編第一一章　第一節　代理の性質　第二二九条一項）としていたことも影響している。すなわち、委任とは代理のことであるとされていたのではないかと思われる。そして、なぜ、「委任と代理」が問題となるのかは、いわゆる「代理」と「委任」の概念をどのようにみていたかという問題と密接不可分であり、これらの概念についての変遷も問題となる。

二　委任と代理

しかし、本稿は、そうした理論的問題を採り上げるのではない。磯部四郎が、この問題に対して、どのような考えをもち、どのような関わりがあったのか無かったのかに特に焦点を当てる。最初に、委任の概念についての今日での考え方を述べることから始める。

(1) 委任の概念

代理と委任の関係をみる以上、民法起草者の考えていたこととの対比の意味もあり、今日にいう「委任」の概念についてみておく。

委任の本質は、委託の目的たる事項が法律行為である点にあるのではなく、一定の事務処理をなすことにあるから、事務の処理を委託する契約であるとか、「委任とは、法律行為たると否とを問わず広く事務の委託である」とされている。

すなわち、今日、委任は、法律行為に限定されず、事実行為を含む、広い概念として扱われている。したがって、他の労務供給型の契約との区別は、その行為の種類によるのではなく、その目的、態様によりなされている。雇傭契約では労務の供給そのものが目的となるのに対して、委任契約では受任者が裁量権をもち、目的達成のための行為がなされる点に差異がある。したがって、代理権の発生を委任に限るとする考え方は採れず、雇傭、請負、組合等の契約からも生ずるとしなければならなくなる(4)。

(2) 代理の法的構成の問題――代理の本質論

代理における法律行為の当事者はだれか。これは、ドイツの普通法時代より争われてきた問題である。すなわち、代理人による法律行為の効果がなぜ本人に及ぶのかの問題である。学説は、本人行為説、代理人行為説、共同行為説と対立するが、ドイツ民法は、代理人を法律行為の当事者とみる代理人行為説を基礎として規定した。当然、わが民法も、立法の経緯よりこうした状況を前提に、その立場を踏襲していると考えられる。したがって、代理を民法典のなかに規定することにより、代理における法律行為の当事者はだれかの問題は解決したともいえる。しかし、その後、この代理と私的自治の原則の関係についての問題提起を受けてより、代理人行為説ならびに、代理における本人の位置づけについての検討がなされている。この問題は、結局、代理権の意義をどのようにみるかが問題の焦点となる。

(3) 旧民法の成立までの学説

まず、現行民法の代理規定立案担当者であった、富井博士は、明治二〇年に、フランスの代理法を説明した『代理法』と題する著書を出版している。同博士が、現行民法の成立時における、代理の条項の立案担当者となり、ドイツ法の単独行為説を胸にもちつつ、理論の問題として、その後の学説に委ねたことを考えあわせるとき、興味深いが、ここでは、その点には触れない(5)。

同書によると、「委任ト代理ト共ニ成立シ初メテ代理契約ノ成立ヲ見ルベシ」とし、委任と代理とが並立して存在するとの見解があるとし、これに対して、「委任アレハ代理アリ、換言スレハ代理ナケレハ委任ナシト思惟スルニ依ルナリ然レトモ代理アレハ必ス委任アリ」としつつ、しかし、委任あれば必ず代理ありとはいえないとして次のような例をあげている。すなわち、甲が、東京に行くのに際して乙がある契約を締結することを委任したが、これに対して、甲が諾否を表明しないで東京に行ったとする。この場合、甲がもし、その委任の件を執行するならば、その執行により代理契約は成立するが、これをなさない場合には代理契約は成立しない。「唯委任ノミ甲者ノ帰来スルマデ成立スルニ過キス故ニ代理ナキニ委任ノ存在スル事アリト云ハサル可カラス」という。

そのいわんとするところは、委任あれば代理ありとするものであり、フランス法の影響が色濃い見解が示されているものといえる。

(4)　旧民法の規定

フランス民法は、委任と代理とを同一視し委任者と第三者との関係を規定しているが、旧民法は、これと異なり、委任の章において、委任者と代理人との関係及び第三者と委任者または代理人との関係を合わせて規定している。これについて、富井は、「純然タル代理関係ニ属スル規定ヲ掲ケタルハ仏国民法等ニ比シテ一ノ進歩タルコトヲ認ムヘシ」としつつも、その最大部分は依然として委任者と代理人との契約関係に属し、第三者と本人及び代理人との関係に至りてはその条規極めて不備であり、「羅馬法ノ旧套ヲ脱セサル」と述べる（富井政章『民法原論第一巻』四〇四頁）。

すなわち、旧民法財産取得編二二九条は法定代理を「代表」と規定し、これと区別した形において、次のように規定する。

「代理ハ当事者ノ一方カ其名ヲ以テ其利益ノ為メ或ル事ヲ行フコトヲ他ノ一方ニ委任スル契約ナリ」また、同二五〇条は、「委任者ハ代理人カ委任ニ従ヒ委任者ノ名ニテ約束セシ第三者ニ対シテ負担シタル義務ノ責メニ任ス」と定めた。

そこで、磯部の『民法釈義財産取得編㊥』をみてみる。

磯部は、代理を「妖術」に譬え、自分の身体を東西隔絶したる土地に同時に存在させる方法として、代理法理により可能とし（七四九頁）、この法理の実益の大きさをまず説明する。

そして、旧民法二二九条の説明で、以下のように述べている。すなわち、代理の元素には二つあるという。

「第一　代理人ノ取扱フ事務ハ委任者ノ利益ニ関スルコト〇故ニ其事務ハ委任者ノ利益ニ関セスシテ全ク第三者ノ利益ニ関スルトキハ契約ハ原因ノ虧缺スルカ為メ財産編第三百二十三条ノ規定ニ従ヒ無効即チ不成立トス若シ又其事務カ代理人其人ノミノ利益ニ関ストキ添《ママ》ハ是レ代理契約ニアラスシテ委任者ヨリ代理人ニ一種ノ意見心《ママ》ル与ヘタルニ止マリテ真ノ契約ナルモノ存セス随テ委任者ハ其事務ノ結果ニ就キ毫モ利害ノ関係ヲ有セス代理事務ハ必ス委任者ノ利

益ニ関スルモノナラサルヘカラス然レドモ委任者ノミノ利益ニ関スルモノナルコトヲ要セス或ハ委任者ト代理人ト若クハ第三者トノ共同事務ニ就キ代理人カ第三者若クハ自己ノ事務ニ委任者ノ事務ヲ併セテ之ヲ代理スルコトヲ妨ケサルナリ

第二　代理人ハ常ニ委任者ノ名ヲ以テ行為スルコト○代理人カ第三者ト代理事務ヲ取引スルトキハ委任者自ラ行為スルモノト看做サレ代理人ハ之ニ就キ其身ニ権利ヲ得義務ヲ負フモノニアラス即チ法文ニ其名ヲ以テ云々トアルモノ是レナリ」

これらの記述からは、明確ではないが委任と代理とは一体のものとして理解していたものと思われる。同様の趣旨が、岸本辰雄著述の『民法正義』にも見られる(6)。

このように、ここにいう代理は、いわゆる委任契約と任意代理とが一体となった概念であり、磯部においても、本人（委任者）への効果帰属の基礎である代理権は当然、委任契約自体から生ずると考えていたと思われる。

(5)　現行民法の規定(7)

委任と代理に関する現行民法の起草の分担は、「民法修正案理由書」の質疑要録によると、代理に関する「第四章法律行為」は、第一節～三節を富井委員、第四節を梅委員、そして、第五節を穂積委員が担当している。また、委任に関する第三編債権の第二章契約第一〇節は、富井委員が担当している(8)。

明治二七年四月六日に第一回法典調査会が開かれ、第二節の代理が審議されている。

(a)　代理の意義

法典調査会議事速記録から、代理の意義について見てみよう。

富井委員の代理一般に対する説明では、本節の規定が、代理人と法律行為をした第三者、本人と代理人との関係が純粋の代理関係であるとして、主としてその関係について規定することを述べる(9)。

すなわち、

「本人ト代理トノ関係ニ至ツテハ通常ハ委任契約ノ関係デアル、之ハ第三編中ノ契約ノ所ニ其規定ガアル訳ニナツテ居リマス、即チ契約ノ一種トシテ委任契約ト云フモノガアル、デ其当事者相互ノ契約関係ハ此所ニ規定スル積リデアリマス、最モ委任ト申シテ宜シイカ或人ニ代理権ヲ与ヘルコトト委任ノ契約トハ別ノモノデアルト云フ学説ガアル、又立法例モアルヤウデアリマス、併シ此問題ニ対シテハ或ハ説ガ別レルデアラウカト思ヒマス、本員ハ代理権ヲ授ケルト云フコトト契約トハ別ノモノトスルト云フ方ニ傾イテ居リマスル、併シ此点ニ付テハ意見ガ別レルデアラウト思ヒマス、何レニシテモ本節ニ原案トシテ提出シタ規定ニ拠レバどちらノ主義ヲ採ツテモ実際ノ結果ハ殆ト変リハナイト信ズル、夫レ故ニ之ハ寧ロ理論上ノ争ヒデアツテ茲ニ此問題ヲ論ズル必要ハナイト思ヒマス、夫故ニ此本人ト代理人トノ関係其契約上ノ関係ニ係ルモノハ第三編中ニ規定スル考ヘテアリマス」。

(b)　本人と代理人の関係

本人と代理人の相互の関係については、「通常ハ委任契約デアル」ので、第三編中の契約のところに規定したとし、ただし、代理権を与えることと委任とは別ものであるとの議論があり、説の分れるところであるが、どちらの主義をとっても、実際の結果はほとんど変わりがないのだから、「本員ハ代理権ヲ授ケルト云フコトト契約トハ別ノモノトスルト云フ方ニ傾イテ」いるとし、結局理論上の問題であるから、この問題を論ずる必要はないとされた。

これに対して、まず、高木豊三は、「ほーるまはツと」と代理権授与とは同じかと質問し、同委員は、授権といってもよいのではないかとされる。また、本法典はどちらの主義（委任契約説、単独行為説）をとったのか不明であるから明確にする必要がある、さらに、土方寧委員の質問が続き、代理権授与は契約か否かとの質問がされた(10)。

これに対して、富井委員は

「其訳ハ実際ノ結果ハ先刻モ申シタ通リ殆ト均シイモノト考ヘル、其訳ハ此仏蘭西其他ノ学説ニ於テモ契約ト云フモノヲ余程広ク解スル、独逸ノ学説ニ於テ契約ト見ナイ場合、仏蘭西ノ学者ハ契約トシテ取扱フ代理人ガ黙示ニテ委任ヲ委託シタト云フ場合ニハほーるまはツと云フコトガ大抵這入ルモノト考ヘル、併シ実際ノ結果ニ付テハ只今申シタ通リ殆ンド違ヒガアラウトハ思ヒマセヌ、此問題ニ付テ吾々ノ間ニ於テモ深ク議論ハ経ナカツタノデアリマス、併シ先程モ申シタ如ク私ハ契約トハ別ノモノニ解スルノデアリマス、又此原案ガ仮リニ法律トナツタ暁ニハ私ハ其解釈ヲ採ル積リデアリマス」

と述べる。そして、その例として、民法一〇二条、一一一条（現行一〇九条）、一一八条（現行一一六条）を掲げる。実際の違いがないことを理由として、この主義（単独行為説）を採用しなかった旨を主張した。すなわち、

「例ヘバ此第百二条ニ「代理人ハ能力者タルコトヲ要セス」ト云フコトガアリマス、之ハ契約主義デモ解ケル又ハ委任ヲ契約デナイモノト見テモ解ケル、併シ私ハ委任ヲ契約ト見ナイト云フ方ノ主義ヲ採ツタ方ガ此規則ノ如キモ能ク解セラレルデアラウト思ヒマス、併シ結果ハ同ジデアリマス、夫レカラ第百十一条ノ如キモ代理人トナルベキモノニ向テハ全ク委任ヲシテ居ラナイ、汝、人ノ代理人トナルコトヲ受諾スルカト云フ事ヲ見テ居ラヌ、デ甲ナル者ニ向テ乙ナル者ヲ代理トスル、斯ウ云フ報告ヲ為ス、其場合ニ其乙ナル者ガ甲ナル者ト法律行為ヲ為シタ時ハ甲ハ之ニ依テ拘束セラルル、之モデス契約主義カラ解ケバ其乙ガ行為ヲ為ス時ニハ暗黙ノ委任受諾ヲ為シテ其時ニ委任契約ガ成立スル、又其瞬間ニ履行シタ斯ウ解ク又委任ヲ契約ト見ナル（イ）主義カラ言ヘバ之ガ即チ一種ノ委任デアル、之ガ其表示ニ依テ代理権ヲ乙ニ与ヘタモノデアル斯ウ解ク、併シ夫レハ銘々自分ノ奉ズル所ノ主義ニ依テ解イテ宜シイデセウ、実際ノ結果ハ此第百十一条ニ書テアル通リ少シモ変リハナイ、夫レカラ尚ホ一例ヲ挙ゲマスレバ第百十五条ノ追認デス「代理権ヲ有セサル者カ他人ノ代理人トシテ為シタル契約ハ本人ノ追認ナキ限リハ之ニ対シテ其効力ヲ生セス」夫レカラ百十八条ノ「追認ハ反対ノ意思ナキ時ハ契約ノ時ニ遡リテ其効力ヲ生ス」云々之モどちら（ドチラ）ノ主義カラデモ此結果ニ帰着スルノデアリマス、どちら（ドチラ）ノ主義カラデモ説明ガ立ツ、併シ私ノ考ヘデハ契約主義ニ依ルト随分無理ナ解キ方ニナルト思フ委任ハ契約デナイト云フ方ノ主義ヲ採ツタ方ガ此規定ノ如キモ能ク解ケルデ

アラウ、併シ結果ハ一ツデアル、然ウ云フ訳デアリマスカラ此問題ニ付テハ吾々ハ深ク議セナンダノデアリマス」

と述べている。

以上の議論について、磯部は、以下のような質問をし、次のような答弁が富井委員よりなされている。

「磯部四郎君　一寸質問致シタイ詰リ此法律ノ御改正ハ唯徒ニ為サルコトデモゴザイマスマイ、先程カラ富井委員カラ御陳ベニナリマシタ所ヲ見レバ既成法典ノ代理人ハ第三者ニ対スルコトハ少シモ規定シテナイ

富井政章君　少シモトハ申シマセヌ

磯部四郎君　僅カシカ規定シテナイ、常ニ委任者ト代理人トノ規定デアッテ詰リ既成法典ハ羅馬法ノ遺物ヲ継続シタモノデアルト云フヤウナ御説明デアリマシタ之ハ吾々共今日ハ其責任ヲ持タヌヤウナ話シデアリマスケレドモ併シ私ガ考ヘルニハ此二百二十九条カラ二百五十九条迄即チ旧法ノ財産取得編ノ代理ニ関スル所ニ規定シテアル、夫レヨリ新シイコトハ一ツモ今日御提出ニナッタ案中ニハ規定シテナイヤウデアリマス素ヨリ其手続ガ錯雑ニ渉ルトカ或ハ詳細ニ渉リ過ギルカラ斯ク簡単ニ縮メタト云フコトデアリマスレバ私モ質問スル考ヘハゴザイマセヌガ此旧法律ノ即チ二百二十九条ヨリ二百五十九条迄ニハ如何ナル点ガ欠缺シテ居リマスルカ第三者ニ対スル規定ハ何ウ云フコトガ規定シテナイト云フ点デアル、唯口頭一片ノ漠トシタ御論デナク是々ノ点ガ欠ケテ居ツタニ依ッテ本案ニ即チ是々ノ点ヲ規定シタモノデアルト云フコトヲ詳細ニ証明シテ貰ヒタイ、只今ノ伺ツタ所ニ依テ見レバ少シク既成法典ヲ認メラレタコトデアラウト考ヘマス、決シテ既成法典ハ只今富井委員ノ述ベラレタ如ク軽卒極マツタモノデハナイ、殊ニ又既成法典ハ羅馬法ノ遺物ヲ受ケテ居ルト云フ御攻撃デアツタケレドモ代理ノ法律ハ羅馬法ニ許シテナイ、既成法典ガ其遺物ヲ受ケテ規定シヤウト思ツテモ規定シヤウガアリマセヌカラ第三者ニ対スル効力如何ハ詰リ委任者ト委任ヲ受ケタル者トノ結果デアリマシテ此案中ニどの（ドノ）点ガ果シテ既成法典ニ規定シテナクツテどの（ドノ）点ガ只今論ゼラレタ如ク不完全デアルカト云フ事ヲ一応示シテ戴キタイ、又委任ハ契約デアルカナイカト云フ事ハ詰リ空論デアルカラ其点ハどちら（ドチラ）デモ宜シイ、詰リ既成法典ハ斯ク斯クノ点ガ規定シテナカツタカラ此法典中ニ是丈ケノ事ヲ規定シテ来タト云フ事ヲ明カニ御示シ下ダサレバ如何ニモ敬服致シマスルガ、余リ既成法典ノ譏ラレ方ガ甚

シカラウト思ヒマスカラ此点ヲ回復シナケレバナラヌカラ更ニ御答弁ヲ煩ハシタイ

富井政章君　或ハ私ノ説明ノ仕方ガ明瞭デナカツタカモ知レヌ、決シテ既成法典ヲ譏ル精神デハナカツタノデアリマス、苟モ修正案ヲ提出スルニハ有リノ侭ノ事実ヲ申サナケレバナラヌカラ何ウ云フ訳デアルト云フ其理由ヲ述ベタ積リデ決シテ既成法典ヲ譏ルト云フヤウナ考ヘハ少シモナカツタノデアリマス、夫レガ磯部君ノ御気ニ触レタト云フコトデアリマスレバ謝シマス、既成法典ノ中ニアツテ委任契約ノ関係ト称スルヨリモ純粋ノ代理関係ト見ナケレバナラヌモノガアル、又既成法典ノ中ニ代理関係ニ関スルコトガ規定シテアツテナイモノガアル、本案ノ第百十四条迄ハ多クハ既成法典中ノ委任契約ノ所ニ規定ガアル、唯多少替ヘタト云フ丈ケノ事デアツテ規定ハアリマス、併シ是ハ委任契約ノ規定ト見ルヨリモ第三者ニ対スル純粋ノ代理関係ト見ナケレバナラヌモノト思フ、純粋ノ代理関係ニ関スル規定ガナイト云フ所モ一ツノ欠点デアラウト申シマシタノデアリマス、夫レカラ百十五条以下ノ何ウシテモ代理ニ関スル規定ノ中ニ這入ラネバナラヌト思ヒマスルモノ第百十五条以下ノ規定ハ既成法典ノ委任契約ノ所ニハナイト考ヘル

磯部四郎君　固ヨリ定メシ代理契約ヲ御定メニナルニ付テハ充分此既成法典ノ全体ニ渉ツテ御調ベニナツタコトト考ヘマスガ、第百十五条以下ノ事柄ハ即チ既成法典ハ事務管理ト云フモノヲ取ツテ居リマスルノヲ他ノ部分ニ於テ之ヲ規定シテアリマスルカラ固ヨリ此法文ニ於テモ代理人ノ関係ノ所ニ斯ノ如ク入レラレタ所モゴザイマセウカラ既成法典ヲ御調ベニナルナラバ全体ニ渉ツテ調ベテ貰ヒタイ、代理ノ所ニ此第百十五条ノヤウナ事ガナクテモ他ノ部分ニ於テ充分第百十五条ノヨウナコトモ規定シテアルコトデアリマスカラ夫レ等ヲ充分調ベラレタ上デ御規定ヲ願ヒタイ

富井政章君　無論事務管理ノ所モ見タノデアリマス、併シ此事務管理ト第百十五条ノ場合トハ違フ、何処マデモ百十五条ナラバ代理人ガ代理人トシテ、代理ノ行為ヲ為スト云フコトガ必要デアル、其場合ニ於テ後ノ出来事ニ依リ代理ノ関係ニナルト云フ方カラ是ハ何ウシテモ代理ノ所ニ這入ラネバナラヌト思ヒマス、事務管理ハ別ノモノデ既ニ本案ニ於テモ目録ヲ御覧下サルト分カリマス、第三篇ノ第三章ニ事務管理ト云フモノガ置イテアル、之ハ何処迄モ別ノモノト見テ本案ニ於テハ事務管理ハ事務管理ト見テ此処ニ規定スル積リデアリマス、詰リ百十五条以下ハ別ノモノト

見ルノデアリマス

磯部四郎君　夫レハ見解ノ事デアリマスガ決シテ富井委員ノ言ハレルヤウニ既成法典ハ粗忽極ハマッタモノデナイト云フコトヲ断言シテ置キマス、夫レデ今日御提出ニナリマシタ丈ケノ規定ハどこ（ドコ）ノ場所ニ在ルノヲ問ハズ民法中ニ備ハッテ居ルノデアリマスルシ又左様ナ粗忽ノ法律ハ拵エナイ積リデアリマスルシ殊ニ羅馬法ノ遺物トカ云フヤウナ事ヲ申サレマシタガ

議長（西園寺侯）　夫レハ御質問デアリマスカ

磯部四郎君　夫レナラバ宜シウゴザイマス

（中　略）

磯部四郎君　分カリマセヌ

議長（西園寺侯）　分カラナケレバ仕方ガナイ

磯部四郎君　分カラヌケレバ分カラヌデ仕方ガナイト云フコトデアリマスガ夫レハ御無理ト思フ、私モ此議事ヲ決シテ戯レトハ考ヘマセヌ、兎ニ角代理ト云フ事項ガ出テ来テ是ヨリ代理ノ作用ト云フモノハ社会ニ重要デアル、デアリマスルカラシテ此代理ハ最モ重要ノ規定デアル、殊ニ代理ノ便利ヲ与ヘナケレバナラヌ重大ノ事項デアルガ、其事項ニ付テハ主義ガナイト云フ御説明デアリマスレバ之ハ決シテ法案ニハナラヌト思ヒマス、どっち（ドッチ）カ一ツノ主義ヲ採ッテ委任トスルトカ契約トスルトカ云フ主義ヲ御極メニナラナケレバ仕方ガナイト思ヒマス

議長（西園寺侯）　あなた（アナタ）ハ主義ガナイト言ハレルガ主義ガナイト云フ説明デアルカラ夫レヲ無理ニ極メロト云フコトハ出来ヌ話シデアリマセヌカ

磯部四郎君　あなた（アナタ）ノヤウニ然ウ御説明ニナレバ夫レデ宜シイ、然ウ御説明ガナイカラ私モ申スノデアリマス

富井政章君　主義ガナイト云フ事ヲ申サレマシタガ、之レガ速記録ニ残ッテハ少シ迷惑デアリマスカラ申シテ置キマス、主義ガナイトハ申シマセヌ、主義ガナイノデハナイノテス、吾々ノ腹ノ中ニ於テハ主義ガアルノデアリマス、

唯実際ノ結果ニ於テ違ヒガナイト思ヒマシタカラ其問題ニ付テハ格別議セナンダ議論モ起ラナンダノデアリマス」

以上のように、結局、この点については、前にも指摘したように、理論の問題としてその後の学説へ委ねた形となった。(11)

三　人権・債権の用語の問題

法典調査の方針第二条によれば、民法全典を五編に分ち総則、物権、人権、親族、相続としており、同第五条は「民法人権編ニ於テハ人権及其得喪行使並ニ対人担保ニ関スル規定ヲ掲ク」と規定している。そうしたことから、法典調査会当初の方針としては、その草案において、現行民法で、第三編となる「債権」という用語ではなく、「人権」という用語が使用されていた。しかし、周知のように、現行法典の完成時には「債権」となっている。では、この用語の変遷は、何時の時点で行われたか。理論的価値は別としてこれは興味ある問題である。

法典起草の最初から、起草委員自体は人権という語を使用はしてみたが、用語として「人権」が果して適切であるか否かについては、星野博士によると、「初めより起草委員その他の委員間で問題となってゐたらしく」、主査委員会あるいは委員総会議事速記の一部を瞥見するも主査委員会、委員会総会等においてそれが屢々論議の対象となったことは明らかである。例えば二六年七月四日の第三回委員総会において法典全体の構造・編成等が討議された。

ここで、「人権」なる用語の是非が問題となった。

磯部四郎はこれを「債務」なる語に変更すべしという案を提出しているが、反対が多く、磯部のこれ以前ならびに、その後の審議における態度と同様、自らその案をすぐに撤回している。

人権、債権の用語の問題は、磯部が、旧民法の解説において、以下のように述べていることが参考となろう。(12)

「財産ハ物権及ヒ人権ヲ以テ組成スルノ原理ニ則トリ本編ヲ分チテ物権及ヒ人権ノ二部ト為シタルコトハ吾人ノ業ニ已ニ知了スル所ナリ即チ本部ハ其人権一般ノ規定ニ係ル（債権ノ担保ヲ為ス保証及ヒ連帯ノ如キ従タル人権ハ別ニ債権担保編ニ規定ス）而シテ爰ニ人権及ヒ義務ナル標目ヲ掲ケタルモノハ盖シ亦故アリ凡ソ人権即チ債権ハ常ニ義務ト対当スルコト第二百九十三条第一項ノ認知スル所ノ如クニシテ人権アレハ義務アリ義務アレハ人権アリ必ス両々相併立スルモノトス且ツ是ヲ以テ編纂ノ便宜上本部ノ各章ハ義務ノ点ヨリ言辞ヲ命立ス是レ第一部ノ物権ニ対スル人権ノ名義ヲ置クヲ以テ足レリトセス義務ノ二字ヲ添加シタル所以ナリ

抑本部ニ包括スル原理原則ハ最モ重要ニシテ其変化照応ノ妙民法各編出ニ冠絶ス且ツ其実際適用ノ範囲頗ル広濶ニ亘リ各編ト甚タ密着ナル関係ヲ有スルコト実ニ第一部ノ比ニアラス是故ニ講法者ノ最モ能ク鋭意研究スヘキハ本部ノ各条項ニ在リトス予メ婆心ヲ吐露シテ読者ノ注意ヲ促カスト云爾」

なお、旧民法財産編二九三条の注解では、「本条ニ於テハ単ニ人権即チ債務ト直書シ」と述べ、前記の議論を彷彿とさせる。(13)

民法修正案理由書の第三編債権の冒頭の説明は、以下のように述べて、「債権」を採用した理由を明らかにしている。(14)

「本編ハ既成法典財産編第二部ニ該当ス既成法典ハ人権即チ債権ニ関スル規定ヲ以テ財産編ノ一部ト為スト雖モ近世社会ノ進歩ト共ニ人事ノ関係益〻複雑ナルニ従ヒ人権ノ成立ハ独リ財産上ノ関係ニ止マラサルコト明白ナル事実トナリタルヲ以テ本案ハ独乙民法草案ノ如ク人権ニ関スル規定ノ為メニ特ニ一編ヲ設ケタリ而シテ本編ノ表題ニ付テハ既成法典ハ之ヲ人権及ヒ義務ト題スト雖モ人権ナル文字ハ物権ニ対スル慣習上ノ用語トシテ用イラルルノミニシテ権利ノ性質ニ至リテハ義務者ニ対シテ其作為又ハ不作為ヲ督促要求スルニ在リ又既成法典カ義務ナル文字ヲ附加シタルハ法律関係ノ受方ノ側面ヲモ斟酌シ且自然義務ノ如キモノヲ認メタルニ因ルモノニシテ特ニ之ヲ附加スヘキ学理上実際上ノ理由アルニアラス故ニ本案ハ権利ノ性質ニ従ヒ且近世立法ノ趨勢ハ権利本位ニ傾クモノナレハ本編ヲ題シテ単ニ債権編ト名ケタリ」

（1）かつて、筆者は、椿寿夫教授との共同研究の一つのテーマとして、「委任と代理」について述べた。ただし、この研究では、授権の法的性格に焦点を当てて、代理の発生原因が、「委任」に限られるか否かにつき述べた（明治大学社会科学研究紀要二九巻二号、一九九一年三月）。

（2）於保不二雄編・注釈民法⑷（以下、注釈と略す）代理・前注Ⅲ⑶九頁〜一〇頁（於保不二雄）、昭和四二年（一九六七年）。於保不二雄「授権行為の性質」民法基本問題一五〇〜一六八頁以下（以下、問題と略す）、伊藤進「代理の法的構成」民法の争点四六頁、森島昭夫「委任と代理」契約法大系Ⅳ二九七頁以下、辻正美「代理」民法講座1四四五頁以下、特に四六九頁以下、林脇トシ子「代理に関する現行法規定の性格」手塚豊教授退職記念論文集『明治法制史・政治史の諸問題』七四七頁。遠田新一『代理法理論の研究』一六一頁〜二一二頁、大西耕三『代理の研究』一八六頁以下第二章参照。広渡清吾「代理権」民法学⑴二二一頁以下、特に二二二頁。

（3）マックス・カーザー（柴田光蔵訳）『ローマ私法概説』一〇七頁（原著五六頁以下）、三六二頁（原著一八三頁以下）、岩田新「委任及ヒ準委任ノ観念ヲ論ス」法学協会雑誌三五巻九号一六二頁以下。ローマ法における直接代理の発達しなかった理由については、吾孫子勝『委任契約論』四頁以下（大正六年）参照。

（4）この問題に対する、学説上の状況としては、以下のような点をあげることが出来る。すなわち、民法の法文による「委任による代理」は、代理権が本人の意思に基づいて発生する代理をいい、この代理権を発生させる当事者の行為を、一般に、代理権授与行為とよんでいる。今日では、代理権の発生原因が「委任」に限るものではないとする点において、学説の多数は肯定している。また、代理人と本人の内部関係および第三者との関係をどのように調整するか（内部関係において生じた事情をどの範囲（人的、物的の両面）で主張できるか）という問題がある。

（5）その後のものとしては、石尾一郎助『民法代理論』（明治二五年、有斐閣）がある。

（6）岸本辰雄『民法正義』財産取得編巻之弐二〇四頁以下（新法注釈会―明治法律学校講法会内―）明治二三年）。なお、二二九条の注解で、代理の意義につき、「代理ナルモノハ委任者カ代理人ヲシテ自己ヲ代表セシムルモノニシテ事実上ニ於テハ他人（代理人）カ其事件ヲ行ヒシモ法理上ニ於テハ委任者自カラ之ヲ実行セシト異ナルコトナカラシム」と述べ、さらに、二五〇条の注解では、「委任者ノ委任ニ従ヒ委任者ノ名ニテ約束セシモノニシテ代理人ノ所為ハ即チ委任者其人ノ所為ニ外ナラス」という。また、代理人がその委任された権限を踰越した場合について最早代理人ではないとし、「何トナレハ代理人ハ其委任セラレタル権限内ニ於テ他ヲ代表スルモノナレハナリ」という。同二一九条を、代理の定義を示したものであるとし、代理は「代理人ヲシテ自己ヲ代表セルモノ」であるとし、「其名ヲ以テ」とは、委任者の名を以てという意味であり、「代理ノ本色」であり、これを欠くものは、仲買契約となると説明している。

(7) 現行民法についての編纂過程については、星野通『明治民法編纂史研究』昭和一八年(一九四三年)一五一頁以下が詳しい。それによると、現行民法の起草の方針は、穂積博士の意見により、パンデクテン方式を採用し、ザクセン民法の編別に倣った。しかし、編別はドイツ式ではあったが、旧民法を資料とし、わが国の伝統的慣習、また、当時最も進歩的法理といわれたドイツ民法第一次草案(一八八八年)、その他世界各国の立法例、学説等を広く参考にしている。

ところで、民法典の編纂は、各節を各起草委員が単独で起草することにしたが、後で起草委員合議の上訂正補完すべきは訂正補完して三人(梅、富井、穂積)共同の修正原案とした。穂積陳重『法窓夜話』三六〇頁。

(8) 富井政章博士は、リオン大学において、法学博士を取得しているが、ドイツ法についても、造詣が深かったとの評がある(富井男爵追悼集七六頁、杉山直次郎博士談「恩師富井博士」より)。なお、法典調査会書記・起草補助委員であった松波仁一郎博士によると、起草委員会おいては、梅博士と、富井博士の間には、往々、見解の対立があった。特に、梅博士がフランス法主義を主張したとされる(同書四四頁「松波仁一郎博士談」)。

(9) 法典調査会・民法議事速記録(叢書一)一〜二頁。

(10) 法典調査会・民法議事速記録(叢書一)二頁。

(11) なお、委任の項、代理と委任の関係についても、磯部の見解を知りたいが、残念ながら、委任に関する議論がされた、第一〇一回は欠席している。

委任の項も、富井委員が担当している。富井委員は、まず、委任を代理と分けて規定した点について次のように説明している(法典調査会・民法議事速記録(叢書四)五八四〜五八五頁)。

「代理ノ関係ハ当事者ノ契約関係トハ別ノモノ」であり、代理の規定は他人によって法律行為をなすことについての広い規則であるという。また、委任と代理を分けた理由の第二として「代理権ハ契約カラ生スルニ限ラナイ」からであるとされる。そして、「既成法典ハ仏蘭西其他最モ多クノ民法ニ倣ツテ本案ニ謂フ所ノ委任契約ノ目的ハ代理ニ限ルト云フ主義ヲ採ツテ居リマス然ルニ本案ニ於キマシテ八条ニ言ツテアリマス通リ広ク法律行為ヲ為スコトヲ委任スレバ委任契約トナルト云フ主義ヲ採ツタノデス」

さらに、六四九条（現行民法六四三条）の説明において、次のように述べている。

「代理ニ限ラナイトスレバドウ云フ事ヲ目的トスルモノトシタガ宜カラウカ此点ニ付テ諸国ノ法律ヲ見マスルト中ニハハツキリセナイモノモアリマスケレドモ多クハ事務ヲ取扱ウ、他人ノ為メニ事務ヲ処理スルト云フヤウナ風ニ書イテアルンデス併シ本案ニ於テハ此前右ノ節ニ雇傭契約ニ関スル規定ヲ置カレマシテ雇傭ト云フモノハ一定ノ労務ニ服スルコトヲ約スル契約トナリマシタ随分広イモノニナル夫レニ委任ノ所デ委任契約ト云フモノハ人ノ委任ヲ受ケテ事務ヲ処理スルト云フ風ニ言フテハ、事務ヲ処理スルト云フヤウナ字ハドウモ少シ漠然トシタ字デアツテ矢張リ労力ヲ供スル一種トシカ読メナイ即チ雇傭トノ分界ガハツキリ立タナイト思ヒマスデ詰リ委任事項ト云フモノガ法律行為ヲ為スト云フコトニ帰スルデアラウト思ヒマス思ヒ切ツテ「法律行為」ト書キマシタ」

たしかに、起草委員において、委任契約より代理権が生ずるとみていたのは、委任代理という用語に現れている。しかし、ドイツ民法の形式と同じく、代理を法律行為の一般原則としての総則編に規定し、委任を債権編に規定したことの意味はどのような意図のもとになされたのであろうか。

結局、委任と代理とは異なるものと認識していたと考えてよい。しかし、両者が全く無関係なものとして考えていたともいえない。

つまり、この「委任」の意味が、今日と異なることを示しているといえよう。すなわち、富井委員の以上に掲げた、委任の項の説明にもあるように、もともと「委任」は雇傭から区別するために、委任の目的を「法律行為」に限定した。しかも、他人のために法律行為をする場合を、全て「委任」と考えていたことによると思われる。

(12)　磯部四郎『民法釈義』財産編第二部人権及ヒ義務(上)（明治二三年）〔信山社刊、一二〇三～一二〇五頁〕。

(13)　磯部・前掲一二〇五頁。しかし、その議論は、穂積八束によりむしかえされている。

「債務」と変更せよとの案を出している。ただし、これも否決され、以上の議論の経緯から、「人権」はそのままになった。その理由は、「穂積案は物権は明白に権力だが、人に対して義務の履行を請求することだけでは一向それを権力とは言い得ない。故に人権は権利権力とは言い得ない。ただ義務履行を請求するに過ぎないのだから、寧ろこれを債務となすに如かず」というのである。この点、磯部が意図したものとはどうも異なるように思われる。しかし、その後の、二八年一月一一日第五五回法典調査委員会において、債権編草案各条審議開始の際、問題となり、特に、用語の可否が問題として採り上げられた。穂積陳重起草委員より人権を債権と改むべき案が提出され、同委員より屢々提案理由の説明あり、結局委員会の容れる所となって、この時以来人権なる恰も自然権を思はしむる如きアムビギヤスな用語は債権と称呼されることとなったのである。

(14) 広中俊雄編著『民法修正案(前三編)の理由書』三八七頁。

磯部四郎と梅謙次郎
——法典調査会における議論を中心として——

岡　孝

一　はじめに

磯部四郎が司法省法律取調委員会の報告委員として、他の報告委員とともにボアソナードの影響下に旧民法中の家族法関係の原案を起草したことは（明治二〇年一一月以降）、よく知られている。[1] 法典論争を経て、旧民法が施行延期になり、明治二六年（一八九三年）三月に法典調査会が設けられて旧民法の修正作業が始まった時、磯部は法典調査会の委員（二七年三月までは査定委員）に選ばれ、原案の審議に関与していった。しかし、明治三一年七月一六日に施行された明治民法について、磯部にはまとまった著作は見あたらない。また、法典調査会への出席も芳しくない。磯部もまじえて議論が白熱したが時間切れとなり、次回に持ち越しになるという場合でも、その次回には磯部が休んでしまうということもあった。[2] そのため、明治民法（草案）に対する磯部のまとまった見解を知ることは困難である。

そこで、本稿では、法典調査会で起草委員と議論になったもののうち、磯部が比較的まとまった内容の発言をしているものを取り出して、具体的事例に則した磯部の（明治）民法に対する考え方を示すことにした。
法典調査会での議論のうちでも、起草委員の梅謙次郎との論争をとりあげる。その理由としては、次の諸点を指摘しておきたい。まず、梅も、磯部と同様フランス留学をしていて[3]、民法に対する考え方の背景にはフランス法の影響が強くあると思われる。第二に、このようなことも原因の一つであろうが、磯部は梅に対してわだかまりなり、ライバル意識を持っていたと思われる。第三に、これはまったくの筆者の独断ではあるが、法典調査会における梅など年下の民法起草者との論争を通して、磯部自身、学者としての限界を感じたのではなかろうか[4]。だからこそ、明治民法制定後に民法の教科書・参考書・解説ものを執筆しなかったことも理解できるのである。

二　磯部四郎の先見性

法典調査会で、磯部が現代から見て非常に先見性のある発言をしている場面が何ヵ所か見受けられる。代表的なものを以下に若干例示しておきたい。そのまえに、まず、旧民法時代の磯部の解釈論の一つをあげておこう。ここでは、同時代の他の学者には見られない一歩進んだ説明がなされており、磯部の並々ならぬ力量が示されているように思われる。

(1)　旧民法の解釈論（委任の無理由解除）

例としてあげるのは、委任の無理由解除（厳密にいえば「告知」だが、本稿では「解除」と表現しておく。現行民法六五一条）に関するものである[5]。

財産取得編二五二条「委任者ノミノ利益ノ為メニ委任セシ代理ノ廃罷ハ、謝金ヲ諾約シタルトキト雖モ、委任者ハ何時ニテモ随意ニ之ヲ為スコトヲ得」（句読点をつけた。以下同じ）。

ボアソナードの草案（一四四八条）理由書(6)、旧民法理由書(7)では、本条は、受任者または第三者のために委任契約が締結された場合には受任者は無理由解除を拒むことができる、とする。ただ、本条は委任者のみの利益のために委任契約がなされた場合を念頭においたものであって、受任者等の利益のために締結された場合のことは間接的に規定しているにとどまっている、というのである。問題は、委任が委任者の利益のためだけでなく受任者の利益のためにもなされておきながら、委任者が無理由解除をした場合の効力をどう考えるかである。ボアソナードの説明では受任者は解除を拒むことができるとなっているので、解除は無効だということなのだろう。

しかし、解除が無効だとして契約の効力を維持しても、当事者間の信頼関係は破綻してしまっている以上は契約を維持することは意味がなく、むしろ、解除の効力を認めつつ、受任者の利益の保護を考えるという考えが出てくるのは当然であろう。ボアソナードがこの点をどう考えていたのかははっきりしない。また、旧民法の解釈論を展開している岸本辰雄(8)もこの点について踏み込んだ説明はしていない。ところが、磯部は、委任者が解除した場合に受任者に損害が生ずれば、「普通法ニ拠リ、委任者之ヲ賠償スルノ責メアルヘシ。此事、本条法文ノ暗ニ指示スル所ナリ」（句読点をつけた。以下同じ）という。つまり、「当事者双方の利益」のために契約がなされた場合は、委任者が解除すればそれは有効とした上で、受任者に生じた損害は「普通法ニ」より委任者が賠償しなければならない、と述べるのである(9)。

ちなみに、ボアソナード草案一四四八条では、「単ニ委任者ノ利益ニ設定シタル」委任の場合には、報酬の特約があっても、無理由解除（ボアソナード草案では「廃棄」という表現）ができ、報酬は、受任者の「真ノ利益ト称スヘキモノニ非スシテ、其労働ノ予定ノ賠償」にすぎない、と考えているのである。受任事務を遂行している途中で委任が解除されたときは、それまでおこなった分の報酬のみを請求することができるにすぎないことになる（旧民法財産取得編二四七条二項。現行六四八条三項参照）。

さて、最判昭和五六年一月一九日（民集三五巻一号一頁）は、「受任者の利益」をも目的とする委任契約において任意解除を認め、しかも、「やむをえない事由」がなくても、「委任者が委任契約の解除権自体を放棄したものとは解されない事情」があるときは、「六五一条に則り」[10]いつでも解除ができるとし、さらに、受任者がこれにより不利益を受けるときは、委任者に対して損害賠償を請求できる、と判示した。この判決の評価については学説上争いがあるが、広中俊雄教授は、最高裁が履行利益賠償義務を伴う無理由解除を示唆している、という。[11]前述の磯部の解釈論が現在でも参考になることがわかるであろう。[12]

⑵　明治民法（草案）についての先見性

ここでは、まず、権利の瑕疵担保責任についての権利行使期間（一年。現行五六四条）と一般の消滅時効（一〇年。現行一六七条）との関係について磯部の問題提起を挙げておこう。すなわち、通常の消滅時効期間経過後に、買主が取得した権利の一部が他人のものであったという事実を知った場合、その時から一年以内ならば売主に対して担保責任を追及できるのか、それとも、その場合にはすでに権利は消滅していると考えるべきかということを問題にした（明治二八年五月一八日の第八六回法典調査会において）。[13]じつは、前回の第八五回法典調査会で現行五六四条およびそれを準用する現行五六五条に相当する原案について審議がなされていた。その時は、磯部は欠席していた。その審議では、別の論点で議論が沸騰したせいか、[14]右のような問題提起はなされなかったのである。旧民法に通暁している磯部ならではの問題提起といえるように思われる。

磯部の質問に対して、梅は買主側に取得時効が成立したことを念頭において答弁した。そこで、磯部は再度右の趣旨の質問をし、結論として梅も、通常の消滅時効期間内に事実を知らなければ買主は担保責任を追及できないと答弁した。[15]後に、梅は、『民法要義・巻之三債権編』[16]で、この期間制限が（現在の用語でいえば）除斥期間の性質を有しているのであって消滅時効を定めたものではないとした上で、同様の解釈論を述べている。物の瑕疵担保責任に関する期間制限（五六六条三項）についても、梅たちは同様に考えていたと思われる。

この点については、大阪高判昭和五五年一一月一一日（判時一〇〇〇号九六頁）も（代金減額請求権について）同旨の判決を下していたが[17]、最高裁も、平成一三年一一月二七日の判決で（民集五五巻六号一三一一頁）、（損害賠償請求権について）同じ判断を示すに至った[18]。

ただし、五六四条なり五六六条三項で一番問題とされている点、すなわち、一年の除斥期間内に裁判外であれ権利を行使した場合、その権利は保全されたとして、そこから通常の消滅時効期間内ならば買主はいつでも訴訟上請求することができるかどうかについては[19]、この法典調査会では議論されておらず、梅も格別解釈論を展開はしていないようである。

そのほか、磯部は、数量指示売買（現行五六五条）に関連して数量超過の場合も問題にしている[20]。磯部は、土地の売買を例にして、売主が超過部分の買取り（実質的には代金増額）を請求しても買主が応じなければ、売主は超過部分の取り戻しを請求できるという（旧民法財産取得編四八条ないし五三条参照）。富井などから、土地のどの部分を取り戻すのかなどと反論され、磯部は、返還する部分の選択権は買主にあり、しかもこっちの隅、あっちの隅などという指定ではなく、ひとまとまりの余剰分を返還すべきだというにとどまっていた。そのせいもあろう、賛成少数で、この数量超過の場合の処理を付け加える修正案は否決された。この問題は大判明治四一年三月一八日（民録一四輯二九五頁）、さらには、近時の最判平成一三年一一月二七日（民集五五巻六号一三八〇頁）で争点となった。最高裁では、特約がなければ、売主は五六五条を類推して代金増額を請求できない、とされた。最高裁で争われたのは、法典調査会当時に議論になったのと同じ土地に関するものである。土地の数量指示売買については種々議論すべき論点があり、それを前提として数量超過売買のさいの解釈論が議論されていることを指摘するにとどめる[21]。

ちなみに、ドイツでは、このような場合、売主は不当利得に基づいて超過部分の返還を請求でき、目的物の性質上それが不可能な場合には価値償還請求（実質は代金増額請求）ができる、という解釈論が主張されている（ドイツ債務法現代化法でも、数量不足の場合の処理は規定があるが（四三四条三項参照）、超過の場合の規定はない[22]。

三　委任の終了事由について

(1)　はじめに

磯部と梅謙次郎とが切り結ぶ場面はいくつかあるが、そのうち、ここでは、委任の終了事由を検討してみたい。民法六五三条は、「委任ハ委任者又ハ受任者ノ死亡又ハ破産ニ因リテ終了ス。受任者カ禁治産ノ宣告ヲ受ケタルトキ亦同シ」と規定されていた。二〇〇四年一二月に民法の現代語化に関する改正法[23]が公布されて（施行は翌年四月一日）、この六五三条は、

「委任は、次に掲げる事由によって終了する。

一　委任者又は受任者の死亡

二　委任者又は受任者が破産手続開始の決定を受けたこと。

三　受任者が後見開始の審判を受けたこと。」

と規定されるに至った。右改正法以前の条文と内容上の変更はない。明治時代の議論と条文の表現をかみ合わせるために、以下では、この現代語化法以前の表現[24]、しかも二〇〇〇年四月施行の成年後見制度の改革前の「禁治産宣告」（この新法では、「後見開始の審判」となっている）という表現を使うことにする。

法典調査会では、とくに、受任者が禁治産宣告を受けたときには（原案六六〇条では、「治産ノ禁ヲ受ケタルトキ」という表現だった）委任契約は終了するということが問題となった[25]。すなわち、受任者本人の判断能力が衰えて単独では契約などをすることができなくなった場合には、配偶者、四親等内の親族などの申立により、裁判所が禁治産宣告をする。その結果、本人はもはや単独では契約をすることができなくなる（仮におこなっても、取り消さ

れる可能性がある)。そのかわり、後見人を登場させて、契約などの代行をさせることになるのである。この条文は、委任者が禁治産宣告を受けても、委任契約の効力には影響しないことを間接的に述べている。つまり、民法起草者は、委任者が死亡すれば委任契約は終了するが、禁治産宣告を受けたときには従前の委任契約の効力には影響がない、と考えたのである。

(2)　外国法の状況

諸外国ではどうであったか。[26] プロイセン一般ラント法一部一三章一九六条、フランス民法二〇〇三条、一八八一年のスイス債務法四〇三条、ヘッセン草案二九五条、バイエルン草案七一一条、ドレスデン草案七一二条、モンテネグロ財産法四〇七条[27]などは、(委任者死亡の場合と同様に)行為能力喪失の場合も、委任契約は終了するという立場をとっていた。旧民法財産取得編二五一条は、この流れを受け継いだ。しかし、ドイツ普通法は、行為能力の喪失は委任の終了事由とはならないという立場であった、という。そして、ドイツ民法草案もこの普通法に従った。簡単にドイツ民法制定過程の議論を見ておこう。

ドイツ民法第一草案六〇〇条によれば、委任者が行為能力を喪失したか制限されたときには五九九条(委任者死亡の場合)の規定を準用する、すなわち、委任者死亡の場合と同様、反対の特約がない限り委任契約は終了しない、と規定されていた。その理由として、委任者が死亡した場合にも契約は終了しないのに、行為能力の喪失・制限の場合だけ終了するという理由はないだろうということ、能力の喪失等の場合には委任者本人のために法定代理人(後見人)が登場し、万一委任の続行が本人に不利益をもたらす場合にはこの法定代理人はいつでも委任契約を解除できる権限を有しているのだから、行為能力の喪失から直ちに契約を終了させなくても、本人に大きな不利益を与えることにはならないはずであることなどが指摘されている。

ちなみに、委任者が死亡したときにも原則として委任契約は終了しないという点(第一草案五九九条)については、その場合に委任が続行することによって不利益が生じうるような場合には、そもそも委任者は自分の死亡後は委任を続行させない意思を有していたと推測が可能であろうし、死亡によって直ちに契約が終了しないということによってより法的安定性が保てるということが、その理由として指摘されている。

第二草案も、第一草案を踏襲したうえで、委任者死亡の場合と行為能力喪失の場合を一つの条文にまとめた（六〇三条）[28]。そして、それまで「契約当事者の別段の意思が契約から明らかでない場合には」となっていたのが、最終的に「疑わしいときは」に表現が変わり、現在の六七二条になったのである[29]。すなわち、「委任は、疑わしいときは、委任者の死亡又は行為能力の喪失によって消滅しない」（第二文以下は省略）[30]。

(3) 磯部の反論（旧民法の立場）と梅の切り返し

磯部四郎は、法典調査会の席上、この点に疑問を提起した。旧民法と同じく委任者が禁治産宣告を受けたときは委任契約は終了すべきだと主張し、修正案を提案したのである[31]。

その理由はこうである。すなわち、委任者が委任する能力を有していることが前提である。委任者が能力を喪失したら契約は終了するとした上で、せいぜい、委任者を保護する後見人が契約の継続をはかることができるというくらいが便利ではないか、というのである[32]。「後見人が契約の継続をはかる」という理屈がはっきりしない。後にもう一度この点に触れることにする。

これに対して、梅謙次郎は、委任者死亡（委任契約は終了する）と禁治産宣告（委任契約は終了せず）とを区別すべきだ、と反論するのである[33]。他人に委任して売買などをさせるということは、本人が売買をするのではなく、受任者＝代理人がおこなうのである。また、契約から生ずる義務は、本人が負担するといっても、本人が禁治産者の場合には実際には後見人が履行することになる。したがって、委任契約の効力は委任者本人に単独で行為することができる能力が備わっていることが前提だという必要は全くない。委任者死亡の場合には旧民法も草案

（現行法）も委任契約は終了するとしているが、それとこの場合（委任者が禁治産宣告を受けた場合）とはそもそも同列に扱えない。受任者が信頼した委任者が死亡した場合には、どこの馬の骨ともわからない相続人に対して受任者に信頼せよ、愛せよとはいえないだろう、というのである。

梅ら起草者は、フランス法、旧民法に従って、委任者死亡の場合には委任契約は終了するとしながら、新しいドイツ法の考え方を参考にして、委任者が禁治産宣告を受けたことは契約終了事由とはしなかったのである。法典調査会では、磯部の修正案は賛成少数で否定され、結局原案が維持された。(34)

(4) 検討

磯部の問題提起と梅の反論をどう評価すべきか。実は、法典調査会では全く異論がなかったのであるが、特約で委任者が禁治産宣告を受けたときには契約は終了するということにしておけば、それは有効であると考えられていた。(35) しかも黙示の特約もありえるので、（黙示の）特約をゆるやかに認定できるのであれば、梅ら起草者の立場と磯部の立場とではほとんど差異がない、ということになろう。「せいぜい、委任者を保護する後見人が契約の継続をはかることができるというくらいが便利ではないか」という磯部の発言の趣旨がこの特約のことを指しているのだったら見事である。しかし、この言葉で磯部の考えていた内容は不明である。それにしても、梅との論争で、なぜもっとねばらなかったのか、残念でならない。

なお、委任者が禁治産宣告を受けても（特約がなければ）従前の委任契約の効力には影響はないとしても、現代的な問題は、禁治産宣告を受けるにふさわしい程度に能力が減退してもその申立（現行法でいえば後見開始の審判申立）がない場合に、委任契約はどうなるのかである。委任者が禁治産宣告を受けても、受任者の権限濫用を監視できる後見人がいることが、委任契約を終了させない主たる理由と思われる。しかし、ここではそのような者が登場していないために、受任者の権限濫用を防止したり、監督したり、場合によっては契約を終了させたりすることができないのである。この問題を解決するために、二〇〇〇年の成年後見制度の改革のさいに任意後見契約法も施行された。しかし、この制度を利用しない委任契約の効力をどう考えるかは、解釈論として解決すべき問題であろう。(36)

四　委任者の損害賠償義務（六五〇条三項）

民法六五〇条三項によれば、受任者が事務処理の過程で自分に過失なくして損害を被ったときには、委任者に対して損害賠償請求ができると規定されており、これは民法上数少ない（委任者の）無過失責任を定めたものだ、といわれている。(37)旧民法財産取得編二四五条第三を踏襲したものである。しかも、フランス民法二〇〇〇条に基づいている。フランス法における具体例としては、受任者が事務処理のさいに自己に過失なくして事故に巻き込まれ損害を被ったという例が挙げられている。(38)

他方で、ドイツ民法六七〇条は、受任者の費用償還請求権のみを規定しており、フランス法のような規定は存在しない。しかし、判例・通説は、この条文を類推して、受任者の損害賠償請求権を認めている。(39)

さて、旧民法財産取得編二四五条第三について磯部は格別の説明をしていないが(40)、法典調査会でこの条文を踏襲した原案（六五七条三項。現行六五〇条三項）の削除を次のように主張する。(41)

厚意上人から事を依頼された場合、先方からどういう乱暴な人が出てくるかもしれない。それを軽はずみに受任して先方に行って殴られた。それは自分が受任して過失で損害を受けたのである。いやしくも事件を依頼されたときは、それが果たしてできるかどうかをよく考えてみて、なるべく軽々に事を処理しないで、自分の腕力と相手の腕力とを比較して考えてみなければならない。そうすれば、殴られるということはおきない。せっかく厚意から私に任せなさい、ご心配はいりませんというようなことをいって仕事を引き受けておきながら、それをなす過程で殴られ、けがをしたから、膏薬代をくれというようなことは、実に不見識きわまった話である。頭をぶたれてきたときこちら（委任者）でお礼をするということは、たいてい今日の普通の社交上にあるだろうと思う。以上が磯部の削除論である。

これに対して、提案説明者の富井ではなく、梅が反論を買って出て、次のように主張する。(42)

厚意上から仕事をするから賠償などを求めるのはよろしくないということだが、その論は今日の日本人の気質としてはよろしいが、しかし法律としてそれを出すのは私は不賛成である。もしそういう論からいえば、人のために金を貸して利息を慣習によって取るということがあるだろうが、そういう者は、磯部の議論からすれば、ケチなやつというそしりを受けなければならない。すなわち、世の中のことは法廷を煩わした以上は、もはや徳義で治まらないときである。すなわち、依頼者がお礼をもって来ぬときに、厚意とはいいながら、自腹を切って損してまでしてやるつもりではなかったというようなときで、相手も権利のあるだけを請求するならば、こちらでも権利のあるだけを請求しようという場合に初めて裁判を受ける。そういう場合に法律は公平にしなければいけない。頼まれて保証人になり、保証債務を履行したときは、債務者に支払時からの利息を請求することができるという点については、何の議論もなく原案が通った(原案四六二条＝現行四五九条二項)。しかし、委任の場合には、損害賠償はとれないというのは不権衡である。したがって、この三項が削除されるというならば、(原案六五七条＝現行六五〇条)一項の利息も削ってしまい、また保証の場合の利息もみな削ってしまわないと、前後の権衡を得ないと思う。

このように梅は磯部の削除論を批判した上で、有償契約の場合、事務処理にさいしての危険は報酬の中に織り込み済みであるから、この三項はこの種の契約には適用されない（つまり無償委任の場合にのみ適用がある）、と主張するのである。(43)

結論として、磯部の削除論（提案者は高木豊三）は少数で否決され、原案が維持されて、(44)現行法となった。梅の指摘はまことにもっともであり、しかも、内容的にも旧民法と同趣旨の原案なのであるから、磯部が旧民法に疑問を持っていれば格別、そうでなければ、なぜこういう批判をするのか、理解に苦しむ。批判のための批判のような感じがするのである。

なお、現在では、梅の指摘どおり、有償委任の場合には六五〇条三項を適用すべきでないという見解が有力だが、[45](ドイツの議論ではあるが)報酬に反映されていないか、あるいは予見不可能な危険については、有償委任の場合でも委任者が賠償しなければならないのではないか、と指摘されていることに注意すべきである。[46]

五　まとめ

磯部四郎は、ボアソナードに仕え、旧民法の立役者の一人であり、本稿で見た解釈論のいくつかは、現代にまで通用するものである。いわば「法学界の先駆者」といえよう。ところが、法典調査会で起草委員により旧民法が批判され、なかんずくフランス法の後輩たる梅謙次郎に胸のすくような反論を受け、さらには、新しい立法であるドイツ民法草案なども取り入れた重厚な理論武装の前には、磯部はただ反発をするしかなすすべがなかったように見えるのである。[47]おそらく、磯部は、ドイツ民法草案には関心もなかっただろうし、内容も知らなかっただろう。つまり、旧民法のモデルのフランス民法からドイツ民法の台頭という時代の転換から取り残されてしまったように見えるのである。しかし、前述(三)したように、ドイツ法を知らなかったことは致命的な弱点ではなかったはずである。ところが、総計二五一回の法典調査会における民法審議に磯部はかなり欠席しており、(正確には述べることができないが)だいたいの印象でいえば、磯部の修正案が賛成多数で可決する場合もないわけではないが、[48]概して大方の支持を得られていない。このような状況から判断すると、間違いなく「磯部の立法家としての時代は終わった」のであろう。これこそが、磯部の人生コースの劇的変化(明治民法制定前後から、司法官僚・学者の側面から弁護士活動に力点を移した）の原因であるように思われるのである。

しかし、磯部には、他方で、最近になって初めて判例が取り上げるような問題点をすでに法典調査会での審議のさいに指摘していたという先見性があるうえに、旧民法の解釈論にしても、ボアソナードやその学説を祖述した同時代の日本人学者と比較してみると、一歩踏み込んだ詳しい説明をしようという姿勢が見られる。本稿は、委任という非常に狭い範囲で磯部の旧民法における解釈論や現行民法（草案）についての審議での議論をかいま見ただけであるが、今後さらにいろいろの分野で磯部の見解を検討することによって、現行民法の解釈論にとっても参考になる点が数多く出てくるものと期待される。

（1）　大久保泰甫＝高橋良彰『ボワソナード民法典の編纂』（雄松堂、一九九九年）一六二頁以下参照。報告委員になる以前の明治一二年頃から、ボアソナード草案の翻訳に従事していたようである。同書二四頁参照。

（2）　一例を挙げよう。明治二八年七月二三日の第一〇五回では、寄託物の使用及び第三者による保管に関する原案（六六五条。現行六五八条参照）の審議が途中で終了してしまった。次の一〇六回（七月二六日）で富井が修正案を出して、議論もなくそれが可決した（法務大臣官房司法法制調査部監修『法典調査会民法議事速記録四』（商事法務研究会、一九八四年）七四三頁以下、七五九頁以下）。以下では、『法典調査会民法議事速記録四』で引用する。この一〇六回の会議には磯部は欠席している。

（3）　磯部は、明治八年から一一年までパリ大学で学んだ。梅は、明治一九年（一八八六年）から二二年（一八八九年）七月までリヨン大学で学び、その後一八九〇年春までベルリン大学でさらに研鑽を積んだ（同年八月帰国）。

（4）　本稿は、二〇〇五年一二月一〇日高岡法科大学で開かれた「シンポジウム・富山が産んだ法曹界の巨人　磯部四郎」での筆者の報告原稿「磯部四郎と明治民法」高岡法学一七巻一・二合併号（二〇〇六年）一七三頁以下をもとにしている。

（5）　以下は、岡「民法六五一条（委任の解除）」広中俊雄＝星野英一編『民法典の百年Ⅲ』（有斐閣、一九九八年）四

五　まとめ

四〇頁以下に基づいている。

(6) 『ボワソナード氏起稿・再閲修正民法草案註釈・第三編』(ボワソナード民法典資料集成後期Ⅰ-Ⅱ。雄松堂、二〇〇〇年) 一〇一〇頁以下 (=第三編特定名義獲得ノ部・下巻三五六頁以下) 参照。

(7) 『民法理由書第3巻財産取得編』(ボワソナード民法典資料集成後期Ⅳ。雄松堂、二〇〇一年) 八九二頁以下参照。

(8) 『民法正義・財産取得編巻之貳』(一九九五年、信山社復刻版 (日本立法資料全集別巻58)) 二九六頁参照。

(9) 『大日本新典民法釈義・財産取得編(中)(第六章～第十二章)』(一九九七年、信山社復刻版 (日本立法資料全集別巻86)) 八二二頁以下。

(10) 最高裁がこの条文に基づいて解除を認めたのかどうかは不明だが、本判決のいう損害賠償は六五一条二項に基づくものではなく、おそらく六四一条と同趣旨のものを考えているのであろう。これについては、岡・前掲 (前注5) 四六〇頁参照。

(11) 広中俊雄『債権各論講義』(第六版、有斐閣、一九九四年) 二九一頁。

(12) 岡・前掲 (前注5) 四五八頁以下、四六二頁以下参照。ただし、磯部は、委任者の解除(「廃罷」) を拒む正当の理由があったにもかかわらず解除された場合を念頭において、このような解釈論を展開している。したがって、判例・広中説が磯部の見解と直結しているとはいえないことに注意すべきである。なお、私のこの旧稿四六五頁以下でふれているが、オランダ新民法の消費者保護の規定が参考になる。すなわち、自然人 (委任者) が委任契約を結んだが、それを「職業又は営業をおこなうにつき」したのでなければ、委任者は、いつでも告知ができ (民法第七章四〇八条一項)、報酬に含まれない費用償還義務 (同四〇六条) は別として、損害賠償をする必要がないとされている (同四〇八条三項)。しかも、これに反する特約は無効である (同四一三条一項)。告知により契約が終了した場合には、受任者には、それまでなした事務処理に対しては割合的報酬請求権が認められるが、割合の算定は公平を旨として、とくに受任者のなした活動、それによって委任者が受けた利益、契約終了の原因を考慮しなければならない、とされている (同四一一条一項)。立法論として、このオランダ新民法の規定は、日本でも参考になると思われる。

(13) 『法典調査会民法議事速記録四』四六頁。なお、この資料は、すでに松岡久和「数量不足の担保責任に関する立法者意思」龍谷法学一九巻四号 (一九八七年) 六一四頁以下で紹介されている。

(14) 権利が一部他人に属する場合の売主の担保責任として、善意の買主が代金減額請求権を行使できるとなっていたが（原案五六四条一項）、議論の末、悪意の買主でもこの権利を行使できるというように修正された（現行五六三条一項）。『法典調査会民法議事速記録四』一三頁以下、二二頁参照。

(15) 『法典調査会民法議事速記録四』四六頁以下。

(16) 五〇二頁。ここでは大正元年版復刻版（有斐閣。一九八四年）で引用する。

(17) 三宅正男『契約法（各論）上巻』（青林書院新社、一九八三年）三〇五頁も同旨。

(18) 本判決については、長谷川浩二「判例解説」『最高裁判所判例解説民事篇平成十三年度(下)』（法曹会、二〇〇四年）七四三頁以下参照。

(19) この点については、鈴木禄弥『債権法講義』（四訂版、創文社、二〇〇一年）二五二頁以下、長谷川・前掲（注18）七五八頁注⒃参照。

(20) 『法典調査会民法議事速記録四』四八頁以下。なお、この資料はすでに松岡・前掲（注13）六三〇頁以下、『新版注釈民法⒁』（有斐閣、一九九三年）二三九頁［松岡執筆］で紹介されている。

(21) さしあたり、前掲最判平成一三年に関する今西康人「判例批評」判評五二三号一七頁（＝判時一七八八号一七九頁）以下、田中宏治「判例批評」民商一二六巻四・五号（二〇〇二年）六八五頁、小野憲一「判例解説」『最高裁判所判例解説民事篇平成十三年度(下)』（法曹会、二〇〇四年）七八〇頁以下のほか、潮見佳男『契約各論Ⅰ』（信山社、二〇〇二年）一四〇頁以下参照。

(22) Oechsler, Schuldrecht. Besonderer Teil: Vertragsrecht, 2003, Rn. 116; Lorenz / Riehm, Lehrbuch zum neuen Schuldrecht, 2002, Rn. 496. ただし、小野・前掲（前注21）七八八頁は、前記平成一三年の最判の立場では不当利得は成立しないことになろう、という。

(23) この民法現代語化法には種々問題がある。とりわけ違和感を感じたものとして、民法の公布年を「明治二九年四月二七日」（法律第八九号）としている点を挙げておこう。これは前三編の公布年である。民法の後二編が「明治三一年六月二一日」（法律第九号）に公布されているという事実は、ここではかき消されてしまっている（後者は改正法の扱いを受けている）。歴史的事実をゆがめているのではないだろうか。この点については、広中俊雄「民法改正立法の過誤」法時七一巻六号（一九九九年）一二〇頁以下、同「民法改正立法の過誤（再論）」法時七二巻三号（二〇〇〇年）九三頁以下参照。また、広中『新版民法綱要第一巻総論』（創文社、二〇〇六年）一三〇頁注（5）は、読み替え規定で指示する規定の表現の仕方についても日本語の文章の書き方に反すると、厳しく批判している。

（24） この立法にも問題があるように思われる。とくに、保佐人の権限には場合によって代理権がありうるが（八七六条の四参照）、第一編の総則の規定からはそのことをうかがうことはできない。ちなみに、補助人も同様に代理権が付与される場合があるが、それは、一五条三項で八七六条の九が引用されていて、その可能性がわかる仕組みにはなっている。せめて第一編の中でも、保佐人等の権限がある程度わかるように規定しておくべきではないのか。

（25）『法典調査会民法議事速記録四』六七二頁以下参照。なお、同種の問題は、代理権の消滅（一一一条一項）のところでも起きるが、議論は共通しているので、本稿では委任の終了のみを検討することにする。

（26） 以下は、Mugdan, Die gesamten Materialien zum Bürgerlichen Gesetzbuch für das Deutsche Reich, Bd. 2, 1899, S. 306f. に依拠している（ここでは、一九七九年の復刻版（Scientia 社）を使用している）。また、フランス民法については、Zachariä, Handbuch des Französischen Civilrechts, Bd. 2, 7. Aufl., 1886. Herausgegeben von Dreyer, § 416, S. 678; Ferid, Das Französische Zivilrecht, Bd. 1, 1971, Rn. 2H109, 2H111 に依拠している。

（27） Allgemeines Gesetzbuch über Vermögen für das Fürstenthum Montenegro. In die deutsche Sprache übertragen und mit einer Einleitung versehen von Adalbert Shek, 1893 による。四〇七条は代理権の消滅事由を規定している。

（28） 正式第二草案（Entwurf eines Bürgerlichen Gesetzbuchs für das Deutsche Reich. Zweite Lesung. Nach den Beschlüssen der Redaktionskommission. I. bis III. Buch. Auf amtliche Veranlassung, 1894）と暫定第二草案（Reatz, Die zweite Lesung des Entwurfs eines Bürgerlichen Gesetzbuchs für das Deutsche Reich unter Gegenüberstellung der ersten Lesung. Im Auftrage des Vorstandes des Deutschen Anwaltsvereins dargestellt und aus den Protokollen der zweiten Lesung erläutert, Zweites Heft, 1893）は、ともに六〇三条については同じ表現になっている。この両者については、岡「民法起草とドイツ民法第二草案の影響」法時七〇巻七号（一九九八年）五三頁以下参照。

（29） Vgl. Jakobs, in: Jakobs / Schubert, Die Beratung des Bürgerlichen Gesetzbuchs in systematischer Zusammenstellung der unveröffentlichten Quelle, Recht der Schuldverhältnisse III §§ 652 bis 853, 1983, S. 98.

(30) 翻訳は、右近健男編『注釈ドイツ契約法』（三省堂、一九九五年）五〇一頁による。
(31) 『法典調査会民法議事速記録四』六七九頁。
(32) 『法典調査会民法議事速記録四』六七五頁。
(33) 『法典調査会民法議事速記録四』六七二頁～六七四頁、六七五頁～六七六頁参照。
(34) 『法典調査会民法議事速記録四』六八〇頁。
(35) 原案六六四条「本節ノ規定ハ契約又ハ慣習ニ別段ノ定アル場合ニハ之ヲ適用セス」（ただし書きは省略）には異論がなかった。『法典調査会民法議事速記録四』六九〇頁以下参照。後に、第一二回整理会（明治二八年一二月三〇日）でこの条文は削除された（内容を否定したのではない）。法務大臣官房司法法制調査部監修『法典調査会民法整理会議事速記録』（商事法務研究会、一九八八年）三〇六頁参照。
(36) これについては、さしあたり新井誠『高齢社会の成年後見法』（改訂版、有斐閣、一九九九年）一八一頁以下参照。なお、ドイツでも、二〇〇五年に至って、「任意後見代理権」（Vorsogevollmacht.「予防のための代理権」とでも訳すのであろうが、内容は日本の任意後見契約に基づいて付与される代理権に類似したものである）が民法に導入された（一九〇一a条など）。日本と同様、後見裁判所の任意後見人に対する直接的な監督は予定されていない点が難点だ、とされている。Vgl. Fiala / Stenger (Hrsg.), Genehmigungen bei Betreuung und Vormundschaft, 2005, S. 22f. そのほかこの制度については、vgl. Dodegge / Roth, Systematischer Praxiskommentar. Betreuungsrecht, 2. Aufl., 2005, S. 179ff.; Seichter, Einführung in das Betreuungsrecht, 3. Aufl., 2006, S. 14ff.
(37) 川井健『民法概論4債権各論』（有斐閣、二〇〇六年）三一〇頁。
(38) Ferid, a.a.O. (Fn. 26), Rn. 2H102.
(39) Vgl. Medicus, Schuldrecht, Besonderer Teil, 13. Aufl., 2006, Rn. 424ff.
(40) 磯部・前掲書（前注9）八〇四頁以下参照。
(41) 『法典調査会民法議事速記録四』六四六頁。
(42) 『法典調査会民法議事速記録四』六四七頁。
(43) 『法典調査会民法議事速記録四』六五〇頁以下。

(44) 『法典調査会民法議事速記録四』六五四頁。
(45) 来栖三郎『契約法』(有斐閣、一九七四年) 五二七頁以下など参照。
(46) ドイツ法に関してであるが、Martinek, § 675 Rn. A42, in: J. von Staudingers Kommentar zum BGB, Bd. 2 Recht der Schuldverhältnisse §§ 657-704, 2006. さらには、右近・前掲書(前注30)四九八頁[今西康人執筆]参照。
(47) 磯部はおそらく個人的にも梅を快く思ってなかったように思われる。その辺のところを、木々康子『陽が昇るとき』(筑摩書房、一九八四年)二四四頁は、「法律の元祖」といわれた箕作麟祥をずっと年下の梅が法典調査会の席上箕作君と「君」づけで呼んでいること(例えば明治二六年一〇月三日の発言。法務大臣官房司法法制調査部監修『法典調査会民法主査会議事速記録』(商事法務研究会、一九八八年)二〇六頁参照)に対して磯部が礼儀を知らないやつだと腹を立てていることを挙げて、非常にリアルに描いており、説得的である。
ちなみに、法典調査会で梅と磯部のやりとりのいくつかを簡単にまとめておこう(現代語に適宜直して引用する)。これからもわかるように、両者が親しい人間関係だったとは思われない。
(イ) 第八回明治二七年五月一日現行一三五条に関する審議において
磯部　先ほどから両先生(穂積陳重と梅のこと――引用者注)のご説明をたまわりましたが、その説はどちらがどうでありまするか、私はどちらかというと穂積先生のご説明に服する……(法務大臣官房司法法制調査部監修『法典調査会民法議事速記録一』(商事法務研究会、一九八三年)三二四頁)。
(ロ) 第九回明治二七年五月四日現行一四二条に関する審議において
磯部　ただ今の梅君からご説明になったことは何であるか、私にはわからぬ。(後略)
梅　　ただ今磯部君から非常なるご攻撃を受けましたが、私は磯部君の御問いを誤解しておりませぬ(同書三八〇頁)。
(ハ) 第一二八回明治二八年一〇月二三日
原案七四七条「戸主ハ其身分及ヒ資力ニ応シテ家族ヲ扶養シ且教育スル義務ヲ負フ。但家族カ自ラ其費用ヲ支弁スルコトヲ得ルトキハ此限ニ在ラス」に対して、磯部が「家族カ特有財産ヲ有スルトキハ扶養及ヒ教育ノ費用ヲ支弁セシムルコトヲ得」という修正案を出したのに対して

梅　これは大変な説がでました。一言私の意見を述べさせていただきたい（法務大臣官房司法法制調査部監修『法典調査会民法議事速記録五』（商事法務研究会、一九八四年）六〇三頁）。

(ニ)　第一三四回明治二八年一一月六日

起草委員提出の修正案七六二条（詐欺強迫による隠居届出）に関して

梅　ただ今のは始めから磯部君などの誤解から来ているのではないかと思いますから、ちょっと一言お答えしたならば、そのご協議は無用になろうと思います……（同書八一一頁）。

磯部　まことにごもっともなことで御説をたまわりまするると、学校の講義を聴くようで、感服しましたが、私の考えでは（と述べて、梅の見解に反対。同書八二三頁）。

梅　ほかのお方であれば何でありますが、とにかく磯部君ではなかなか私ぐらいの説明ではご満足にはなるまいと信じます。……別して一を聞いて十を知るという磯部君のことでありますから、きわめて簡単に申し上げます（同書八二八頁）。

これに対して、磯部の反論がある。

梅　それは誤解であって、私はそんなことを言いませぬ（同書八二九頁）。

(ホ)　第一五一回明治二九年一月一三日

原案八九〇条一項「未成年ノ子ハ其家ニ在ル父ノ親権ニ服ス」（二項は省略）の審議に関して

磯部　むろん原則にはご同意を表したいが、……既成法典の経歴上注意の上に注意を加えて、よほど反対論もありましたが、とにかく議官が意見を出しまして、そうして改正になりましたのを、さらに改正するには、よほど法律の成立についてご注意にならぬといかぬと考えます。なぜならば、起草委員が十分お取り調べの上で既成法典の疵のある所をお直しになるのはよろしいが、この案のごときは、実は数回論じまして、我々どもが真っ赤になって論じた結果、ついに既成法典のごとくになったのであります。実は、法律としては、あまり感服せぬ。それをさらに草案の趣意にしてお出しになりますと、それらの点が衆議院あたりで議論になってそんな変なことから完成を急ぐことを妨げるおそれがありますから、このところなどの所は、法理ということはしばらくおいて、既成法典のことはなるべくお助けになるほうがこの成立を速やかにすることが、高尚にいえば政略上とか、軽くいえばずるいということになろうと思う。それで一言申し上げておきます。

梅　ただ今のは、磯部君のご忠告と承ったほうがよろしいと感服しましたが、私ども政略とかずるいとかいう方のことはごく神経が鈍い方であります。……私どものような知恵のない者がいい加減に推測して出すよりは、ただ自分の信ずるところを向き、出した方がよろしいと思いまして、この通り書いたのでありますから、御論は別にいたしませぬ。ただお断りを申しておきます。決して軽々に書いたのではありませぬ（法務大臣官房司法法制調査部監修『法典調査会民法議事速記録六』（商事法務研究会、一九八四年）四二〇頁）。

(48)　例えば、原案六五七条二項ただし書き「其債務カ弁済期ニ在ラサルトキハ、委任者ハ受任者ニ相当ノ担保ヲ供スルコトヲ要ス」を「其債務カ弁済期ニ在ラサルトキハ、受任者ハ委任者ヲシテ相当ノ担保ヲ供セシムルコトヲ得」との修正案（現行六五〇条二項後段参照）が賛成多数で可決している（第一〇三回。明治二八年七月一六日）。『法典調査会民法議事速記録四』六五八頁参照。

明治前半期の刑法学と磯部四郎

谷口貴都

一　刑事弁護制度の設置とその影響

(1)　磯部四郎と刑事弁護制度

明治一三年（以下「明治」の年号を省略）はわが国の近代法史上特に銘記すべき年である。すなわち、この年の七月にわが国におけるはじめての近代的法典である刑法（「旧刑法」。以下「刑法」とは旧刑法を指す）と治罪法が公布され、一五年一月一日から両法が施行されることになったのである。

刑法は、ボアソナードの主導により編纂され、罪刑法定主義（同法第二条）を標榜したが、[1]治罪法もまた当事者主義を原理とするものであった。後者については、さらに日本刑事法史上特筆すべき条項がもりこまれた。すなわち、その二六六条において「被告人ハ弁論ノ為メ弁護人ヲ用フルコトヲ得　弁護人ハ裁判所々属ノ代言人ヨリ之ヲ選任スヘシ但裁判所ノ允許ヲ得タル時ハ代言人ニ非サル者ト雖モ弁護人タルコトヲ得」と規定され、刑事弁護制度が認められたのである。既に九年以来外国人関係の刑事事件や特定の日本人刑事事件について刑事弁護が認められつつあったが、その観念においてはまだ被告人の権利として意識されていなかった。それがここにおい

て権利として認められたのである。(2)

この条項が置かれるに至った契機は何よりも磯部四郎の上申にあった。一二年六月、フランス留学を終え帰国して間もなくの、司法省の修補課起草委員の任にあったときのことである（修補課は、大木喬任が司法卿時代に法律の制定、法律問題の疑義裁定などを担当した部署である）。穂積陳重著『続法窓夜話』にその事情を示す一節（二五刑事弁護制の首唱者）が「刑法局『決議録』」の写真とともに載せられている。(3) 日付「明治十二年六月廿七日」、「起草委員磯部四郎」の後に「刑事代言人ヲ許スノ議上申案」と題して次の提言が記されている。

「我邦今日詞訟ニ代言人ヲ許サルル者ハ、其能ク詞訟本人ノ情ヲ尽シテ其権利ヲ暢ヘ、之ヲシテ枉屈ニ陥ラシムルナキニ在ルナリ。其社会ニ益アル亦少カラズ。然リト雖モ、詞訟ノ関係スル所ハ多クハ是レ財物金銭ノ得喪ニ過ギズ。之ヲ刑獄ノ関係スル所ニ比スレバ、其軽重大小固ヨリ日ヲ同フシテ語ルベカラズ。抑々刑獄ハ栄辱ノ属スル所、死生ノ岐ル、所、裁判一タビ其当ヲ失フトキハ、人其罪ニ非ズシテ長ク囹圄ニ繋ガル、ノ苦ヲ受ケ、其甚キニ至テハ、身首処ヲ殊ニシ、復タ月日ヲ見ザルノ惨ニ遭フヲ致ス。其関係スル所豈至大至重ト謂ハザルベケンヤ哉。然而シテ刑獄ノ原告タル者ハ堂々タル官吏ニシテ、学力知識ニ富ム人ナリ。之ニ反シ、其被告タル者ハ大概愚昧卑賤ノ民ナリ。其囚ハレテ獄庭ニ到ルヤ、畏懼ニ勝ヘズ。自ラ其辞ヲ尽シ、其情ヲ明ニシ、以テ原告ノ論ズル所ヲ破ルヲ得ルハ万ニ一ヲ望ムベカラズ。其ヲシテ呑恨泣冤ナカラシメント欲スレハ蓋シ甚ダ難シトス。知ル可シ、其代言弁護ヲ要スルノ切ナル、亦詞訟人ノ比ニ非ズ。今ヤ我邦独リ詞訟ニ代言許サレ、未ダ刑獄ニ之ヲ許サレズ、豈一人欠典ト謂ハザル可ケンヤ。因テ速ニ刑事代言人御差許相成度、云々。」

人間の運命を大きく左右する刑事裁判において、「大概愚昧卑賤ノ民」である被告人が「学力知識ニ富ム」「堂々タル官吏」の前で「呑恨泣冤ナカラシメン」ために検察と被告人が対等の立場で真実を究明する当事者主義を採用すべきであるというのである。(4) しかし、「立論堂々、至公至正にして、今よりこれを観れば、何人といえども一言の異議あるべきはずがないように考えられる」が、委員一〇人のうち、磯部の意見に賛成したのは箕作麟祥ほか一名で、他の八名は反対であった。三人連名の反対意見書には次のようにあった。「之ヲ実際ニ徴スルニ、詞訟代言人タル者、狡黠貪慾、今日ニ於テ其弊ヲ矯正セザル可ラズ。之ヲ刑獄ニ許ス、其弊安ゾ詞訟ニ同ジカラザルヲ保スルヲ得ンヤ。（中略）栄辱死生ノ係ル所ニシテ、是非ヲ転倒シ、黒白ヲ変乱スルアラバ、其弊タル亦如何ゾヤ、云々。」また他の委員は磯部に対し、「一概その利益ある部分のみを称揚し、かつてその弊害如何を究めず、偏頗の説というべし」と評したり、今日の罪人は狡猾強戻であり、「あくまで強情を張り、柔者は巧に詭弁を弄し、欺罔百端、免れて恥じなし」「而ルニ、今又代言人ヲ許サントス、恐クハ其弁護ハ罪囚ノ冤枉ヲ伸ベ其屈辱ヲ雪グニ適セズシテ、却テ其強戻狡猾ヲ媒助スルノ好具タランノミ」と極論する者さえあった。しかし、結局、ボアソナードが磯部の主張に賛成したことにより、「非常なる外国人崇拝者であった」「当時の大官連」は磯部の意見を容れざるをえないことになり、治罪法にもりこまれるに至った。

(2)　刑事弁護制度と代言人規則の改正

刑事弁護制度の設置は磯部の公平公正の思想より提唱されたものであったが、その反対論にあったように、他方で、はからずも当時の代言人の能力と信頼の低さを露呈する結果となり、代言人免許制度の根本的改革の要求へとつながっていった。

明治政府は先進の法制度の移入に積極的であったが、弁護士制度についてはその社会的有用性にもかかわらず、幕府時代の公事師の営業をそのまま代言人に継承させるのみであった。代言人の資格・権限等に関する代言人規則は、五年八月太政官公布の「司法職務定制」、翌六年六月太政官公布実施の「代人規則」によって一応の制度化をみたが、その資格については「盲聾無策の徒」（事実上代書代言をしようにもできない者）と未成年者（はじめ二一歳とあったが、満二〇歳以下を指すと改められた）を除くとあるだけで、格別の制限を設けなかった。このことは代言人が職業として公認されていないことを意味し、したがってその社会的地位も低くみられていたことを示すものであった。代言人は「裁判所に出廷したときも、厳重な出入門の手続を要求され、通常訴訟人と同一の土間に雑居し、官吏の眼には、三百代言としてみられ、呼出しのときなど氏名の呼捨は普通で」あった。[5] 代言人となる者もまた、「無学無識の徒続続この業に従事し甚しきは椎埋屠狗亦法廷の内に縦横したり且其取締方法の設あらざるを以て詞訟を教唆し権利を売買し裁判の遷延を図り利の在る所風儀体面の何たるを顧みず青銭三百文又は玄米一升の報酬にて代言を引受くる者多く遂に三百代言といえる諺を生ずるに至れり」という状態であった。[6]

この弊害を解決するために、九年二月司法省は代言人を検査による免許制とする「代言人規則」を公布した。[7] その検査とは、代言人を希望する者について免許資格適格者であるか否か（同規則第二条）、「布告布達沿革ノ概略ニ通スル者」（同規則第三条一号）、「刑事ノ概略ニ通スル者」（同二号）、「現今裁判上手続ノ概略ニ通スル者」であるか否か（同三号）、「本人品行並ニ履歴如何」（同四号）について地方ごとに地方官（各府県庁の地方行政官）が試験をおこなうというもので、免許の可・不可は地方官の裁量（便宜）にゆだねられた（代言人規則中手続第三条）。しかし、九年当時はまだ官民を通じて法的素養を有する者はきわめて少なく、検査をおこなう地方官自身も法的知識に乏しいために、作成された問題の中には必ずしも適切とはいえないものもあった。[8] また受験者も極めて僅かであった。従来代言人と称し営業をおこなってきた者（代言者琉——奥平）は多くあったが、検査への恐怖心から「趦趄逡巡して」ほとんどは願書を出すことはなかった。第一回の検査では受験者は東京府で三〇名、神奈川県では一人もいないという有様で、神奈川県令は布達を発して受験を促すほどであった。[9] ともあれ、四月から東京、大阪、神奈川、兵庫、堺、宮城など各府県において適宜試験が実施されたが、奥平氏の調べによると九年には合わせて四三九人（落第者の再受験の数も含むのか否か不明）の受験者に対し、一九三人が代言人の免許を得たという（表1）。単純に及第免許人員を出願人員で除すると、四四％の合格率である。翌一〇年以降一三年前期までの及第率は七割から九割で、ほぼ全員が合格している。はたして及第者全員が代言人としてふさわしい法的知識を備え品性にすぐれた人物であったのか疑問である。後述の三好退蔵の懸念の発端はここにあった。

表１　改正代言人規則以前と以後の代言人免許人数

出願年度	出願人員	却下退願等人員	不合格人員	及第免許人員	及第率(注１)
明治９年	439	7	239	193	44％(注２)
10年	447		118	329	74％
11年	244		46	198	88％
12年	163		14	149	91％
13年５月以前(注３)	119		16	103	87％
13年後期	992	35	879	78	8％
14年前期	864	10	809	52	6％
14年後期	780	9	686	85	11％
15年前期	728	17	669	42	6％
15年後期	856	15	768	73	9％
16年前期	1074	19	1000	55	5％
16年後期	1017	53	947	17	2％
17年前期	1255	49	1179	27	2％
17年後期	1056	56	965	35	3％

奥平昌洪『日本弁護士史』1371頁を参考に作成。

（注１）　及第率は、及第免許人員÷出願人員で計算し、小数点以下３桁を四捨五入して示した。

（注２）　試験実施の最初年９年のはじめは出願申込期日の定めはなく、出願者あるごとに各府県で適宜試験を実施していたが、同年10月に以後試験は３月と９月に管轄庁に出願することとなった（司法省甲第十一号布達）。奥平前掲191頁。

（注３）　明治13年５月以後は２月と８月が出願定期となった。

（注４）　なお、東京大学法学部卒業生については、次の通達によって卒業証書を証として代言人の免許状が授与された。明治12年５月19日の「無試験免許代言人諸規則」により「東京大学法学部卒業ノ者該校ヨリ受ケタル卒業証書ヲ証トシテ代言営業ノ出願ヲ為シタルトキハ代言人規則第二条第一項（号）ヨリ第三項（号）ニ係ル検査ヲ須キス免許状ヲ授与ス」（司法省甲第七号布達）、13年11月29日の通達「明治十二年五月十九日司法省甲第七号達ヲ改ムルコト左ノ如シ　文部省所轄東京大学法学部卒業ノ者代言営業ヲ出願シタルトキハ改正代言人規則第二十七条（出願期日）第二十八条（試験科目）ニ関セス免許状ヲ授与ス（後略）」。この制度を利用した無試験免許代言人の数値は本表には計上していない。

九年の規則公布後も依然として代言人の社会的地位は低く、裁判官との接見すらも禁止された（九年六月司法省達第五五号）。そして、刑法と治罪法が公布される二ヶ月前の一三年五月一三日に代言人規則の抜本的改正がおこなわれた（以下本規則を「改正代言人規則」と記す）。それは欧米の弁護士制度を参考にしたものであった。主な改正点は、代言人は全国のいずれの裁判所においても執務できること（同規則三条。それまでは代言人の活動範囲に制限があった）[10]、地方毎に代言人組合を設置し、議会をつくり、会則を制定して、代言人相互で互いに風儀の矯正、名誉の保存、法律の研究等に努めること（同規則一四条）、そして議会・組合以外に「私ニ社ヲ結ヒ号ヲ設ケ営業ヲ為ス」ことの禁止などであった（同規則二二条）[11]。また代言人試験については、司法省から検事に問題が送付され、これに基づいて検事が試験をおこなうこととされた。試験内容は「一　民事ニ関スル法律、二　刑事ニ関スル法律、三　訴訟ノ手続、四　裁判に関する諸規則」（同規則二八条）で、民事刑事の実体法から手続法に関するまで専門的かつ広範囲にわたるようになった。

一方、治罪法公布の後、司法省内である動きがあった。すなわち刑事弁護制度を採用するのに伴い、代言人試験を抜本的に改正して、既に免許を得ている代言人のすべてと新たに代言人を希望する者に試験を課し、合格者にのみ刑事弁護を許可し、不合格者は民事訴訟のみの弁護を認めるべきであるとの意見が太政官宛に提出されたのである。当時司法省職員課長に就いていた三好退蔵の言葉である。

「代言免許は従来民事訴訟に限りて刑事に及ばざれども、改定刑法及び創定治罪法実施の日に至らば、刑事の代言も亦之を許さざるべからず。然るに従前代言出願人試験の刑事に係るものは新律綱領改定律例に依り之を施行して来りたり。而して該律と改定刑法とは、其原則主義を異にするもの尠しとせず。治罪法は創定に係り従前これ無きものなり。然らば目下代言免許を得たる者を以て直に改定刑法及び創定治罪法に通じ、刑事弁護人たるべき識力を具備せるものとは為し難し。苟くも其職力なしとせば刑事弁護は之を許すべからざるなり。且客歳代言人規則の改正以前に在りては、試験の問題及び取捨権の幾分を各府県へ委任せしを以て其法頗る精確を缺き、問題の如きは各地其難易を異にし、取捨の如きも亦其見る所相同じからず。随て本省の取捨も亦平等ならず、玉石混淆なき能はず。然り而して引続営業せんと欲する者は、更に試験を須ゐず之を充許せるに因り、謂ゆる石なる者連綿営業し来り啻に其旧を改めざるのみならず、却て其地位を得たるに安んじ、其学識を養はず、品行を謹まず、以て代言人たるの体面を汚辱するもの亦多きに居れり。是れ今日代言人の地位の高尚なこと能はざる所以なり。故に新法施行の際に臨み、悉く免許代言人を試験し其不合格者は民事訴訟の外代言することを許さざる制限を立つべし。斯くせば夫の職力なき者、刑事弁護を為すの不都合なく、又不合格者に在りては益々その学識を養成して、更に及第せんことを勉め、一般代言人の体面を一新するに至るべし。因て太政官へ稟申の上、布達せられんことを望む。」[12]

この三好の意見に対しては、当時司法大輔の任にあった玉乃世履（初代の大審院長）が反論を主張し、[13]これに司法卿田中不二麿が同意したため、結局立ち消えとなった。刑事弁護制度の導入が代言人制度に対して大きな影響を与えた証である。

こうして代言人制度は次第に整備され、代言業がプロフェッションとしての専門性と自主性を得ることにより、代言人に対する世人の意識は次第に変化していった。[14]また一二年五月に東京大学法学部卒業生に卒業証書をもって代言人試験合格証とみなす布達が出され、早速この年の卒業生であった高橋一郎、磯野計、山下雄太郎が敢然として代言人の道を選んだことも代言人の社会的地位向上に大いに貢献した。そのあらわれか、代言人免許出願者数は、一三年後期には一〇〇〇名弱を数えた。その後も年間の出願者数は一五〇〇～二〇〇〇余名を数えるようになった。そして、改正代言人規則施行前はほぼ全員に近い合格率であったが、施行後は数パーセント台にまで極端に下がり、格段に難しくなった（表1）。その理由は明らかでない。近代法学の洗礼を受けた検事たちがその豊富な法的識見をもって適正に試験を実施したことがその一因であったであろう。

刑事弁護制度の導入により代言人の業務が拡大し、法曹界はますます活気を帯びる一方で、早速その成果として、一五年に起きた福島事件、一六年の秩父事件、一八年の大阪事件などの自由民権運動に関連する政治犯罪事件において多くの代言人が渦中に巻き込まれたり、あるいは刑事弁護人として活躍した。

二　明治一〇年代における刑法学の状況

(1)　私立法学校の誕生と刑法・治罪法講義

一三年、刑法と治罪法が公布されて、その内容が明らかになり、また改正代言人規則の実施によってその免許を得るための試験が格段に難しくなり、合格するためには高度の専門的な法学教育を受ける必要があるとの社会的意識が高まりつつあった。既に七、八年頃から自由民権運動の高まりを背景に代言業の傍ら学舎を設けて法律を教えるものが東京と大阪を中心に全国に誕生していた。当初代言人免許を得た者の多くはそこで学んだ者達であった(15)。しかし、それらは小規模で法律講習会の域を出るものではなく、しかも一三年の改正代言人規則により禁止されることになった。また、同じ頃明法寮（四年九月に司法省内に設置された法律学の研究・教育機関。八年五月に廃止され、新たに司法省管轄の司法省法学校となる）は司法省法学校へと転じたが、募集生徒数は依然として僅かであった。一〇年に創立された東京大学法学部も卒業生は年に一〇名にも満たなかった(16)。しかも、これらの学校では英仏といった外国人の外国語によるテキストを用いた授業が原則であった。短期間で即戦力となる実務家法曹を育成するという社会の需要を満たすにはほど遠いものであった。

こうした社会の要求と現実の供給能力との間隙を埋めるようにして一三年頃から東京の各地に大規模で近代的な実務家法曹養成機関としての法学校が誕生し始めた。というのは、この頃になると、明法寮・司法省法学校、東京大学法学部でおこなわれてきたお雇い外国人による法学教育が実を結び、少数ながら日本人の中から法律家が輩出され、また海外留学生たちも「法律学士」や「法学士」の成果を得て相次いで帰国し、彼らによる日本語による法学教育をなしうる条件が整いつつあったからである(17)。磯部もそうした法律家の一人であった。

わが国の近代法学は、こうした法学校を主な研鑽の場として、ようやく自らの足で歩み始めたが、中心的科目は、公布・施行間もない刑法と治罪法、それに民法（民法典はボアソナードを中心に草案作成段階であった）であった。代言人免許取得を意識したものであろう。

一三年の八月にはハーバード大学法学部で学んだ目加田種太郎やコロンビア法律学校からエール大学大学院に進んで法律学を学んだ相馬永胤らによって専修学校（専修大学の前身）が創設された（東京府庁への開学届提出は八月、開校は九月）。開学当初の開講科目や担当講師を示す資料は関東大震災で紛失したため、詳細は不明であるが、鳩山和夫が一学年向けに「刑法大意」を担当したとある。二学年向けには「治罪法」「日本刑法」「刑法」が用意されていたが、担当講師名は不明である。(18)

同じ頃、東京法学社（法政大学の前身）の開学の準備が進められた。同年八月末から九月初めにかけての東京府下の新聞に「東京法学社開校広告」として、既に受講希望を申し出た者に向けて、法学教師四名が九月一二日開校、一三日から毎日午後三時から五時まで「日本刑法」「同治罪法」「仏国民法」「英国憲法」「同証拠法」を教授することを報告する、とある。刑事法はボアソナードから直接教えを受けた薩埵正邦が担当した。(19)

また、同年一二月には岸本辰雄、宮城浩蔵、矢代操によって明治法律学校（明治大学の前身）創設の準備がととのい、翌一四年一月に開校した。同校の一四年の規則によれば、「左の書目を学び得たる者を以て本校の卒業生徒とす」として、日本刑法、日本治罪法、仏民法、仏商法、仏行政法、経済学、日本民法に関する諸法、性法があげられている（第八条）。開学当初刑法を担当したのは宮城であったと思われる。治罪法についても宮城がおこなったとも考えられるが、一五年一〇月から井上操が講師として着任し、一六年から井上が治罪法を担当した。一八年の時間割表では日本刑法と日本治罪法は第一年科で教えられる課目とされ、第一年科刑法については宮城が、第一年科治罪法については井上が担当者となっている。(20)

その二年後の一五年九月には東京専門学校（早稲田大学の前身）が「政治経済学科法律学科及ビ物理学科ヲ以テ

目的ト為シ傍ラ英語学科ヲ設置ス」として開学した。一五―一六年の創立時の法律学科の学科目として第一学年の第二期（第一期は九月～翌年二月、第二期は三月～七月）に日本刑法、第二年第一期に英仏刑法、第二期に日本治罪法講義が設置されている。このうち日本刑法については、一六―一七年度と一七―一八年度は薩埵正邦が担当したことが残された資料から推測できる。[21] 日本治罪法については、一六年九月に入学した浦部章三の談話から同じく薩埵が担当したと思われるが、[22] それ以上の資料上の裏付けがとれない。薩埵は小野梓との旧知の関係から支援してくれたと思われる。その後、磯部は、二五―二六年度を除いて、二七―二八年度まで継続して担当している。また、幸にしてこの東京専門学校における磯部の刑法の講義については、使用した教科書や校外生向けのテキスト、さらに磯部が出題した試験問題などが残されており、磯部の刑法学の一端をかいま見ることができる（後述）。[23]

一八年七月には増島六一郎、高橋一勝、岡山謙吉、山田喜之助ら一六名（または一八名）によって英吉利法律学校（中央大学の前身）が誕生した。[24] その設立趣旨は「邦語ニテ英吉利法律学ヲ教授シ、其実地応用ヲ修練セシムルニアリトス」とされて、専ら英国の法律を教授する学校であることが強調されている。それは、実社会の諸経験の中から形成された英法を学ぶことによって実務にも長けた優れた法律家の養成をも期すものであった。[25] 資料によれば、一学年の科目として刑法、二学年の科目として治罪法（設置願には「刑法及治罪法」とある）が置かれ、各々を岡山謙吉と松野貞一郎（または鶴丈一郎）が担当したとある。[26]

こうして今日の私学の中核をなす専修大学、明治大学、法政大学、早稲田大学、中央大学の前身は、彼ら新進気鋭の日本人法学徒による日本語での法律学の教授を目的として誕生したのである。[27]

(2) 刑事法関係書籍の刊行

改正代言人規則の布告、刑法と治罪法の公布に合わせるようにして、一三年から日本人の法律家によってこれ

表２　明治13〜22年の主な刑事法文献

出版年	著　者	書　　名	出版年	著　者	書　　名
13年	織田純一郎	刑法註釈		松尾源蔵	陸軍海軍刑法註釋
	同	治罪法註釈		小笠原美治	治罪法註釋
	池上三郎	刑法対照		大室　傳	治罪法決疑録
	長井正海	刑法註釋		松永源七	現行実際治罪法手續
	同	治罪法註釋	16年	井上　操	刑法述義
	村田　保	刑法註釋		三坂繁人	日本刑法詳説
	同	治罪法注釈		堀田正忠	刑法釈義
	太田聿郎	治罪法義解	17年	宮城浩蔵	刑法講義
	横田国臣	治罪法講義		高木豊三	刑法義解（増補）
	高木豊三	刑法義解	18年	宮城浩蔵	日本刑法講義
14年	太田聿郎	刑法義解	19年	井上　操	治罪法講義
	宮城浩蔵	日本刑法論	20年	江木　衷	刑法汎論
	村田　保	刑法註釋（再版）		井上正一	日本刑法講義
	横田国臣	治罪法講義	21年	井上正一	日本治罪法講義
	織田純一郎	治罪法異同弁弁妄．第１号		井上正一	日本刑法講義
15年	元老院	刑法一覧表		伊藤眞英	治罪法約説
	原口令成	新刑法擬律筌蹄		江木　衷	現行刑法各論
	高木豊三	刑法義解（校訂）	22年	江木　衷	現行治罪原論
	立野胤政編	治罪法註釈		富井政章	刑法論綱

らの刑事法の理解を企図した概説書や註釈書が刊行された。その前年までは外国法（特に仏国、英国）の解説本や翻訳が多かったが、この年から「刑法註釋」「刑法義解」「治罪法註釋」「治罪法義解」といった書名の書籍が目立って多く出版されるようになった。表2は『明治文化全集』第十三巻法律篇（日本評論新社、昭和三二年）の巻末の尾佐竹猛の作による「法律学文献年表」に掲載された法律書のうち一三年から二二年の間に日本人法律家が著した刑法と治罪法の文献を示したものである（一部国立国会図書館の資料から知り得たものも掲載した）。しかし、これは当時刊行され

たものの一部でしかない。各法学校が校外生対象に刊行した刑事法教科書も少なくなかったと思われる。より詳細な資料については国立国会図書館の蔵書検索を利用されたい。

二、三の書を紹介しておこう。一三年に出版された村田保『刑法詳釋』(和装八冊)と高木豊三『刑法義解』(翌一四年までに七冊刊行)については、小野清一郎氏は「いずれも逐條の簡潔な註釈書である。村田・高木共に我が舊律の知識をもってゐたので、舊律との関係について屢々適切な指示を與へてゐる」と述べた後に、二人について「西洋刑法學の知識が不十分であり、從つて舊刑法の解釋としても極めて粗笨なるを免れない。」との評価をされている。[28] 確かに、二人の著書は簡潔な逐条解説の域を出るものではないが、二人について「西洋刑法學の知識が不十分」と言い切ってしまうことには躊躇せざるをえない。

村田は水産界の功労者として知られた人物であるが、天保一三年(一八四二年)唐津藩士浅原耕司の長男に生まれ、明治元年鎮守府兼昌平学校に出仕、三年には刑部省権大録に任ぜられた。その後、司法権大録となり刑法治罪法草案審査委員となり、このときボアソナードから直接間接に刑法治罪法のあるべき姿を学んだであろう。その後太政官少書記官、参事院議官補、太政官兼内務大書記官の要職を歴任。この間、法律事務の調査のため、英国やドイツに派遣される。その前半生は法律の勉強に励み、未決囚の即決、拷問の廃止、死刑の廃止、一夫一婦制の確立、陪審制度の研究に尽力した。二三年高等法院予備裁判官に就いた。この年多年の功労により貴族院議員に勅選された。また、民法施行取調委員、法典調査会主査委員の任にもあたった。[29] 後述の織田純一郎は村田を評して次のように述べている。

「太政官権大書記官兼外務権大書記官刑法治罪法審査委員村田保氏ノ刑法註釈成テ世ニ出ルヲ聞キ又以為ラク氏ハ刑法治罪法ノ審査委員ナリ夙ニ世人ノ新法ヲ誤解センコトヲ憂ヒテ之カ註釋ヲ作リ以テ公衆ヲ益センコトヲ望メリ是レ暗ニ余ノ意ト相合ス且ツ氏ノ博識多才欧米諸国ノ法ニ通シ唐明清ノ律ヲ諳ス其註釋ノ精細ナルハ余ノ企テ及フ所ニ非サル可シ」(織田純一郎『刑法註釈』三頁)

高木についても「西洋刑法學の知識が不十分であり」と言い切ってしまうことには疑問がある。彼は薩埵正邦や富井政章と同じく京都仏学校で学んだ後、同校教師であった仏人レオン・ジュリーに随って上京し、東京外国語学校、次いで東京開成学校で学んだが、官費支給廃止にともない司法省法学校の補欠募集に応じて合格し、仏法を学んだ（八年九月〜九年七月）人物であり、西洋刑法学の知識が不十分であったとは考えにくい。公布に合わせての出版という時間的制約からの内容であったと言うべきであろう。(30) 一三年刊行の『刑法義解』の「例言」には、本書は「専ハラ各條本文ノ意義ヲ解クヲ主トス故ニ夫ノ古今沿革彼我ノ得失及ヒ律ノ當否ノ如キハ概メ論及セズ而モ固ヨリ讀法者知ラサル可カラサルノ要件タリ故ニ義解ニ繼讀シ之ヲ増補セントス庶幾クハ法律解釋ノ全備ヲ得ン」とあるように、とりあえずは公布された刑法の各条について読者の理解に配慮した簡潔な解釈に重点を置いたもので、理論の詳細は後に譲るとなっている。しかし、それでも各条の後に［註解］［理由］［例］［参観］が述べられており、［理由］には高木の西洋刑法学についての見識の一端を見ることができる。また［参観］は「此刑法及ヒ治罪法其他拂蘭西法律ノ参観對比スヘキ者ヲ掲ケ以テ査考ニ便ス」とあるように、仏刑法の参照条文があげられている。はたして一七年に刊行された『刑法義解増補』は二巻からなり、一巻の「緒言」では「第一章　維新後刑法ノ沿革」「第二章　刑律ノ目的」に続いて「第三章　社会刑罰権ノ事」、そして「第四章　刑法ノ淵源」の構成となっている。第四章はまた、「第一款　外国刑法沿革ノ総論」「第二款　各国刑法変遷ノ概況」からなり、復讐から国家刑罰に至る刑罰の歴史、神官から国民参加（陪審制）に至る裁判制度の歴史、フランスにおけるゲルマン法とローマ法の融合による法一般及び刑法の発展、ドイツ・イタリア・スペイン・ベルギー・オランダにおける刑法の変遷など他の刑法書に見られない独自の視点を展開している。さらに法解釈論の一項を設けて刑法における類推解釈の禁止に言及し、それは第二条の罪刑法定主義の原則の趣旨であるとも述べている。(31)

織田純一郎の『刑法註釈』も各条の簡単な説明書の域を出ないが、国民への新法についての啓蒙の意欲が強く感じられる。長井正海の『刑法註解』もまた各条についての簡単な解説書であるが、それでも例えば罪刑法定主義を規定した二条については「本條ハ人民カ横断専恣ノ刑ヲ免カル、一大切要ナル原則ナリ」、刑罰法規不遡及を定めた三条について「人民ノ権利ヲ保護スル所以ノ一大原則ナリ」と要所を押さえている。

一四年刊行の宮城浩蔵述『日本刑法論』は宮城が三一歳のときの作品である。その凡例には次のようにある。「此書明治十四年一月ヲ以テ筆ヲ起シ随テ成レバ随テ刻シ毎月発兌二回ト定メ凡テ二十五回前後ヲ以テ全局ヲ終フルモノトス」。一四年一月は明治法律学校が開校した月であり、宮城が講義に合わせて学生向けに書き下ろしたものであろう。また、同じく凡例にあるように、本書はフランス刑法学の大家（主にオルトランを指すと思われる）の定説に基づいて日本刑法を評釈することを試みたものであるが、その論述の方法においても大家のそれに従おうとするものである。その方法とは「律ノ明條ト真理トヲ斟酌シ法ノ精神ト適用トヲ調和シ元理ヲ説テ明條ノ真意ヲ知ラシメント欲スルモノ是ナリ」（二頁）。精確な定義、各条の歴史的背景と理念、わが国古来の法との比較、各条の実践的意義など、方法のみならず内容の深度においても村田、高木、織田等の刑法書をはるかに凌ぐものである。フランス刑法学の水準の高さを示すとともに、宮城の該博と近代刑法の実践によって新生日本を築こうとする熱意が滲み出ている書である。まだ荒削りの感は否めないが、刑法の大家となることを彷彿させるものである。特に「第一章　社会刑罰権」の項は宮城が「佛國法律大博士」と仰ぐオルトラン、そしてボアソナードの折衷主義の正当性を証するために特に多くの頁をさいて他の大家の諸説を援引論破している。本書の刊行後の多くの刑法書では社会刑罰権の項目のために多くの頁がさかれているが、宮城の書がスタンダートになったと思われる。(32)

一六年の堀田正忠の『刑法註釈』はその典型である。堀田はボアソナードのもとに住み込み、法典の翻訳・編纂の手伝いをしながら法律の知識を身につけ、一六年にはボアソナードの推薦を受けて検事となった人物である。(33)また、一九年の関西法律学校（関西大学の前身）の創立に与し後進の指導にもあたった。その『刑法註釈』は刑法附則の説明まで含めると一〇〇〇頁に及ぶ大著で、刑法全条を遺漏なく解説している。注目すべき点は、堀田も宮城と同様に社会刑罰権の根拠については折衷主義をとるが、刑罰権行使の前提として命令主義に従っていることである。詳細は後述するが、磯部も堀田と同様の見解をとる。

三　磯部四郎の刑法理論

(1)　磯部四郎の刑法学上の位置

わが国の刑法学は刑法と治罪法の註釈をもって始まったといえる。その後の明治期の刑法学は、ボアソナードの教えを受けた若き法学徒達が中心となって両法に関する法学校その他における講義・講演、教科書その他の著書の頒布を通して展開されていった。彼らの教えを携えて実務法曹界へと巣立った者も少なくない。しかし、彼らの主張が光を放った時期は短く、その後二〇年代に入り、社会の混乱が増す中で刑法の犯罪対策としての無力さが糾弾され、人権保護に力点を置いた自由主義の刑法理論に代わって社会防衛、国家の安寧秩序の維持を目的とする刑法理論、すなわち近代学派あるいは実証主義刑法学と呼ばれる新派刑法学が台頭した。代表的な刑法学者は富井政章、穂積陳重、古賀廉造、勝本勘三郎、岡田朝太郎等であった(34)。その後、刑法改正が帝国議会で幾度か論じられた末、四〇年に新派刑法学とドイツ刑法学の影響が濃厚な改正案が議会を通過し現行刑法の原型ができあがった(35)。

磯部は、宮城浩蔵、井上正一、亀山貞義等とともに、一〇年代半ばから二〇年代にかけての刑法学の草創期に活躍した代表的刑法学者の一人でもあった(36)。彼らは明法寮・司法省法学校の同窓であり、宮城、井上と磯部はともにフランスに留学し、フランス法を真髄まで究めた仲である。中でも宮城はこの時期の刑法学を先導した理論家として評価され、小野清一郎氏は、「なかんずく学問的に最も完成されたのは宮城の『刑法正義』上下二巻（明治二六年）であらう。逐條的註釈であるが、それだけ詳細で、しかも整然たる叙述である。蓋し當時における我が刑法解釈の第一人者であった。」と述べている。[37] 実際、彼は「東洋のオルトラン」と称され、井上正一とともにオルトランの著書を『仏国刑法原論』として翻訳している。また、自らが創立した明治法律学校で一〇年余にわたって刑法を講じ、その刑法書も版を重ねて出版されるほどの影響力をもった。しかし、惜しむらくは、二六年四〇歳の若さで逝去した。[38] 磯部も東京専門学校での講義で宮城の『日本刑法』（二〇年四月刊）を教科書として指定している。[39] 井上は、宮城とともにオルトランの著を翻訳出版する一方、自ら『日本刑法講義』（二〇、二一年）を著した。亀山も明治法律学校校外生向けや和仏法律学校の学生用の講義録として多くの刑法、治罪法、刑事訴訟法の書を著した。

磯部については、これまでボアソナードの下での民法編纂委員としての活動面が注目されてきたが、彼の守備範囲は広く、民法にとどまらず、憲法、商法、民事訴訟法、裁判所構成法、貴族院・衆議院に関する法、市町村・府県制に関する法、イェーリングの著書『ローマ法の精神』の翻訳（ムーランエールによるフランス語訳からの重訳）などのほかに刑法、治罪法、刑事訴訟法にも及んだ。刑法理論については、その師ボアソナード、そしてオルトランの折衷主義に従ったが、宮城が折衷主義を「嗚呼此説タル論理周到趣旨正確ニシテ独リ超然トシテ衆説ノ中ニ屹立スト謂ハサル可カラサルナリ」「余ハ常ニ尊信スル所ナリ」として信奉したのに対し、[40] 磯部は基本理念において折衷主義に賛同し徹底した自由主義の立場から論旨を展開するが、必ずしもこれに全面的に与せず、自らの見解を断固として主張した。「……足下（磯部を指す）人となり磊々豪放にして快活敏捷、学は博く古今を攻め東西に渉る殊に仏派法理の深邃其精研の極に達し、敢て彼の鴻儒オルトラン其人と雖も譲らざるものあり、……」[41] である。

(2) 磯部四郎の関わった法学校と講義

磯部がパリ大学での留学を終え帰国したのは、一一年の暮れであった。心身を休める暇もなく、磯部は早速翌一二年二月には判事を拝命し、三月には修補課起草委員（前述）となった。そして、四月から公務の傍ら司法省法学校速成科で仏刑法と仏治罪法の講義を担当している。(42)一三年からは浅草黒船町にあった至明館法律学校や神田にあった茂松法学校などにもかかわっているが、これらの学校で実際に教鞭を執ったのか否か、また何を教授したのかは不明である。

一六年から泰東法律学校で仏財産法を担当している。一九年に同校から磯部述『佛國民法契約篇講義』（出版者名は島巨邦で、彼は泰東法律学校の校長であった）が出版されたとあるから仏民法について実際に講義をおこなったものと思われる。

一八年（または一九年）から明治法律学校でも教壇に立っている。同校と磯部のかかわりは深いが、残されている資料は断片的であり、その講義の具体的な内容については不明である。民事法を中心に講義したようである。刑事法については、「東洋のオルトラン」と評された宮城が刑法を担当し、井上操が治罪法を講義していた。

一九年から横浜法律学校にもかかわったとする資料がある。同校は同年に横浜代言人組合によって大塚成吉（磯部や熊野敏三、岸本辰雄らと同じく司法省法学校第一期卒業）を校主として創立されたが、磯部が実際にどの程度かかわったのかは不明である。

また、同じ一九年の九月から二八年まで（二五―二六年度は休職）東京専門学校の嘱託講師に就任している。同校では主に刑法、治罪法・刑事訴訟法を担当している。また、二三―二四年度には財産法についても講義したとする資料がある。(43)刑法については東京専門学校校外生用の教材が残されている（後述）。

二〇年四月からは警官練習所で刑法と治罪法を講義した。同所から磯部四郎講述、井上経重筆記『日本刑法講義筆記』が出版された（後述）。

磯部の講義の様子について、二三年に出版された攝提子編『帝国議会議員候補者列伝全』（九七四頁）に「性洒々落々光風霽月ノ如シ而シテ学問淵博識見高遠其人ト談スルヤ議論風生其諸法学校ニ於ケル講義ノ如キハ間マ詼謔

表3　磯部四郎が関わった法学校その他

担当時期	学校他名	担当科目
12年4月～？	司法省法学校速成科	仏刑法、仏治罪法
13年～？	至明館法律学校	不明
13年？～？	茂松法学校	不明
16年～？	泰東法律学校	仏財産法、授業外で質問受付主任
18年？～？	明治法律学校	民法草案　21年9月から仏国民法相続法を担当
19年～？	横浜法律学校	不明
19～27年	東京専門学校	刑法、日本刑法、治罪法、刑事訴訟法、財産篇
20年2月～？	司法省法学校	刑法と治罪法か？
20年4月～？	警官練習所	刑法、治罪法

ヲ交ヘ数百ノ聴聞者ヲシテ唖然頤ヲ解カシムルコト尠カラス」と記されている。それを裏付けるように、前記の警官練習所から発行された『日本刑法講義筆記』の緒言に筆記者井土は次のように記している。「……学士磯部君研鑽積年。其述刑法警官練習所。正於道徳。問於政道。訴於人情。必解肯綮而後已。吾深服其用意周匝焉。……」（原文には返り点が付されているが、ここでは略した）磯部の講義は、法理論にとどまらず、世情批判も織り込んだ人間味あふれるもので、聴く者たちはそこに人生を学んだであろう。

(3)　磯部四郎の刑事法関係著書

磯部が著した法律書は多数にのぼるが、刑法書で筆者が入手できたものは、以下のものである。

①「日本刑法」　これは二〇年一〇月一九日から東京専門学校校外生用に発行されたものである。筆者は「政學部講義」（東京専門学校出版局　毎週水曜日に発行）に連載されたものを入手し参照した。同じものが「法学部講義」としても発行されていたようであり（筆者は本講義に掲載分は未見である）、二一年一月に合本されて刊行され、国会図書館に所蔵されている（筆者は本書を参照できた。同様のものが早稲田大学図書館にも所蔵されている）。磯部が講義し、これを法律得業生の首藤貞吉が編輯したとある。総頁数四二八頁、刑法一

一四条までの解説である。その総論の章立ては、「総論」(刑法の目的、刑法と治罪法の意義)、「日本刑法の沿革」、「社会刑罰権の原由」、「刑罰の目的」の順となっている。

②『日本刑法講義筆記』　二一年に警官練習所から出版。その前年同所でおこなった講義を井土経重が筆記したものである。総頁数四二一頁。総論の章立ては、「諸論」(刑法の目的、刑法と治罪法の意義、刑法の沿革)、「社会刑罰権ノ事」、「刑罰ノ目的」の順である。東京専門学校での講義と同時並行しておこなわれた講義録であり、内容も前者と類似している。

③『改正増補刑法講義』上下巻　二六年(一八九三年)三月に八尾書店より発行。上巻本文一〇八七頁、下巻本文一二二四頁の大著である。この改正増補版の原本がいつ出版されたのかは不明である。本書刊行の前年は、法典論争が延期派の勝利で終結する一方、磯部は弄花事件[44]に連座して大審院検事を辞して野に下り、代言人として新たな人生を歩み始めた年である。そして二六年には弁護士法が公布(三月)、施行されて(五月)、磯部も東京弁護士会創立に尽力し、またその会長選挙にも推挙されている(結局このときは大井憲太郎が初代会長に選ばれた)。本書はそうした身辺慌ただしい中での出版であった。その語調は①②と同様、論旨明快、読む人を引き込む力をもち、その内容は①②を経て磯部の刑法理論がいよいよ成熟期に入ったことをうかがわせるもので、随所に磯部の俊秀を感じ取ることができる。本書の総論の項目は以下の通りである。

緒論
刑法原理――刑法ノ目的、刑法ノ原義
刑法沿革――刑法沿革要論、万国刑法ノ沿革、日本刑法ノ沿革
刑法淵源――社会刑罰権ノ基本、現行刑法ノ主義、折衷主義、刑法ノ性質
刑法精神――刑罰ノ目的、刑罰ノ主義
刑罰ノ性質――刑罰ノ分量ハ犯罪ノ軽重ニ応シテ測定スルヲ要ス、

刑罰ハ勉メテ犯人ノ一身ニ止マラシムルヲ要ス、
刑罰ハ勉メテ衆人ノ鑒戒ト為ルヲ要ス、
刑罰ハ勉メテ犯者ヲ旧地位ニ復セシムヘキ性質ヲ有スルヲ要ス
犯罪――犯罪ノ定義、民法ト刑法トノ限界
刑法区域――刑法管轄ノ区域、刑法目録
（以下略）

なお、本書は次の④とともに信山社の日本立法資料全集別巻として刊行されており、磯部の刑法理論を理解するうえで便宜である。

④ 『改正刑法正解』　四〇年に発行されたが、改正刑法の逐条解釈本である。そこにはかつての勢いは見られない。

①～③は、磯部の三〇代半ばから四〇代はじめの作である。フランス留学から帰国し、司法官僚としての任務を果たす一方で、ボアソナードの下で民法典編纂作業、多くの法学校その他の機関での講義、そして著書の出版といった、きわめて多忙の日々であったが、肉体的にも精神的にも最も充実した時期である。これらの著書、特に③の中の刑法の目的、刑罰権の根拠、罪刑法定主義など刑法理論の基本部分に関する論述から磯部四郎の刑法理論をみてみることにする。

(4) 磯部四郎の刑法理論

(1) 刑法の目的

刑法理論は論者の国家観や人間観を強く反映するものであるが、磯部の刑法理論もまた彼の師であったボアソナードやオルトランなど当時のフランス刑法学が信条とした自由主義に根ざした折衷主義または新古典主義と呼ばれる理論の延長線上にある。しかし、そこには磯部独自の視点も加味され、単なる亜流に終わっていない。

自由主義の刑法理論は、人間の理性に対する全幅の信頼と官憲の専横から人権を擁護すべきと要求するが、それは人間を本質的に善なるものとしてとらえる人間観を前提とするものである。それは磯部にとっても共感する人間観で、彼の刑法理論の根底に流れるものである。[45] すなわち、磯部によれば、「抑モ人ノ性ハ元ト善ナル乎将タ悪ナル乎予ハ未タ輙ク之ヲ識別スルコトヲ得ス（中略）社会ニ現出セル行為上ヨリ之ヲ推敲スルモ事実上ヨリ之ヲ観察スルモ人ハ概シテ正ヲ好ンテ邪ヲ悪ミ悪ヲ去テ善ニ就クノ傾向アルハ吾人ノ認知スル所ナリ仮令ヒ社会少数ノ人ハ否ラストスルモ其多数ノ人ハ此ノ如キノ傾向アリトセハ社会多数ノ人ハ教育又ハ宗教等ノ誘導力ヲ籍ラサルモ猶ホ能ク自ラ進ンテ良民ト為ルノ天性ヲ有スルモノニシテ彼ノ邪慝ヲ行ヒ暴悪ヲ為シ不良至ラサルナキ悪漢兇豎ノ徒ハ多数人中ノ例外ヲ以テ看做サヽルヘカラス」であるという。[46]

しかし、社会の多数は「良民ト為ルノ天性ヲ有スルモノ」といっても、「多数人中ノ例外」として「悪漢兇豎ノ徒」が存在することも無視することはできない。磯部によれば、これら「不良ノ徒」に対して教育宗教等の力をもって更生させることが必要であるが、それでも治療できないような場合がある。そこで、そうした不良の行為を未然に防衛するために予防警察が必要となる。しかし、それでも改悛しない者もいる。「彼ノ最モ獰猛ナル悪漢兇豎ニ至テハ其眼中曾テ徳義ノ存スル在ルヲ見ス教育宗教ノ薫陶ヲ施スト雖モ頑トシテ改悛セス予防警察ノ保護ヲ加フト雖モ恬トシテ反省セス今ヤ教育宗教ノ力既に尽キ予防警察ノ権モ亦其効ヲ奏スルコト能ハサルニ至リテ遂ニ法律ヲ犯シテ世人ノ安寧ヲ妨害シ社会ノ秩序ヲ紊乱スルハ免ルヘカラサルノ結果ナリトス」。この段階に至った者は「社会ニ於ケル不治ノ悪疾ニ属」するものであり、この者に対して「已ムヲ得ス刑罰ナル劇剤ヲ投シテ以テ其悪念ヲ根底ヨリ全治シテ再発ノ」恐れをなくすることこそが刑法の目的であるという。したがって、磯部にとって刑法は、社会の安寧秩序を保護するための諸手段の中でも「最終ノ手段ニ属スルモノ」である。そして、続けていう。「社会ハ好ンテ之ヲ使用スルニアラス涙ヲ掩フテ已ムヲ得サルニ使用スル」[47]ものであるという。

人間の善性への信頼と徹底した自由主義の刑法論である。

こうした理想主義的でオプティミステックなまでの自由主義刑法論は二〇年代に入り、富井や穂積等の新派刑法学の論者から時代遅れの空理空論である、また江木からは「所謂折衷主義ナルモノハ近世学者ノ陳説腐論ナリトシテ嘲笑唾棄シタル誤謬ノ主義ヲ拾収シ来レルモノニシテ即チ是国家ノ正義ト社会ノ利益トヲ平等均一ニ折衷セントスルモノナレハ其極遂ニ刑罰ト犯罪トノ権衡ヲ保維スルノ標準ヲ定ムルコト能ハサルニ至レリ(48)」等徹底的に批判されることになった(江木の批判に対する磯部の反論については後述)。それを意識したのか、『改正増補刑法講義』の「刑法ノ目的」の項の最後に次の一節がある。

「今日我現行刑法中ニ於テ不完全ノ点ヲ発見シタルハ即チ実験上ヨリ来レル観察ニシテ改良ノ時機已ニ到ルモノトシ寧ロ法律ノ為メニ賀スヘキモ豈或ル学派ノ後輩カ立法官ノ欠点トシテ喋々非難スルカ如キモノナランヤ予モ亦刑法ノ改良進歩ニ就テハ許多ノ説アリト雖モ之ヲ後ニ譲リ序ヲ逐フテ着々論究スヘキナリ(49)」

⑵　犯罪の成立要件について

折衷主義は犯罪の成立に関する理論であるが、これについては、小野氏や佐伯・小林氏が簡潔に説明している(50)。それによれば、この刑法理論は犯罪を「社会的害悪」(mal social) であると同時に「道徳的悪」(mal moral) であるととらえ、この二つの要件を満たすことによってはじめて犯罪が成立すると考える。社会的害悪とは、法益の侵害すなわち違法であり、道徳的害悪とは道義的責任を意味する。行為は、それがいかに大きな社会的害悪であったとしても、道徳的悪を伴わなければ、刑罰の対象とはならない。逆に道徳的悪性がいかに著しくても、それが社会的害悪をもたらさない以上、同じく犯罪とはならない。結局、処罰される行為は、違法にして且つ有責な行為の範囲内に限定されるとともに、この二つの要件の程度の相関において量刑が判断されることになる。その結果、草案及び旧刑法では未遂犯は既遂犯に比して減軽すべきとされ(草案一一五条以下、刑法一一二条以下。フランス刑法では減軽しない)、中止犯や不能犯の規定も置かれ(草案一一七、一一八条。但しこれは刑法には規定されなかった）、共犯のうち従犯の刑も減軽されることになった（草案一二二条、刑法一〇九条。フランス刑法では減軽しない）。その他、酌量減軽（草案一〇〇、一〇一条、刑法八九、九〇条）、自首減軽、罪数の規定（草案一一二条以下、旧刑法一〇〇条以下）も整備された。

　このような折衷主義の理論については、磯部は犯罪の根拠については賛同の意を述べるが、刑罰権の理由については根拠が弱いとして与しない。「（折衷主義は）犯罪ナルモノ、由テ生スル所ヲ確定スルノ点ニ於テハ其當ヲ得タリトスルモ此説タルヤ刑罰権ノ基本如何ニ就テ之ヲ論スルトキハ甚タ薄弱タルノ誹リヲ免レス(51)。」

　しかし、前述のように、折衷主義に対しては様々な批判があったが、中でも江木の批判は磯部にとって捨て置けないものであった。江木によれば、折衷主義は「『純正利益両主義ヲ参酌シ道徳上ノ本務ト社会上ノ本務トニ併セテ反対スヘキ所為ヲ以テ犯罪トシテ之に刑罰ヲ科スヘキモノ』トセリ蓋シ此旧説タル互ニ相反対シテ共ニ協合スルコトヲ得ヘカラサル社会ノ利益ト道徳上ノ正義トヲ折衷セントスルモノニシテ到底為シ得ヘカラサル架空ノ希望ナリ(52)」というものであった。すなわち江木は、折衷主義がいう社会的害悪と道徳的悪を同一同質のもの（正義）ととらえるため、これらの要素を折衷することは不可能であるというのである。これは明らかに江木の誤解であった。折衷主義によれば、この二つの要素は異質のものであり、両要素を充たしてはじめて犯罪が成立とするものである。すなわち「犯人ノ所為カ一方ニハ道徳ニ悖リ一方ニハ社会ヲガイセリトスル二箇ノ元素ヲ具備スルモノニ至リテ之ヲ罰スヘシト云フニ外ナラス」「（折衷主義は）第一ニ曰ク社会ハ道徳ニ背クノ所為ト雖モ悉ク之ヲ罰スルコトヲ得ス第二ニ曰ク社会ハ道徳ニ背クノ所為ニアラサレハ罰スルコトヲ得ス第三ニ曰ク社会ハ道徳ニ背クノ所為ト雖モ社会ヲ害スルニアラサレハ之ヲ罰スルコトヲ得ス(53)」。また、磯部によれば、江木は折衷主義を社会的害悪と道徳的悪を正義という一つの概念で括って正義という一つの概念の範疇で刑の権衡を論ずる理論と理解する。しかし、これは「刑罰権上ノ基本（犯罪の成立）ト刑罰実施上ノ標準トヲ混淆シタリ故ニ又現行刑法カ刑罰ニ範囲ヲ設ケタル折衷主義ニ適スルカ如キモ総則ニ於テ酌量減軽ノ法ヲ設ケ又再犯加重ノ法ヲ設ケタルハ折

衷主義ニ背反スト非難シ益々五里霧中ニ迷入シテ其出ル所ヲ知ラサルカ如キノ看アリ」ということになる。(54)

(3) 社会刑罰権の根拠について

犯罪の成立論については折衷主義に賛同した磯部であるが、刑罰権の根拠については、与しない。刑罰権の根拠とは、社会または国家が犯罪者に対して刑罰を下すことができる根拠とは何かの問題である。その主体については、磯部、宮城、高木、井上操、井上正一など仏法系の論者は刑罰権行使の主体を「社会」とするのに対し、江木は「国家」とする。磯部の言葉を借りれば、「社会トハ何ソヤ人ト人トノ集合体タルニ外ナラス社会ハ果シテ平等ナル人類ノ集合体ナリトセン乎同等ノ人ニシテ而カモ其集合体ノ一分子タル者ノ罪ヲ犯スニ方リ之ニ刑罰ヲ科スルノ権ハ果シテ邦辺ニ存在スルヤ」(55)である。

刑罰権の根拠はどこにあるのかの問題は、近代刑法学の洗礼を受けた者たちにとって、罪刑法定主義と並んで刑法理論中最も重要なテーマであった。(56)当時の多くの刑法書と同じく、磯部もまたこれに関する多くの学説の紹介とその論駁を通して自説を展開している。

刑罰権の根拠をめぐっては、これを一元的にとらえる見解と二元的に構成する見解とに分けることができる。磯部の用語に従えば、前者には刑罰を応報に求める「復讐主義」、刑罰を治者と被治者の間の契約に求めるルソーの「民約主義」、刑罰を害悪の被害者である社会が加害者に対しておこなう賠償請求に求める「賠償主義」、人が当然の権利として正当防衛権を有するのと同様に社会もまたこれを犯すものから自己を守るために刑罰を科す権限をもつとする「正当防衛主義」(または社会正当防衛主義)、人は正邪曲直を識別する能力を有しており邪曲を避け正善を行うのが自然の義務であり、悪行をおこなえば悪果(刑罰)を受けることは天地自然の道理であると説く「正道主義」(または道徳主義、純正主義)、社会がその安寧秩序を保持するために刑罰権を有するのは当然であり、社会が公衆に代わって害悪を除くことは権利であるとともに義務でもある、そこに刑罰権の根拠があるとする「実利主義」(または必要主義)、社会は人に対して一定の作為不作為を命令し、命令に反する行為をおこなった場合には罰することで社会の秩序を維持する権限を有し、刑罰権はこの命令権の分派であるとする「命令主義」などがある。

これに対し、二元的にとらえる見解は折衷主義である。オルトラン、ボアソナード、そしてボアソナードの指導を受けた宮城や高木、井上操、薩埵などがとる見解である。[57] 宮城は折衷主義を評して、「抑モ此折衷主義ノ説ハ純正主義ノ説ト社会正当防衛主義ノ説トヲ合セ社会ノ刑罰権ノ基礎ト為シタル者ニシテ（中略）我輩ノ疑問ヲシテ両ツナカラ完全無欠ノ解ヲ得セシム」という（ただ、磯部は折衷主義を「必要ト正道ノ合併主義（一名背徳加害主義）」の折衷と記している）。さらに続けて刑罰権の根拠（基礎）について、次のように述べている。

「夫レ善悪応報ハ自然ノ数ニシテ人々己ニ天賦ノ智能ト識芸トヲ具ヘ善ヲ撰テ悪ヲ避ケ邪ヲ悪ンテ正ニ帰スルノ義務アリ然ルニ若シ之レニ背テ邪悪ヲ行ヒ道徳ヲ破ルノ所為アルトキハ其報トシテ刑罰ヲ受ク可キヤ当然ノ理ニシテ純正主義ノ説ノ専ラ根拠トスル所ナリ然リト雖モ是レ唯罪悪必罰ノ理ヲ見ハスノミニシテ社会ノ此ニ干関渉シ自ラ任シテ法ヲ立テ刑罰ヲ施ス所以ノ理ヲ証スルニ足ラス之レニ反シ社会防衛主義ノ説ハ社会ノ刑罰ヲ施ス所以ノ理ヲ示スノミニシテ罪悪必罰ノ理ヲ現ハサス曰ク人ニ天賦ノ防衛権アリ社会モ亦天賦ノ防衛権ナカル可ラス故ニ苟モ社会ノ秩序ヲ害スル者アラハ刑罰ヲ加ヘテ之ヲ防衛ス可キナリト而シテ如何ナル所為ヲ罰スルコトヲ指定セス是レ二説ノ短所ニシテ非難ヲ免レサル所ナリ此ニ於テカ純正主義ノ説ニ和スルニ防衛主義ノ説ヲ以テシタル折衷主義ノ説起リタル曰ク人ノ所為ノ善悪ハ社会ノ休戚ニ関係スルコト大ナリ故ニ其所為邪悪ニシテ背徳ノ甚タシク其害ノ社会ニ及フモノハ社会敢テ刑罰ヲ施シ以テ自ラ防衛セサル可ラス若シ然ラスンハ悪ヲナスモノ陸続踵ヲ接シ社会ハ終ニ其秩序ヲ失ヒ遂ニ社会ノ社会タル所以ヲ維持スルコト能ハサルニ至ルヘシ是レ社会ノ刑罰ヲ行フ所以ナリト嗚呼此説タル唯二説ヲ折衷シタルニ過キスト雖モ論理明確ニシテ完全ノ一説ヲ成シ純正主義ノ点ハ罪悪可罰ノ理ヲ示シ防衛主義ノ点ハ社会施刑ノ理ヲ現ハシ以テ刑罰権ノ基礎ヲ確定シテ復タ動スコト能ハサルニ至ラシメタルモノト云フ可シ[58]」

折衷主義に対しては、ベルトール、そして堀田正忠によって社会防衛権から直ちに刑罰を科す権を導き出すことはできないとの批判があった。[59] 磯部もまた犯罪の成立論と刑罰権の根拠とは異なる問題だとして、犯罪の成立について折衷主義をとりながら、刑罰権の根拠については、「予ハ未タ以テ輙ク此説（折衷主義）ニ左袒スルコトヲ得サルナリ何トナレハ此説タルヤ如何ナル所為ハ之ヲ罪トシテ罰スヘキヤノ問題ニ対シテハ適切ナル答弁ナルヘシト雖モ社会ニ存在スル刑罰権ノ基本如何ノ問題ニ対シテハ未タ一モ答フルト所アラサレハナリ」(60)と述べて、折衷主義とは一線を画する立場に立つ。確かに宮城が言うような「邪悪ヲ行ヒ道徳ヲ破ルノ所為アルトキハ其報トシテ刑罰ヲ受ク可キヤ当然ノ理ニシテ」「人ニ天賦ノ防衛権アリ社会モ亦天賦ノ防衛権ナカル可ラス」との説明では犯罪者に対する十分な説得にはならない。犯罪者をして自らが当該刑罰を受けることを正当なものとして承認せしめるための根拠が別に必要である。磯部はこの点を見逃さない。

そして、磯部独自の「合併主義」を展開する。それは、折衷主義がいう必要（または社会正当防衛）と正道の要件に命令主義を加えたものであり、そこに磯部の刑法理論の心髄をみることができる。

「社会カ犯人ニ刑罰ヲ科スルニ方リ犯人社会ニ向テ反問セン乎社会ハ何カ故ニ余ニ刑罰ヲ科スルヤト社会ハ答テ曰ン汝ノ所為ハ道徳ニ背キ且害ヲ社会ニ加ヘタリ此二箇ノ所為ハ以テ汝ヲ罰スルニ充分ノ理由ト為スニ足ルト犯人又反問セシ乎背徳加害ノ故ヲ以テ余ヲ罰スルハ謹ンテ命ヲ聴ク独リ社会ハ何ノ求ムル所アリテ余ヲ罰スル乎曰ク社会カ背徳加害ノ理由ヲ以テ汝ヲ罰スルハ社会ノ必要アルヲ以テナリ曰ク社会ハ其必要ニ依テ余ヲ罰ストスルモ社会ハ何等ノ権力アリテ刑罰ヲ人ニ科スルヤト此詰問ニ対シテハ折衷主義即チ正道主義及ヒ必要主義ノミヲ以テセハ其答弁ニ苦マサルヲ得サルヘシ是ニ於テ乎社会ハ大喝一声我ニ汝ヲ罰シ得ルノ権アリ命令権即チ是レナリト云ハ、犯人ハ黙シテ復タ反問ヲ試ルノ間隙ナカルヘシ」(61)

磯部の答えは、「社会は犯罪者に対して罰を科す命令権があるからそれを行使する」というものであるが、その命令権の根拠がどこにあるのかについては触れていない。これは民主主義下の法のあり方（法の承認）ともかかわるきわめて興味深い問題で、磯部の見解を知りたいところであるが、そこまでは論及していない。

ただ、この命令権の行使は時の権力の恣意に左右されて人権を抑圧する可能性も秘めている。磯部はこの点に対して強い懸念を示している。すなわち磯部によれば、この命令権の行使は、社会が必要とする限度とし、且つその必要は道徳の認許する限度内でなければならないという。「命令権ナルモノハ動モスレハ私意ヲ以テ公義ヲ圧シ易キノ特性ヲ有スルカ故ニ縦マニ之ヲ施行セシムヘキモノニアラス必スヤ之レカ制限ナカルヘカラサルハ論ヲ俟タサルナリ乃チ命令ヲ発スルニ方リ必ス先ス其命令ヲ発スヘキ必要ノ有無ヲ審議セサルヘカラス而シテ其必要ハ社会ノ必要ヲ以テ其限度ト為サヽルヘカラス又社会ノ必要ハ宜シク道義ノ認ムル限度外ニ及ホスヘカラス之ヲ約言スレハ刑罰権ハ命令権ニ基キ其命令権ハ社会ノ必要ニ基キ其社会の必要ハ道徳ノ認許スル所ニ基クヘシ(62)」。磯部の徹底した自由主義の思想をここにみることができる。

(4) 刑罰の目的について

磯部によれば、刑罰には自懲主義（道徳的矯正）と他戒主義（みせしめ）の目的があるという。すなわち、刑罰は既に罪を犯した者に対して悔悟改悛の情を持たせて再犯を防止し、まだ犯罪を犯さない、または犯罪を犯す傾向のある者に対しては刑罰を受け苦痛を受けることを戒めとして犯罪行為を抑止することになるのだという。

自懲主義は、当時富井政章や穂積陳重らが主張していた刑罰を教育あるいは治療としてとらえ、これの感化を受けて犯罪者は更生できるとする近代派の主張をもまたその射程内に置くものであった。磯部はこれを教化主義と呼ぶ。この主張に対して、磯部は犯罪者の出所後の実際を理由に「其一ヲ知テ其二ヲ知ラサルモノト云ハサルヘカラス」「其希望（更生）モ亦空漠タリト云ハサルヘカラス(63)」として賛同しない。「オプティミスティック」なまでに人間の善性を信頼する磯部であるが、その主張に対しては懐疑的である。すなわち、磯部によれば、確かに僧侶や老儒の教育を受けて自らの非を悔い過ちを改める思いをもつ犯罪者は少なくないが、それは牢獄に繋がれているときだけで（「唯鉄檽ノ下ニ呻吟スルノ間ノミ」）、刑期が満ちて自由世界に放置された後はほとんどの者は職に就きたくても犯罪の事実を知られてそれが出来ず、その結果かつての獄舎の友に金を無心したり脅迫したりして再び罪を犯すことになる。したがって、大事なのは、出所後の彼らの生活基盤を確保することであり、それができない場合は再び獄門に還る者が多いであろう(「其刑期満チテ獄門ヲ出ルノ後ニ於ケル糊口ノ方針如何ヲ指示スルニアラサレハ家産ニ富ム者ハ姑ク措キ其資力ナキ者ニ至テハ再ヒ獄門ニ還リ来ル者多シト予想セサルヘカラス」(64))。そして、磯部は仏のルベイエーの主張や英国の例に従い、重刑の受刑者については不毛の辺地を刑として開墾させ、刑期を満たした後は彼らの土地として与え、希望する者には妻子を呼び寄せて共に生活することを認めることで自力による生活手段を確保すべきであるという。磯部は言う、「自懲主義ノ最良ナル方法ハ蓋在鑑中ニアラスシテ出獄ノ後チニ在リトス(中略)自懲主義ヲ出獄ノ後ニ実施スルモ敢テ難キニアラサルヘシ且犯罪ハ人ノ位置ニ関係スルコト少カラサル」(65)。今日では不可能な方策であるが、犯罪者の行く末にも配慮すべきとする磯部の人間愛をそこに感じ取ることができる。

刑罰の目的の第二点は他戒主義である。これは、「刑事訴訟手続ノ緻密」「処刑言渡ノ公示」「法廷ノ公開」の視点からの配慮によって達成できるとするのが当時の一般的な考え方であった。

往時は、過酷な刑を科し大いに苦痛を与えることで悔悟心をおこさせることに刑罰の他戒主義がはかられていたが、実際には刑事訴訟の手続きが緻密でないために、刑を免れる幸運な者も少なくなく、その結果それを期待して犯罪を犯す者もまた少なくなかった。磯部によれば、今日刑事訴訟手続が緻密でなければならないとする趣旨は、いかに奸計悪策を講じたとしても、いやしくも犯罪を犯した以上は法網を脱することはできず、犯罪を犯すことは収支の計算上多大の損害を負うことになり、あたかも「高価ヲ擲ツテ非常ノ粗品ヲ獲ルノ決心」をもっておこなうようなものとの観念を人々にもたせることにあるという(66)。

処刑言渡を公示するとは、下された処刑を新聞や法衙(裁判所)の門前に掲示することである。これによって人々が悪行にはしることを抑止する効果がある(67)。

法廷の公開は、処刑言渡と同じく裁判において傍聴者が犯罪者をみて自己の戒めとすることを期待したものである。ただ、法廷の公開はそのほかにも裁判官、検察官等が法律の規定に基づいて公平な裁判を下し、いずれかに偏るような処分をしないための働きも有するという[68]。裁判の公正と官憲の専横に対する磯部の人権保障の思想をみることができる。

なお、他戒主義の目的をより効果的に実現しようとすれば、処刑執行もまた公開すべきであるとの提案があって当然であろう。しかし、これについての磯部の見解は否定的である。すなわち、人々は当初は処刑執行を目の当たりに見て自戒の念を起こすが、次第にそれに慣れて、やがて執行見物は一種の娯楽観劇となる。その結果、人々は残忍凶暴に慣れてしまうという弊害が生じる可能性が大きく、かえって刑罰の他戒主義にとって障害となるという[69]。卓見である。

自懲主義と他戒主義は、刑罰が無期刑や死刑であっては他戒の効果は望めるとしても、自懲は意味がなくなることになる。このように刑罰において一方の主義を貫徹すると他の主義の効果を期待できないような場合に、その刑罰をどのように執行すべきなのか、という問題がある。磯部が東京専門学校の講師にあった一九一二〇年度前期に法学部の二、三年生にこの問題を出題しており、磯部にとって刑法理論での重要な位置にあったことがうかがわれる[70]。

「刑罰ハ犯者ヲ懲戒シ他人ノ将来ヲ戒ムルヲ旨スト雖其両者全ヲ得サルトキハ何レヲ主トスベキヤ且ツ其理由ヲ附記スベシ」

これについての磯部の見解は、刑罰の要は社会公衆の安寧を保持する他戒主義にあり、自らに反省を促す自懲主義は二義的なものであり、したがって「無期刑以上ノ刑ハ自懲主義ノ為メニハ必要ナラサルカ如シト雖モ社会ノ安寧ヲ保維スル為メニハ必要缺クヘカラサルヲ以テ断シテ廃スルコトヲ得サルナリ」というものであった[71]。

(5)　罪刑法定主義について

刑法を近代刑法たらしめたのは、その第二条に規定された罪刑法定主義であった（但し当時はまだ「罪刑法定主義」の用語はなかったようである）。すなわち同条には「法律ニ正條ナキ者ハ何等ノ所為ト雖モ之ヲ罰スルコトヲ得ス」と規定された。本条はボアソナードの原案がそのまま規定されたもので、彼の自由主義に基づく人権思想の表明であった。そして彼の教えを受けた者たちにとって本条は世界観の一大転換であり、金科玉条に値するものであったと思われる。例えば高木は既に一三年の『刑法義解』において「（第二条は）実ニ我国法律沿革ノ最大ナル者ニシテ又余輩人民ノ権利ヲ重ンスルノ驚キヲ見ル可キナリ」と記している[72]。宮城は本条を評して「抑モ本條ハ新法（刑法）中改正ノ最モ著名ナルモノニシテ本邦法律上未曾有ノ進歩ト云フ可シ」[73]と述べている。ボアソナードの直接の門下ではなかった富井もまた本条は「刑法ノ一大変革」であり「我邦ニ於テモ此原則ヲ確定シタルハ実ニ現行法典ヲ以テ始メトス其吾人ノ権利ヲ貴重スルノ主義ヲ明カニシ」と評した[74]。そして磯部にとっても本条は人権擁護の極まりであった。「日本刑法」と『日本刑法講義筆記』では一般的説明に終わっていたが、二六年の『改訂増補刑法講義』では「我法律上未曾有ノ大改正ニシテ亦以テ法律ノ発達進歩ヲ徴スルニ足ルヘキナリ」、「本條ノ規定ヤ寔ニ至緊至要ノ規定タリ止タニ之ヲ今日ニ缺クヘカラサルノミナラス苟クモ法律ナルモノ、此世ニ存在シテ磨滅セサル限リハ萬世ヲ経ルモ猶ホ存セシメサルヘカラサル規定ナリ」[75]と謳っている[76]。また頁数も前二著が五〜一〇頁程度であったが、本書では一七頁にもわたっている。その内容は前二著と基本的に変わらないが、かつての官権専断主義による権力干渉の弊害との関連で罪刑法定主義の意義が繰り返し論じられている。

「夫レ刑法ハ国家重大ノ法典ナリ社会ノ安寧秩序ヲ保護スルハ主トシテ此法律ノ力ニ依頼セサルヘカラス吾人ノ権利自由モ亦倚テ以テ保護セラレサルヘカラス故ニ之ヲ制定スルニ當リ人ノ行為上果シテ如何ナル所為ハ罪トシテ罰セラレルヘキヤ之ヲ確定シテ予告セサルヘカラサルハ立法上ノ大原則タリ[77]」「維新更始ノ際ニ制定セラレタル新律綱領改定律例ニハ正條ニ明示セサル所為ト雖モ時トシテハ裁判官ノ断定ニ依リ罪トシテ罰スルコトヲ得ヘシトノ規定ヲ設ケラレタリ（中略）罪ノ成立不成立ヲ裁判官ノ断定ニ放任シタルニ至テハ危険モ亦甚シト云ツヘシ読者モ今猶其記憶ニ存セラルヘシ旧法律ニ不応為罪[78]ナルモノヲ掲ケラレタルヲ抑モ此不応為ナルモノハ如何ナル所為ヲ云フヤ蓋人間ノ行為ハ千状万態ナルヲ以テ一々之ヲ法律上ニ予定スルコトヲ得ス故ニ道徳ニ照ラシテ応サニ為スヘカラサルモノヲ

為シタル者ハ之ヲ罪トシテ罰スヘシト云フニ外ナラス（中略）実ニ是レ無上ノ専断権ヲ裁判官ニ与フルモノニシテ危険是レヨリ甚シキハナカルヘシ（中略）之ニ反シテ法律上罰スヘキモノト罰スヘカラサルモノトヲ明示セハ決シテ斯ノ如キノ弊害ヲ生スルノ憂ヒナカルヘシ」(79)

(5)　磯部四郎と陪審制度について

罪刑法定主義に関連して陪審制度について少し言及しておかなければならない。というのは、官憲の専断に対する磯部の懸念は、他方で民衆参加の陪審制度によって人権を保障すべきであるとの主張と結びついていたからである。ここでいう陪審制度とは、民衆が裁判に参加し有罪無罪の事実認定をおこなう判決陪審である。こうした陪審制度を治罪法に規定することはボアソナードの念願であり、磯部は一二年の修補課在任中にその案の作成の命を受け、それに応えて起草したが、当時高官の地位にあった井上毅が司法への民衆参加は「曠蕩不経、法無キノ地ニ陥」る危険があるとの反対論を主張したために削除されてしまった。(80)

磯部が起草した案の具体的内容は筆者にはわからない。フランス法におけるそれやボアソナードの案に近いものであったと想像される。ただ二〇年に明治法律学校の機関紙「明法雑誌」（第二九号）に掲載した「陪審制に関する討論筆記」から磯部の念頭にあった陪審制度の構想をうかがうことができる。それによれば、治罪法では陪審制度の対象とする事件は刑事事件で、しかも重罪犯（死刑、無期懲役、有期懲役、無期禁獄、有期禁獄――刑法一〇条）に当たる事件を対象とするものであった。この裁判には一人の裁判長と二人の陪席判事（治罪法七三条一項二号には陪席判事は四名とあるが、一四年の布告四六号により二名に減じられた）がのぞんだが、磯部はこの陪席判事こそ陪審員であるという。そして磯部はこの陪審員について、「予断の弊」を起こしやすい官吏から選ぶのではなく、罪人と「伍するところの」人民（通常の人）の中から選ぶことで公平な裁判が可能であるという。

「我法律ハ陪審の必要なるを認め而して陪審を設けたり只此れをして官吏社会より出たせり余ハ今一歩を進て此の

人ハ如何なる社会より撰むを適当となす可きかを一言すべし若し彼の人の生命自由等に関することの如きハ一歩たりとも一寸たりとも寧ろ丁重に失する如くにこそなしたけれ人生固より自由より貴きものなし金銭を以て値ひすべきものにあらず此れが保証ハ如何なることをも厭ふべきことにあらず故に彼の陪審員の如きも若し官人のみを以て此れに宛つることとなすときハ或ハ予断の弊も起り易く且つ此の事なしとするも罪人自らをして不平の感じを起さしむるが如きことなしとも云ふ可らざれば常に彼等と伍する処の通常の人を以て陪審を組織し先ず此の彼れが仲間とする者に罪の相場を価打せしめて然る後刑を擬することゝなさバ実に罪人其人も憾ミなく又少なく共一方の人のミにて罪を断するよりハ公平の措置あるべしと信するなり（中略）或ハ陪審ハ往々刑を軽からしめんと傾くが故不都合なりと申すものあれ共此れ誠に根拠なき説にして実に陪審の必要不可欠ことに至てハ我成法の明言する処なり只今日の問題ハ此れを通常人民より撰むの当否にありとす而して此のことたる多弁を要せすして通常人民よりするの公平ハ確実に得べきものたるを信するなり(81)」

その後、民衆参加の陪審制度設置の運動は、三三年四月に開かれた第三〇回日本弁護士協会評議員会での磯部と三好退蔵の連名による提案書「陪審制度ヲ設クルノ件」をもって再開された。その内容の概要は、第一に、一旦成立した法律も時代が進むにつれ人情からかけ離れて不要になるのと同じように、犯罪もまた衆人がみて罪となすべき行為だけを罰すればよく、刑法の条文にだけあてはめて過酷の刑を言い渡すことは避けなければならない、法律の条文にあてはめると罪となる場合でも公民の代表である陪審員十何名かが罪とならないと決定したことには裁判官は従うべきである、第二に、既に行政権と立法権には公民が参加しているのだから、司法権にも公民の関与があってもよい、というものであった(82)。

しかし、その後陪審制度設置の論議は盛り上がりに欠けていった。翌三四年に江木衷の陪審制に関する新聞投稿によってようやく朝野の議論を呼ぶことになったが(83)、法制化への動きが大きくなったのは四二年になってからである。磯部もこの年に陪審制度設置を要求する論考をいくつも発表している。内容はいずれもほぼ同様であるが、司法への国民の参加、司法権の専横に対する人権擁護のための国民参加による陪審制度が謳われている。また、陪審員の選任方法については「多少財産若くは人格と云うものを区別して、或は之を彼の市会議員若くは所得税調査委員等を選定する方法に依るか或は又商業会議所とか、其の他総て相当の身分を有し且つ後任せられ居る所の団体に割付けて、三ケ年毎に何人づ、かを陪審に挙げて、裁判に列席せしむるか、其等の方法は自ら之れあるべし。」と述べている。当時の国民の実情をみて現実的な選任方法を選んだのであろうか。(84) そして、四三年二月の第二六回帝国議会に陪審制度設立に関する建議書が提出された。

「国民ヲシテ司法権ニ参与セシメ其ノ独立ヲ保障シ裁判ノ公平ヲ扶持シ以テ国民ノ実際状態ニ背馳セシメザルハ人権擁護ノ最大要旨タリ而シテ現行ノ裁判制度ガ此ノ目的ヲ達スルニ足ラザルハ国民ノ斉シク認ムル所ナリ故ニ我国情ニ適スベキ陪審制度ヲ設立シ司法制度ノ改善進歩ヲ促スハ今日ノ急務トス政府ハ宜シク先ツ刑事裁判ニ陪審制度ヲ用ウルノ法律案ヲ起草シ速ニ帝国議会ニ提出スベシ(85)」

この建議案は衆議院で可決されたが、その後様々な紆余曲折を経て陪審法が成立し公布に至ったのは、それから一四年後の大正一二年四月一八日であった。当時の官憲支配による権威主義の甚だしい裁判制度の下において同法の公布は極めて困難であったが、それが実現されるに至った背景には、江木や磯部をはじめとする弁護士会の有力者の推進もさることながら、一に当時の（大正七年）の原敬総理大臣（司法大臣を兼務）の鶴の一声によって実現の運びとなったという。(86) 施行は昭和三年一〇月一日からであった。但し、法の中身は磯部が当初構想したものからはかなりへだたりのあるものであった。その陪審法も、拙速制定からくる欠陥や官側の根強い反対意見、制度助成に対する消極性に加えて戦時態勢へと走り出した国情にそぐわなくなり、昭和一八年三月三一日法律第一八八号をもって停止されるに至った。(87)

磯部は陪審法の公布から四ヶ月余の大正一二年九月一日関東大震災で罹災し他界した。享年七三歳であった。

おわりに

磯部がボアソナードをはじめとする先学の師から、あるいはフランス・パリ大学留学において学び取った先進の知識と精神とは、徹底した自由主義とそれに基づく人権思想であったといえよう。あるいは人間社会に対する公平公正の視座であったと言い換えることができるであろう。磯部の刑法理論をながめてみると、それがよく見て取れる。そして、磯部はそれを支軸として新生日本の国家・社会づくりを期待していたといえる。一二年の刑事弁護制度設置の上申はその発露であり、官憲の専横から弱者である被告人の立場を護ることにより公平公正な裁判を期すことを企図したものであった。一三年の治罪法の公布は青年磯部にとって理想国家実現の第一歩であったであろう。

また、人権擁護の思いは罪刑法定主義の強調とともに、磯部を陪審制度の設置運動へと駆り立てた。陪審制度は公平公正な裁判という目的のほかに、司法への国民の参加を認めるべきことを意図するもので、ここにも磯部が構想した民主主義に基づく国家・社会像を想像することができる。四二年、磯部が五九歳の時に立憲政友会機関誌「政友」に掲載した論説「陪審制度の設備を要する意見」の一部である。

「今日の如く、国家の事は立法と言はず行政と言はず、また財政の問題も悉く官民相号合して、之を料理するの時に当り、独り司法権のみに国民の参与なきは頗る危険のものと言はざるを得ず、即ち国家の大権を大別すれば、立法、行政、司法の三権に存す。中央政府には帝国議会ありて、立法及び財政の根拠を定め、地方自治政に於ても亦府県会、郡市会、若くは町村会の如き、悉く立法行政に関し国民の参与せざる者無し。独り司法権に就ては、全く執法官は之を終身官と為し、以て之に全権を一任せり。(88)」

刑法理論に目を転ずれば、そこには人間の善性に対する頑固なまでの信頼と、科刑は謙抑的であるべきとする自由主義を見て取ることができる。これを非現実的でオプティミスティックな理想主義として片付けることは容易である。磯部自身もそうした批判があることは重々承知の上であったであろう。それでもなお磯部が頑固に刑法の自由主義を語り続けた所以は、何よりも青年期においてボアソナードから受けた使徒的情熱(野田)[89]にあふれた法学教育の影響にあると思われるが、それに加えてフランス革命時に司法権が立法権を超えて横暴に走り遂には恐怖政治へと至った事実から得た教訓、そして維新以後の明治政府の強権的姿勢に対する警鐘といったものであろう。

しかし、その刑法の思想と理論は、「明治維新による旧体制の解体とそれに続く急激な社会の再編成がもたらした社会的混乱による犯罪の激増」(佐伯・小林)[90]を背景に興隆してきた新派刑法学によって時代遅れの空理空論として攻撃され、やがては改正に至った。ただ、磯部の魂の具現化ともいうべき刑法は一旦ここで舞台裏に引き下がったが、戦後の民主主義のもと再び新たなライトを浴びて登場し、人権擁護の強固な理論として今日の刑法理論の底流に流れているといえる。

(1) ボアソナードと旧刑法編纂との関係については、小野清一郎「旧刑法とボアソナードの刑法」『刑罰の本質について・その他』有斐閣、昭和三〇年、四二五頁以下、大久保泰甫『日本近代法の父 ボワソナアド』岩波書店、一九七七年、一一二頁以下、澤登俊雄「ボアソナードと明治初期の刑法理論」吉川経夫他編著『刑法理論史の総合的研究』日本評論社、一九九四年、一頁以下及び二一頁注(1)に挙げられた岩谷十郎氏の論文、吉川経夫「日本における罪刑法定主義の沿革」「ボアソナードと罪刑法定主義」『吉川経夫著作集』第二巻、二〇〇一年、三六頁以下、六三頁以下。

(2) 日本弁護士連合会編『日本弁護士沿革史』日本弁護士連合会、昭和三四年、三六頁、大野正男「職業史としての弁護士および弁護士団体の歴史」『講座現代の弁護士』2弁護士の団体、日本評論社、昭和四五年、一八頁。

(3) 穂積陳重『続法窓夜話』岩波書店、一九八〇年、一一二頁以下。原文は、村上一博編『磯部四郎論文選集』信山社、二〇〇五年、五頁に掲載されている。

(4) 二二年刊行の磯部『現行日本治罪法講義』第二巻の治罪法二六六条の解説には次のようにある。「論告ヲシテ同等ナラシムヘシトハ実ニ貴重ナル法語ナリ我治罪法モ亦此法語ニ基キ被告人カ弁論ノ為メ弁護人ヲ用フルコトヲ許セリ夫レ検察官ハ法律ノ学ニ富ミ訴訟ノ法ニ明カナリ被告人ハ概シテ法律ニ暗ク訴訟ニ熟セサルモノナリ故ニ検察官ハ仮令社会ノ安寧ヲ保護シ秩序ヲ維持センカ為メニ設ケタル国家ノ代人ナリト雖モ時ニ劣等者ニ対シテ権ヲ弄シ威ヲ張ルノ恐レナキニアラス且ツ原被告両造其力匹敵セサレハ充分ノ弁論ヲ悉ス能ハサルハ最モ観易キ所ナリ故ニ被告人ノ為メニ学力才識検察官ニ匹敵スル所ノ弁論者ナカルヘカラス是レ即チ弁護人ノ設ケタル所以ナリ」

(5) 日本弁護士連合会編前掲九頁以下。

(6) 日本弁護士連合会編前掲一一頁、奥平昌洪『日本弁護士史』巌南堂書店、大正三年、一六六頁。実際に代言人となった人たちには、新時代の新職業として代言人を志した者も多数いたと思われるが、その多くは徳川時代の公事師もしくは公事宿の主人や下代などの類であったと推測される。そして彼らは概して法律の素養もなく、人格品性の低劣な人が多かったようである。東京弁護士会百年史編纂刊行特別委員会『東京弁護士会百年史』東京弁護士会、昭和五五年、一九頁。

(7) 規則の詳細については、日本弁護士連合会編前掲一一頁以下。

(8) 例えば、九年四月一〇日東京府庁で実施された第一回の試験では三〇名の出願者に対して「新吉原三業組合の規則を心得居るか、何規則は何年何月何号の布達なりや、明治六年太政官第三百号の布告如何」などの問題が出題されたが、これを見た出願者は「出願者を馬鹿にせるものなりとて検査掛を罵倒したれば検査掛は大に狼狽し遂に検査を中止せり」という事態に至った。その後、東京府は一週間後にこの三〇名に対し司法省日誌の中から問題となるべきものを選んで試験を実施したが、問題文の持ち帰りを禁じた。奥平前掲一八二頁以下。

(9) 奥平前掲同所。

(10) 九年の代言人規則では代言人の営業区域が二種の免許状（各府県裁判所及び各上等裁判所の免許状）に限定され、大審院を除いて免許外裁判所への出廷は認められないという欠陥もあった。日本弁護士連合会編前掲二〇頁。

(11) この規定によって、当時存在した北洲舎、便宜商社、法律学舎、貴知法社、保権舎、賛成舎、明法社、東天社、聞天舎、天水舎などの代言事務所は解散することになった。日本弁護士連合会編前掲二三頁。この規定は自由民権運動の中心的担い手として代言人が多くあたっていたことから、その活動を抑える意図があったと思われる。大阪弁護士会編『大阪弁護士会百年史』大阪弁護士会、平成元年、四七頁。

(12) 奥平前掲四二〇頁、日本弁護士連合会編前掲三七頁。

(13) その反論は以下の通りである。「新法実施の日と雖も舊法を用いるべき場合許多ありとす然らば一概に方今の代言人を用ゐるべからざるの道理なかるべし且本論を推究すれば他日制定民法頒布の日に至らば民事の舊代言人をも試驗せざるべからざるに至るべし是れ亦行はれ難きに似たり故に民事刑事とも改正の事ありとも法理に於ては黒白の差異あるほどには非ざるを以て本案の議は先づ見合わせては如何」奥平前掲四二二頁。玉乃世履については、平凡社『大人名事典』第四巻、昭和三二年、二三七頁、手塚豊『明治史研究雑纂』手塚豊著作集第十巻、慶応通信、平成六年、一〇六頁以下、吉岡達生『初代大審院長　玉乃世履行――年譜――』冨永書店、二〇〇二年。

(14) 代言人の社会的地位については、大野正男前掲一七頁以下。

(15) 奥平前掲一九五頁以下。

(16) 両校の入学・卒業生については、東京帝国大学『東京帝国大学五十年史』上冊、東京帝国大学、昭和七年、五九五頁以下、東京大学百年史編集委員会『東京大学百年史』通史一、東京大学、昭和五九年、七一五頁。

(17) 法政大学百年史編集委員会『法政大学百年史』法政大学、昭和五五年、四頁。

(18) 専修大学『専修大学百年史』上、専修大学出版局、昭和五六年、一七八頁。なお、専修学校は「経済科」も擁した。

(19) 『法政大学百年史』三頁以下。薩埵正邦については、同書一六頁以下。

(20) 明治大学百年史編纂委員会『明治大学百年史』第三巻通史編Ⅰ、明治大学、昭和六一年、一四九頁以下。

(21) 早稲田大学大学史編集所『東京専門学校校則・学科配当資料』早稲田大学、昭和五三年、早稲田大学大学史編集所『早稲田大学百年史』第一巻、昭和五三年、一〇三五頁。

(22) 「法科回顧録」早稲田法学一三巻五二頁。

(23) 拙稿「磯部四郎と東京専門学校」『佐藤篤士先生古稀記念論文集　法学をめぐる諸問題』敬文堂、二〇〇四年、二一三頁以下。

(24) 中央大学百年史編集委員会専門委員会『中央大学百年史』通史編上巻、中央大学、二〇〇一年、八九頁以下。岡山と山田は東京専門学校を辞職しての協力であった。拙稿前掲二〇九頁。

(25) 『中央大学百年史』通史編上巻九六頁以下。

(26) 『中央大学百年史』通史編上巻一〇八頁以下。

(27) 私立法学校誕生の背景については、『法政大学百年史』四頁、『専修大学百年史』上一六八頁、高梨公之「五大法律学校の創立と代言人たち」日本弁護士連合会「自由と正義」二六巻八号二一頁以下、拙稿前掲「磯部四郎と東京専門学校」二〇〇頁。

(28) 小野清一郎「刑法学小史」『刑罰の本質について・その他』(前掲)所収、四〇九頁。

(29) 唐津市ポータルサイト「文化紹介」「郷土の先覚者」より。村田保については、『大日本人名辞典』㈣、講談社学術文庫、昭和五五年、二六五二頁、平凡社『大人名事典』六巻、昭和二九年、二六八頁も参照。

(30) 高木豊三については、平凡社『大人名事典』第四巻、三九頁、手塚豊『明治法学教育史の研究』慶應通信、昭和六三年、九五頁注(13)、『法政大学百年史』五二頁。

(31) 「法律ノ意義明白ナルカ又ハ解釈法ニ依テ一定セラレタルトキハ裁判官ハ其文中ニ包含スル所ノ凡テノ場合ニ之ヲ適用スヘシ而シテ毫釐モ其包含スル場合ノ外ニ拡充スヘカラス蓋シ比附援引ヲ以テ罪及ヒ刑ヲ量定スルコトハ法ノ確ク許サヽル所ニシテ即チ刑法第二条ノ原則アル所以ナリ」『刑法義解増補』第一巻一六九頁。

(32) 筆者が国会図書館より入手したものは「その一」(本文総頁二五六頁)であるが、本書の構成は以下の通りである。第一章　社会刑罰権、第二章　犯罪ノ種別、第三章　有意犯罪無意犯罪、第四章　法律ハ既往ニ及ホス可ラス、第五章　特別法有刑名、第六章　刑、第七章　身体ニ及フノ刑、第八章　心事(モラール)ニ及ブノ刑、第九章　権利ニ及フノ刑、第十章　重刑ノ主刑。宮城浩蔵の刑法学については、阿部純二・木村亀二「明治法律学校創設当時の刑法および刑事訴訟法の講義とその内容」法律論叢別冊、一九六六年、九九頁以下、木田純一「旧刑法と宮城浩蔵の刑法学」「愛知大学法経論集・法律編」六八号二五頁以下、澤登俊雄「宮城浩蔵の刑法理論」吉川経夫他編著前掲『刑法理論史の総合的研究』二三三頁以下。

(33) 堀田正忠については、関西大学のホーム・ページ「関西大学を築いた人びと」を参照した。
(34) フランス法派の折衷主義刑法学と富井、穂積等の新派刑法学とは異なる、国粋主義的刑法理論が江木衷によって主張されたが、詳細については江木『現行刑法汎論』、同『現行刑法原論』を参照されたい。また江木の刑法理論については、吉川前掲『刑法理論史の総合的研究』六七頁以下。他に小野前掲四一二頁、佐伯千仭・小林好信「刑法学史」『講座日本近代法発達史』11、勁草書房、一九六七年、二三三頁以下。
(35) 佐伯他前掲二三六頁。
(36) 佐伯千仭・小林好信氏は、そのボアソナードによって育てられた刑法家として挙ぐべき者は、宮城浩蔵、井上正一、磯部四郎、亀山貞義等であろうと述べている。佐伯他前掲二二八頁。一方、小野清一郎氏は、二〇年代の刑法学者として、富井政章、穂積陳重、江木衷、岡田朝太郎のほかに井上正一、宮城浩蔵、亀山貞義などを挙げることができようと述べたが、磯部の名はない。前掲「刑法学小史」四一〇頁以下。
(37) 小野前掲四一三頁。
(38) 宮城浩蔵『刑法正義』講法会、明治二六年の序に寄せられた岸本辰雄の言葉「……君少シテ夙ニ法律学ヲ修メ、該博淹通、窺ハサル所ナシ、而シテ刑法ニ至リテハ其最力ヲ盡ス所ナリ、君明治法律学校ニ於テ、刑法ヲ講スル爰ニ十有余年、反復講述、凡其幾回ナルヲ知ラス、而シテ随テ講スレハ随テ精ニ、一回ハ一回ヨリ密ナリ、遂ニ之レカ薀奥ヲ究ムルニ至ル、復遺憾ナシト謂フヘシ、嘗テ刑法講義二巻ヲ著ハス、大ニ法学者間ニ行ハレ、聲名洋溢、需用日ニ盛ンニ、改版五回、発行部数ノ多キ、實ニ三萬有余ニ及ヒ、為メニ世ノ学者ヲシテ、殆ト其観ヲ改メシメタリ、世遂ニ君ヲ目シテ東洋ノオルトラント謂フ……」
(39) 早稲田大学大学史編集所前掲『東京専門学校校則・学科配当資料』八九頁。
(40) 宮城浩蔵『日本刑法講義』第一冊、明治法律学校講法会、明治二四、二八年、四六頁以下。
(41) 村上一博編前掲四四九頁（久保田高三編著『東都状師月旦』第三巻、日陽堂、明治二六月五月刊）。
(42) 「懐旧録　旧司法省法学校沿革略誌及卒業生ノ現況」法曹記事第二三巻一一号一一六頁。
(43) 拙稿前掲「磯部四郎と東京専門学校」二一三頁以下。
(44) 弄花事件については、小田中聡樹「司法官弄花事件」我妻栄他編『日本政治裁判史録』明治・後、第一法規、昭和五二年、一七六頁以下、木々康子『陽が昇るとき』筑摩書房、一九八四年、一八二頁以下。

(45) 人間の善性に対する信頼を前提とした「オプティミスティック」なまでの自由主義は磯部の生来のものなのかは分からないが、その師ボアソナードの強い影響を受けていることは否めないであろう。ボアソナードの自由主義については、野田良之「日本における外国法の摂取」『岩波講座　現代法』14、岩波書店、一九六六年、二〇三頁。

(46) 磯部四郎『改正増補刑法講義』上巻第一分冊、明治二六年（信山社、平成一一年）七頁以下。

(47) 磯部前掲九頁。人間の善性を前提として刑法を社会の安寧秩序を守る「最後の手段」とする考えは既に東京専門学校刊の「日本刑法」（二頁）と警官練習所刊の『日本刑法講義筆記』（二頁）でも述べられている。

(48) 江木衷『日本刑法』汎論ノ部、東京法学院二三年度第一年級講義録、明治二三年、二二頁。その他、同『訂正増補現行刑法汎論』全、明治二四年、有斐閣、五九頁、同『現行刑法原論』東京法学院、明治二五年、四二頁など。その他の論者による批判については、佐伯他前掲二三頁以下。

(49) 磯部前掲一三頁。

(50) 小野前掲「旧刑法とボアソナードの刑法学」四二八頁、佐伯他前掲二二四、二二六頁。その他、澤登前掲「ボアソナードと明治初期の刑法理論」九頁以下。

(51) 磯部前掲一一五頁。

(52) 江木前掲『現行刑法原論』四二頁。

(53) 磯部前掲一一六頁以下。

(54) 磯部前掲一一七頁。なお、江木と磯部の間には民法に関しても以前から意見の対立があったようである。磯部四郎「法理精華ヲ読ム」㈠〜㈢『法政誌叢』第九九（明治二三年）、一〇〇（同）、一〇二号（同）村上一博編前掲一二八頁以下に所収。

(55) 磯部前掲七三頁。

(56) 磯部前掲同所。その他の刑法書として、例えば、井上操『刑法述義』第一冊、明治一六年、三二頁以下、宮城浩蔵『日本刑法論』明治一四年、三頁以下、同『日本刑法講義』一、明治法律学校、明治二〇年、四五頁以下、高木豊三『刑法義解』増補、明治一七年、三七頁以下、同『刑法講義録』明治一九年、一四頁以下、薩埵正邦『日本刑法講義』明治二二年、七頁など。
(57) 前注(56)の文献。同じボアソナード門下の井上正一は命令主義をとる。井上正一『日本刑法講義』明治二〇年、三二一頁以下。
(58) 宮城前掲『日本刑法講義』一、六〇頁以下。
(59) 宮城前掲四六頁、堀田前掲二二頁。
(60) 磯部前掲一〇四頁。
(61) 磯部前掲一〇八頁以下。これは既に東京専門学校刊前掲「日本刑法」二二頁でも論じられている。
(62) 磯部前掲一〇六頁。
(63) 磯部前掲一二八頁以下。
(64) 磯部前掲一三一頁。
(65) 磯部前掲一三三頁。
(66) 磯部前掲一三七頁以下。
(67) 磯部前掲一四一頁以下。
(68) 磯部前掲一四一頁以下。「法廷を開て衆人の傍聴を許し法官検察官等が情理に依り法律に基き公平を旨として裁判を降し決て苛酷惨忍の所業を為すこと無く又二には傍聴者をして此犯人に鑑み自ら将来を戒めしむ可しと云ふことあり」(磯部前掲「日本刑法」三四頁)
(69) 磯部前掲一四二頁。
(70) 前掲『東京専門学校　校則・学科配当資料』七四頁。同校での刑法に関する磯部の出題問題については、拙稿「磯部四郎と東京専門学校」二二九頁。
(71) 磯部前掲『改訂増補刑法講義』一四四頁以下。同「日本刑法」三六頁以下。
(72) 高木豊三前掲『刑法義解』九頁。
(73) 宮城浩蔵『刑法講義』四版、明治一七年、一二一頁。
(74) 富井政章『刑法論綱』宝文館、明治二二年、二二頁。

(75) 磯部前掲三三五、三四二頁。
(76) 吉川経夫氏は、旧刑法は人民の意思を代表する立法機関の定立する「法律」ではなく、あくまで「行政命令」以外の何ものでもありえなかった、したがって二条は「せいぜいのところ、何ぴとも行為当時に公布されていた成文の規定によるものでなければ処罰されることはない、との原則を宣言したにとどまり、いわば罪刑法定主義の形骸を模したにすぎないものといわなければならない」として、本条がわが国で最初に罪刑法定主義を取り入れたとする見解に疑問を呈する。吉川前掲「日本における罪刑法定主義の沿革」三八頁。
(77) 磯部前掲三三二頁。
(78) 新律綱領では類推適用が認められていたが、法令や類推できる法文がない場合には(多くは軽犯罪)、裁判官が自らの裁量によって有罪・無罪と量刑を定めることができる犯罪があり、それを不応為罪と言った。佐伯・小林前掲二二一頁。
(79) 磯部前掲三三六頁以下。
(80) 井上毅「治罪法意見」(明治一二年一〇月二七日) 井上毅伝記編集委員会編『井上毅伝・史料編』第一、国学院大学図書館、一九六六年、一九一頁以下、大久保泰甫前掲一二一頁。磯部と陪審制度の関係については、東京弁護士会百年史編纂刊行特別委員会編『東京弁護士会百年史』東京弁護士会、昭和五五年、二〇七頁以下、三〇一頁以下。
(81) 村上一博編前掲一〇頁。
(82) 「日本弁護士協会録事」三一号(明治三三年四月) 三一頁以下。前掲『東京弁護士会百年史』二〇六、三〇二頁。
(83) 前掲『東京弁護士会百年史』三〇三頁。江木について及び江木と陪審制度との関係については、小林俊三『私の会った明治の名法曹物語』日本評論社、昭和四八年、六七頁以下。
(84) 「陪審制度の設備を要する意見」(「政友」一〇九号)、「陪審制度の設定を望む」(「日本弁護士協会禄事」一三六号)、「陪審を要する意見」(「法律新聞」六〇六号)、「陪審制度論」(「刑事法評林」一巻四号)、「刑事裁判改良の方法」(立憲政友会茶話会における演説「政友」一一四号) など。いずれも四二年に発表。村上一博編前掲三四七頁以下に収録。
(85) 前掲『東京弁護士会百年史』三〇三頁。

(86) 小林俊三前掲六八頁。
(87) 陪審法の成立・停止の過程については、前掲『東京弁護士会百年史』三〇一頁以下、司法研修所「わが国における陪審裁判の研究――経験談による実態調査を中心として――」司法研修所調査叢書第九号（昭和四三年三月）、関西大学法学研究所研究叢書第六冊「民衆の司法参加の可能性と限界――弁護士意識調査の分析――」（平成四年）五九頁以下。
(88) 村上一博編前掲三四八頁。
(89) 野田良之前掲二〇三頁。
(90) 佐伯他前掲二二八頁。

刑法改正問題と明治法律学校
——磯部四郎の刑法改正反対論に関連して

山泉　進

はじめに

日本における刑法改正をめぐる論争は、いくつかの時代に、いくつかの断面においてなされているが、ここでとりあげるのは、いわゆる「旧刑法」の改正をめぐる論争である。「旧刑法」というのは、明治一三（一八八〇）年七月一七日太政官布告第三十六号として公布され、明治一五（一八八二）年一月一日から施行された、日本で最初の近代主義的諸原理にたった刑法のことである。ちなみに、この「旧刑法」が第二十三回帝国議会において明治四〇（一九〇七）年四月二四日法律第四十五号として改正され、翌年一〇月一日から施行されたのが現在の刑法である。ここでは、「旧刑法」から現行刑法にいたるまでに行われた論争のうち、主として一九〇〇年から翌年にかけて、つまり第十五議会への改正刑法草案の提出の時期に行われた論争をとりあげる。この時期の刑法改正問題は、これまでのところ、少し前の民法典論争に比べるとはるかに注目度は低かった。もちろん論争そのものの影響力の違いに起因していることはいうまでもないが、しかし、この「新刑法」（現行刑法）が及ぼした影響力は、その背後の思想や運用を考慮すると無視できないものがあった。私は、明治期末の「大逆事件」を研究している一学徒にすぎないが、この事件一つをとってみても、「新刑法」の影響――後に述べる社会防衛論や検事平沼騏一郎等の運用論を含めて――はかなりの程度であったと考えられる。しかし、もう一つの側面として、この事件の一一人の弁護人の内、磯部四郎を団長格として、鵜沢総明、平出修、吉田三市郎の四人の明治大学関係者が、弁護人として加わっている事実にも注目せざるを得ない。もちろん、物事のなかには偶然の支配する領域がかなりの部分を占めていることを十分承知で言っているのだが、ともかく、これらの事が本論考の背後にはある。

かつて、田能邨梅士は『明治大学史』のなかで、一九〇一年前後の刑法改正反対運動の成功を捉えて、民法典論争につぐ、「第二回激戦」であるとし、次のように述べた。「戦勝の光栄は、固より我校諸氏の、独り専らにすべき所に非ず。而かも我校の諸氏か与かりて大に功ありしこと、蓋疑を容れず、前には民商二法の断行論あり、後には刑法の非改正論あり、前には敗れ、後には勝つ。勝敗は兵家の常のみ、深く言ふに足らす。然れとも、我校の諸氏が法律上の大問題に遭遇する毎に、未だ曽て一たびも之を等閑視せず、自家の所信の為に、勇往突進最後の解決を得ざれは已まざる。是れ此の一事、即其の学ぶ所に忠なるもの、之を称すべしと為すのみ[(1)]」（傍点は原文の活字大）と。分析はともかく、この言を私は好む。この論争のすぐ後、明治三六（一九〇三）年専門学校令のもと、明治法律学校を明治大学へと改称し、法、商、政、文の四学部制を確立していく。その折、岸本辰雄校長の「明治大学の主義」と題した有名な演説がある。その中で岸本は、「私立学校」が「官立学校」とは異なる特色を有し、明治一九（一八八六）年の帝国大学令以降、「国家ニ須要」な人材を求めるとされた官立大学に対して、あくまでも「学問の独立、自由を保ち自治の精神を養ひ人格の完成を謀ること[(2)]」これこそが「私立学校」が「官立学校」に優る点であるとした。「官」に対する「民」、あるいは在野の立場、官僚法学に対する人権派法学の小さな流れ、その確立の過程を描くことが本論考の主要なる論点である。

一　旧刑法とその改正問題

(1)　旧刑法の制定と改正経過

明治政府による近代的法典整備のなかで、刑法、治罪法(刑事訴訟法)の制定は、他の諸法典に比べて、比較的に早く着手された。もちろん、治外法権を含む、諸外国との不平等条約撤廃が明治初年における、維新政府の外交上の懸案であり、そのためにも法典整備は急を用していたのである。明治八(一八七五)年九月、大木喬任司法卿のもとで「欧州大陸諸国ノ刑法ヲ以テ骨子トナシ本邦ノ時勢人情ニ参酌」する方針のもとで刑法草案作成が着手された(3)。これ以前、維新の変革後における社会秩序の維持、回復のため、新政府によりいち早く仮刑律(一八六八年)、新律綱領(一八七〇年)、改定律例(一八七三年)が定められていたが、これらは、大宝、養老律に明、清律や徳川時代の公事方御定書を参酌してつくられたもので、新しい時代に対応できるものではなかった。そこで、一八七三年、司法省の法律顧問として来日、明法寮で教鞭をとっていたボアソナードに依頼し刑法草案を作成させた。このボアソナード草案は明治一〇(一八七八)年一一月「日本刑法草案」(四編四七八条)としてまとめられ、司法省から太政官に上呈された。太政官では、伊藤博文を総裁とする刑法草案審査局が設けられ(同年一二月)、審議された結果が、明治一二(一八七九)年六月、「刑法審査修正案」(四編四三〇条)としてまとめられた。さらにこの修正案は元老院に回され、わずかな修正がほどこされた後、明治一三(一八八〇)年七月太政官布告三十六号として公布された。施行は明治一五(一八八二)年一月一日からで、同時に治罪法も施行になった。一般にこの刑法は、明治四一(一九〇八)年施行の現行法と区別して「旧刑法」と呼ばれている。

「旧刑法」(四編四三〇条)の特色は、小野清一郎により「自由主義的性格」が指摘され、当時としては「可成り急進的なものであつたに違ひない(4)」と評価されている。事実、第二条に「法律ニ正条ナキ者ハ何等ノ所為ト雖モ之ヲ罰スルコトヲ得ス」と近代的刑法の大原則となった罪刑法定主義を定め、第三条では刑罰不遡及の原則を規定して、これをさらに補強している。従来の「援引比付」「不応為」の規定が否定されたわけである。また、身分の別にもとづく刑罰の不公平も取り払われた。犯罪の種類はフランス刑法典にならって、重罪、軽罪、違警罪の三つに分けられ自由刑を中心とした刑罰体系が確立されている。各犯罪の構成要件は詳細に規定され、それに対応する法定刑の枠も狭く絞られており、裁判官の自由裁量の巾も小さくされている。このような特色をもつ「旧刑法」は、その制定過程からわかるように、ボアソナードの考え方が反映されているものであった。ボアソナードの刑法理論は、パリ大学教授オルトランに代表されるような「折衷主義」の立場であり、社会的功利主義と絶対正義主義（絶対応報論）を調和させようとし、犯罪を社会的害悪であると同時に道徳的悪であるととらえ、刑罰を違法にして有責な行為の範囲内に限定しようとするものであった。(5) ボアソナードはこのような「折衷主義」の立場に立って、フランス刑法を範としながらも、イタリア、ドイツ、ベルギー等の刑法典を参照して草案を作成したのである。(6) したがって、「旧刑法」は基本的にはフランス革命以後の自由主義的諸理念をとり入れるものであったといえるが、他面では、日本の「国情」も加味されて、「皇室ニ対スル罪」（第一一六〜一二〇条）、「官吏ノ職務ヲ行フヲ妨害スル罪」（第一三九〜一四一条）等の規定をも含むものであった。(7)

さて、このような経緯により制定された「旧刑法」であったが、既に明治一五（一八八二）年の施行の時から改正意見が出されていたというから、本論稿の主舞台となる一九〇〇年までには、かなり長い前史があることになる。いまここではその概略を述べることに留める。(8)

まず、草案を作成したボアソナード自身が、草案が司法省の「調査委員」により修正、削除されたことに「不快」を示していた。(9) その司法省でも改正案が一八八三、四年頃には成立し、また、太政官の改正案もつくられた。ボアソナード自身の改正案は明治一八（一八八五）年には脱稿し、それをもとにして、司法省において修正が加えられ、一八八八、九年に改正草案がつくられた。(10) 司法省での作業は、一八八七年一〇月、山田顕義司法大臣のもとでつくられた法律取調委員会でひき続きなされ、河津祐之、宮城浩蔵、亀山貞義等の「報告委員」がまとめ、明治二四(一八九一)年一月の第一回帝国議会に改正草案が提出されるはこびになった。衆議院での政府委員、司法次官箕作麟祥の説明によると、現行刑法(「旧刑法」)は、一〇年以上も前の「専制政治」の時代に作成したものであり、現在の「立憲政体」のもとではいくつかの「不都合」な点が生じている。例えば、内乱罪において「皇室ニ関スル罪」と「政府ニ対スル罪」の区別が出来ていない。あるいは官吏侮辱罪についても、市町村制が制定されたりして「官吏」が一様ではなく、「事実ノ有無ヲ問ハス」罰するようなことは立憲制のもとではふさわしくない。その他「再犯加重」も一律に重い刑で罰するのはどうか。また、罪刑法定主義(第二条)の規定があるわりには、「文意」が明確でない点がある、等々。実際上の経験と学理上の点から「不都合」が生じていることが改正理由として述べられている。(11)

明治法律学校の教員として刑法を担当していた宮城浩蔵は、法律取調委員会のメンバーとして改正案をまとめた立場にあり、また師ボアソナードの教えを受け、「東洋のオルトラン」と呼ばれるほどに「折衷主義」を支持していた。宮城は刑法改正案が第一議会に提出される直前に(それ故、「政府ノ改正案ハ……固ヨリ得テ知ルヘカラス」とことわっている)、明治法律学校において「演述」をなし、それが「現行刑法改正論」としてまとめられている。(12)内容的には、先の箕作の説明に重なるものであるが、紹介する。宮城は、現行刑法は、「学理上」も「適用上」も「其欠点実ニ枚挙ニ遑」がないほどであり、「執法者ヲシテ罪ノ処分ヲ誤ラシメ、人民ヲシテ不幸ヲ蒙ラシ」めてきた。まことに「不完全」なものである。しかし、外国では、日本の刑法は「広ク世界各国ノ刑法ニ比肩シテ恥チサルノミナラズ」、フランス刑法に比べても「数等」上にあるとも評価されている。それでは、その評価の違いはどこからきているのであろうか。要するに外国での高い評価はボアソナードが書いたフランス語原文による評価であり、他方の評価は日本語となった刑法典の評価である。ボアソナードによるフランス語の草案が、司法省によって翻訳されることによって「誤謬アルヲ免カレス」、しかも修正が施されたために「不良」をもたらし、続いて元老院で修正されて「益々不良ヲ致ス」ことになったところに、その「不完全」の原因が存在するのであると言う。もっとも、ボアソナードの草案が完全であったわけではなく、「刑法中ノ萃ナルモノ」である、最近のイタリア刑法やドイツ刑法をも参考にして、より完全なものを作成する必要があるともいっている。以下、宮城は改正点として次の一〇項目を掲げている。(1)現行法ニハ日本人又ハ外国人カ外国ニ在リテ犯シタル罪ヲ規定セス　(2)現行法ハ刑期ノ区別並ニ加減其方ヲ得ス　(3)現行法ニテハ刑名宣告前ニ受ケタル未決拘留ノ日数ヲ刑期ニ計算セス　(4)現行法ノ加減順序ノ規定ハ法意不明ニシテ解スル能ハス　(5)現行法ノ財産ニ対スル罪ノ自首軽減ハ大ニ不当ナル所アリ　(6)現行法ノ数罪倶発ノ規定ハ其当ヲ得サル者ナリ　(7)現行法ノ内乱ニ関スル罪ハ罪度ノ異ナル者ヲ同一ニ罰ス　(8)現行法ノ官吏侮辱罪ニ大ナル欠点アリ　(9)現行法ノ文書偽造罪ノ規定ハ大ニ不完全不明ナリ　(10)現行法ニハ人ヲ保護ス可キ責任アル者必要ノ保護ヲ欠キタル時之ヲ罰スルノ規定不完全ナリ、以上の一〇項目である。理由の説明はここでは必要としないが、以後の改正論とは趣きが随分と違っていることは、項目からでも十分わかることである。

第一回帝国議会に提出された、改正草案は、結局審議未了に終った。[13] 司法省は翌明治二五（一八九二）年一月、刑法審査委員会を設置し、横田国臣（司法省参事官）、亀山貞義（判事）、曲木如長（司法大臣秘書官）、馬場愿治（司法省参事官）を委員に任命した。同年二月には、三好退蔵（司法省総務局長）を刑法改正審査委員長に、倉富勇三郎（司法省参事官）、古賀廉造（検事）、石渡敏一（検事）を刑法改正委員に追加任命し、森順正（検事）に刑法改正取調事務兼務を命じた。[14] ここでの草案は一八九五年に脱稿し、[15] まず裁判所の意見を聞き、明治三〇（一八九七）年には弁護士会の意見を求めた。この草案（二編、三三二条）の特色は前回の草案とは異なり、フランス法からの脱却を求めた点にあった。[16] その後、明治三二（一八九九）年五月から法典調査会の審査にかかった。[17] 法典調査会は、明治二六（一八八三）年、民法典論争後に設立され、民法、商法の立案に従事したが、法典作成後は一八九九年に「規則」の改定を行い、四部制とし、その第三部において、刑法、刑事訴訟法の改正が図られた。この時における法典調査会総裁は、内閣総理大臣山県有朋、副総裁、司法大臣清浦奎吾、第三部長横田国臣、起草委員は倉富勇三郎、石渡敏一、古賀廉造の三名で、刑法改正審査会のワーキング・メンバーが横すべりしている。その他に、当初には小松原英太郎、積穂陳重、富井政章、江木衷等、一〇名の委員が選ばれた。法典調査会では、司法省案と「学者カラ出マシタ案」をまとめる作業が行われた。会議は、一八九九年五月から翌年三月まで、一一八回に及び、さらに第一部から第四部までの連合会にかけられて草案としてまとめられた。(18)この改正案（二編、三〇〇条）こそは、次章で問題になる草案であり、裁判所、弁護士会等に配付されることなく、明治三四（一九〇一）年二月の第十五議会に提出されたものである。

法典調査会が作成した「刑法改正ノ要旨」によれば、(19)刑法は「世安ヲ維持スルノ具」であり、犯罪というものも、その「情状」により異なり、犯人もその「種類」により異なる。したがって刑罰にも「寛厳両様ノ主義」が必要であり、そのためには、「刑ノ範囲」の「開拡」が必要である。そのようにすれば、裁判官により刑罰の不公平が生ずると心配する人もいるかも知れないが、要は、まず法律を改正し、それから裁判官に「習慣ヲ了得」させるところから始まるのである。現行刑法は、百年前のフランス刑法を「模倣シテ編制」したものであるから、我国の「国情」に合わない点も多く、とりわけ、「刑ノ範囲」が狭いことが最大の欠点である。一部の改正で足りるとする意見もあるが、結局は、「根本ニ係ル改正」にいきついてしまうのである。そして、改正点として、次の八項目を掲げる。(1)重罪軽罪ノ区別ヲ廃シテ重罪ト為シタルコト　(2)刑名ヲ減シタルコト　(3)数罪倶発ノ規定ニ変更ヲ加ヘタルコト　(4)再犯加重ノ規定ヲ変更シタルコト　(5)監視及ヒ剥奪公権停止公権ノ規定ニ変更ヲ加ヘタルコト　(6)刑ノ執行猶予ニ関スル規定ヲ設ケタルコト　(7)国外ニ於ケル犯罪処分ニ関スル規定ヲ設ケタルコト　(8)国交ニ関スル犯罪ヲ規定シタルコト、以上の諸点である。

さて、この改正案は議会に提出されたものの、貴族院における特別委員会の審査中、議会は停会となり審議未了で終った。もちろん、後述するように、在野法曹界からの激しい反対運動に遭遇したからである。法典調査会は、さらに審査訂正を加えて改正案（二編、二八九条）をまとめ、翌年一月、第十六帝国議会に提出、若干の修正後貴族院では可決したが、衆議院においては調議未了で可決にいたらなかった。翌年の第十七議会には、さらに修正を加えたものを提出したが、解散のため審議されなかった。西園寺（第一次）内閣は、明治三九（一九〇六）年五月、法律取調委員会を組織し、松田正久司法大臣を会長とし、横田国臣、倉富勇三郎、平沼騏一郎、古賀廉造等司法官僚グループ、穂積重遠、穂積八束、梅謙次郎等学者グループ、三好退蔵、磯部四郎、岸本辰雄、菊池武夫、花井卓蔵等の、私立法律学校関係者、弁護士グループ等の四〇名余りを委員に任命し、草案をまとめ、一九〇七年一月、第二十三帝国議会に提出、貴族院、衆議院で若干の修正が加えられ、更に両院協議会を開き成案を得て、同年四月二四日法律第四十五号として公布され、翌年一月一日より実施されるにいたった。これが「新刑法」であり、もちろん現行刑法でもある。(20)

(2)　第十五議会をめぐる刑法改正反対運動

「旧刑法」の制定とその改正にいたる概略は以上述べた如くであるが、ここでは、第十五議会に提出されるにあたって起きた、刑法改正運動の状況について触れておく必要があろう。ただ、紙数の関係から明治法律学校関係に焦点を絞ることはやむを得ないところである。さて、法典調査会第三部において審議されていた刑法改正案が一応のとりまとめを終るのは明治三三（一九〇〇）年三月であった。『明治法学』（同年四月号）は、いち早く「雑報欄」で「刑法草案成る」としてとりあげた。法典調査会での審議は、未公開のもとで行われていたにもかかわらず、審議内容は可なりの程度外部に漏れていることがわかる。この記事によれば、委員中に「新旧二派」の対立があり学説上の相違点があったこと、草案は現行法を大幅に改正するもので、「殆ど旧面目を存せず」の状態であることを伝えている。しかし、同時に「其の内容は却て大に完全充実せるものあり」とも評価している。その改正点としては、罪の種類を重罪、軽罪の二種類に減らしたこと、刑の範囲を拡張したこと、国際刑法や刑の執行猶予を新設したこと等を述べている。

　刑法改正草案がまとめられ、議会提出が話題となるなかで、いち早く反対声明を発したのは日本弁護士協会であった。一九〇〇年四月二九日、大阪に臨時総会を開き、磯部四郎、岸本辰雄、菊池武夫、花井卓蔵等一五名の提出者による「刑法全部ノ改正ハ其必要ナキモノト認ム」との反対決議案を満場一致で可決した。提案説明には磯部があたった。(21) この決議にもとづき、議会への改正案提出が迫った一二月八日には（議会は一二月二五日開会）、岸本、磯部等一七名が刑法改正反対運動の「実行委員」として選出され、翌年一月一四日、神田淡路町、万世倶楽部に於て刑法改正反対実行委員会を開き、⑴意見書発表の件　⑵実行委員増加の件　⑶事務所設置の件　⑷運動の方針、その他が協議された。この準備会を受けて四日後の一月一八日には、上野精養軒において、この刑法改正問題に関しての「臨時総会」を開き、岸本辰雄が開会の趣旨を述べ、以下のような決議を行った。「政府カ予メ改正刑法草案ヲ示シテ世ノ公論ニ訴フルノ常道ヲ踏マズ而シテ直ニ之ヲ議会ニ提出セントスルハ立憲法治国ノ体面ヲ傷ケ国家民衆ノ安危休戚ヲ顧ミザルモノニシテ不都合ノ行動ナリト認ム」、である。その理由は、かつて司法省の刑法審査委員会で改正案を作成したことがあったが、その折は弁護士会等にも意見を求めた。弁護士会の意見は改正案は「無謀」で、「危険」なものであるとするもので、政府は議会への提出を行わなかった。にもかかわらず、今回は法典調査会にかけ議会への提出を図っているが、刑法改正の「主義」は以前と全く同じで、「現行刑法の全部を壊滅し、新たに一篇奇怪の新法」を生み出そうとしている。しかも、法治国の名に恥じるような「秘密主義」をとり、朝野の法曹を無視している。法律は「学者をして、新理を講し、異説を立てしむるの具」ではなく、「治国の要」「治民の義」たるべきものである。「一知半解の識、活剥し以て、高く自ら大家を標榜し、異邦の刑典を翻訳して以て、新学理なりとし、国民の耳目に慣れさる文字を案出して以て、新術語なりとし、得々之を天下に紹介し、識者門外の譏笑を顧みす。朝野法曹の混乱を来らし、国家与論の反抗を招く、宜ならんとせんや。嗚呼、国家民衆をして、適従する所に迷はしめ、之を駆りて、新法試験の犠牲に供し、独り自ら喜はんとするもの、豈に新刑法にあらすや」と語気は厳しい。さらに、内容的には、「新刑法」の旨とするところは、刑の範囲を広くし、裁判官に「無限の権力」を委ねようとするものである。もとより、これは「人権保障」を狭めるものであり、国運の発展にも逆らうものである、このように反対理由を述べている。[22] この「臨時総会」では、先の実行委員会での案件も討議され、五〇名の「実行委員」が増加され、斎藤孝治、丸山名政、塩入太輔等の明治法律学校校友も加わることになった。また「意見書」が印刷され、演説会が企画された。実行委員会は一月三一日にも会合を開き議会対策を練り、二月二日には実行委員会総会で反対運動の継続を確認、菊池武夫事務所内に「非刑法全部改正同志事務所」を設けた。また「八大法律学校出身同志会」との共同行動をとることも確認された。この「八大法律学校出身同志会」は、二月五日芝紅葉館で、帝国大学、司法省法学校及び府下六大法律学校（明治法律学校、東京法学院、和仏法律学校、東京専門学校、専修学校、日本法律学校）の出身者が集まり、飯田宏作を座長にして会合し、刑法改正反対の決議をなし、一八名の実行委員を選出していた。[23]

ところで、日本弁護士協会内には貴族院に三名、衆議院に二五名余りの反対派議員がおり、また、法典調査会委員のなかにも、三好退蔵、菊池武夫、高木豊三（以上は貴族院議員であり、第十五議会の貴族院刑法特別委員会のメンバーに選ばれた）、江木衷の反対論者を抱え、議会内外での運動は功を奏し、二月八日貴族院に提出された刑法改正案は特別委員会での二回の停会後、二月二六日審議未了で廃止となった。廃案後、事務所は撤去されたが、以後の議会においても反対運動は継続されていく。

明治法律学校では、校長の岸本辰雄、校友の磯部四郎が、次章で見るように、刑法改正反対の論説を『明治法学』の巻頭に掲げ論陣を構えたが、校友で、日本弁護士協会で活躍し「実行委員」の一人として名を連ねる、井本常治も「速ニ法典調査会ヲ廃止ス可シ（非刑法改正論ヲ読テ）」（『明治法学』一九〇〇年一一月号）を執筆、「鴟然タル」法典調査会が法制局とは別に存在するところに「朝令暮改」の原因があるとして、岸本、磯部を援護した。さらに、磯部は「科外講義」（一二月二三日、一月二六日、なお、一二月の講演「刑法ノ改正ニ就テ」は『明治法学』一九〇一年二月号に掲載）において、刑法改正問題をとりあげた。『明治法学』（一九〇一年一月号）の「雑俎」欄の「非刑法改正論の反響」は、「我明治法律学校の如きは、岸本、磯部諸氏を首とし、約三千人に近き講師校友、全国約四〇の校友会支部、其の大多数は、期せすして非改正論に一致せる」云々と記述しているくらいであるから、反対論で結束していたことは疑いえない。もっとも同記事は、岸本等が批判している古賀廉造も我校の講師であり、学校そのものは、「賛否両論の外に超然」たるべきであると付言している。が、勢いは容易には止らなかった。一月下旬から二月にかけては、校友会の神奈川支部、和歌山支部、大阪支部、岩手支部、高知支部、群馬支部（以上、『明治法学』同年二月号）、新潟支部、静岡支部、鳥取支部、水戸支部、山形支部、新潟高田支部、京都支部、兵庫支部、奈良支部（同、三月号）で反対決議が行われている。このようななか、二月七日には、学校内で「百十有余名」が出席し、「臨時校友総会」を開き、長島鷲太郎を会長に指名し、「全会一致」でもって、校友評議会の決議案（意見書）を承認し、刑法改正反対の意思表示を行った。校友評議会の決議書というのは、一月一〇日の会合で決議された「新刑法案に対する意見」というもので、結論部分だけを紹介すれば次のようなものである。「我明治法律学校々友会は現行刑法を廃止し之れに代ふるに新たなる刑法案を制定せんとするの甚だ噪急の挙にして徒らに国民をして適従に迷はしめ朝野の法曹に混乱を与ふるに過ぎざるものたるを認め新刑法案に於て採用したる裁判権拡大の新主義を以て人権尊重の観念と相戻り国家の進運と背馳し頗る邦家の前途に危険を及ぼすの虞ある可きを認め政府が調査及び其結果を隠秘し卒然帝国議会に付議して之れが通過を策せんとするの行動を以て帝国議会を蔑如し併せて我朝野の法曹を無視したるものと認め全然之れに反対を表明し新案の排斥に勉めんことを期するものなり」、以上である。(24)この校友評議員会では、他の法律学校にも働きかけて、「一致運動」を行う方針を定め、井本常治、長島鷲太郎、斎藤孝治の三名を「交渉委員」とし、さらにこの「意見書」の作成をも依頼した。これを受けての「校友臨時総会」は、全国の校友を召集して、この「意見書」を承認するとともに、全国から三〇名の「運動委員」を選出し、運動の拡大を図ったのである。

それでは、統一行動を呼びかけられた、東京の他の法律学校の様子はどうであったのだろうか。東京法学院は民法典論争の折に、断行派と延期派として、明治法律学校と争った間柄であった。この刑法改正反対運動においては、明治法律学校とほぼ足並みを揃えて反対の側に回った。当時の学院長は菊池武夫であった。彼は、大学南校、開成学校で学んだ後、ボストン大学に留学、帰朝後は司法省に務めたが、明治二四（一八九一）年より東京法学院長、貴族院議員になった。一八九三年から弁護士登録をし、一八九七年の日本弁護士協会設立にあたっては、岸本、磯部、鳩山和夫等と発起人となり、結成後は幹事となった。年齢は岸本より三歳程下である。菊池は一九〇〇年四月二九日の日本弁護士協会の「臨時総会」において、磯部や岸本と共に改正反対決議案の提出者として名を連ねたし、その後も実行委員会の中心的メンバーとして活動した。もちろん、議会内においても貴族院議員として、この問題にかかわり、積極的に反対意見を述べた。[25]また、一九〇一年一月一四日には学内の評議員会を開き、「満場一致」で改正反対の決議をなし、花井卓蔵等に反対意見書の起草を依頼した。ついで、一九日には、院友総会を開き、評議員会の反対決議並びに意見書の承認を、これまた「満場一致」で行った。さらに、花井卓蔵、川島仟司、卜部喜太郎に、元田肇、岡村輝彦、原嘉道、山田喜之助、江木衷等を加えて、反対運動の「実行委員」に選定した。意見書では、法典調査会なるものが、本来的任務とは異なる刑法改正を国民の目の届かないところで企てていることに対する批判、改正刑法は国家の権力を増大させ、「惨刑」「酷罰」を設けようとしていること、また「加重」につき裁量権の巾が大きすぎ罪罰の権衡を失する危険があること、等を指摘している。その上で、「国権を以て民権を蹂躙し国家の体力をして益々萎靡せしむるは国家刑罰を行ふ所以の軌道」ではないと批判している。[26]また、校友、花井卓蔵の議会内外での活躍も目ざましいものであったが、ここでは割愛する。

東京専門学校の場合は、鳩山和夫が一八九〇年より校長であったが、鳩山は菊池と同年、しかもアメリカ留学（鳩山はコロンビア大学）も同時期で、帰朝後は東京大学講師となったが、事情により解職、代言人となっていた。一八九二年には衆議院議員となり、九六年には議長までも務めた。日本弁護士協会設立には菊池と同様に尽力、幹事となった。鳩山は民法典論争では菊池と同じく「英米法派」として延期論を主張、弁護士会内でも岸本や磯部とは対立してきたが、この問題では意見を同じくし、主として議会内で活躍した。というのも、東京専門学校においては、改正賛成論が根強く、たとえば、『早稲田学報』（一九〇一年二月号）には、藤沢茂十郎が「改正刑法に対する反対意見書を読む」を寄稿、明治法律学校関係者の非改正論は「無意味の私情」より生じたもので、「一大進歩を阻害」するものであり、校友に呼びかけて勢力範囲を拡大しようとする行いは「暴挙」であると批難している。また、日本弁護士協会の反対意見も「暴言の羅列のみ」と、こきおろしている。二月九日には、「大講堂」において、「刑法改正可否」を議題として法学部大討論会を開き、改正論者の古賀廉造と岡田朝太郎、反対論者として磯部四郎が参加して、意見を闘わせた。校友からは斎藤隆夫が賛成意見を述べたとあるが、結果は、「大多数を以て刑法改正賛成」の決議をなしたという事である。(27)

民法典論争では断行論として歩調を揃えた和仏法律学校は、当時、梅謙次郎の後をうけて、富井政章が一九〇〇年より校長に就任、梅が専務理事として残任していた。富井は一八五八年生れ、梅は一八六〇年生れであるから、岸本よりは一〇歳近く年少になる。富井は、東京外国語学校からフランスのリヨン法科大学に入学、帰朝後は、一八八五年に法科大学教授に、九一年からは貴族院議員、九五年法科大学長とエリート・コースを駆け上ってきた。一方、梅も司法省法学校の二期生を首席で卒業後、リヨン大学、ベルリン大学で学び、一八九〇年帰朝後、法科大学教授、九七年富井の後を受けて法科大学長、九九年和仏法律学校長と、富井と同様のエリート・コースを歩んできた。民法典論争当時は、二人とも「仏法派」として明治法律学校とともに断行論を主張した。刑法改正においては、富井、梅ともに法典調査会の有力メンバーである、古賀廉造等の起草者の背後にいた人物と噂される程であったので、もちろん改正に賛成していたことは論をまたない。また、古賀自身も一八九八年の和仏法律学校の財団法人化に伴い「監事」に就任、学校経営の中枢にいた。(28) しかし、校友弁護士のうち、飯田宏作、信岡雄四郎、高木益太郎等は反対論を展開していたので、(29) いわばこの問題に関しては、和仏法律学校は分裂状態にあったと推測できる。その他、専修学校、日本法律学校等についても触れる必要はあろうが、学校としては目立った活動を行っているわけではない[30]。こう述べてくれば、法典論争時の構図がまったく逆転した感がある。明治法律学校と東京法学院が首脳陣と校友をあげて改正反対で固まり、日本弁護士協会の会員弁護士がそれに合同するという新しい組み合わせが生れたのである。

二　論争Ｉ――古賀廉造との場合

(1)　岸本辰雄・磯部四郎の刑法改正反対論

日本弁護士協会による明治三三（一九〇〇）年四月の大阪での刑法（全部）改正反対決議のあと、反対運動の起爆剤になったのは、岸本辰雄の論説「朝令暮改」であり、また、それを拡大させたのは磯部四郎の「非刑法改正論」である。いずれも『明治法学』（同年九月号、一〇月号）の巻頭を飾った論説であったため、法曹界での反響も大きく、明治法律学校は一躍、刑法改正反対運動の拠点校になった感がある[31]。しかも、彼等のその批判が、古賀廉造という同じ明治法律学校の刑法講座の講師に向けられ、後に見るようにその批判が非常に激しいものであったために、注目度を増大させたことも事実であろう。

岸本辰雄の「朝令暮改」は、字義通り、近年における法律改正の流行を批判した論説である（この言葉自体は、後に言及する民法典論争の口火を切った「法学士会」の「意見書」にも使用されており、岸本はそれを逆手に使っている）。つまり、民法、商法は公布されたにもかかわらず施行前に異議がだされ、「修正」の名のもとに全面的に改定され現行法になったこと、しかも、この現行法に対しても修正や改正を求める声が聞かれること、他分野においても、刑法、刑事訴訟法、破産法、民事訴訟法等の改正が考えられており、民法典論争の折につくられた法典調査会は、その存続が延期され続けて、これらの改正事業に忙殺されており、少なからぬ国費が使われ、有能なる一部の法律学者は、あたかも「蚕ヲ養フ者ガ蚕卵紙ヲ作ルノミヲ以テ目的」とするように「消糜」させられている。そもそも、岸本によれば明治国家の現状は、明治維新の「一大革新」の時代を過ぎて、「国家ノ機関、制度等総テノ秩序正ニ漸ク整備シ国家ト民人トハ寧ロ静止休養ノ要」が必要とされる時であり、このような時期には「除ロニ急ク」を方針とする事が「本則」であるはずである。

しかるに、「朝令暮改ノ弊習」が何故に、現在起ってきているかというに、岸本によれば三つの原因があるという。第一の原因は、「因習」にあって、明治維新当初に必要された諸制度や諸法制の成立が、時勢が一変した現在においても惰性的に存在していることである。第二の原因は、「学派」の存在で、そのなかにも、また「主義」の違いがあったりして、「偏狭の輩」は、唯々自己の考え方を「頑信」して寛容性に欠けていることである。第三の原因は、「名利心ノ作動」というものがある。つまり、政治家や学者のなかには、法律の改正事業に携わることにより、「自己ノ功名ヲ法制史上ニ垂レ併セテ勲爵ヲ博シ甚シキハ此レカ為メニ間接ノ実益ヲ収メント欲スル者」があるというのである。

以上の三つの原因のうち、岸本の最も憂うる点は第三の「名利心ノ作動」にあるという。そもそも、例の民法、商法の改正問題、つまり民法（商法）典論争の折にも、「当時宰相某氏ハ余輩ニ対シ涙ヲ揮フテ慨嘆」したことがあったように、「東洋ノ那勃翁タル名誉ノ他人ニ帰スルヲ忌嫉シ之ヲ自己ノ冠上ニ加ヘント欲シテ暗ニ云為セシ者」があり、これによって議論が騒然となり、結局は「修正」の名のもとに全面的な改正がなされてしまった。この改正運動の主要なる原因の一つに「名利心」というものがあった。このように岸本は主張するのである。ボアソナードのもとにあって、参事院、法制局、司法省等で、商法をはじめとする諸法典編纂にかかわってきた岸本からすれば、民法、商法典論争とよばれるものの中核には、「名利心」が見えていたわけである。もっとも、この改正問題においては、改正後の法律（現行法）が、「旧法ニ比シ優ニ其編制ノ勝レルヲ見タル」が故に、「功罪相償フノ結果」になったという評価を岸本が下していることも付け加えておく必要があるであろう。

ここから岸本の批判は現在問題となっている刑法改正問題に及ぶ。明治一五（一八八二）年以来実施されている現行刑法は、諸外国との不平等条約改定実施に際して何ら問題になったわけでもないし、また国内的にも「国民ノ刑法ヲ非トスルノ声亦殆ト聞クヘキモノ無シ」の状況である。にもかかわらず、「若干の学者（若クハ学者ト自称スル者）」だけが、「囂然聚訟此レカ改定ヲ呼号」している状況である。そもそも、現行州法は「仏法ヲ模範トシ伊独其他諸国ノ刑法ヲ参酌セルモノ」であって、「母法タル此等各国法ニ勝ルアルモ劣ル無キハ公平ノ定論」であるはずである。あえて、これを全部改正しようとするのは、まさしく「名利心」から発していると断ぜざるをえない。維新直後の「草創ノ時代」ならともかく、諸法典が一通り揃って、「法治国ノ実」が既にあがっている現在においては、法律は国家と国民が行動する「唯一ノ標準」となっており、野心のある政治家や学者の「玩弄物」となすべきではないのである、このように岸本は主張する。

岸本辰雄の刑法改正に対する批判が、民、商法典論争を踏まえての、法典の「朝令暮改」的状況に対する批判をその中心点としたのに対して、刑法学者としての磯部四郎の批判は、より内容に踏み込んで論じているところにその特色がある。磯部は、早くも、『明治法学』（一九〇〇年六月号）に掲載された講演筆記「殴打創傷罪ニ関スル現行刑法ノ規定ハ刑法ノ原理ニ反ス」において、当時の刑法改正の動きを批判し、この動向は「唯学者ガ自分ノ功績ヲ刑法ノ歴史上ニ顕ハサント云フ考」から起ってきたものであり、内容的には、「実際家」によって提案されているものであるから、「司法官ノ威権ヲ広クシタイ」という点にあるが、日本の裁判官は、新律綱領や改定律令の時代の裁判官か、私立の法律学校を出たての裁判官かで、学問や経験に欠けるところがあり、裁判官に自由な裁量を与えることは「大ナル危険」があると論じていた。磯部が岸本の後をうけて、本格的に反対論を展開するのは「非刑法改正論」においてである。磯部は、まず、法律の改正が問題とされるのは、その法律の「利弊得喪」が極めて明確になった時であって、けっして「軽忽」に行われるべきではないと前置きしたうえで、今回の刑法改正の最大の論点は、先にも論じていたように、裁判官の権限の拡大を図ろうとする点にあるとする。しかしながら、磯部によれば、刑法の歴史をふりかえってみれば、「古代」においては、裁判官はほとんど「無限の職権」を持っていたのが通例であったが、裁判官も「人」であり「感情的動物」でもあるから、「偏重偏軽」の判決を生む危険性があり、そのため近年にいたり、各犯罪行為に対する刑罰規定を細かに定めて、裁判官によって「自由ナル伸縮」が行われることを制限してきた経緯がある。日本の現行刑法も、その流れをうけて、刑罰の範囲を細密に規定し、とりわけ刑の加重については明文を設け、裁判官の権限を制限しているのである。その理由は、「司法権ノ跋扈」をふせぐ点にあった。日本においては、司法官に対しては、行政官や立法議員（貴族院議員には例外があるが）と違って、「終身官」としての保障が与えられており、しかも裁判官をチェックする「陪審官」のような制度もとられていない。そこで、「法官ノ権限ヲ制限シテ司法権ノ跋扈ヲ防制スルノ必要」があり、現行刑法のような刑罰に対する細かい規定がなされているのである。

しかるに、今回の改正においては、「法官」自らが、自己の権限を拡大しようとしているのであり、運用上の「不便窮屈」を緩和したいという「職務ニ忠実」なる欲求から生まれているのかもしれないが、その心情は「憐ム可シ」とするも、彼らの「職見ノ浅薄」は、何としても受けいれることができない、こう磯部は主張する。そもそも、新しい法律を制定したり、古い法律を改正したりするのは、「下之ヲ望ンテ而シテ後上之ニ従フ」のが「本則」であって、維新期においてのように、「上之ヲ強ヒテ而シテ下之ニ従フ」状況というのは、「変則」的な時代的要請であったのだ。現在においては、外国からの要求もなく、また国民からの改正要求があるわけではない。ただ「若干ノ法官」「其他ノ官吏」だけが騒いでいるだけではないか。彼らは現行刑法における刑罰規定が「偏重」「偏軽」であると批判するが、それならば、実例を掲げ統計を示す必要があろう。自分にはそのような実例はほとんど無いように思う。そう考えると、改正論者には、「立法史上に自家の功績を録せんとする一種卑陋の心事」があるとする一部の論者の声にも一理があるように思える。ここから、磯部の批判は一段と激しくなる。「若シ夫レ二三年間英米ニ游ヒ仏独ニ学ヒ多少法律ニ通セシノ故ヲ以テ直チニ夜郎自ラ大ニシテ法律ノ適用又ハ教授ノ任ニ居ルニ甘ンセス国家、人民ニ及ホスヘキ利弊得喪ノ如何ヲ省ミスシテ徒ラニ自家カ立法上ノ功績ヲ貪リ競フテ法律ノ改正ヲ妄リニスルカ如キアラハ帝ニ国家、人民ノ為タメニ寒心スヘキノミナラス彼等ノ品位、名声ノ為メ亦深ク惋惜セサル可カラス」と。末尾に、磯部は現行刑法が「完全無疵」と考えているわけではなく、「修正」を加えていく必要性は認めるが、「修正」を口実として「全部ノ改正」を行っていくことには反対であることを付け加えている。

(2) 古賀廉造の反論と岸本・磯部の再批判

古賀廉造による岸本、磯部批判は、『法学志林』(一九〇〇年一一月号)に掲載された講演録「岸本辰夫氏ノ朝令暮改並ニ磯部四郎氏ノ非刑法改正論ヲ読ム」においてなされた。古賀によれば、岸本、磯部の非改正論は「殆ト同一ノ趣旨」であると捉えたうえで、岸本、磯部の両氏は、弁護士社会において、「錚錚ノ聞エアル」人であり、司法省明法寮においてボアソナードに師事し、その後フランスに留学し、久しく司法官僚となり、今は弁護士となっているが、二氏の如きは、「我国ニ於ケル仏蘭西法律学ノ開祖」であり、また「実験上練達ノ名家」であって、自分から見れば、実に「泰山北斗モ啻ナラサル」人物である、こうもちあげている。

そのうえで、二人によってなされた刑法改正反対論の要点を引用して、まず、二人は、現行刑法は明治一五年の実施以来、国民に受け容られてきており、改正の必要などないと言うが、法律というものは、国民が慣れているかどうかによって評価されるものではなく、「現状」に「適当」しているかどうかによりはかられるものである。両氏の言は、もはや「早耄遺忘セシ者」の言葉に他ならない。そもそも、現行法に国民が「黙従」しているのは、この法律が優れているというよりも、国民がこの法律に対して「痛痒」を感じないことによるのではないか。現行刑法は、「酷刑主義」に対する反動から制定されたフランス刑法を模範としており、刑罰の「寛大」を旨とし、国民からすれば「大ニ与シ易キ所」があるから、二氏の評価のようになっているのではないか。それに、二人共、弁護士を職業としていて、普段は「犯人ノ片言」をしか聞かず、「犯人」が「悦服」するような刑法は、「良民」

にとっては「遺憾」とするような刑法でしかないのである、このように反論する。

　そこから、岸本の「名利心」、磯部の「卑陋ノ野心」についての指摘に及び、二人がこのような言葉を吐くのは、二人が留学した当時においては、「旧套ノ純理派ノ説」が盛んで、現代の「新派」におけるような「犯罪骨相学」「犯罪社会学」などは研究することができず、このような新しい学説などには思いも及ばないからである。したがって、刑法改正の「真理由」を発見することができないで、「独リ愚夫愚婦ノ為ニ倣ヒ呶呶スル」が如き状態にあるのであり、まことに憐むべきことである。この点において、岸本は全く「識力」のなさをさらけ出しているに過ぎないが、それでも磯部の主張には多少見るべきものがあるので、刑法改正の必要な理由を述べながら、磯部の「迷夢」を醒まさせてやろうと切り返している。

　古賀によれば、刑法は「犯罪ヲ防禦」することが目的であり、その裏面において「一国ノ良民ヲ擁護」することを目的としているという。つまり、犯罪は「国家ノ讐敵」であり、刑法は「兵力」である。ところが、近年、犯罪が増えており、殊に「再犯者」の数が増加してきているが、これは現行刑法の「戦闘力」が衰えてきていることに原因があり、したがって、刑法改正により、「我軍備ノ拡張ト等シク刑法ノ戦闘力ヲ増加」する必要があるというのである。これが刑法改正の理由の第一である。つぎに、刑法を改正するまでもなく裁判官の判断に期待すればよいではないかとする意見もあるが、現在の裁判官はフランス流の考え方で、「其所為ヲ悪ンテ其人ヲ悪マス」という原則を身につけており、ただ条文を「器械的」に適用したり、複雑化していく社会から離れて「禅坊主」のようになっており、とうてい「良裁判官」を得ることができないような状況になってしまっている。そこで、まず、容易に行いうる法律の改正を図って、その後に、「裁判官ノ進歩」を図ればよい。これが、古賀の掲げる刑法改正の第二の理由である。

　磯部氏は刑罰の範囲の拡大が「司法権跋扈ノ弊」につながると批判するが、自分の考えでは、刑法の「戦闘力」

の増加には、まさしく、この刑罰の範囲の拡大こそが有効なのである。刑法の原則はフランス流の考え方と違って、「其罪ヲ悪ミ又其人ヲモ悪ム」ことにあって、犯罪事実が同じであっても刑罰の適用にあたっては、「其人」を見て判断する必要があるのである。とりわけ、現行刑法の「数罪倶発」や「再犯」に対する規定は全く「不完全」なものであって、前者にあっては、「唯一ノ重キニ従テ」処罰するだけであり、後者にあっては「本刑ニ一等ヲ加フル」だけに過ぎないのである。これでは近年増加している「再犯者」の犯罪に対して有効に対応できないではないか、このように古賀は主張する。

この講演を終わるにあたって、古賀はかなり感情を顕わにして、次のようにいう。いま、刑法改正に反対している人たちのなかに、世間で言われているように、自分が今回の刑法改正の事業に参加できないところからくる、「他人ノ功名」に対する嫉妬心があるとは自分は思わない。また、両氏の師であるボアソナードが起草した民法典、治罪法に続いて、最後の一つである刑法典までもが、改正により「消滅」することになり、「旧恩ヲ録シテ之ニ報ヒントスルノ厚情」から反対しているところは良しとしよう。しかしながら、ボアソナードほどの「法律の大家」であれば、今日、日本に居れば刑法改正に賛成していたはずであり、二人が「私情」にまぎれて、「国家ノ大計」を誤らんとしているのは何としても自分としては残念である。そのうえで、岸本に対しては、一部改正と全部改正の区別はどこにあるのか、磯部に対しては、刑罰の適当な範囲はどの程度なのか、という質問を発している。

これに対して、岸本、磯部の両氏は、『明治法学』（一九〇〇年一一月号）に、それぞれ、「再ヒ刑法全部改正ノ非ヲ論ス（併セテ古賀廉造氏ニ答フ）」、「古賀廉造氏ニ答フ」を書いて再批判を行った。いずれの論稿も、強い嫌悪の感情を込めたものであり、この論争の性格を知るうえでは重要な文献である。

岸本は、まず、古賀が自分達のことを「斯学界ノ泰山北斗」ともちあげながらも、その内容は「嘲笑冷罵」を尽くしたもので、「血気自ラ制シ難ク」「不知不識危激ニ陥」ったものであり、古賀はこれにより論戦を開こうとしているが、とても答える気にはならないと切り出している。そのうえで、ただ、自分の上に加えられている、いくつかの「妄言」に対しては弁明しておきたいとことわっている。まず始めに、例の「他人ノ功名」に対する嫉妬心のことを取り上げる。岸本は言う、自分は古賀がそのように述べることに対して、「失笑」を禁じ得なかったと。思うに、それは古賀の「境遇」がそのように言わせているのであり、古賀にとっては刑法改正の事業に参加することが「一代ノ事功」であり、「成敗此カ喜憂ヲ感スル切ナルモノ」があるかもしれない。しかし、自分は「明治十三年帰朝以来殆ト二十年法典ノ編纂及ヒ此カ修正ニ参与シ寧ロ煩厭ノ情アルモ之ヲ倖機ト頼ム如キ陋懐ハ絶ヘテ之ヲ寡寓スル所アラス」の心境である。ましてや嫉妬心のような「醜陋ノ心事」などあろうはずがないのである。古賀は、自分が「朝令暮改ノ弊」の最大原因として、「名利心」を掲げたことに対して、随分「激昂」しているようである。しかし、自分は、古賀が刑法改正事業の中心人物だと思ってもいないし、「朝令暮改」で批判したのは、古賀以外の人物で「内外ノ権勢ヲ頼メル人」であったのである。何を古賀は感違いしているのか、とつき離している。

さらに、岸本の批判は古賀の著書『刑法新論』の批判に及んでいる。岸本によれば、古賀の著書は、「遠クロンブロゾーヲ祖述シ近ク仏ノガローⅠ白ノプリンスニ私淑セシモノ多ク就中ガローノ所説ニ符合セシモノ頗ル多」いと指摘し、しかも、「此等諸家ノ所説ヲ十分ニ咀嚼シ消化スルノ労ヲ取ラス漫然之ヲ生呑シ活剥シ交互排列シテ其間ノ調和ヲ勉メサリシカ為メ前後ノ撞著、左右ノ矛盾、殆ト一奇観ヲ呈」しており、とても「人力」により内容を理解できるようなものではない、と罵倒している。しかし、そのうえで、敢て「推想判別」すれば次のようになろう。つまり、「犯罪ハ社会ノ讐敵ナルヲ以テ厳ニ之ヲ防禦スヘキノミナラス犯罪者ハ先天的犯罪者タルヘキ性質ヲ有スル者多キカ故ニ其ノ刑罰ヲ厳酷ニスヘシ其罪ヲ悪ムテ其人ヲ悪マストノ主義ヲ一飜シ其罪ヲ悪ミ又併セテ其人ヲ悪ムノ主義ト為スヘシ而シテ犯罪者ノ性質ニ応シ防禦ノ目的ヲ達セムカ為ニハ大ニ刑罰範囲ヲ拡張シ裁判官ニ委スルニ広大無限ノ権力ヲ以テスヘシ」と。このように理解された古賀の主張に対する岸本の批判は、岸本自身の法律に対する考え方をよくあらわしている。すなわち、「ロンブロゾー」「ガロー」「プリンス」等は、それぞれヨーロッパの法律学の「碩学」であって、その学説の根底には「人権の観念」や「法理の知識」がしっかりとあるのであり、古賀が理解したように、犯罪者は一種の病者であるから刑罰を厳しくしろというのではなくて、反対に「病者ナルカ故ニ之ヲ憐ムヘシ」とする考え方が全体を支配しているのである。氏は、自分等が弁護士であって、日常、被告人の利益を考えているから、どうしても「寛刑主義」をとるようになっているのだというが、逆に、古賀は検事の職にあって、平生から被告人を罪悪視する習慣があり、そこから「酷刑論」をとるようになっているのである。また、古賀は自分が刑法学者でないのにもかかわらず刑法改正問題に言及することを「窃ニ嘲笑」しているが、逆に、自分の方から見れば、古賀は刑法専門家として、刑法にしか眼が届かず、「心性自然冷酷ニ流レ自由ヲ奪ヒ人命ヲ絶ツ恰モ屠丁ノ牛羊ニ臨ムカ如クナルニ至リシニ非サルヤ」を恐れるものである。要するに、「酷刑酷刑嗚呼是レ実ニ氏ノ本領ナル」ものである。

岸本はいう、もとより「刑事人類学」や「犯罪骨相学」が、一つの学説として研究されることについては何ら異論があるわけではないが、その学説を直ちに一国の法律のなかにとり入れようとするのは危険も甚しいものであって、「国民ヲ以テ学説実験ノ犠牲ニ供セントスルモノ」である。ここで問題となっている刑罰の範囲の拡大についても種々の学説があろうが、自分の考えでは、「法官」に裁量権を与えようとするのは、現在的にも将来的にも危険なものである。元来、純粋理論的に言えば、「人類ノ一人カ他ノ一人ノ生命自由財産名誉ヲ左右シ与奪スルハ根本的ニ於テ不正不当ノ業」であるが、「国家ノ生存上良民ノ秩序安寧ヲ保護スルノ必要上不得止国家ノ之ヲ使用スヘキ権力ヲ認メサルヲ得」ないのであり、また、国家は、「法官ト名クル凡人ヲシテ其名ニ於テ之ヲ行使セシムル止ムヲ得サルモノ」となっているのである。つまり、「法官」が他人の生命自由財産に関与できるのは、社会の秩序安寧を保つために、止むを得ざる力を国家から与えられているからに他ならないのである。したがって、刑罰の規定は、なるだけ「細密」にして、「殆ント刑法自ラ各個ノ科罰ヲ為シ得ルカ如ク」にするのが、理論的帰結であり、「法官」の権限を拡大するのではなく、逆に刑罰の範囲を制限し狭隘にすることが好ましいのである。

古賀氏は「器械的」な判決を嘲笑したが、その方がむしろ「社会民人ノ福祉」に役立つのであり、そのような「細密」な規定がむずかしいとすれば、それは立法者としての能力が劣っているのである。

自分の考えを「旧説」であると批判する者がいるとしても、真理は「天地ヲ貫キ古今ニ亙リ交易ス可カラサル」ものであり、「新奇ヲ衒ヒ傲然自称新智識ナリトシテ世ノ好奇心ニ投シ骨相学等ヲ鼓吹シテ一国ノ立法ヲ以テ児戯ノ如クニ弄ハント欲ス余輩カ浩歎措ク能ハサル所タリ氏以テ如何トス」と結んでいる。

磯部四郎の反論「古賀廉造ニ答フ」も、その内容はきわめて激しいものである。まず、古賀は自分達が明治四、五年より一一、二年まで学業に就いていたが故に、その学問が遅れたものであることを指摘するが、それは、古賀自身が明治一五、六年あるいは二〇年頃まで就学し、その後官吏となるや全く読書修養を怠ってきた自分の態度から他人を推量していることであって、少なくとも自分は、卒業後も当世学術の進歩に後れないよう努力につとめてきている。自分は、「後進ノ諸氏カ少シク名ヲ成シ地位ヲ得ルヤ直チニ夜郎自ラ大ニシ読書修養ニ怠リテ揚々自得スル者多キヲ見テ窃ニ気ノ毒ノ感ニ堪ヘサル」思いである。また、古賀は改正事業に参加できないことから生まれた嫉妬心について言及しているが、これも、古賀自身が立法事業に携わることができなかった当時の感情でもって自分たちを忖度しているにすぎないのである。ちなみに、自分は明治一二年ヨリ二九年に至るまで「終始一日」の如く法律の起草、修正等に従事してきたのである。

さて、古賀は刑法の目的を犯罪防禦の一点にあると理解しているが、このような議論は、かつて、二、三の学者が刑罰権の基礎を「正当防衛権」に求めたことがあったが、その「陳腐ナル議論ノ糟粕」にすぎないものであり、そもそも刑法は刑罰を既発の犯罪に対して科すものである。「防禦」というのは事を未発に防ぐという意味であり、犯罪の防止は、近くは行政や警察の仕事であり、遠くは教育や道徳、あるいは国民の進歩にかかわる問題なのである。氏は、刑罰に「自懲」「他戒」の効果を期待し、犯罪防止の立場より「酷刑論」を主張している。しかし、「自懲」の効果は、「獄則ノ良否」にかかわっているし、「他戒」の効果も「治罪ノ方法」が完備しているかどうか、つまり、刑の寛厳よりもむしろ「罪アレハ必ス罰アルノ一点」にあって、刑罰を重くすることによって、その効果が得られるわけではないのである。古賀はしきりに近年における犯罪者、それも「再犯者」の増加を言い、その原因が刑罰が軽くなっていることに原因があるとするが、これは、昔、医学が未発達の時代には病人が少なく、医学の発達とともに病人が増えてきたと断定するのと同じことで、近年において「治罪ノ方法」が完備してきたために、犯罪者が増加してきていると錯覚しているに過ぎないことである。また、氏は、自分の説を反駁するに、刑期の問題を持出し、現行法の刑期が「十五年以下十一日以上」であるのに対し、改正案では「十五年以下一日以上」となっているが、わずか一〇日間の差で、どこに「司法権跋扈ノ危険」があるのかと反論する。しかし、こんな点に改正の眼目があるはずがなかろう。わずか一〇日間の問題と刑法全体の改正問題とを言い替えるような「三百代言」的発言を止めよと諫言する。まして、刑罰を厳しくすることを主張しながら、ここでは一〇日間も刑罰を軽くするような「自家撞着」まで犯している。「嗚呼纔ニ一場ノ演説ニ於テスラ尚且此ノ此《ママ》キ一大撞着ノ言ヲ為シテ平然タルノ人ニシテ国家ノ刑法改正ノ業ニ参シ其起草ニ従事セラルトセハ予ハ啻ニ氏ノ為メニ危フムノミナラス此ノ如キ人ノ手ニ成レル刑法ニシテ万々一世ニ行ハル、コトアラハ予ハ実ニ国家人民ノ為メニ寒心セサルヲ得サルナリ」と結ぶ。

三　論争Ⅱ——清浦奎吾との場合

(1) 清浦奎吾の刑法改正論

岸本辰雄、磯部四郎による、刑法改正反対の論争の第二段階は、清浦奎吾による明治三三（一九〇〇）年一一月一〇日、監獄協会においてなされた講演をめぐっておこなわれた。清浦奎吾は嘉永三（一八五〇）年、熊本生れ、磯部、岸本とは同じ嘉永の生れで、一、二歳の年長にあたっている。清浦が埼玉県の地方官から司法省九等出仕に任じられたのが明治九（一八七六）年、大審院検事局詰を命じられた。翌年から治罪法取調掛を兼務、一八七九年には治罪法草案審査委員に昇格、明治一五（一八八二）年、刑法と同時に実施に移された治罪法の草案作成に従事した。直属の上司はボアソナードであった。この時の苦労がその後の彼の司法官僚としての出世にはずみをつけた。(32) 加えて、山県有朋の知遇を得、山県内務大臣のもとで明治一九（一八八六）年警保局長に任命され、監獄制度の改良に手をつけた。明治二二（一八八九）年に制定された監獄則及び監獄則細則がそれである。これは、小原重哉のつくった純フランス的改正監獄則の変更だと言われている。(33) また、前年には、大日本監獄協会が創立され、『大日本監獄協会雑誌』を発刊したのに対して、清浦局長の息のかかった小河滋次郎等が別に『警察監獄学会雑誌』を発刊し、フランス的に対してドイツ的で争ったことも指摘されている。(34) なお、両誌は一八九九年六月に合併し、『監獄協会雑誌』となり、監獄協会から発刊された。一九〇〇年、清浦はこの監獄協会の会頭になった。この間、明治二四（一八九一）年四月から約一年間、ヨーロッパ視察（主としてドイツ）に出掛け、警察、監獄、地方自治の諸制度を見聞してきた。帰朝後の講演では、しきりに監獄の改良を唱え、「犯罪は一種の伝染病なり。又一種の遺伝病なり」との認識に立って、統計的にみて再犯者が多いのは、入監中に「悪業伝習」がなされている結果であり、初犯者で改悛の見込みのあるものに対しては獄中においても、出獄後においても、十分保護を与える必要があるが、習慣的な犯罪者に対しては刑を加重して厳罰で望むのは当然であると述べている。(35) 帰国の年、山県司法大臣のもとで司法次官に就任、明治二六（一八九三）年、法典調査会主査委員、一八九六年、松方内閣の司法大臣、法典調査会副総裁を兼任、一八九八年、第二次山県内閣の司法大臣（一九〇〇年一〇月一九日まで）、法典調査会副総裁も兼任、続く第四次伊藤内閣では金子堅太郎が司法大臣に就任するも短期間に終り（一九〇〇年一〇月一九日より翌年六月二日）、その後の第一次桂内閣のもとで、三たび司法大臣（一九〇一年六月二日から一九〇三年九月二二日）に任命されている。大臣在任中には、監獄費の国庫支弁を実行したり、監獄行政を統一して司法省所管にしたり、司法行政の分野では実績を残した。

刑法改正問題が議論をよんでいた、ちょうどこの時期、清浦は司法大臣として、また法典調査会の副総裁として、改正案作成の責任者の立場にいた。この間の彼の刑法改正に対する考え方は、清浦奎吾著『明治法制史』（一八九九年六月刊）のなかにみてとることができるので、少し紹介しておきたい。まず清浦は刑法改正の状況的理由を次のように述べる。「刑法施行以降既ニ十八年ヲ経過セリ其ノ間憲法ノ発布其ノ他諸般制度ノ革新アリ社会人文ノ発達国際関係ノ緊密ニ赴クアリ欧米諸国ノ法理ヲ論スル斬新ニ渉ルアリ」と。そのうえで、刑法改正は「已ムヘカラサルニ至レリ」とし、「審査」は既に終了したので、後はその草案を公表し、「社会ノ批評」を経た後に実施する方針であると述べている。[36] 清浦の言によれば、この時点で法典調査会の「審査」を終えた草案であったが、結局は一九〇一年始めまで公表されず、この事がまた批判の対象ともなった。ともかく、この刑法草案の主要な改正点として、清浦は次の一〇点を掲げている。⑴重罪、軽罪、違警罪ノ区別ヲ改メ重罪軽罪ト為シタルコト　⑵国内ニ於ケル外国人ノ犯罪処分ニ関スル規定及ヒ国外ニ於ケル内国人ノ犯罪処分ニ関スル規定ヲ設ケタルコト　⑶刑名ヲ減シタルコト　⑷剥奪公権、停止公権及ヒ監視ノ規定ニ変更ヲ加ヘタルコト　⑸刑ノ執行猶予ニ関スル規定ヲ設ケタルコト　⑹　数罪倶発ノ規定ニ変更ヲ加ヘタルコト　⑺再犯加重ノ規定ニ変更ヲ加ヘタルコト　⑻国交ニ関スル罪ノ規定ヲ設ケタルコト　⑼強窃盗ノ罪及ヒ詐欺取財ノ罪ヲ一節中ニ規定シタルコト　⑽違警罪ニ関スル規定ヲ削除シタルコト、である。

以上のような清浦奎吾の経歴と刑法改正に対する考え方を前提にして、前司法大臣清浦が、その会頭を務める監獄協会でこの明治三三（一九〇〇）年一一月一〇日に行った演説を紹介しよう。演説内容は「刑法改正案に関する清浦氏の演説」として、その「要旨」が『法律新聞』（同年一一月一九日号）に掲載されたものである。まず、清浦は現行刑法の改正の必要を次のように説明する。内容的には先の『明治法制史』に重なるものが多いが、状況の変化と実際運用上の不都合とにその理由を帰している。繁を厭わず引用する、「現行刑法は殆んど一百年前の制定に係る仏蘭西刑法を模範とし新律綱領改定律例其他旧来の刑律を参酌して編成せしもにして明治十五年より施行せられ爾後今日迄既に十有九年の星霜を経過せり此間人文の進歩世運の発達は非常の速力にして憲法を始めとし各法典諸制度完備し殊に外国との交通頻繁となり条約改正の事業竣成して現に外国人に対する裁判権全く灰復するを得たり是等の結果として曩に必要を認めざりし刑法の規定にして新に之を設けざるを得ざるものあり例えば国交に関する罪の如き是なり又施行以来の経験に徴し現行法の規定其妥当ならざるを感じたる事項も亦尠しとせず例えば殴打創傷罪に関する規定の如き是なり是蓋し今回刑法改正を必要とする所以なり」と。こう述べたうえで、改正案は未だ公表されていないし、多少の変更修正が行われるかもしれないが、監獄に関する条項として次のようなものを列挙している。まず「監視」について。これは、現行法では重罪犯には必ず付し、また軽罪犯にも付ける事が多いが、規定等が繁鎖であり、また監視人、被監視人をそれぞれ束縛し、そこから再犯につながる場合も多いので、「警察官庁」の「手働的」な判断にまかすこととし、期間も二年以下に短縮しようとするものであるという。以下、「仮出獄」「幼年者の犯罪」「再犯加重」等に言及する。「再犯加重」に関しては、職業的、習慣的犯罪者に厳罰を科す必要があるという年来の主張を披瀝したうえで、現行刑法は「再犯加重」が軽すぎるので再犯の防止に役立たず、また被告人はなお加重を免れようとするために「犯数」を隠蔽する傾向がある。改正案においては、判決が確定された後でも、「再犯者たることを発覚するに至れば更に刑を加重する」ことを規定したが、それは「最事宜に適したるもの」であると論じている。

演説の終りでは、刑法改正反対論者に論駁して次のように言っている。刑法改正の必要がない。あるいは部分改正で十分であるとする改正反対論者は、「慣用したる便宜を棄るに忍びざる所謂姑息手段を執らんとするもの」である。そもそも現行刑法は「其根本に於て腐朽」しているのであって、「其枝葉」の改正を図っても「畢竟廃屋の修繕のみ」である。ヨーロッパの諸国のなかには「斬新の学理と実験に得たる所と参酌」して、刑法改正を行っている国も少なからずある。「我国近世文物の進歩に伴ひ諸般の法律を改正しながら独り刑法を改むるに吝かなるは殆んど其意領する能はざるなり」と。したがって、政府は本議会に刑法改正案を提出するであろう。以上が演説内容である。

(2) 清浦に対する磯部・岸本の批判

岸本や磯部等の刑法改正反対論を、「大勢を洞観」できない人間の論だと批判した、清浦の演説が、二人を刺激したことは当然である。後に述べるように一二月末の第十五回通常議会を目近にして、岸本と磯部は日本弁護士協会の刑法反対実行委員に選出(他に一五名)されていく時期でもあった。まず、磯部四郎は、同じ『法律新聞』(同年一二月三日号)に「清浦前法相の刑法改正案に関する演説筆記を読む」を書いた。巻頭論説である。磯部はまず、清浦の経歴に触れる。「明治十二年の頃治罪法起草に従事し後に太政官書記官となった、其後は法制局に出て当時ボアソナード氏崇拝者の一人であって随聴随筆(清浦著『治罪法講義随聴随筆』一八八二年八月刊のこと――引用者)を著はした後内務省警保局長として数年其職を執り転じて司法次官より司法大臣の責任を帯びた其間と云ふもの星霜二十年内外に渉て居る」云々と。そのうえで、「同君の言として刑法に関するものは法曹社会に一大勢力を以て迎へらるゝ事は余の疑はない所」であって、「早計」に刑法について論は吐くようになった古賀廉造の如きとは格が違うとする。内容にはいると、まず、氏は現行刑法が百年も前のフランス刑法を模倣し云々というが、刑法は「理法」に属するもので、手続法とは違って、「古今に通じて違ゐはない」ことを旨としており、新旧という尺度を用いるべきではない。個別的に言えば、現行刑法は治外法権の撤廃前に制定されたために、国際法上の規定が十分でないと清浦は言う。これはもっともな論であるが、しかし現行法の制定過程において、草案が元老院に回されたとき、国際公法に関する条項は当分は必要がないという理由で取り除かれた経緯があり、それを復活修正すれば事は足りるのである。氏は当時治罪法の方の起草委員であり、刑法草案にも多少のかかわりをもっていたはずであるから、その当時の事情を知りながら不備を説くのは納得がいかない。別に刑法全体を改正しなければならないような事柄ではないのである。また、「監視」についても、出獄者に「監視」(定期的に警察署に出頭、違反者には刑罰が科せられた）の制度を設けていることは、何としても不都合なことで自分も年来廃止すべきことを説いてきた。しかし、これも付加刑としての「監視」を改正すれば足りることで、刑法全体を変更しなければならないことではない。以下、清浦の提出した個別的問題をいちいち反論していくが、とりわけ「再犯加重」に関し、確定判決が出された後に、前科があることがわかった場合、更に刑を加重するという清浦の主張には「絶対に」反対するという。被告の過去を調べるのは検事や予審判事の役割であって、被告自らが自分の不利益を隠そうとするのは、過去の時代ではともかく、「今日の如き開明の世の中」にあっては当然の事である。また再犯者に対して刑を加重すれば、再犯が減るとする考えも誤りであり、過去の厳罰主義の時代に犯罪が防止されたわけではなく、「僥倖に刑を免るゝ者の無い」ようにすることが重要なのである。

清浦は、現行刑法が根本において、「腐朽」していると言うが、現行刑法の根本が何であり、それがどのように「腐朽」しているかについては全く説明がない。もし、この演説筆記が明治法律学校の「初年生」のものなら、歯牙にかけることでもなかろうが、かつて法相の地位にあり、法典調査会副総裁にあった人の言としては見過ごすわけにはいかない。全体、清浦の主張は「退歩」した議論であり、とりわけ加重の責任を自ら自首しなければならないとする点など、「徳川氏百箇条時代の支配を受ける感」をなさしめるものである。

磯部からの批判に対して、清浦は、「吾豈好弁哉」（『法律新聞』一九〇一年一月一日号）を以て答えた。しかし、清浦の反論は、その立場上もあるのか、弁明に終始している感がある。一一月一〇日の演説は監獄協会の「茶話会」での話しで、監獄行政に関係するかぎりで刑法の問題に触れたに過ぎず、磯部が誤解しているような刑法改正の趣旨を述べたものではないのである、とまずことわっている。しかし、磯部は自分と違って、「法律学者」でまた「法律の実際に従事する者」でもあり、その社会的影響力もあるので誤解だけは解いておく必要があると言う。第一に自分は法律は古くなれば価値がなくなると言っているわけではなく、法律も「社会の一現象」であるから、人文の進化にともなって変化していくものであることを言っているにすぎない。刑法は「理学」だと磯部はいうが、「理」だって人によって理解のされ方が違い、「時代の精神に適合」するものが「理」であるとする考え方だってあるのである。どうも磯部はフランス刑法だけを金科玉条の如く考えているようだが、「仏国法律学士」として学んだことに忠なることはわかるが、「多少の非難を免れざるべきなり」である。また磯部は現行刑法に国際関係の条項が欠けている問題をとりあげたが、それは当時には必要でなかったが、今日必要になっているという理由で十分であろう。その他「監視」「仮出獄」「犯罪者の責任年齢」「再犯加重」等について言及しているが、自分としては監獄行政との関係で触れたに過ぎず、磯部の批判は「射撃標的の命中を失する」きらいがある。とりわけ「再犯加重」につき判決後に前科が判明した場合に刑を加重することに反対しているが、これは犯罪者の多くが名前を偽ったり前科を隠したりする事実があり、当局者たちには「手数」と「費用」がかかるということに帰因している。当局においては、被告人が前科を自白することは「義務」であるとする考えがあり、もしこれに強制力をもたせないとすれば、「拷問」もやむを得ないとする主張も生じかねないのである。自分が現刑法がその根本において「腐朽」し、部分的改正では「廃屋」に対する修繕のようなものであると述べたのは、「大体」に関する「形容の語」に過ぎないので弁明の必要もなかろうと、完全に逃げた。要するに、磯部が問題にした、現行刑法の原則が何であり、その原則を何故に改正する必要があるのか、という点に対しては、清浦は、刑法も社会現象の一つであり、社会が変わる以上刑法も変わらざるを得ないのである、と一般論で回避した。

清浦と磯部の論争を受けて、岸本辰雄は「清浦氏の刑法改正に関する意見を読む」(『法律新聞』一九〇一年一月二一日号、『日本弁護士協会録事』及び『明治法学』同年二月号再録)を、「明治法律学校々長、日仏法律学士弁護士」の肩書きを付して執筆する。これも巻頭論説である。岸本はまず、清浦の監獄協会での演説が監獄行政の改良にあったことは理解できるが、それでも刑法改正反対論者の主張を「非」としている限りは見過ごすことができないと前置きする。それから、既に述べてきたような清浦の経緯に触れ、清浦が日本の司法事務、法典編纂事務において、「事績赫々たる有数の老練家」であることは自他共に認めるところである。それ故に、刑法改正に対する氏の一言一語について見過すことはできない。清浦は自らは「法律学者」ではないとことわりながらも、たんに法典調査会副総裁の立場上刑法改正に賛成しているのではなく、「法律学者」としても賛成意見を述べ、議会での通過を企てている。まったく戸惑ってしまう、このように岸本はいう。

さて、清浦は現行刑法はその根本が「腐朽」しているから新しくする必要があるといっているが、それは新しければ何でもよいというような「小児の痴態」からではなく、「主義」の新しさをいっているのであろう。それではその「新主義」とは何であるかと言えば、例の「古賀氏一輩」が自称しているような「新主義」すなわち「残忍峻酷主義」のようなものではなく、「ロンブロゾー」「ガロー」「プリンス」「リスト」等、ヨーロッパの「碩学」により唱えられている主義のことであろう。彼等の説は学説としては大いに価値のあるものであり、ヨーロッパの国のなかには、彼等の主張する「執行猶予」の制度などをとり入れて刑法の部分的改正を行ったところもある。しかしながら、日本では未だ翻訳書もない状態であり、この新主義が研究されているとは言い難い。それならば、例の「好奇の後進」が「一知半解」の知識でもって主張するところを聞いて軽々しく「心酔」しているのではないかと心配される。もとより、新主義を生かして部分的改正をすることに自分は反対しているのではない。ただ、新主義と称して根本より改正するとすれば、それは「妄断速了」であり、学説のために国民を犠牲にしてしまう結果になるのである。どうか、「少壮好奇、徒らに功名に急なる後進の人々」と同じ立場に立たないでほしい、こう岸本は忠告する。

さらに、岸本の論は、刑法改正の手続きの不備に及ぶ。そもそも法典の改正は、その草案が公表され、議員、法曹、其他一国官民が攻究論評を加える十分な時間的余裕をおいて、その後意見を取捨選択して行っていくのが常道であるが、今回は、日本弁護士協会が公表を請求したにもかかわらず、未だ草案が公表されず、聞くところによれば草案は未定稿で、いまだ修正に修正を重ねているといわれている。こんな状態で、議会に「突如として」提出し、議会をして、「咄嗟の間に盲従せしめんとするの策」を考えているとすれば、その是非は自ら明かなはずである。前司法大臣として、この公表問題に関しては責任があるはずである。それのみならず、清浦は大臣辞職後も議員（一八九一年四月、貴族院議員に親任）であり、この草案を討議する「権能」と「職責」をもっている。かつては、条約改正の事もあり、また議会運営にも不慣れな事もあり、議会を無視し法律改正を図ったこともあったが、現在では、議員も全員が法律に対する専門的知識をもっているわけではないとしも、「概ね常識の発達せる人士」になってきている。それなのに、議会までをも無視して刑法改正を図ろうとしている。議員としての立場上、これを看過することはできないはずではないか。改正の美名にかくれて、往々改悪がなされることがある。すでに改正手続きそのものが「鄙野陋劣」である以上、どうか反覆熟慮して、「慎重の態度」を採ることを要望する。以上が岸本の反論の要旨である。

四　刑法改正問題の背景と意味

(1)　「新派」と「旧派」の対立——古賀兼造と磯部四郎

前二章にわたって紹介してきた刑法改正をめぐる論争を、もう少し背後にまわって眺めてみようというのが、ここでの主旨である。従来、この論争は、刑法学説上の「新派」と「旧派」との対立として捉えられてきているので、ここでも、学説上の問題から考えてみたい。すでに、論争のなかで、登場人物たちの考え方は、かなり披瀝されているのであるが、ここでは、古賀廉造と磯部四郎に焦点を絞り、二人の経歴と刑法論をたどることにより、論争の背後により一歩迫っておきたい。この二人に的を絞ったのは、何よりもこの二人が両陣営における典型的人物であることによるのであるが、同時に清浦についてはすでに若干は本文中で触れておいたし、岸本は私法を専攻しており、刑法についてのまとまった著作が見当らないという消極的理由もある。

まず、古賀から始めよう。古賀廉造（一八五八〜一九四二）は、一八五八年、安政五年生れ、鍋島藩出身、岸本等との年齢差は七歳余りである。明治九（一八七六）年司法省法学校の二期生とし入学、明治一七（一八八四）年卒業、卒業生総数三七名中成績は二三位であった。同級生のなかには、梅謙次郎、松室致、飯田宏作、鶴丈一郎等がいた[37]。岸本、磯部、それに宮城浩蔵等は明治五（一八七二）年司法省内明法寮に移管されたので、第一期生ということになり、古賀は文字通りの「後輩」であった。卒業後、古賀は東京始審裁判所の検事補を出発点とし、検事畑を歩み、東京地方裁判所、東京控訴院検事、大審院検事を歴任、一八九九年中は大審院検事局次席検事の職を占めているが、この地位においても磯部四郎の「後輩」である。この間、一八八九年から翌年にかけては欧米に出張、法典論争では、「仏学派」として明法会に所属、「断行論」に賛成した。明治法律学校の講師に就任するのは、一八九八年九月から、また翌年から一九〇四年までは法科大学講師として刑法講座を担当した。後の二度の西園寺内閣時代には警保局長（内務省）を務めたが、これは司法省法学校時代の友人、原敬との関係からであったと言われる。人物評には「磊落な質で、辺幅を飾らない、漠とした様で、チャント要領だけは捉へてゐる。重箱揚子的の官海に、彼の様な男は蓋し珍な方である[38]」とある。

古賀廉造の刑法についての考え方は、彼の主著である『刑法新論』によくあらわれている。刑法学者、牧野英一は東京帝国大学入学後、古賀の刑法講義を聞き、「後のわたくしに対して大きな影響を及ぼした」と回想しているが、この『刑法新論』についても次のように述べている。「刑法の主観主義は、すでに富井先生の『刑法論綱』に見えてゐるのではあるが、しかし、これを鮮やかに論じたのとしては、やはり、古賀先生の『刑法新論』（明治三一年）を嚆矢とせねばならぬのでなからうか。『新論』といふのが特に先生の抱負であった[39]」と。さて、古賀によれば、『刑法新論』執筆の目的は、「現刑法ノ不備ヲ挙クルコト」「現刑法ノ瑕瑾ヲ鳴ラスコト」「解釈上ノ誤謬ヲ適示スルコト」の三つである。古賀は明治二五（一八九二）年一月、刑法改正審査委員に任命され、草案作成に従事、ほぼ四ヶ年をかけて、一八九五年一二月に脱稿し、ほどなく「新刑法ノ時代」が到来するという確信のもとにこの書を執筆した。同時に、従来の刑法理論に満足せず、また、最近ヨーロッパ諸国で行われている「新主義」だけで十分とするものではなく、「十有余年間専ラ刑事ノ職務ニ従事」してきた経験（この時は大審院検事であった）を踏まえて、その説の多くは「自家ノ本領」から生まれたもので、「刑法の面目」を新しくする確信に基いていると表している。したがって当然にも現行刑法（「旧刑法」）への批判は厳しい。現行刑法は「一時政略上ノ必要ヨリ出タル一激変」から生まれたもので、「当時未タ此理ヲ知ラス仏国刑法ノ斉然タルヲ見テ忽チ之ヲ美ナリトシ之レニ眩惑シ之レニ迷信シ直チニ取テ以テ我法トナシ因テ以テ我国ノ必要ヲ充タサント欲」したものにすぎない(40)。この前提のもとに、古賀によれば、刑法は犯罪を撲滅し、社会の安寧を維持することを目的とするものである。犯罪というのは「社会ノ妨害ト為ルヘキ事実ヲ一定シテ」付けた名称であり、刑罰とは「其犯罪ヲ撲滅スルニ付更ニ一定ノ手段ヲ設ケ」たものである。「刑法学」の目的は、「犯罪ノ条件ヲ充タスニ付テハ如何ナル所為アルヲ要スルヤ又其犯罪所為ニ対シテハ如何ナル刑罰ヲ科スヘキカ」を研究するところに限定される。他方、「刑事学」というものが「刑法学」の範囲外にあって、「犯罪ト為ルヘキ所為ヲ定メ又之ヲ撲滅スルノ方法」を研究する。したがって、「刑法学」の研究するにあたっては、犯罪の原因を調べ、その撲滅を考える「刑事学」をまず研究する必要がある。この「刑事学」によれば、犯罪は、「気候」「社会情態」(41)「犯人の身上」に原因する。三番目の「犯人の身上」というのは、遺伝性、慣行性、偶発性という要因をあげ、「ロンブロソウ氏」の「刑事医学」の紹介を行っている。その犯罪に対する「刑罰権」については、「契約主義」や「実利主義」等、いくつかの学説があるが、これは「学者の空論」であって論じてもしようのない事である。要するに、「社会ハ其生存カ維持ニ必要ナル限リハ如何ナル行為ト雖トモ之ヲ禁制シ之ヲ命令シテ其之ニ違反スル者ハ亦尽ク之ヲ罰シテ豪モ制限スル所ナク」と論じ、その極論としては、「至善至徳ノ篤行」といっても、それが「公益上」において害がある場合には刑罰を科せられることは当然である。「一箇人ノ利益」も「社会公益」の犠牲にされるものである。してみると、刑罰権は「社会ノ防衛権」であり、刑罰は「防衛ノ方法」である。この場合、「防衛」は単に過去の危害に向けられるばかりではなく、現在や将来の危害を「予防」することをも含むものである。また、ここで言う「防衛権」

は、個人の場合のように「眼前急迫ナル」危害に対するものではなく、社会における「間断ナキ」危害に対していっているのである。しかし、さすがに、この「防衛権」も無制限なものではなく、「権利義務ノ関係」に止まるべきものであるという。古賀によれば、権利とは「各人カ生存ニ付テ自ラ行フコトヲ得ルノ能力」であり、義務とは「各人カ自ラ為スコトキ〔ヲ〕戒ムル能力ノ制限」であるとするが、結局この権利義務も社会の生存という大前提のもとに考えられているので、チェック機能を果すものではない。「天定テ而シテ後チ人ニ勝ツ」と古賀は表現しているが、「防衛権」の逸脱があっても、いつかは正しい方向に収まるであろう、というのが古賀の本音であろう。

さて、「旧刑法」の改正問題は、「旧派」あるいは「古典学派」と「新派」あるいは「近代学派」との刑法学説上の争いとして捉えられてきたことについては既に触れた。一般に、「新派」あるいは「近代学派」という言葉は、一九世紀の八〇年代から二〇世紀にかけて、ドイツにおいて展開された、「刑法学派の争」(Streit der Strafrecht-shulen) において、「旧派」あるいは「古典学派」に対する対抗名として用いられた言葉であり、自らは「刑事政策派」あるいは「社会学派」ともよんでいたということである。「新派」の刑法理論の樹立者は当時のベルリン大学教授であったリスト (Franz von Liszt　1851-1919) であるが、その背景には、産業革命によってもたらされてきた「社会問題」の増大とともに、イタリアにおける犯罪の人類学的、社会学的、心理学的研究、フランスにおける犯罪統計学の発達等、学問分野での新研究の発表等があった。「新派」に共通する考え方は、刑罰を応報刑でなく目的刑として捉え、行為ではなく行為者を罰することに主眼を置き、また刑事政策の必要性を強調するところにあった。すでに紹介してきたところからもあきらかなように、古賀の主張は、この「新派」の刑法学説の影響を受けていることに間違いない。とりわけ、刑罰の目的を「社会防衛」に求める見解は、ロンブローゾ(Lombroso, 1835-1909) の弟子のフェリー (Ferri, 1856-1929) やベルギーの法律学者プリンス (Prince, 1845-1919) 等の主張に同調するものであった。日本では、明治二四(一八九一)年の国家学会で富井政章が行った講演「刑法学理の一新」[43]が「新派」の理論を紹介した早い時期のものであると言われているが、この講演において富井は、「折衷主義」を時代遅れの「空理空論」であるといい、「社会防衛」という刑法の任務の重要性を指摘した。また、ロンブローゾの影響を受けた「ガロファロ」(Garofalo, 1851-1934)が、近時の文明社会では「兇徒悪漢」が横行し、人命、財産が犠牲にされているにもかかわらず、刑罰制度はますます「寛弱」に流れ、被告の利益だけが擁護される結果になっている、と主張していることを紹介し、「卓説」としてたたえた。これも古賀に影響を与えたことは間違いない。古賀自身は明治三一(一八九八)年四月三〇日、和仏法律学校の講演で、「刑法ニ於ケル新旧学派ノ戦争」[44]に触れ、「ベッカリアー」(Beccaria, 1738-94)が説き始めた学派を「純理派」あるいは「旧派」と言い、それに対する最近の反対派を「実利派」あるいは「経験派」といい、「ロンブロゾウ」の「犯罪骨相学」はその一つであり、また「犯罪社会学」もその一つである。「実利派」は刑罰を「社会ヲ防禦スル具」であると考え、犯人によって刑罰の巾をもたせ、また監獄での取扱いにも変化をもたらすべきだと説明している。そして、刑法草案もこの「新主義」を採り、刑罰の範囲を拡大したと言及している。

古賀が、少くとも主観的には、「新派」の理論により刑法改正を主張したとすれば、岸木や磯部は「旧派」の理論に依拠したことになる。磯部四郎は嘉永四(一八五一)年、富山藩生れ、維新後は村上英俊の塾でフランス語を学び、明治五(一八七二)年司法省明法寮に入学、一八七五年より「巴里法律大学」に留学、「法律学士」の学位を得て、一八七八年一二月帰朝、帰国後判事に登用される。その後、司法省権少書記官、太政官権少書記官、一八八〇年民法編纂委員となる。一八八六年検事(大審院)、民法草案編纂委員として人事編を担当、翌年法律取調報告委員として財産取得編のうち相続、遺贈、夫婦財産契約を起草、一八九〇年第一回衆議院選挙に当選するも辞職、一八九二年の司法省弄花事件により依願免職(この時は大審院検事)、その後は代言人となる。一八九三年から法典調査会委員、一八九八年には東京弁護士会会長となる。この間、一八七九年四月から司法省法学校速成科で、フランス刑法、治罪法を担当、明治法律学校では、一八八五年一月より「民法草案」「民事訴訟法」等を担当している。[45]経歴からもわかる通り、磯部の学識は民法、商法、憲法、訴訟法から法哲学にまで及ぶものであったが、刑法についても、何冊かの大部の著作を残している。『刑法要論』（報告社蔵、一八八二年一一月刊）は、「旧刑法」、治罪法が実施された年に刊行されたものであるが、内容的には、留学中の講義筆記をもとにし、オルトラン（Ortolan, J. L. Elzéar, 1802-73）の『刑法原論』（翻訳としてヲルトラン著、司法省蔵版『仏国刑法原論』全二帙がある。第一帙、井上正一訳、一八八八年四月刊、第二帙、宮城浩蔵訳、一八九〇年三月刊、復刻版、信山社、一九九七年七月刊）で補足し、自分の考えを付け加えたものであると言う。「日本刑法ヲ講セント欲セハ必ラス先ツ仏蘭西刑法ヲ学フベシ日本刑法ノ仏蘭西刑法ニ於ル猶ホ夫ノ仏蘭西民法ノ羅馬法ニ於ルカ如シ」として、個別条文の解釈ではなくて、「精神」こそが大切であると説いている（『緒言』）。『日本刑法講義筆記』（警官練習所、一八八八年七月刊）は、後の大部な著作の原形となっているものであるので、ここで紹介する必要はない。『日本刑法』（首藤貞吉編集、東京専門学校、一八八九年一月刊）を経て刊行された『刑法講義』（改正増補、八尾氏蔵版、一八九三年三月刊）は、「旧刑法」のもとでの集大成版といえるものである。上巻一〇八七頁、下巻一二二四頁にもなる大作である。この書の中で、磯部は、「刑法ノ目的ハ社会ノ安寧秩序ヲ保維スルニ於テ已ムヲ得サルニ至テ使用スル最終ノ一手段タラシムルニ在リ」とし、刑法の役割を極力縮少させる。現行刑法は新律綱領や改定律例などの身分的差別のある法律を改正し、権利や自由の尊重という議論のなかから、他方では治外法権の撤廃という要求から生まれてきたもので、もっとも「整頓完備」していたフランス刑法を基本として作成されたものである。その精神は「寛大」を旨としている。しかしながら、現行刑法が「完全無瑕」の法律かと言えば、そうではなく改正すべき点があるとし、本文中で個別的に言及している。また、「社会刑罰権」については、⑴復讐主義　⑵民約主義　⑶賠償主義　⑷正当防禦主義　⑸正道主義　⑹実利主義（一名必要主義）　⑺命令主義　⑻必要ト正道ノ合併主義　⑼合併主義、の九つの説を掲げる。磯部によれば、オルトランやボアソナードは⑻の説をとる。これは、「折衷主義」とよばれるもので、「刑罰権ハ道徳ノ正義ニ因テ発生シ道徳ノ正義ハ社会ノ公益ニ因テ制限セラルヘシ」とするものである。しかし、磯部はこの説では社会の刑罰権の基本は何であるかの問いに十分答えていないとする。

そこで、磯部自身は、(9)の説を主張し、「社会刑罰権ノ基本ハ背徳加害、社会ノ必要及ヒ命令権ノ三元素ヲ具備スルモノヲ以テ正当ト為ス」[46]という。刑罰権は「命令権」に基づき、「命令権」は「社会ノ必要」に基づき、「社会ノ必要」は「道徳ノ認許」するところにあるというのが、その主旨である。

ところで、(6)の説である「実利主義」は、刑罰は「社会ノ安寧」を保つうえで必要であり、刑罰がなければ害悪を除くことができない。害悪を除く事は「社会ノ権利」であり、かつ「義務」であるとする考え方であるが、これは後の古賀の社会防衛的な考え方に近いものである。これに対し、磯部は、この説は、刑罰は「政治家ノ私意」を実現する「器械」となる恐れがあり、「危険ノ甚シキモノ」であると論評している。もっとも、ここで磯部が「新派」の刑法理論に言及しているわけではないので、単純に結びつけることはできないが、一定の類推は可能でであろう。そのような考え方の延長線上で、磯部は罪刑法定主義を規定した第二条を「至緊至要ノ規定」であり、かつ、「苟クモ法律ナルモノ、此世ニ存在シテ磨滅セサル限リハ万世ヲ経ルモ猶ホ存セシメサルヘカラサルノ規定ナリ」[47]と断定している。磯部によれば、刑法は「社会ノ安寧秩序」を保つうえで必要とされるのだが、同時に「吾人ノ権利自由モ亦倚テ以テ保護」されるべきものであった。これらの発想のなかには、古賀には欠けている、近代市民社会での人権や市民的自由についての普遍主義思想が息づいていることだけは確かである。

(2) 官僚法学と在野人権派法学

日本における「旧刑法」の改正問題を、ドイツにおける「刑法学派の争い」に類似し理解して、事足れりとすれば、事態を余りにも単純化してしまう。もちろん、前にみたように改正賛成論者たちは、自らの論拠を「新派」の刑法理論に求めようとしていたことは確かである。同時に、東京帝国大学の岡田朝太郎、京都帝国大学の勝本勘三郎が、一九〇〇年と一九〇二年に相継いで留学先のドイツから帰国し、刑法学者として「新派」の理論を紹介し、改正論を支持したことも、この論争を学説論争に縮少させる要因にもなった[48]。加えて、一九〇六年岡田が清国政府の法律顧問となって転出した後、東京帝国大学の刑法講座の職についた牧野英一（東京地方裁判所検事であった）が、「新派」の理論にもとづいて、「主観主義」の立場から「新刑法」の理論的解釈を行い、それが後々に影響力を与えたことも指摘しうるであろう。とりわけ、牧野の『刑事学の新思潮と新刑法』（警眼社、一九〇九年六月刊）は、そのタイトル名からして暗示的である。

しかし、冷静にこの論争をみれば、岸本や磯部の激しい語気のなかには、学説そのものに対する批判よりも（とりわけ、岸本は、「新派」の外国人学者たちをも「碩学」として擁護している）、この時期に、法典を全面的に改正して、いわば新しい法典をつくろうとする態度を批判していることを読みとることができる。岸本が「名利心」という言葉で、また磯部が「卑陋ノ野心」という言葉で批判しているものは、改正論者たちの時代認識と態度とに向けられているものであると理解できる。岸本や磯部の改正論者、とりわけ古賀廉造に対する怒りは、どこからきているのか。実は、これを究めていくところに、この論争の真の意味があるように思える。

そこで、あらためてこの論争の配置図を眺めれば、二つの特色に気付く。第一には、明治法律学校と東京法学院とが、民法典論争の時とはうって変って、手を結んで、刑法改正に反対していることである。他方では、民法典論争で手を組んだ和仏法律学校の首脳陣とは対抗関係が生まれている。第二には、日本弁護士協会が反対運動の主体となり、私立法律学校関係者、並びに校友をまとめていったことである。弁護士会内部で、会長選挙等において、しばしば紛糾の原因となった英法派、仏法派の対立等は、少くとも表面から消えていることが目につく。ここには、明治二五（一八九二）年にピークを迎える民法典論争後、一〇年足らずして起っている法曹界における対抗関係の変化をみてとることができる。明らかな地殻変動が起っているのである。この地殻の変動は、もちろん法曹会の内部で現象しているが、同時に、法曹会の外部に震源をもつものでもある。

まず、明治法律学校と東京法学院の提携の意味について考えてみたい。ここで繰り返すまでもなく、民法典論争は、一八八九年五月、旧東京大学法学部卒業者及び帝国大学法科大学出身者によって組織される法学士会の

「法典編纂に関する意見書」をもって始まる。それを受けて同会会員の増島六一郎が英吉利法律学校（東京法学院の前身）の機関雑誌『法理精華』（一八八九年六月号）に「法学士会の意見を論ず」を発表、支持表明をしたのを皮切りに山田喜之助、江木衷、菊池武夫、花井卓蔵等、英吉利法律学校関係者が、同誌上で相継いで延期論を展開する。これに対し、明治法律学校側も機関誌『法政誌叢』上で、磯部四郎、岸本辰雄等が断行論で反論した。この学校間の対抗は、実は、司法省明法寮に発し、法学校で学んだ「仏法学派」と東京開成学校、東京大学、帝国大学で学んだ「英法学派」に根ざしていた。加えて、法典編纂が「仏法学派」を中心に行われていることに対する「英法学派」からの敵愾心のようなものもあった。断行派は、一八九一年には、明治法律学校を中心に「法治協会」、和仏法律学校を中心に「明法会」を組織し、「英法学派」とますます対立を深めていくことになる。(49)この論争自体は一八九二年の第三議会での攻防でピークを迎え、かつ複雑な性格を帯びていくが、ともかくも、この論争のなかにある対抗関係の主軸の一つに、学派間の争いがあったことは事実である。それが、どうして、刑法改正問題をめぐっては一八〇度の配置換え、つまり明治法律学校と東京法学院の同盟関係が生まれたのであろうか。解く鍵は新たなる対抗者の出現である。

これも一般に指摘されているように、帝国憲法がプロシア憲法をモデルとし、法律の中心がドイツ法におかれた結果、法律学の分野でも、フランス法学を中心にして、イギリス法学が対抗する関係が崩れ、ドイツ法学を中心にフランス法学とイギリス法学が同盟して対抗するという新しい学派関係が生まれてきた結果である。すでに先の法学士会の「意見書」でも、民法はフランス、商法、民事訴訟法がドイツをモデルとするようでは諸法典の全体的統一性に欠けるとの批判があったが、ドイツ学の導入により諸法典を統一する考えの胎動は、もっと前から始まっていた。山室信一の研究によれば、「明治十四の政変」がターニング・ポイントであり、これにより、イギリス、フランス学系の知識官僚を政府内部から追放し、井上毅を中心にしてドイツ学系官僚の手により、国会開設、帝国憲法制定のプログラムが作成されていくことになるという。(50)また東京大学においても、「明治十四の政変」の「前後」から、加藤弘之総理のもと、穂積陳重等が文部卿福岡孝弟に働きかけ、ドイツ法政学の導入を進めていく。一八八二年には「英吉利国憲」を削除し「国法学」を創設、翌年にはドイツ法学の教授を明文化し、「英法・仏法・独法」の基本設計をつくった。他方では、一八八一年九月に加藤が「独逸学協会」を設立、ここでもドイツ学の興隆を図った。(51) 明確な形であらわれるのは穂積陳重が述べているように、一八八七年九月、法科大学の編成が改正され、「独逸法」が加わり、「英吉利部」「仏蘭西部」との三部制になってからである。(52) ともかくも、民法典論争中においては、既にこのようにドイツ法学の台頭は方向づけられていたのである。

さて、ドイツ法学が、何といっても重要性さもってきたのは、天皇と国家官僚に強大な権力を与えた一八八九年の欽定憲法の制定である。憲法の基本的性格が決まると同時に、伊藤博文等は、国家経営の中枢をなす官僚機構の制度的、人的整備を行い、そのなかで、帝国大学は「国家ノ須要ニ応スル学術技芸」(一八八六年、帝国大学令第一条) の教授、研究の機関と位置づけられ、同時に各私立法律学校は「特別監督条規」のもとで統制される方向が打出された。この教育行政の方向づけに動員されたものがドイツ法学であったわけである。(53) 日本におけるドイツ法学は官僚機構と結びつくことによって勢力を伸ばしていった。したがって、一八九二年司法省によって着手された刑法改正作業も、国家意志が裁判と行刑を通じて貫徹できる方向で考えられており、それが後に「新派」の刑法理論と合致する形が生まれたのではないかと推測できる。「新派」の刑法理論そのものは、フェリが当時社会主義者であったように、けっして反動主義と結びつくものとは限らないが、刑事政策的観点は、「刑事学的素養をもつた刑事裁判官の職権主義的な審査」を要求するものであり、官僚主義との近親性をもつものであった。(54)

民法典論争において、明法会を組織し、断行説を唱えた富井政章、梅謙次郎、古賀廉造等がフランス法学を学びながらも、明治二〇年代の趨勢のなかで、大学に奉職する知識官僚と司法官僚という違いはあれ、ドイツ法を受け容れ、帝国憲法支配のもとでの官僚として職務を尽くそうとしたことは想像に難くない。(55) とりわけ、彼らが法典調査会の委員として、憲法制定後に、法典事業に携ったことは、その使命感をかきたてるに十分であったろう。この点は、他の起草委員である倉富勇三郎や石渡敏一についても言えることである。倉富は司法省法学校出身、石渡は東京大学法学部卒業であったが、彼等が官僚のもつ国家的使命感を発揮しようとすればするほど、岸本や磯部からは「名利心」や「卑陋ノ野心」が働いていると映ったのであろう。

さて、ここから、この論争の第二の特色にいきつく。つまり、日本弁護士協会の反対運動である。代言人制度が弁護士制度にとってかえられるのは明治二六（一八九三）年の弁護士法の施行からである。弁護士法によれば、弁護士は所属地方裁判所ごとに弁護士会を設立することが要求され、弁護士会に加入することが弁護士としての職務を遂行するための条件とされた。同時に、この弁護士会は所属地方裁判所検事正の「監督」を受けることになった。弁護士会の会則は検事正を経由して司法大臣の認可を受けなければならず、また、会の審議事項にも厳しい制限が加えられ、検事正は各会議に「臨席」することが可能であり、かつ、議事の結果を報告させることができ、議決が法律命令及び弁護士会則に違反したと認めらる時は、司法大臣はその議決を無効とし、あるいは議事を停止することができる、等々、弁護士会の活動にはいくつもの制限事項が付され、自治は十分なものではなかった。この弁護士法の制定にもとづいてなされた東京弁護士会の紛糾についてはここでは触れないが、依然として「仏法派」「英法派」の争いが行われていたことは指摘しておきたい[56]。岸本辰雄が大審院判事から、磯部四郎が大審院検事から弁護士に転じたのは、前年の「司法官弄花事件[57]」が直接的な原因と考えられるが、二人は弁護士界でも頭角をあらわし、一八九七年に岸本が、翌年には磯部が東京弁護士会会長に選ばれている。

日本弁護士協会の設立は明治三〇（一八九七）年二月、全国の弁護士を対象として、「会員の親交を保維し司法制度の発達法律応用の適正を図る」ことを目的としていた。先の弁護士法では、「法律命令又は弁護士会会則に規定したる事項」「司法大臣又は裁判所より諮問したる事項」「司法上若くは弁護士の利害に関し司法大臣又は裁判所に建議する事項」、これ以外の事について議決することが禁じられていたので、別の組織を設立して弁護士の発言権を強化していこうというのが動機であった。創立相談会に集ったのは、鳩山和夫、菊池武夫、磯部四郎、岸本辰雄の四人で、鳩山が東京専門学校長、菊池が東京法学院長、岸本が明治法律学校長であったことは付言するまでもない。かつて、民法典論争において、鳩山、菊池が延期論の「英法派」であり、磯部、岸本が断行論の「仏法派」であったことを考えれば、日本弁護士協会の設立は、まさしく画期的な出来事である。以後、日本弁護士協会は司法制度の改革、人権擁護活動に積極的にとり組んでいくことになるが、その一つが、刑法改正反対運動であったことは言うまでもない。ともかくも、ここに、法曹界における官対野の構図がはっきりと生まれ、しかも職業的には司法官僚と弁護士、学問的には、官僚法学に対する人権派法学という対抗図式ができるのである。

以上、述べてきたように、刑法改正反対運動は、司法官僚、とりわけ明治初期に冷遇されていた検事が、一八九〇年に制定された裁判所構成法以後、急速に司法行政において力をつけ[58]（新刑法草案執筆者の、倉富、古賀、石渡が三人共検事畑を歩いてきたことは象徴的である）、しかも刑事政策的発想の官僚法学が台頭してくるのに対して、在野弁護士[59]が、私立法律学校の校友を足場にしながら、あくまでも個人の自由や人権を重んずる自由主義的法学の伝統を守ろうとしたところに、その意味があったと言えよう。かつ、明治法律学校に範囲を絞れば、一九〇一年創立二十周年を迎え、大学の「拡張」の方向が確認されると共に、一九〇三年の専門学校令のもとで明治大学と改称、翌年には、法・商・政・文の四学部制がとられる。ここに「法律学校」から脱皮し、日清戦争後の産業社会の伸展に応じるべく教育内容の拡充が図られていく。いわゆる「実業」教育の重視である。同時に、明治三〇年代初期における法典整備の完了と不平等条約改正という明治政府の当面した国家目標が達成され、法律そのものの社会的な役割も変化を受けてくる。『法律新聞』を創刊した高木益太郎は、この変化を「立法の時代」から「解釈適用の時代」への移り変わりと捉えているが[60]、法律はもはや秩序を生み出すのではなく、秩序を守るためのものとなった。自由民権運動時代に存在した、国家機関から個人の自由や権利までをも制度化する法律の積極的役割はうすれ、国家に対抗し個人の自由や権利を守っていく消極的役割が残されていく。岸本や磯部の活動は、この小さな流れを明治法律学校のなかに繋ぎとめたことである。この時期、明治法律学校、明治大学で学んだ、山崎今朝弥（一九〇一年卒）、布施辰治（一九〇二年卒）、平出修、吉田三市郎、佐々木藤市郎（一九〇三年卒）、阿保浅次郎（一九〇五年卒）等、社会派、人権派の弁護士が輩出されるが、彼らはこの小さな流れを受け継いだといえよう。

（1）田能邨梅士『明治大学史』（明治大学出版部、一九〇一年六月刊、ここでは一九一九年八月刊、第九版）九一頁。
（2）岸本辰雄「明治大学の主義」（『明治法学』一九〇三年一一月号）
（3）「旧刑法」の草案作成過程については、早稲田大学鶴田文書研究会編『日本刑法草案会議筆記』（第一分冊、早稲田大学出版部、一九七六年一二月刊）所収の「解題」参照。
（4）小野清一郎「旧刑法とボアソナードの刑法学」（『刑罰の本質について、その他』有斐閣、一九五五年一一月刊、所収）四三〇頁。
（5）ボアソナードは「酌定法」（eclectic system）を支持することを表明した。この主義は「処罰ノ権ヲシテ其基礎ヲ単純ナル公道（absolute justice）ニ倚ラズ、又全ク社会ノ便宜（social utility）ニ偏セズ、此ニ者ヲ併合シテ其中正ヲ得タルモノ」（括弧内の英語はルビより引用者が挿入）であると説明している（「ボアソナード氏日本帝国刑法改正ノ草案並説明書諸言」、伊藤博文編『法制史関係資料』上巻、復刻版、原書房、一九六九年一〇月刊所収、五七〇～五七一頁）。小野清一郎、前掲書、四二八～四三〇頁。佐伯千仭、小林好信「刑法学史」（『講座　日本近代法発達史』Ⅱ、勁草書房、一九六七年五月刊）二二三～二二八頁。
（6）「余輩ノ主トシテ準拠シタル外国ノ法律ハ、第一仏蘭西ノ法典第二伊太利刑法ノ草案ニシテ、本書中最モ多ク引援シタルモノハ伊太利刑法ノ草案トス。而テ之ニ次グニ白耳義独逸ノ法律ヲ以テセリ。当時余輩ハ独逸法律ニ改正アリタルヲ遺忘セリト雖モ、其改正タルヤ本書引援上ニ障害アルコトナシ。唯余ノ最モ遺思トスル所ノモノハ、阿蘭陀ノ新法典ヲ引援シ能ハザリシ一事ナリ。余ノ仏文阿蘭陀新法典ノ印書アルヲ知リタルハ実ニ近日ニ係レリ」（「ボアソナード氏日本帝国刑法改正ノ草案並説明書諸言」前掲）五六八～五六九頁。
（7）この点に関しては、平野義太郎「明治刑法発達史」（『明治権力の法的構造』御茶の水書房、一九五九年二月刊、所収）一五一〜一六六頁参照。
（8）　高橋治俊・小谷二郎共編『刑法沿革綜覧』（清水書院、一九二三年三月刊）緒言六〜九頁、同増補復刻版（信山社出版、一九九〇年三月刊）所収、松尾浩也「解題」『司法沿革誌』（法曹会、一九三九年一〇月刊）二三七〜二三八頁、等参照。
（9）　「ボアソナード氏日本帝国刑法改正ノ草案並説明書緒言」（前掲）五六八〜五六九頁。なお、これはボアソナードが司法卿より依頼された草案説明書の緒言にあたるものと推測できる。ボアソナードの草案註釈書としては、『刑法草案註解』（元老院、一八八四年二月刊）と『刑法草案註釈』（森順正、中村純九郎訳、司法省、一八八六年三月刊）がある。なおフランス語の註釈書としては、*Projet revisé de pénal pour lempire du Japon*（1886）がある。なお、ボアソナード自身が改正を望んでおり、「緒言」では「愈々加正ヲ加ルノ時機既ニ目前ニ迫ルモノニ似タル」（五八六頁）と述べている。
（10）　第十五議会貴族院特別委員会での倉富勇三郎（政府委員）の発言（『刑法沿革綜覧』前掲、二三六頁）参照。
（11）　前掲書一四〇〜一四一頁。
（12）　宮城浩蔵口述、佐々木忠蔵書記「現代刑法改正論」（『法政誌叢』一八九一年一月〜四月号、『明治大学百年史』第一巻、史料編Ⅰ、再録）三一九〜三三〇頁。
（13）　この草案は「明治二十三年改正刑法草案」（四編四一四条）として『刑法沿革綜覧』（前掲、七二〜一三八頁）に収録されている。なお、第十五議会以降の議会に提出された草案（第十七議会を除く）も、同書に収録されている。
（14）　「刑法改正案」（『明治誌叢』一八八二年三月号）。なお、倉富勇三郎文書（国立国会図書館、憲政資料室所蔵）中の「刑法改正審査委員会決議録」（請求番号二九―一三）によれば、「刑法改正審査委員会議決録」の第一回は一八九二年一月二三日とあるので、二月の追加任命については別に考察が必要である。
（15）　刑法改正審査委員会での作業と二種類の改正案については、杉山晴康・吉井蒼生夫編、解説『刑法改正審査委員会決議録』（早稲田大学比較法研究所、一九八九年五月刊）参照。なお、草案そのものについての印刷物としては、司法省編『刑法草案』（東京通信社、一八九七年一二月刊）、亀山貞義校閲、溝淵正気・藤田次郎共著『新旧対照刑法草案理由書』（法典実習会、一八九八年一月刊）、石渡敏一・勝本勘三郎校、中島善治・大沢唯治郎著『現行刑法対比改正刑法草案理由（総則編之部）』（法政学会、同年三月刊）等がある。

(16) 小早川欣吾は、端的に「第二改正案に至りては仏国刑法の影響を脱して独逸刑法を模範としてゐる」（『明治法制史論（公法会部）』下巻、巌松堂書店、一九四〇年一二月、一〇二八頁）と指摘している。また同書では「新派」の刑法理論の影響について言及している。なお、横田国臣（司法次官）「刑法草案ニ就テ（講演）」（『法学協会雑誌』一八九八年四月号）参照。

(17) 第十五回議会貴族院特別委員会での石渡敏一（政府委員）の発言（『刑法沿革綜覧』前掲、二四一～二四一頁）参照。

(18) 法務大臣官房、司法法政調査部監修『法典調査会会議日誌他』（日本近代立法資料叢書28、商事法務研究会、一九八五年一二月刊）所収の法典調査会関係を参照。

(19) ここでは、法典調査会調査『刑法改正案参考書』（自治館出版、一九〇一年三月刊）参照。なお、第十五議会に提出された刑法改正案は、各私立法律学校の機関誌に、その要旨等が紹介された。また、『法律新聞』には、「刑法改正の要旨」と題されて、二月一八、二五日号に法典調査会作成の前文、理由書の部分が掲載されている。印刷物としては、永井幹治編『現行法参照刑法改正理由書』（北上屋書店、同年三月刊）、『新旧対照刑法改正案』（長島文昌堂、同）、『刑法改正案参考書』（八尾書店、同）等がある。

(20) 刑法改正に関する帝国議会での審議は『刑法沿革綜覧』（前掲）に収録され、本論考に関係する諸種の問題が提示されているが、ここでは割愛せざるを得ない。

(21) 『日本弁護士協会録事』（一九〇〇年五月号）。以下、特にことわらないかぎり、日本弁護士協会関係についての記述は『録事』による。

(22) 同右（一九〇一年一月号）

(23) 『明治法学』（同年二月号）、反対決議は、「政府が匆卒刑法改正案を第十五回帝国議会に提出し、直ちに之れが協賛を求めんとするは立法の常道に反し、編纂の手続を誤りたる不当の行動なりと認む」である。なお、二月二四日には神田錦輝館で「非刑法改正案大演説会」を開き、出席弁士「五十有余名」、聴衆「無慮五千名」（『法学志林』では「三千余名」）が来会したという。岸本辰雄、磯部四郎、井本常治等が演説を行った。なお、「大阪、名古屋、広島、福岡、新潟、宇都宮其他各地の弁護士会」が、この府下八大法律学校出身者の同盟に「加入し居れりと云ふ」と『明治法学』（同年三月号）にはある。

(24)『日本弁護士協会録事』（一九〇一年一月号）。

(25) 例えば「立法ノ沿革ヲ論シテ改正刑法ニ及フ」（同右、一九〇一年一月号、「刑法ノ改正」（同、四月号）、また、第十六議会、貴族院の刑法改正案第一読会での反対意見は、「刑法改正反対ノ意見」として、同（一九〇二年二月号）に掲載されている。

(26) 右の『録事』に掲載された花井卓蔵の反対論としては、「刑法改正の声」（一九〇一年一月号）、「刑法改正案」（同年三月号）、後者は衆議院での質問、等がある。

(27)「法学部大討論会」（『早稲田学報』一九〇一年三月号）

(28)『法政大学百年史』（一九八〇年一二月刊）一四八頁。

(29) 飯田宏作「予カ此回ノ刑法改正案ニ反対スル所以」（『日本弁護士協会録事』一九〇一年一月号）、「刑法改正案ニ関スル管見」（『法学志林』同年二月号）、信岡雄四郎「立法の常道」（同上）、高木益太郎は自らの主宰する『法律新聞』紙上において、例えば、「刑法改正案の撤回を望む」（一九〇一年二月一一日号）等を執筆している。なお、『法律新聞』（同年二月四日号）の記事「和仏法律学校と刑法改正」によれば、一月二七日校友会を開き、富井、梅等が賛成論を、飯田学監が非改正説を主張し、採択の結果、一、二人を除く外は、賛成論者であり、改正支持の決議を行ったとある。

(30)『時事新報』（一九〇一年一月一八日号）には「五大法律学校が刑法改正に反対」の記事が掲載され、明治、和仏、日本、の各法律学校及び東京法学院、東京専門学校の各校友会は改正反対の意見を有する旨を報道している。専修学校では、校長高橋捨六他、今村力三郎等が刑法改正反対実行委員会のメンバーであった（『日本弁護士協会録事』一九〇一年一月号）。

(31) 岸本「朝令暮改」「再ヒ刑法全部改正ノ非ヲ論ス」の二篇は『明治大学百年史』（前掲）に再録、また「清浦氏ノ刑法改正ニ関スル意見ヲ読ム」「岡田学士ニ答ヘテ併セテ質ス」の二篇は、東京法論社編集局編纂『日本法律大家論集』（青木嵩山堂、一九〇一年六月刊）に収録されている。なお、後者には次章でとりあげる磯部四郎「清浦前法相ノ刑法改正案ニ関スル演説筆記ヲ読ム」並びに清浦奎吾「吾豈好弁哉」が収録されている他、岡田朝太郎、富井政章、岡松参太郎の刑法改正をめぐる論説も再録されている。この論争を報じているものとしては、『法学志林』（一九〇一年一月号）の「雑報」の「刑法改正論者と非改正論者」記事、『明治法学』（同）の「非刑法改正論の反響」にも、『日本』や『東京朝日』での記事が紹介されている。なお岸本の経歴、著作等については、『明治大学百年史』並びに『岸本辰雄関係史料集㈠』（明治大学広報課歴史編纂室、一九七三年二月刊）参照。（補注）最近のものとしては『岸本辰雄と明治大学』（明治大学校友会鳥取県支部、二〇〇六年五月刊）がある。

(32) 清浦奎吾著『奎堂夜話』（今日の問題社、一九三八年一〇月刊）には次のように記されている。「私は明治の初期政府が内政を改善し、外国との条約を改正するに付法律を制定するの挙あるに際会し、司法省雇仏人ボアソナード氏に就き法律改正の事業に没頭勤務したのは非常の苦心であつたが又非常の利益であつた。其の頃は法学幼稚の時代で、法律制定は頗る困難であつた」（一〇〇頁）。後藤武夫著『子爵清浦奎吾伝』（日本魂社、一九二四年五月刊）にも「後日彼が法曹の方面に重きを為された所以はこゝにあるのである」（五二頁）とある。

(33) 小川太郎・中尾文策著『行政改革者たちの履歴書』（矯正協会、一九八三年九月刊）四九頁。

(34) 前掲書五一頁。

(35) 『中央新聞』（一八九二年四月二〇日、二一日号、『伯爵清浦奎吾伝』上巻、同刊行会、一九三五年七月刊再録、三三三〜三四〇頁）。

(36) 清浦奎吾著『明治法制史』（明治堂、一八九九年六月刊）五二一頁。

(37) 司法省法学校関係の記述は、手塚豊「司法省法学校小史」（『明治法学教育史の研究』慶応通信株式会社、一九八八年三月刊、所収）参照。

(38) 戸山銃声『人物評論 奇人正人』（活人社、一九一二年一〇月刊）一五八頁。

(39) 牧野英一『刑法の三十年』（一九三八年六月刊）三五頁。

(40) 以上の引用は古賀廉造『刑法新論』（和仏法律学校出版、一八九八年八月刊）「緒言」部分。古賀は和仏法律学校他の講義録でも「刑法ノ沿革」に触れ次のように述べている。「現行刑法ハ仏人ボアソナード氏ノ起草セシ所ノモノニシテ日本人ハ実ニ多少ノ修正ヲ為シタルニ過キス故ニ現行刑法ハ十中ノ八九仏国刑法ノ精神ヲ採リシモノト云フテ不可ナル所ナシ凡ソ一国ノ法律ハ其国ノ風土、人情、習慣ニ適当スルニ非サレニ其用ヲ為サ、ルモノナルコトハ何人モ稔知セル所ナリ然ルニ仏国刑法ノ精神ヲ以テ組成セル刑法ヲ以テ直チニ之ヲ日本国ニ行ヒタルハ極メテ大胆ナル政策ニシテ今日ヨリ之ヲ考フレハ実ニ危険ト云ハサル可カラス」(『刑法講義（総則）』明治法律学校三四年度一学年講義録、明治法律学校出版部講法会出版、四頁）と。

(41)　犯罪の社会的原因としては、前掲の『刑法講義（総則）』によれば、⑴経済上ノ関係　⑵教育　⑶政治思想　⑷新聞紙　⑸遊芸　⑹法律、等々を掲げている。このうち「教育」が犯罪の原因となっている例として、ロシアの「虚無党」、フランスの「共産党」、イタリアの「社会党」をあげ、「其為ス所残忍暴戻或ハ帝王ヲ殺シ或ハ皇后ヲ害シ或ハ豪産家ヲ倒シ或ハ一都府ヲ焦土ニシテ尚慊然タラサルモノアリ」としている。また教育が犯罪方法に変化をもたらす例として「爆裂弾を使用する犯罪」を掲げている。「新聞」の影響力にも注目し、その取締りの必要性をも述べている（前掲、一一〜一二頁）。このあたりに、古賀の考え方が十分に表われている。

(42)　「防衛権」については講義録に詳しい（前掲書一八〜三一頁）。

(43)　『法学協会雑誌』（一八九一年七月号）

(44)　古賀廉造先生講演「刑法ニ於ケル新旧学派ノ戦争」（『和仏法律学校二十九年度講義録　演説筆記』所収）、後に「和仏法律学校に於ける講談」として、『刑法新論』の巻頭に再録。

(45)　磯部四郎の経歴については、とりあえず、摂提子編『帝国議会議員候補者列伝』(庚寅社蔵版、一八九〇年四月刊、九七二〜九七五頁)、東恵雄編『明治弁護士列伝』（周弘社、一八九八年八月刊）、奥平昌洪『日本弁護士史』（巌南堂、一九一四年一一月刊、七七三〜七七四頁）、森長英三郎『日本弁護士列伝』（社会思想社、一九八四年六月刊、四五〜四七頁）等参照。ここでの記述は確定的なものではない。（補注）最近のものとして、谷口貴都「磯部四郎と東京専門学校」（『法史学をめぐる諸問題』敬文堂、二〇〇四年三月、村上一博「序文――『日本法律家の巨擘』磯部四郎」（『磯部四郎論文選集』信山社、二〇〇五年一一月刊）がある。

(46)　磯部四郎『刑法講義』（上巻、改正増補、八尾氏蔵版、一八九三年三月刊）一〇九頁。

(47)　同右、上巻、三四三頁。

(48)　岡田朝太郎は一八九四年九月から、勝本勘三郎は一八九五年一〇月から明治法律学校で刑法を担当した。勝本

（当時、東京控訴院検事）の在職期間は短いが、岡田は帰国後も復職した。したがって一九〇〇〜一九〇一年にかけての刑法改正論争の時期には、改正論者である古賀と岡田が刑法講義を担当していた。岡田は一八九八年成案の改正草案を独訳し、リストに意見を聞いている（「岡松君に」『法律新聞』一九〇一年二月一一日号）。岡田の改正賛成論は「刑法改正に就て」（『法学新報』一九〇一年一月号）、また岸本辰雄との論争があり、部分的改正か全部改正か、草案の秘密主義、刑の範囲等について論じている。岡田「刑法非改正論の一節に就て岸本法律学士に質す」（『法律新聞』同年一月二八日号）、「刑法非改正論を評す」（同、二月四日号）、岸本「岡田学士ニ答ヘ併セテ質ス」（『明治法学』同年二月号）がある。他方、勝本は、「刑法学派の争い」を紹介した他、イタリア学派の理論についても紹介した。勝本については、滝川幸辰「京都大学の刑法講座」（『刑法学周辺』玄林書房、一九四九年一一月刊、所収、一八〇〜一八六頁）参照。

(49)　民法典論争の経過については、さしあたり、星野通『民法典論争史』（日本評論社、一九四四年六月刊）参照。

(50)　山室信一『法政官僚の時代』（木鐸社、一九八四年一二月刊）、「ドイツ学導入をめぐる嚮導と対抗」（二五〇〜三三八頁）参照。

(51)　同右、並びに穂積重行『明治一法学者の出発』（岩波書店、一九八八年一〇月刊）第一〇章「一法学者の出発」（二六一〜三二四頁）参照。

(52)　穂積陳重『法窓夜話』（有斐閣、一九一六年一月刊）三三七頁。『東京大学史』（東京大学出版会、一九八六年三月刊）四六頁。

(53)　この点に関しては、利谷信義「日本資本主義と法学エリート㈡」（『思想』一九六五年一〇月号）が詳しい。

(54)　団藤重光「官僚主義と刑法」（『刑法の近代的展開』弘文堂、一九四八年二月刊所収）七六〜七七頁。

(55)　この点に関する個別的実証は後日に譲らなければならない。ただ、江木衷が「沿革法理学の勃興を望む」（『雄弁』一九一〇年三月号）において、憲法の制定から「独逸と云ふものが出しやばった」ことを指摘し、ドイツ風学問というのは、日本の場合、「歴史派」ではなく「理論派」の学問、いや「空論派」の学問ともいうべきもので、新しい本を読んで「独逸学者」になってしまうような底の浅いものであったが、それが民法や刑法の改正を行ったといい、次のようなことに言及している。「吾々も実は其空論に惑はされて独逸語を学びました。又どうしても今まで英吉利派であり仏蘭西派であった人の、多少頭脳が好いとか謂はれる人は、どうしても独逸語をやつて其仲間に這入らんと馬鹿にされてしまふ。独逸語をやらない者は学者でないやうになつて居た。それであるから今迄仏蘭西派であつた人が独逸語を学んで空論者に這入つたやうな人人は今日威張つて居られる。依然として旧を守つて居ると誰も構はない、まるで法律社会に顔が出せぬやうになつて居る」と、富井や梅の名前を出しているわけではないが、参考にはなろう。なお、富井や梅の刑法改正賛成論としては、富井政章「刑法改正意見」（『法律新聞』一九〇一年一月二八日号）、また岸本の求めにより行われた明治法律学校での講演録「累犯ノ懲罰及ヒ予防」（『明治法学』同年一〜二月号）もある。梅謙次郎には「刑法改正案」（『法学志林』同年二月号）がある。二人に対する反対派の批判は厳しい。例えば、「梅富井なんどいへる大学連は伊藤首相に縋り付き法案通過の運動に余念なしと。梅富井の二氏は前年帝国議会に於て法典問題の喧かりし時、一派の驍将、今日は陣笠とはさて〳〵代れば変る浮世なり。之を君子の豹変と謂ふべき乎。人あり評して曰く、梅と富井とは狼と狽の如し。梅の知、富井の徳、合して一人前の仕事を為し得べしと。されば二氏の運動こそ、狼狽運動とこそ称すべけれ」（『日本弁護士協会録事』一九〇一年一月号、「雑録」欄）。

(56) 奥平昌洪『日本弁護士史』（前掲）六二二〜六五四頁参照。

(57) 楠精一郎『明治立憲制と司法官』（慶応通信株式会社、一九八九年四月刊）第一部第一章参照。

(58) 日本法理研究会編『明治初期の裁判を語る』（日本法理研究会、一九四二年四月）二七頁。光行次郎「検察権運用の推移」（『法曹会雑誌』一九三九年一一月号）参照。

(59) もちろん、弁護士全体が反対運動を行ったわけではなく賛成派の弁護士の活動もあった。ここでは詳しく触れることができない。とりわけ一九〇一年四月二九日の東京弁護士会通常総会での対立は激しいものであった。その様子は、例えば「東京弁護士総会の模様」（『法律新聞』同年六月一〇日、一七日号）などに見ることができる。

(60) 高木益太郎「法律新聞発刊の趣旨」（『法律新聞』一九〇〇年九月二四日号）。

(61) 大学運営の面からは、一九〇一年九月、鵜沢総明の明治法律学校への加入は大きな意味をもつ。鵜沢は、この論争において反対論の立場から、「改正刑法草案ヲ難ス」（『法政新報』一九〇一年二月号）、「刑法改正案を難ず」（『法律雑誌』同年三月二五日〜四月一五日号）、「富井博士ノ刑法改正案賛成説ヲ読ム」（『法学協会雑誌』同年四月号）等を書いた。鵜沢の明治法律学校への招聘は、「東京市参事会員疑獄事件の弁護を聞いた岸本が三顧の礼をもつて迎えた」というのが『鵜沢総明』(技報堂、一九五六年一月刊、二三一頁)を書いた井上正俊の説くところであるが、私には、この刑法改正反対論が機縁になっているように思える。

(補) 本稿は『明治大学史紀要』(第一〇号、一九九二年一二月刊)掲載論文に手を加えたものである。

磯部四郎と商法

高倉史人

はじめに

磯部四郎については従来、フランス法派に属し、法律取調委員会委員や法典調査会委員として民法や刑法の編纂に携わる一方で、民法や刑法の訳書や著作として『民法釈義』、『民法応用字解』、『改正増補 刑法講義』等が知られている。[1] しかし、このように民法や刑法の分野で知られる磯部と商法との間に接点があったことについては、これまでほとんど触れられてこなかった。後述するように、磯部は法典調査会委員として商法の審議に携わり、例えば、『大日本新典 商法釈義』や『大日本商法 会社法釈義』等の商法に関する著作も発表している。[2] さらに、晩年には(第二次)法律取調委員会委員として明治四四年(一九一一)に行われた商法改正の審議にも加わっているのである。

本稿では、このようにこれまで注目されることがなかった磯部と商法の関わりや磯部の商法に関する基本的な見解を検討し、商法史における磯部の位置づけを試みたい。

具体的に、第一節では、会社条例編纂から明治四四年商法改正までの経過と磯部の動向を対比させながら概観し、磯部と商法の関わりを明らかにする。考察に際しては、磯部の動向を、⑴政府各機関における会社条例編纂(明治七年(一八七四)〜一九年(一八八六))、⑵旧商法の編纂・成立(明治一九年(一八八六)〜二三年(一八九〇))、⑶商法典論争、明治三二年商法の編纂・成立(明治二三年(一八九〇)〜三二年(一八九九))、⑷明治四四年商法改正の審議・成立(明治三九年(一九〇六)〜四四年(一九一一))に時期区分し検討を加える。第二節では、磯部の商法に関する著書の中から、特にその「緒言」において彼の商法に関する基本的な見解を伺うことができる『大日本新典 商法釈義』と『大日本商法 会社法釈義』を検討する。『大日本新典 商法釈義』は、明治二三年(一八九〇)六月から二六年(一八九三)七月にかけて長島書房より刊行されたもので、旧商法の「総則」から「第三編 破産」まで一〇六四条にわたる条文を中心に解説した大書である。また、『大日本商法 会社法釈義』は、二七年七月に旧商法の会社法の規定が修正・施行されることに関連して、『大日本新典 商法釈義』の「第一編第六章 商事会社及共算商業組合」の部分に修正を加え、同年五月に長島書房から刊行されたものである。なお、このような磯部の商法に対する見解の検討に際して、同時代にフランス法派に属し、同じく民法で著名な岸本辰雄の商法に関する基本的な見解との比較を適宜に行う。岸本は、法律取調委員会委員、法典調査会委員、(第二次)法律取調委員会委員として商法の審議や明治四四年商法改正の審議に携わり、例えば、二四年(一八九一)七月から二六年三月にかけて明治法律学校講法会から発行された『商法講義』、同年五月に新法註釈会から発行された『改正商事会社法正義』等の商法に関する著作を発表しており、商法と深く関わりをもっていたからである[3]。第三節では、明治四四年商法改正の審議における磯部の発言を検討する。磯部は(第二次)法律取調委員会委員として明治四四年商法改正の審議に加わり発言を行っており、なかでも、罰則規定改正の審議における磯部の発言には、この時期の彼の商法に関する基本的な見解が示されているからである。

以上のような作業により、これまで着目されることのなかった日本近代法学の巨擘磯部の商法観に迫りたい。

それでは、まず、会社条例編纂から明治四四年商法改正までの経過と磯部の動向を対比させながら概観し、彼と商法の関わりを明らかにしよう。

一　会社条例編纂から明治四四（一九一一）年商法改正までの経過と磯部四郎の動向

(1)　政府各機関における会社条例編纂（明治七年（一八七四）～一九年（一八八六））

①　会社条例編纂

我国の商法編纂は、明治七年（一八七四）大蔵省や内務省において会社条例の編纂が行われたことから始まる。大蔵省では同省内に会社条例取調掛が置かれ、イギリスの合本会社条例の翻訳等が行われたが法案までに至らなかった。内務省では八年五月に会社条例草案を作成し太政大臣に上申したが、主としてイギリス法を模範としており他の国の立法を参照していないとの理由から採用されなかった。その後、一三年（一八八〇）九月二四日元老院に会社並組合条例審査局が設置され、一四年四月に会社条例の草案が完成した。しかし、これも、会社法は商法の一部なのだから両者を同時に発布する方が良いという意見によって採用されなかった。なお、同月からロエスレルが太政官で商法草案の起草を始め、一七年（一八八四）一月に完成し理由書も発表している。

このような会社条例編纂と並行して、明治一五年（一八八二）三月三一日に設置された太政官参事院商法編纂局は、同年九月ロエスレル商法草案の総則と会社の部分に大幅な修正を加えた一六〇条の草案を作成したが、ロエスレルの反対で不採用となった。さらに、一七年五月二四日に太政官参事院商法編纂局の閉鎖に伴って、会社条例編纂委員会が設置され、ロエスレル商法草案の会社の部分に従いながら条文の起草を行い、一九年（一八八六）三月に商社法を完成したが、これも公布されなかった。このように、会社条例は大蔵省会社条例取調掛、内務省、元老院会社並組合条例審査局、太政官参事院商法編纂局、会社条例編纂委員会等の政府各機関で編纂されたが公

布まで至らなかったのである。(4)

② 磯部四郎

磯部は、明治八年(一八七五)七月五日司法省からフランス留学を命ぜられ、パリ大学法学部で学び、一一年(一八七八)一二月八日帰国した。帰国後、磯部は明治一二年(一八七九)三月一八日司法省修補課委員、一三年一月二二日民法編纂委員になり、同年六月一日元老院に開局された民法編纂局で民法編纂に従事した。(5)民法編纂局は、第一課から第四課までに分かれていたが、磯部は第一課に所属し、箕作麟祥、黒川誠一郎、ボアソナードと共に、民法の「編纂ノ本案ヲ起草シ及ヒ翻訳庶務」、すなわち、ボアソナードが起草した仏文の民法草案の翻訳等を行なったのである。民法編纂局は、一九年(一八八六)三月三一日第二編と第三編第一部等を内閣に上申して閉局し、その仕事を終えた。(6)この間、磯部は一四年六月四日民法編纂局会計主務、一七年五月一七日司法省権大書記官に任命され、同年一一月一七日には司法省より法律学士の称号を授与された。(7)

以上のべたように、明治七年(一八七四)から一九年(一八八六)三月までの時期において、会社条例の編纂が大蔵省、内務省、元老院等の政府各機関で行われる一方で、磯部はフランス留学後、民法草案の編纂・翻訳等に携わっており、彼と商法の関わりは見出すことができない。

(2) 旧商法の編纂・成立(明治一九年(一八八六)~二三年(一八九〇))

① 旧商法の編纂・成立

既述したように、明治一四年(一八八一)四月から太政官でロエスレルが商法草案の起草を始め、一七年(一八八四)一月に完成し理由書も発表した。ロエスレル商法草案は、フランス商法を基本としたもので、「総則」、「第一編 商ヒ一般ノ事」、「第二編 海商」、「第三篇 倒産」、「第四篇 商事ニ係ル争論」の編別で一一三三条から成っていた。また、起草の目的は、我国の商業や産業に確実で完全な規則を与えることであり、我国を世界各国の通商国と平等の地位に立たせることであった(8)。

明治一九年（一八八六）八月六日に外務省に外務大臣井上馨を委員長とする法律取調委員会が設置され、泰西主義（欧米市民法の原則）に従った法典編纂がここで行われることになった。しかし、条約改正をめぐる政府部内の対立の激化や国民の反対運動の高まりによって井上は辞職し、二〇年（一八八七）一〇月二一日には、法律取調委員会が外務省から司法省に移管され、司法大臣山田顕義委員長の下で法典編纂が行われた。

法律取調委員会は、民法、商法、訴訟法の草案の条項が実行できるか否か、また他の法律規則と抵触するか否か審議することを目的とし、「法理ノ得失実施ノ緩急文字ノ当否」は審議しなかった。また、構成は、委員長、報告委員、取調委員、外国委員等から成っており、報告委員は民法、商法、訴訟法の草案の下調を分担する数組に分けられ、委員会で報告・説明を行うが議決権はなかった。取調委員は報告委員の報告・説明に基づいて審議決定にあたり、外国委員は起草者としてその説明を要する時に列席した。

明治二〇年（一八八七）一二月一日より法律取調委員会で商法草案の審議が行われ、約八ヵ月で完了した。その後、商法草案は元老院、枢密院の審議・可決を経て、二三年（一八九〇）四月二三日に法律第三二号として公布され、二四年四月一日から施行される予定であった。なお、旧商法は、「総則」、「第一編 商ノ通則」、「第二編 海商」、「第三編 破産」の一〇六四条から成り、フランス法系の編別で、内容面では、基本的にロエスレル商法草案を踏襲したものとなっていた(9)。

② 磯部四郎

既述したように明治一九年（一八八六）三月三一日民法編纂局は閉鎖されたが、磯部は同年四月一三日司法省の民法草案編纂委員に任命されて「人事編」の編纂に従事した。さらに磯部は、同年一二月六日から始まった元老院民法調査会で、政府から下布された民法編纂局の民法草案の説明を行った(10)。

その後、磯部は、明治二〇年（一八八七）一一月八日法律取調委員会報告委員に任命された(11)。報告委員は既述したように民法、商法、訴訟法の草案の下調を分担する数組に分けられていたが、磯部は、栗塚省吾、井上正一等と共に民法の組に属して活動を行った。なお、商法の組には岸本辰雄が属していた(12)。また、磯部は同年一二月「用収権ノ廃ス可カラサル意見」、二一年一月「一般ニ人証ヲ許容スヘキ否ヤノ問題ニ関スル卑見」等の民法に関する論文を発表した。この時期までは、磯部は民法に深く関与していたが、商法には関与しておらず、磯部と商法の関わりは見出せない。

しかし、旧商法の公布以後、磯部と商法の関わりが生じてくる。既述した明治二三年(一八九〇)六月の『大日本新典 商法釈義』刊行である。『大日本新典 商法釈義』には磯部の商法に関する基本的な見解や解釈が明確に示されている(13)。

以上のべたように、明治一九年(一八八六)四月から二三年(一八九〇)六月までの時期において、法律取調委員会で商法の編纂・審議が行われる一方で、磯部は法律取調委員会の報告委員に任命され、民法の組に属して活動を行い民法に深く関与したが、商法には関与していなかった。しかし、旧商法公布以後、『大日本新典 商法釈義』を刊行したことで磯部と商法との関わりが生じてきたといえよう。

(3) 商法典論争、明治三二年商法の編纂・成立(明治二三年(一八九〇)〜三二年(一八九九))

① 商法典論争、明治三二年商法の編纂・成立

すでに明治二二年(一八八九)五月法学士会(東京大学法学部出身者から成るイギリス法派)が「法典編纂ニ関スル法学士会ノ意見」を発表したことで法典論争の口火は切られていた。その後、民法典論争に連動する形で二四年(一八九一)四月の旧商法施行をめぐって商法典論争が生じ、国家機関、経済界、帝国議会等で議論が行われた。

国家機関では、二三年(一八九〇)六月二八日元老院議官村田保が「商法施行延期ヲ請フノ意見書」を内閣に

提出し、同年七月二一日には政府がこれに反駁を行った。経済界では、同年八月二七日経済界の大部分の賛成を得た東京商工会（現東京商工会議所）が「商法施行ノ延期ヲ要スル議ニ付意見」を司法大臣に提出した。これに対して、大阪・神戸等の経済界の一部が反対し、特に同年一〇月二七日には大阪商法会議所（現大阪商工会議所）が商法断行意見を採択した。

このような国家機関や経済界の対立を背景に帝国議会では、明治二三年（一八九〇）一二月一五日第一回帝国議会の衆議院に永井松右衛門（東京商工会所肝煎）が「商法及商法施行条例施行期限法律案」を提出し、衆議院・貴族院の激しい議論を経て可決された。そして、同年一二月二七日に旧商法を二六年（一八九三）一月一日まで施行延期する「商法及商法施行条例施行期限法律」（法律第一〇八号）が公布された。さらに、二五年五月一六日には第三回帝国議会の貴族院に村田保が「民法商法施行延期法律案」を提出し、これも貴族院・衆議院の激しい議論を経て可決された。そして、二五年一一月二四日に旧商法を二九年（一八九六）一二月三一日まで施行延期する「民法商法施行延期法律」（法律第八号）が公布された。(14)

明治二六年（一八九三）になると、株式市況は活気を呈し会社の新設・拡張が相次いだ。しかし、以前から会社がもたらす様々な弊害が生じており、弊害を是正する会社法の必要性が経済界等、各方面から強く叫ばれるようになった。政府は、これらの要望に応えて、同年七月一日に旧商法の中から会社法、手形法、破産法等の規定を一部修正の上、施行した。(15)

一方、明治二六年（一八九三）四月一二日には民法や商法等を起草・審議するために「法典調査会」が発足していた。そして、二八年九月から商法案の審議が始まり、一三〇回余の審議を経て三〇年一二月に議了した。その後、第一二・一三回帝国議会での審議・可決を経て、三二年（一八九九）年三月九日に商法（法律第四八号）として公布され、同年六月一六日から施行された。なお、明治三二年商法は、ドイツ商法の強い影響を受け、編別を「第一編　総則」、「第二編　会社」、「第三編　商行為」、「第四編　手形」、「第五編　海商」とし、全編六八九条から成っていた。[16]

② 磯部四郎

磯部は、明治二三年(一八九〇)七月八日法律取調委員会が解散したために報告委員を罷免された。その後、第一回衆議院選挙(富山県第一選挙区)で二位当選を果たして衆議院議員になったが、わずか二カ月余りで辞職してしまう。そして、同年一〇月三〇日大審院判事、二四年七月一三日大審院判事から大審院検事になったが、二五年(一八九二)五月七日には「司法官弄花事件」により引責辞任した。明治二三年五月から二五年五月にかけて、磯部は法律取調委員会報告委員罷免→衆議院議員→大審院判事→大審院検事→大審院検事辞職というように日まぐるしく職を変えたのである。[17]

また、この時期は、既述したように法典論争が活発に展開されたが、磯部は、フランス法派であったこと、法律取調委員会報告委員として民法編纂に携わったこと等により、法典施行賛成派として「法理精華ヲ読ム」(二三年一月〜三月)、「新法発布の理由」(二三年六月)、「新法制定ノ沿革ヲ述ブ」(二四年八月〜九月)、「法典実施ノ必要」(二五年四月)等の論文を発表して法典施行を強く打ち出し、施行反対派に反駁を行った。[18] このような状況を見ると、磯部が法典施行賛成派として商法施行を支持する立場にあったといえよう。

明治二五年(一八九二)五月七日大審院検事を辞職した後、磯部は同月一〇日には代言人の免許状を受け、いよいよ弁護士としての活動を出発させた。[19] 磯部にとって、二五年五月という時期は、いわば「官」から「民」への転換期として重要な意味を持つのである。

明治二六年(一八九三)以降になると、磯部と商法の関わりが深くなってくる。旧商法の会社法、手形法及び破産法の施行に関連して、磯部は同年五月に『大日本商法 商事会社法釈義』、六月に『大日本商法 手形法釈義』、『大日本商法 破産法釈義』をそれぞれ長島書房から刊行した。さらに、磯部は同年七月三日には法典調査会査定委員になり、法典調査会の組織改革により二七年三月三一日法典調査会委員となって明治三二年商法の審議に加

わったのである。(20)

表1は、法典調査会商法委員会における磯部の発言について示したものだが、実質審議一二四回の内、三二回出席し、一九回発言している。一九回の発言は、明治二九年（一八九六）六月一五日の第六回法典調査会商法委員

（表1）　法典調査会商法委員会における磯部四郎の発言

	回・日	条　文
①	第6回（明治29年6月15日）	第20条（商号の登記）
②	第7回（明治29年6月19日）	第20条（商号の登記）続き
③	第8回（明治29年6月22日）	第25条（商業帳簿）
④	第9回（明治29年6月26日）	第2条（商法の適用順序） 第29条（商業使用人）
⑤	第10回（明治29年6月29日）	第30条（商業使用人）
⑥	第13回（明治29年7月10日）	第39条（会社の登記）
⑦	第14回（明治29年7月13日）	第39条（会社の登記）続き
⑧	第21回（明治29年9月4日）	第69条（会社合併の公告）
⑨	第29回（明治29年10月5日）	第121条（株券上の記載事項） 第123条（記名株式の譲渡） 第124条（株金の払込期日）
⑩	第30回（明治29年10月9日）	第125条（株式の譲渡）
⑪	第51回（明治30年1月22日）	第21条（営業譲渡） 第107条（定款の記載事項） 第149条（会社の破産宣告） 第220条（外国会社） 第221条（同）
⑫	第55回（明治30年2月5日）	第229条（商人間の法定利息）
⑬	第65回（明治30年3月15日）	第260条（問屋の行為） 第260条（同）
⑭	第68回（明治30年3月26日）	第273条（運送取扱人の責任） 第276条（貨物引換証の交付）
⑮	第71回（明治30年4月5日）	第288条（旅客運送人の責任）
⑯	第74回（明治30年4月16日）	第295条（倉庫営業者の支払義務）
⑰	第102回（明治30年9月17日）	第429条（船舶付属品の帰属）
⑱	第103回（明治30年9月20日）	第434条（船舶所有者の責任）
⑲	第107回（明治30年10月4日）	第460条（海員の雇入）

（実質審議124回、出席32回、発言19回）

法務大臣官房司法法制調査部監修「法典調査会　商法会議筆記」、「法典調査会　商法委員会議事要録」（『日本近代立法資料叢書』19，商事法務研究会、1985）より作成。

会で審議された第二〇条（「商号の登記」）から、三〇年（一八九七）一〇月四日の第一〇七回法典調査会商法委員会で審議された第四六〇条（「海員の雇入」）まで広範囲にわたっているのである。[21]

以上のべたように、明治二三年（一八九〇）四月から三二年（一八九九）六月までの時期において、磯部四郎は、法典論争では法典施行賛成派として商法施行を支持する立場にあり、旧商法の会社法、手形法、破産法の施行に関連して、『大日本商法 会社法釈義』、『大日本商法 手形法釈義』及び『大日本商法 破産法釈義』を刊行し、さらに法典調査会委員として明治三二年商法の審議に加わり発言していることから、以前よりも商法と関わりを深めていったといえよう。

(4) 明治四四年商法改正の審議・成立（明治三九年（一九〇六）〜四四年（一九一一））

① 明治四四年商法改正の審議・成立

日露戦争後、日本の経済は飛躍的に発展し多くの会社が設立された。しかし、明治四一年（一九〇八）頃になると前年のアメリカの恐慌の影響で不況となり会社の倒産が相次いだ。また、会社の合併・合同が進展し、財閥を中心に近代的なコンツェルンが形成され始めた。このような経済状況の変化にしたがって、明治三二年商法に多くの不備・欠陥があらわれてきた。例えば、異種類会社の合併規定が不明確であり、外国での社債募集規定が欠如していた。また、後述するように、明治四二年（一九〇九）四月一一日に発覚した「大日本製糖株式会社事件」いわゆる「日糖事件」のような会社重役の不正事件に対する罰則規定が不十分であった。これらの不備・欠陥を是正するための商法改正の審議が四二年一二月一日から（第二次）法律取調委員会で二二回行われ、四三年六月二九日の「第二二回法律取調委員会」で改正案が可決された。その後、改正案は四四年（一九一一）一月の第二七回帝国議会での審議・可決を経て、同年五月三日に「商法中改正法律」（法律第七三号）として公布され、一〇月一日から施行された。[22]

② 磯部四郎

既述したように、磯部は、明治二五年（一八九二）五月から弁護士として活動を始めたが、三一年（一八九八）には東京組合弁護士会会長になり大正一二年（一九二三）まで五回務めた。その後、三九年（一九〇六）六月八日に司法省において刑法改正案の法律取調委員に嘱託され、同年七月二一日には刑法取調委員会起草委員に指名され、刑法改正に取組んだ。なお、刑法は四〇年四月二四日に公布されている。(23)

明治四二年（一九〇九）四月一一日に発覚した「日糖事件」は、明治四四年商法改正の契機のひとつとなったが、磯部は、鵜沢総明、鳩山和夫、花井卓蔵等と共に被告の弁護人となった。(24)

さらに、明治四四年商法改正の審議が、（第二次）法律取調委員会で明治四二年（一九〇九）一二月一日から四三年六月二九日まで二二回行われたが、磯部は法律取調委員会委員としてこれに加わった。(25)

表2は、法律取調委員会における磯部の発言について示したものであるが、実質審議二二回の内、九回出席し、九

（表２）（第２次）法律取調委員会における磯部四郎の発言

	回・日	条　文
①	第１回（明治42年12月１日）	第７条（法定代理人） 第26条（財産価格）
②	第２回（明治42年12月８日）	第26条第２項（財産価格） 第32条ノ２（支配人の権限）
③	第６回（明治43年１月12日）	第172条ノ２（株主への通知） 第177条（取締役の責任）
④	第９回（明治43年２月２日）	第261条（罰則規定）
⑤	第12回（明治43年２月23日）	第261条ノ５（罰則規定）
⑥	第14回（明治43年３月９日）	第164条（取締役や監査役の選任）
⑦	第15回（明治43年５月４日）	第83条ノ２、３、４ （会社の組織変更）
⑧	第17回（明治43年５月25日）	第372条（手形の裏書）
⑨	第18回（明治43年６月１日）	第488条〜488条ノ４ （裏書人の償還請求等） 第508条、515条〜515条ノ５ （拒絶証書等）

（実質審議22回、出席９回、発言９回）

法務大臣官房司法法制調査部監修「〔第二次〕法律取調委員会　商法中改正法律案議事速記録一・二」(『日本近代立法資料叢書』20・21、商事法務研究会、1985)より作成。

回とも発言している。また、九回の発言は、四二年一二月一日の第一回法律取調委員会で審議された第七条（「法定代理人」）から、四三年六月一日の第一八回法律取調委員会で審議された第四八八条〜四八八条ノ四（「裏書人の償還請求」等）、第五〇八条・第五一五条〜五一五条ノ五（「支払拒絶証書」等）に関して行われている。(26)

以上のべたように、明治三九年（一九〇六）から四四年（一九一一）六月までの時期において、磯部は弁護士として日糖事件の弁護人になり、法律取調委員会委員として明治四四年商法改正の審議にも加わり発言していることから、その晩年においても商法と関わっていたといえよう。

それでは、次に、『大日本新典 商法釈義』や『大日本商法 会社法釈義』から磯部の商法に関する基本的見解を明らかにしよう。

二 商法と会社法に関する磯部四郎の見解

磯部の商法に関する基本的見解は、『大日本新典 商法釈義』や『大日本商法 会社法釈義』の「緒言」において顕著に表されている。これらの「緒言」は⑴商法を研究する必要性、⑵商業と社会の関係、⑶商法制定理由、⑷商法典論争における施行延期派に対する反論、⑸商法の継受、⑹会社法制定理由の六項目に分けられる。本節ではこれらの項目に基づきながら検討を行う。また、対比可能なものについては、同時代の岸本辰雄の商法に関する基本的な見解を、『商法講義』や『改正商事会社法正義』の「緒言」、「総論」、「緒論」から抽出して比較・考察を行う。

⑴ 商法を研究する必要性

磯部は、商法を「商業ニ関スル法律」と規定し、「人生日用ノ実際上」と「学術上」から商法を研究する必要があると述べている。具体的に、磯部は、今日どのような人でも商業に関係しないで生活することはできないので、商業に関する法律である商法を知らなければならない。また、商法は法律の中で最も民法と密接に関係しており、民法は商法によって完全な法律となるので、民法と同様に研究する必要があると述べている。さらに、磯部は、商法が規定する法式の簡明さについても言及し、「将来立法ノ任ニ当ランコトヲ希望スル者モ亦之ヲ研究セサルヘカラサルナリ」と述べ、立法者にとっても商法を研究する必要性を強調している。(27)

(2) 商業と社会の関係

磯部は、「商業と社会の関係」として、①「商業ノ道徳及社会上ニ有スル関係ハ如何」、②「商業ノ理財上及成法上ニ有スル関係ハ如何」、③「商業ノ目的ヲ達スルニ必要ノ商法ハ如何ナル性質ヲ備フルコトヲ要スルヤ」といった三つの問題点を挙げ、それに答える形で次のように論述する。(28)

①について、磯部は、商業が道徳上及び社会上最も「貴キ職分ヲ有」し、「社会ニ高尚ノ地位ヲ占」め、商業を行う「商人ノ職分モ亦貴重スヘキモノト謂ハサルヘカラス」と述べている。また、「各国ノ交際上ニ於テハ商業ハ国際ノ親和者タル職分ヲ占ムル」とし商業の国際的な位置づけにも言及している。商業や商人の地位を高く評価していることが磯部の大きな特徴である。また、この見解は、当時、道徳上及び社会上、江戸時代以来残っていた商業や商人を低く見る風潮に対する彼の強い反論と思われる。(29)

②について、磯部は、理財学（経済学）において「産出製造及貿易ノ三事業」の区別があり、「産出事業」が農業、「製造事業」が工業、「貿易事業」が商業に属し、農業には民法が適用され、工業・商業には商法が適用される。何故なら、農業は、「特ニ土地ノ所有者又ハ小作人ト土地其モノトノ関係ヲ想像スルニ止マ」り、契約も「概シテ簡単ノモノナレハ」、民法の規定で十分である。一方、工業や商業を発展させるには「最モ迅速ニ取引ヲ行ヒ且最モ多ク契約ヲ為ス」必要があり、それを法的に保障するのが商法である。そして、商法によって「商事取引

ヲ容易ナラシメ須ク迅速ニ事ヲ処スル」ことが必要で、商法を「民法ノ支配下ニ置クヘキモノ」でないと述べている。磯部は、工業や商業の発展を法的に支え・保証する法として商法を位置づけ、また民法と同等なものとして商法を捉えているのである。(30)

③について、磯部は商法の性質として「迅速」、「信用」、「安全」をあげる。すなわち、「迅速」に事を処理できれば「一日ノ中ニ百般ノ商業ヲ取引スルコト」ができ、「其旺盛ヲ致ス」ことができる。また、「信用ノ増進ハ商業家ニ最モ必要トス」。もし「信用ナカリセハ商業家ハ一身ノ有スル資本ヲ超過スル商業ヲ為ス」ことができない。さらに、「安全」は「迅速」、「信用」の「補充物」であり、どのような契約でも「安全ニ之ヲ結フコトヲ得リレハ迅速ニ事ヲ処スル」ことができない。そして、「迅速」、「信用」、「安全」を法的に保障するのが商法であると述べている。磯部は商法の性質として、「迅速」、「信用」、「安全」を指摘し、その重要性を説いているのである。(31)

磯部が指摘した「迅速」、「信用」、「安全」といった商法の性質については、岸本辰雄の『商法講義』の「総論」においても見られる。岸本は「商法ニハ具備セサル可ラサル三ヶノ要素」として、述べる順序は磯部と違うが、「信用」、「迅速」、「安全」をあげる。「信用」について、「商業ノ隆盛」を期待するには自己資本以外の資本を活用しして、数倍の取引をしなければならない。これを可能にするには「只タ商業社会ニ信用アルノ一点」に頼るしかない。「迅速」について、商業社会は繁雑で日に数百回の取引を行わなければならない。そのため「商事ハ凡モ迅速ナルコトヲ要スル」。「安全」について、商売は「信用ヲ以テ体トナシ迅速ヲ以テ用ト為ス」が、「安全ナキニ於テハ各人安シテ取引ヲ為ス」ことができず、「商業ノ隆盛活発」を期待できない。そして、「迅速」、「信用」、「安全」を法的に保障するのが商法であると述べている。(32)

磯部と岸本の見解を比較してみると、両者の論述の進め方には相違はあるが、「迅速」、『信用」、「安全」を商法の重要な性質として捉えていることは両者とも同じである。また、多くの取引を行うためには「迅速」な処理が必要なこと、商業家や商業社会にとって商業を隆盛にするためには「信用」の裏づけが最も必要なこと、「迅速」

が商法であること等、両者とも内容的には同じことを主張しているといえよう。
や「信用」と並んで、契約や取引にとって「安全」が必要なこと、「迅速」、「信用」、「安全」を法的に保障するの

(3)　商法制定理由

磯部は、商法制定理由として、我国は明治維新以来、商業の発達が著しく、将来的にもより発達し、各国との貿易においても同等の地位を得ることが予想される。この発達を支えるには「我カ国商家ノ固有ナル篤実心」だけでは不十分で「法律ヲ以テ之ヲ幇助」しなければならないと述べている。(33)

これに対して岸本は、商売を規律する法がなく、ただ利益を追求しようとする「欲望ノミニ放任スルトキハ弊害百出」する。その弊害を予防するために商法制定が必要であると述べている。商法制定理由として、磯部は商業発達のための「幇助」をあげるのに対して、岸本は、商売の利益追求から生じる弊害防止というように相違しているといえよう。(34)

(4)　商法典論争における施行延期派に対する反論

磯部は、商法は他の法同様に日本を支配する法律であり「我カ古来ノ慣習」を採用していないという商法施行延期派の主張をあげている。この主張に対して、今日の商業は国内商業に止まらず国際商業とも重大な関係を持っているので、これに適応するためには「我カ古来ノ慣習」では通用しない。よって、「欧米ト原則ヲ相同フスル商法ヲ設定セサルヘカラサル」。また、「迅速信用安全ノ三元素」は「商法ノ基本」であり、欧米の法律に存在しても「我カ従来ノ慣習」に存在しないし、それを「商業家各自ノ徳義ニ一任」したとしても不十分なので、「欧米ト原則ヲ相同フスル商法ヲ設定セサルヘカラサル」と反論している。磯部は、国内商業だけでなく国際商業にも適応でき、「迅速」、「信用」、「安全」といった「欧米ト原則ヲ相同フスル商法」の必要性を強調しているのであ(35)

る。

(5) 商法の継受

磯部は、我国の商法はドイツ商法(一八六一)を模範としたとしている。その理由として、ドイツ商法がフランス商法(一八〇七)から約五〇余年たってから制定され、「実施上得タル経験ヲ材料トシテ」フランス商法の足らない点を補い余分な点を省いた「善良ノ新法」だからということをあげている。(36)

これに対して、岸本は、我国の商法はフランス商法を模範としたとしている。すなわち、フランスが一八〇七年に商法を制定して以来、「欧州各国ハ皆ナ之ニ倣ヒ以テ各々其商法ヲ制定」した。「故ニ我商法モ亦専ラ仏国商法ヲ模範ニシテ制定シタルモノト云ハサル可カラス」と述べている。我国の商法の継受に関して、磯部はドイツ商法を、岸本はフランス商法を模範としたというように相違しているのである。(37)

(6) 会社法制定理由

磯部は会社法制定理由を次のように述べる。会社の組織や経営がうまくいっている時は経済上大きな利益があるが、うまくいっていない時は社員相互の紛糾が起こり「経済社会ノ秩序ヲ紊乱スル」ことになり、その弊害も大きい。また、会社はすでに経済社会に利益を与える勢力になっているので、「社員ノ心術如何」によって「公衆ノ信用ニ背キテ漫ニ詐欺ノ手段ヲ行フコト容易」である。それ故、「法律上会社契約ヲ保護スルノ要アリト雖トモ同時ニ適当ノ節制ヲ加ヘテ其利益ヲハ発達セシムヘク其弊害ヲ防遏スヘキ」法律が必要になる。磯部は、会社法制定理由として会社がもたらす利益保護とす弊害防止の二点を指摘する。(38)

これに対して、岸本は会社法制定理由として、次のように述べる。近来商業が進歩し会社も盛んに起こっている。しかし、「今日纔ニ開業シテ明日忽チ閉鎖シ一起一倒、弊害百出」している。また、「会社ナルモノハ殆ント商業上山師連ノ投機ノ利器」のように見られ、信用が地に墜ちている。このような商業上の「荼毒」を救済するには「只タ法律ノ力」(39)に頼るしかない。岸本は、磯部以上に会社法制定理由として会社がもたらす弊害防止を強調しているのである。

このように、会社法制定理由として、会社がもたらす弊害防止を、磯部が指摘し岸本がより強調する背景として、当時の日本の経済状況をあげることができる。明治二三年（一八九〇）我国は恐慌に襲われ、二四年に引き継がれ、同年五月には大津事件が起こって株価がどん底に落ちるとともに、銀行の破綻もあった。つづいて二五年も低調に終始し、真に不況から回復するのは二六年になってからである(40)。

また、明治二五年（一八九二）一二月二日の「商法及商法施行条例中改正並施行法律案」（旧商法の会社法・手形法・破産法の施行を求めたもの）に関する法務大臣山県有朋の提案理由でも、次のように当時の経済状況が明確に述べられている(41)。

我邦商業社会ノ秩序ノ紊乱致シマスルモノハ日一日ノコトデハゴザリマセヌ、已ニ数年ノ久シキニ渉ッテ居リマス、其間会社ノ恐慌又ハ会社ノ破産、多クハ投機者流ノタメニ法ノ網ノ疎ナルヨリ致シマシテ一個一身ノ利益ヲ壟断セムコトヲ謀ルタメニ大イニ此社会ニ禍害ヲ与ヘルコトハ既ニ諸君ニ於キマシテモ了知セラルルコトト存ジマス、是レ等ノ弊害ヲ匡正スルニハ精密ナル法律ヲ以テ会社ノ営業ヲ監督スルヨリ外ニ途ハナイコトト存ジマス、依ツテ此会社法ノ実施ハ目下最モ緊急ナルモノト存ジマスル（以下略—高倉注）

ここでは、当時、数年に亙って商業社会の秩序が混乱し、会社の恐慌・倒産等によって社会に対して多くの弊害が生じてきたこと、この弊害を是正するには精密な法律で会社の営業を監督するしかなく、そのために会社法の実施が急務なことが述べられている。

このような山県の提案理由にも示されている通り、磯部が指摘し岸本がより強調した会社法制定理由としての会社がもたらす弊害防止は、当時の社会認識として共有されていたと捉えることができるといえよう。

それでは、次に、明治四四年商法改正の原因のひとつとなった「日糖事件」を概観し、明治四四年商法改正の審議において中心となった罰則規定改正に関する磯部の発言を検討して、この時期の彼の商法に関する基本的見解を明らかにしよう。

三　明治四四（一九一一）年商法改正に関する磯部四郎の見解

(1)　「日糖事件」

「日糖事件」は、日本内地における最大の製糖会社である大日本製糖株式会社の重役が、輸入原料砂糖戻税法改正案の成立や糖業官営化実現をめざして、第二三・二四回帝国議会にかけて議員に賄賂を贈ったり、会社に対して不正を働いた事件のことである。事件は明治四二年（一九〇九）四月に発覚し、日糖の重役秋山一裕、磯村音介、衆議院議員栗原亮一、森本駿、横田虎彦等が東京地方裁判所検事局によって喚問拘留された。事件の起訴は議員と日糖の重役を分離して行われ、東京地裁において裁判が行われた。なお、既述したように磯部は、鵜沢総明、鳩山和夫、花井卓蔵等と共に被告の弁護人となっていた。

その後、議員には同年七月三日に瀆職法違反の判決が下され、重役には同年一二月六日に瀆職法違反、文書偽造行使、委託金費消等の判決が下された。このような製糖業界の利害に直接結びつく法案の審議にからんで、会社重役が政治家に賄賂を贈るという政・財界の金権構造が発覚したことは、当時の社会に大きな影響を与えた。

この事件の問題点を商法の観点からみてみると、明治三二年（一八九九）に制定・施行された商法にはこのような重役の犯罪を罰する規定を有していなかったために、刑法や瀆職法等によって判決が下されることになり、明治三二年商法の不備・欠陥があらわれたといえる。この事件後、会社重役の不正をなくして会社経営の健全化

を図ることが叫ばれ、最終的には明治四四年商法改正の罰則規定改正に至ったのである。(42)

⑵ （第二次）法律取調委員会における磯部四郎の発言

既述したように、明治四四年商法改正の審議は、（第二次）法律取調委員会で、四二年（一九〇七）一二月一日から四三年六月二九日まで二二回行われたが、その中で特に問題となったのは、次の明治三二年（一八九九）商法の二六一条（罰則規定）であった。

発起人、会社ノ業務ヲ執行スル社員、取締役、外国会社ノ代表者、監査役又ハ精算人ハ左ノ場合ニ於テハ五円以上五百円以下ノ過料ニ処セラル

一　本編ニ定メタル登記ヲ為スコトヲ怠リタルトキ
二　本編ニ定メタル公告若クハ通知ヲ為スコトヲ怠リ又ハ不正ノ公告若クハ通知ヲ為シタルトキ
三　本編ノ規定ニ依リ閲覧ヲ許スヘキ書類ヲ正当ノ理由ナクシテ閲覧セシメサリシトキ
四　本編ノ規定ニ依ル調査ヲ妨ケタルトキ
五　第四十六条（会社の登記―高倉注、以下同）ノ規定ニ違反シテ開業ノ準備ニ着手シタルトキ
六　第百二十六条第二項（株式会社の株式申込証の記載事項）及ヒ第二百三十八条第二項（株式合資会社の株式申込証の記載事項）ノ規定ニ反シ株式申込証ヲ作ラス、之ニ記載スヘキ事項ヲ記載セス又ハ不正ノ記載ヲ為シタルトキ
七　第百四十七条第一項（株券発行）又ハ第二百十七条第二項（新株券発行）ノ規定ニ違反シテ株券ヲ発行シタルトキ
八　株券又ハ債券ニ記載スヘキ事項ヲ記載セス又ハ不正ノ記載ヲ為シタルトキ
九　定款、株主名簿、社債原簿、総会ノ決議録、財産目録、貸借対照表、営業報告書、損益計算書及ヒ準備金並ニ利益又ハ利息ノ配当ニ関スル議案ヲ本店若クハ支店ニ備ヘ置カス、之ニ記載スヘキ事項ヲ記載セス又ハ之

ニ不正ノ記載ヲ為シタルトキ

十　第百七十四条第一項（取締役の株主総会召集）又ハ第百九十八条第二項（監査役の株主総会召集）ノ規定ニ反シテ株主総会ヲ召集セサルトキ

この明治三二年商法二六一条では、「日糖事件」の重役等の犯罪を想定していなかったために罰することができず、法の不備・欠陥があらわれたのである。そこで、不備・欠陥を是正する意図を含んだ次のような改正案二六一条が、最初に法律取調委員会で提示された(43)。

取締役、株式合資会社ノ業務ヲ執行スル社員、監査役又ハ株式会社若クハ株式合資会社ノ清算人若クハ支配人カ其任務ニ背キ会社ニ財産上ノ損害ヲ生スヘキ行為ヲ為シタルトキハ七年以下ノ懲役又ハ五千円以下ノ罰金ニ処ス

明治三二年商法二六一条とこの改正案二六一条を比較すると、適用の対象となる者や内容を大きく改め、さらに「五円以上五百円以下ノ過料」から「七年以下ノ懲役又ハ五千円以下ノ罰金」というように体刑が加わり科せられる金額も大きく、非常に重い罰則であった。また、当時の刑法二四七条（背任罪）でも「五年以下ノ懲役又ハ千円以下ノ罰金」となっており、改正案二六一条の方がより重い罰則であった(44)。

このように、明治三二年商法二六一条の内容を大きく改め、罰則も非常に重くした改正案二六一条に対して、賛成派は法学者の穂積八束、富井政章、松波仁一郎、大審院院長の横田國臣等、反対派は弁護士の磯部、元田肇、鵜沢総明、実業家の阿部泰造、志村源太郎等、修正派は弁護士の岸本辰雄、花井卓蔵、江木衷、法学者の梅謙次郎等であった。また、賛成派の主張は、日糖事件のような犯罪を防止するためには会社重役に対する刑罰を重くした方が良いということであった。一方、反対派の主張は、会社重役に対する刑罰を刑法以上に重くしても会社の状態が良くならないし利益にもならない。また、会社重役になろうとする人がいなくなるということであった(45)。反対派の主張を代表しているのが、次の阿部の発言である(46)。

私共ハ此会社ノ取締役ト云フヤウナ者ニ対シテ別ニ普通ノ刑法以上ノ厳酷ナ刑罰ヲ加ヘル必要ハナイカト思フ、刑罰

ヲ厳酷ニシタカラ会社ノ状態ガ善クナルカト云フニ、別段ニソレガ為メニ善クナルト云フ利益モナカラウト思フ、今日デモマダ日本デハ会社ノ重役ナドニナルコトハ余程嫌フト云フ風ガアルノデアリマス、矢張リ商売人ニナルノハ甚ダ践シイ仕事ダト云フヤウナ感覚ヲ有ツテ居ル（中略―高倉注）

今日ハマダ此会社ノ役員ナドニナルコトヲ余程恥トシテ居ルヤウナ風ガアル、ソコヘ以テ往ツテ又刑罰ヲ普通ノ刑罰以上ノ罰ヲ加ヘルト云フコトニナルト余程取締役ニナルコトヲ躊躇スル人モアラウト思ヒマス（後略―高倉注）

このような阿部の発言を受けて、磯部は次のように述べている。[47]

今日ノ日本ノ有様ヲ見マスルト云フト例令不完全ナ会社デアリマシタカ知レマセヌガ、此実業界ニ於テ最モ発展シテ最モ社会ニ公益ヲ奏シテ居ルノハ会社ノ力デアル、然ルニ一二ノ会社ニ少シク不都合ガアツタト云フテ悉ク会社ハ乱暴狼藉極ツタモノデアルト云フ考ヲ有ツテ斯ノ如キ惨酷ナ法律ヲ設ケテ将来ノ会社ノ発展ヲ屏息シテ仕舞フト云フノハ学者ノ一方ニバカリ眼ヲ著ケテ全般ヲ観察シナイ甚ダ不都合ナ議論デアラウト思フ（中略―高倉注）

今日ノ会社ハ御心配ハナイ、鉄道会社デモ電燈電気等ノ会社ニ依ツテ見テモ皆成功シテ居ルノデアル、偶々一二ノ会社ニ犯罪人ガ出タト云フテ会社ハ泥坊デ埋ツテ居ルヤウニ考ヘテ、徒ニ法律ヲ改正シテ会社ノ発展ヲ全ク杜絶シテ仕舞フヤウナ法律ノ改正セラルルト云フノハ遺憾千万デアリマス（後略―高倉注）

上記の磯部の発言は、「日糖事件」のような会社重役の犯罪があったからといって、改正案二六一条のような過酷な刑罰を設けると会社の発展が閉塞し途絶されてしまうということであり、阿部の発言を補強しているのである。

このように磯部が厳罰主義的な改正案二六一条に反対した理由として次のことが考えられる。既述したように、磯部は、商業を規律し、商業の発達を補助し保護するものとして商法を位置づけ、そこに商法の存在意義を見出していた。しかし、明治三二年商法二六一条や刑法二四七条に比べて、より厳罰主義的な改正案二六一条では、商業の発達、特に会社の発展を阻害し、商法の存在意義自体も損ねてしまうと考えて反対したものと思われる。

また、磯部は明治二八年三月に八尾書店から刊行した『改正増補 刑法講義 上巻』の「緒論」において、「刑法ハ実ニ社会ノ安寧秩序ヲ保維スル諸手段中ノ最終手段ニ属スルヲ以テ社会ハ好ンテ之ヲ使用スルニアラス涙ヲ掩フテ已ムヲ得サルニ使用スルノミ」と述べている(48)。刑法を社会の安寧秩序を維持していく最終手段として捉えているのである。このような刑法に関する見解を背景に、磯部は、社会の安寧秩序を維持していくための最終手段としてしか刑法を使わないのに、ましてや「日糖事件」のような会社重役の犯罪防止の手段として厳罰主義的な改正案二六一条を設ける必要はないと考えて反対したものと思われる。

その後、改正案二六一条は、「七年以下ノ懲役又ハ五千円以下ノ罰金」から「五年以下ノ懲役又ハ五千円以下ノ罰金」に引下げられて第二七回帝国議会に提出された。帝国議会の貴族院では議論の末、改正案二六一条に「前項ノ未遂罪ハ之ヲ罰ス」を加えたものが貴族院案二六一条となり、改正案二六一条より重くなった。しかし、衆議院では、貴族院案二六一条自体を削除して、明治三二年商法二六一条を復活する案が可決された。貴族院と衆議院で可決された内容が相違したので、両院協議会が開かれ、そこで次のような両院協議会案二六一条が提示された。その後、貴族院も衆議院もこれを了承し、明治四四年商法改正二六一条となったのである。

発起人、取締役、株式合資会社ノ業務ヲ執行スル社員、監査役、検査役又ハ株式会社若クハ株式合資会社ノ支配人ハ左ノ場合ニ於イテハ一年以下ノ懲役若クハ禁錮又ハ千円以下ノ罰金ニ処ス

一 会社ノ設立若クハ資本ノ増加又ハ其登記ヲ為シ若クハ之ヲ為サシムル目的ヲ以テ株式総数ノ引受又ハ資本ニ対スル払込額ニ付キ裁判所又ハ総会ヲ欺罔シタルトキ

二 何人ノ名義ヲ以テスルヲ問ハス会社ノ計算ニ於テ不正ニ其株式ヲ取得シ又ハ質権ノ目的トシテ受ケタルトキ

三 法令又ハ定款ノ規定ニ違反シテ利益又ハ利息ノ配当ヲ為シタルトキ

四 会社ノ営業ノ範囲外ニ於テ投機取引ノ為メニ会社財産ヲ処分シタルトキ

前項ノ規定ハ刑法ニ正条アル場合ニ之ヲ適用セス

上記の明治四四年商法改正二六一条では、適用する事項を限定し、問題となった罰則も「一年以下ノ懲役若クハ禁錮又ハ千円以下ノ罰金」というように、改正案二六一条や貴族院案二六一条よりもかなり軽減されている。これは、法律取調委員会における磯部等の反対派の意見や、厳しい罰則で会社重役を拘束するなら、名誉を重んじ資産をもつ紳士が会社事業に関係することを避けるようになり、将来我国の産業発達に大きな影響を及ぼすことになるという政友会の意見が反映した結果であると考えられる(49)。

むすびにかえて

以上、本章では、これまで注目されることがなかった磯部と商法の関わりや彼の商法に関する基本的な見解を検討してきた。これまで述べてきたことを要約すると次のようになる。

第一節において、磯部と商法の関わりを四期に分けて検討した。第一期では、フランス留学後の磯部に民法草案の編纂・翻訳等の活動は見出せるが、商法との関わりを見出すことはできない。しかし、第二期になると、旧商法の編纂には関与していないものの、旧商法公布以後に『大日本新典　商法釈義』を刊行したことで、磯部と商法との関わりがでてくる。第三期では、磯部は法典論争において法典施行賛成派として商法施行を支持する立場にあり、また、会社法等に関する書籍を刊行し、法典調査会委員として明治三二年商法の審議に加わり発言している。こういった活動により、商法との関わりをより深めていった磯部は、第四期において、日糖事件の弁護人、明治四四年商法改正の審議にも加わるなど、その晩年まで商法に関わっていたといえよう。

第二節において、磯部の商法に関する基本的見解を、岸本辰雄のそれと適宜に比較しながら検討してきた。磯部は、(1)商法を研究する必要性として「人生日用ノ実際上」と「学術上」の二点を指摘し、さらに、商法が規定する法式の簡明さについても言及し、立法者にとっても商法を研究する必要性を強調している。(2)商業と社会の関係において、商業や商人の地位を高く評価し、工業や商業の発展を法的に支え・保障する法として商法を位置づけ、また民法と同等なものとして商法を捉えている。そして、商法の性質として「迅速」、「信用」、「安全」の三点の重要性を説き、「迅速」、「信用」、「安全」を法的に保障するのが商法であると述べている。⑶商法制定理由として、商業の発達の「幇助」ということをあげている。⑷商法典論争における施行延期派に対する反論として、国内商業だけでなく国際商業にも適応でき、「迅速」、「信用」、「安全」を備えた商法の必要性を強調している。⑸商法の継受において、我国の商法はドイツ商法が「善良ノ新法」だからそれを模範としたとしている。さらに、⑹会社法制定理由として会社がもたらす利益保護と弊害防止を指摘しているのである。

これに対して、岸本は、⑵商業と社会の関係において、述べる順序は違うが、磯部と同じく商法の性質として「信用」、「迅速」、「安全」をあげ、これらを法的に保障するのが商法であると述べている。しかし、⑸商法の継受において、磯部は我国の商法がドイツ商法を模範としたのに対して、岸本はフランス商法を模範としたというように相違している。さらに、⑶商法制定理由と⑹会社法制定理由において、磯部は、商業発達のための「幇助」、会社がもたらす利益保護と弊害防止をあげるのに対して、岸本は、商売の利益追求から生じる弊害防止、会社がもたらす弊害防止を特に強調する。なかでも、会社がもたらす弊害防止が強調される背景には、当時の経済不況による商業社会の秩序の混乱、会社の信用低下等があり、これらを是正することが特に会社法に求められており、当時の社会認識として共有されていたと捉えることができるといえよう。

第三節では、「日糖事件」を概観し、明治四四年商法改正の審議において中心となった罰則規定改正に関する磯部の発言を検討した。「日糖事件」は、日糖の重役が、議員に賄賂を贈ったり、会社に対して不正を働いた事件のことで、刑法や瀆職法等によって判決が下され、明治三二年商法ではこのような重役の犯罪を罰する規定を有していなかったために罰することができず、明治三二年商法の不備・欠陥があらわれた事件であった。

その後、特に明治四四年商法改正二六一条（罰則規定）の審議において、法律取調委員会では、明治三二年商法二六一条や刑法二四七条に比べて、より厳罰主義的な改正案二六一条が提示されたが、磯部は阿部泰造、志村源太郎、元田肇、鵜沢総明等と共に反対した。磯部は「日糖事件」のような会社重役の犯罪があったからといって、厳罰主義的な改正案二六一条を設けると会社の発展が閉塞し途絶されてしまうと発言した。この磯部の発言の背景には、厳罰主義的な改正案二六一条では、商業の発達、特に会社の発展を阻害し、商法の存在意義自体も損ねてしまうという考えと、社会の安寧秩序を維持していくための最終手段としてしか刑法を使わないのに、ましてや「日糖事件」のような会社重役の犯罪防止の手段として厳罰主義的な規定を設ける必要はないと考えがあったと思われる。その後、貴族院→衆議院→両院協議会を経て、改正案二六一条は、法律取調委員会における磯部等の反対派の意見や政友会の意見が反映したかなり緩やかな規定となったのである。

以上の考察を通して、最後に商法史における磯部の位置づけについて述べてみよう。従来、商法史において梅謙次郎、岡野敬次郎、岸本等の活動や業績等が知られている(50)。しかし、本稿で考察したように、磯部も旧商法公布以後に『大日本新典 商法釈義』を刊行したことで商法との関わりが生じた。その後、商法典論争では商法施行を支持する立場にあり、会社法等の著作を刊行し、法典調査会委員として明治三二年商法の審議に加わることで商法との関わりを深めた。さらに、明治四四年商法改正の審議に加わることで、晩年まで商法と関わっていた。このような動向からすると、磯部は、商法に関して大いに貢献しその役割を十分に果たしていたことが理解できる。したがって、梅、岡野、岸本等と並んで、商法史上重要な法学者として位置づけられる。

また、当時、明治四四年商法改正の審議において実業家である阿部泰造が述べたように、商業や商人等を蔑視する風潮が残っていた。このような風潮に対して、それ以前から磯部は、商業や商人等を貴重なものとして、蔑視するどころか非常に高く評価し、商業や商人等を規制する商法を民法と同様に重要な法として捉えていた。磯部の商法に関する平等主義的な見解が明確に示されている。さらに、岸本に見られるように、当時は、会社がもたらす弊害防止のための法として、商法、特に会社法を捉える見解が主流であった。確かに、明治二六年頃の商業社会の乱れた状況から磯部も岸本と同様なことを指摘していた。しかし、そのことよりはむしろ、磯部は、工業・商業・会社等の発展、つまり経済発展を支え、保障し、補助する法として商法を捉えることに重点を置いた見解を示していたと思われる。だからこそ、明治四四年商法改正の審議で提示された経済発展を阻害するような厳罰主義的な罰則規定改正に対して、断固として反対し、阿部等の実業家委員を支持する発言を行ったのである。言い換えると、磯部の発言の根拠には、国家権力があまり介入しないで、商法の緩やかな規制の下で経済発展を図るべきだという考えがあったと思われる。したがって、磯部が示した商法に関する平等主義的で自由主義的な見解は、当時、主流であった予防主義的な見解と非常に相違しており、商法史上特徴ある見解として重要な位置を占めるといえよう。(51)

(1)『民法釈義』(明治一四年、弘令社)、『民法応用字解』(明治二一年、元老院)、『改正増補 刑法講義 上・下巻』(明治二六年、八尾書店)。また、磯部の主な著作については国立国会図書館の「近代デジタルライブラリー」を参照されたい。なお、磯部の著作の多くが信山社より復刻されている。

(2) 磯部四郎の人物像や法理論等を描いた書物としては、木々康子氏の『蒼龍の系譜』(筑摩書房、一九七六)、『陽が昇るとき』(筑摩書房、一九八四)、『林忠正とその時代』(筑摩書房、一九八七)が刊行されており、貴重である。

(3) 岸本辰雄は嘉永四年(一八五一)鳥取に生まれ、明治三年(一八七〇)政府貢進生となり大学南校を経て五年に司法省法学校に入る。九年(一八七六)法律学士の称号を得、同時にフランス留学を命じられる。一三年(一八八〇)フランス法律学士を得て帰朝した後、直ちに判事に採用され、参事院議官補、法制局参事官、法律取調委員会委員、法典調査会委員等を務めた。二一年(一八八八)明治法律学校初代校長に就任し、四〇(一九〇七)年(第二次)法律取調委員会委員となる。そして、明治四五年(一九一二)六一歳で死亡した。(古林亀治郎編輯『明治人名辞典』上(日本図書センター、一九八七)きノ十四)

岸本の詳しい業績については『明治大学、人と思想』(明治大学新聞会、一九六七)、明治大学創立百周年記念学術叢書出版委員会編『商法講義　上・下　岸本辰雄講述』（明治大学、一九八一・八二）、別府昭郎『明治大学の誕生　創学の志と岸本辰雄』（学文社、一九九九）を参照されたい。また、岸本の主な著作については、前掲注（1）国立国会図書館の「近代デジタルライブラリー」を参照されたい。なお、岸本の著作の多くが信山社より復刻されている。
（4）　志田鉀太郎『日本商法典の編纂と其改正』（明治大学出版部、一九三三、復刻版、新青出版、一九九五）五頁以下、福島正夫『日本資本主義の発達と私法』（東京大学出版会、一九八八）六五頁～六六頁、三枝一雄『明治商法の成立と変遷』（三省堂、一九九二）四九頁～五三頁、浜田道代編『日本会社立法の歴史的展開』（商事法務研究会、一九九九）四七頁～四九頁、拙稿「商法典の成立」（「ジュリスト」一一五五号、有斐閣、一九九九）六頁～七頁。
（5）　「磯部四郎特旨叙位ノ件」（『叙位裁可書・大正十二年・叙位巻二十八』（国立公文書館 2A・16・759）、史料については江戸惠子氏の御教示による。
（6）　大久保泰甫・高橋良彰『ボアソナード民法典の編纂』（雄松堂、一九九九）三三頁以下、前掲注（5）「磯部四郎特旨叙位ノ件」。
（7）　前掲注（5）「磯部四郎特旨叙位ノ件」
（8）　『ロエスレル氏起稿 商法草案 上・下』（司法省、一八八四）、前掲注（4）志田『日本商法典の編纂と其改正』二五頁～二七頁、福島『日本資本主義の発達と私法』七四頁以下、三枝『明治商法の成立と変遷』六七頁～六九頁、浜田編『日本会社立法の歴史的展開』四九頁～五〇頁、拙稿「商法典の成立」七頁。
（9）　前掲注（4）志田『日本商法典の編纂と其改正』二七頁以下、福島『日本資本主義の発達と私法』八一頁以下、三枝『明治商法の成立と変遷』七六頁以下、浜田編『日本会社立法の歴史的展開』五〇頁以下、拙稿「商法典の成立」七頁～八頁。
（10）　前掲注（5）「磯部四郎特旨叙位ノ件」、前掲注（6）大久保・高橋『ボアソナード民法典の編纂』七四頁、八三頁。
（11）　『法規分類大全　第一篇　官職門　一七』（内閣記録局）四二〇頁、前掲注（5）「磯部四郎特旨叙位ノ件」、前掲注（6）大久保・高橋『ボアソナード民法典の編纂』一五五頁。
（12）　前掲注（6）大久保・高橋『ボアソナード民法典の編纂』一六二頁～一六四頁。

(13) 前掲注(1)参照。
(14) 前掲注(4)志田『日本商法典の編纂と其改正』四七頁〜四八頁、福島『日本資本主義の発達と私法』一〇二頁以下、三枝『明治商法の成立と変遷』八三頁以下、浜田編『日本会社立法の歴史的展開』八六頁以下、拙稿「商法典の成立」八頁〜一〇頁。
(15) 前掲注(4)志田『日本商法典の編纂と其改正』四九頁〜五一頁、福島『日本資本主義の発達と私法』一三九頁以下、三枝『明治商法の成立と変遷』一一五頁以下、浜田編『日本会社立法の歴史的展開』一〇五頁〜一〇七頁、拙稿「商法典の成立」一〇頁。
(16) 前掲注(4)志田『日本商法典の編纂と其改正』五一頁以下、福島『日本資本主義の発達と私法』一五八頁以下、三枝『明治商法の成立と変遷』一二七頁以下、浜田編『日本会社立法の歴史的展開』一〇八頁以下、拙稿「商法典の成立」一〇頁〜一二頁。
(17) 前掲注(5)「磯部四郎特旨叙位ノ件」、前掲注(6)大久保・高橋『ボアソナード民法典の編纂』二五九頁〜二六二頁。
(18)『法政誌叢』第九九・一〇〇・一〇二・一〇四号、『東京五大法律学校聯合討論筆記』第四編、『法治協会雑誌』第二・三・一〇号(史料については村上一博教授の御教示による)、星野通『明治民法編纂史研究』(日本立法資料全集 別巻三三、信山社、一九九四)三九二頁以下、四二九頁以下。
(19) 前掲注(5)「磯部四郎特旨叙位ノ件」
(20) 前掲注(5)「磯部四郎特旨叙位ノ件」
(21) 表(1)参照。
(22) 前掲注(4)志田『日本商法典の編纂と其改正』一一六頁以下、三枝『明治商法の成立と変遷』一五九頁以下、浜田編『日本会社立法の歴史的展開』一二五頁以下、拙稿「商法典の成立」一二頁〜一三頁。
(23) 前掲注(5)「磯部四郎特旨叙位ノ件」
(24) 雨宮昭一「日糖事件」(我妻栄他編『日本政治裁判史録 明治・後』、第一法規、一九九六)四九七頁。
(25) 前掲注(5)「磯部四郎特旨叙位ノ件」

(26) 表(2)参照。
(27) 磯部四郎『大日本新典 商法釈義』(国立国会図書館「近代デジタルライブラリー」)一頁〜四頁。
(28) 前掲注(27)磯部『大日本新典 商法釈義』四頁。
(29) 前掲注(27)磯部『大日本新典 商法釈義』四頁〜八頁。
(30) 前掲注(27)磯部『大日本新典 商法釈義』八頁〜一〇頁。
(31) 前掲注(27)磯部『大日本新典 商法釈義』一〇頁〜一四頁。
(32) 岸本辰雄『商法講義』(国立国会図書館「近代デジタルライブラリー」)一五頁〜二四頁。
(33) 前掲注(27)磯部『大日本新典 商法釈義』一四頁〜一五頁。
(34) 前掲注(32)岸本『商法講義』一三頁〜一四頁。
(35) 前掲注(27)磯部『大日本新典 商法釈義』一五頁〜一七頁。
(36) 前掲注(27)磯部『大日本新典 商法釈義』一七頁〜一九頁。
(37) 前掲注(32)岸本『商法講義』六頁〜七頁。
(38) 磯部四郎『大日本新典 会社法釈義』(国立国会図書館「近代デジタルライブラリー」)一頁〜二頁。
(39) 岸本辰雄『改正商事会社法正義』(国立国会図書館「近代デジタルライブラリー」)一頁。
(40) 前掲注(4)福島『日本資本主義の発達と私法』一三三頁。
(41) 「第四回帝国議会 貴族院議事速記録第二号」(『帝国議会貴族院議事速記録 5 第四回議会 上 明治二五年』(東京大学出版会、一九七九)一五頁。
(42) 前掲注(24)雨宮昭一「日糖事件」四八六頁以下、奥平昌供『日本弁護士史』(巌南堂書店、一九一四)一二一七頁以下、大島美津子「Ⅳ 緊縮財政と韓国併合—第二五回帝国議会〜第二七回帝国議会」(内田健三他編『日本議会史録一』、第一法規、一九九一)四二一頁〜四二三頁、拙稿「明治四四(一九一一)年商法改正の意義—罰則規定の改正を中心に—」(『法制史研究』四六号、法制史学会)六一頁〜六二頁。
(43) 法務大臣官房司法法制調査部監修「〔第二次〕法律取調委員会 商法中改正法律案議事速記録一」(『日本近代立法資料叢書』二〇、商事法務研究会、一九八五)三七一頁。

(44) 刑法二四七条(背任罪)は次の通りである。
他人ノ為ニ其事務ヲ処理スルモノ自己若クハ第三者ノ利益ヲ図リ又ハ本人ニ損害ヲ加フル目的ヲ以テ其任務ニ背キタル行為ヲ為シ本人ニ財産上ノ損害ヲ加ヘタルトキハ五年以下ノ懲役又ハ千円以下ノ罰金ニ処ス

(45) 前掲注(43)「〔第二次〕法律取調委員会 商法中改正法律案議事速記録一」三七一頁以下、拙稿「明治四四(一九一一)年商法改正の意義」五三頁~五四頁、六五頁~六七頁。

(46) 前掲注(43)「〔第二次〕法律取調委員会 商法中改正法律案議事速記録一」三九五頁。

(47) 前掲注(43)「〔第二次〕法律取調委員会 商法中改正法律案議事速記録一」三九六頁。

(48) 磯部四郎『改正増補刑法講義 上巻』(八尾書店、明治二六年、国立国会図書館「近代デジタルライブラリー」)一〇頁。

(49)「第二七議会報告書」(『政友』第一二九号、明治四四年四月二五日)二一頁~二二頁、拙稿「明治四四(一九一一)年商法改正の意義」五七頁~五八頁。

(50) 梅謙次郎は、万延元年(一八六〇)島根に生まれ、明治一七年(一八八四)司法省法学校を卒業し法律学士の称号を得る。一九年(一八八六)リヨン大学に入学し、二二年(一八八九)ベルリン大学に入学する。二三年帰朝後、法科大学教授、二四年法学博士となる。二六年(一八九三)民法第二講座を担当し、三〇年(一八九七)東京帝国大学法科大学学長、三四年(一九〇一)東京帝国大学法科大学教授を務め、四三年(一九一〇)に死亡した。また、法典調査会委員、(第二次)法律取調委員会委員を務めた。(秦郁彦『戦前期日本官僚制の制度・組織・人事』(東京大学出版会、一九八一)四七頁)
岡野敬次郎は、慶応元年(一八六五)群馬に生まれ、明治一九年(一八八六)東京帝国大学法科大学法律学科を卒業し、二一年法科大学助教授になる。二四年(一八九一)からドイツへ留学し、二八年帰朝後、法科大学教授になり商法講座を担当し、三二年(一八九九)年法学博士となる。三五年(一九〇二)法制局参事官、四四年(一九一一)法制局長官、大正二年(一九一三)行政裁判所長官、一一年司法大臣等を務め、一四年(一九二五)に死亡した。また、岡野も法典調査会委員、(第二次)法律取調委員会委員を務めた。(秦『戦前期日本官僚制の制度・組織・人事』六六頁~六七頁)

なお、梅は著名な民法学者であるが、商法学者としても重要である。岡野は著名な商法学者である。詳しくは高田晴仁氏の「商法学者・梅謙次郎―日本商法学の出発点」(『法律時報』七〇巻七号、日本評論社、三八頁以下)を参照されたい。

(51) 本稿では、磯部四郎と商法の係わりや磯部の商法に関する基本的な見解を検討し、商法史における磯部の位置づけを試みた。しかし、今回採り上げた磯部の著作のさらなる検討、同時代の法学者、例えば梅謙次郎、岡野敬次郎との比較検討、後世の商法学者に与えた影響等、今後解明すべき課題は多い。これらの課題については、後稿を期したい。

＊この拙稿は、「日本近代法学史研究会」や「日本近代法制史研究会」での報告を基礎にして執筆したものである。その際、「日本近代法学史研究会」では、岡孝学習院大学教授、橋本恭宏中京大学法科大学院教授、木々康子氏、村上一博明治大学教授、中山幸二明治大学法科大学院教授、江戸惠子氏、谷口貴都高岡法科大学教授、「日本近代法制史研究会」では、山中永之佑大阪大学名誉教授、中尾敏充大阪大学大学院法学研究科教授、藤原明久神戸大学大学院法学研究科教授の各先生方から貴重なご教示をいただいた。この場を借りて心からお礼を申し上げたい。なお、文責は筆者に帰する。

第一回衆議院議員選挙（富山第一区）と磯部四郎

栗三直隆

一　選挙制度の概要

明治二二（一八八九）年二月一一日、待望久しかった大日本帝国憲法が発布され、同時に議院法（法律第二号）、衆議院議員選挙法及附録（法律第三号）、貴族院令（勅令第一一号）が公布された。二月二八日には府県会議員選挙規則（法律第六号）も公布されて国民の政治参加への道筋が見え始めた。

(1)　貴族院議員

貴族院は皇族、華族、勅選及び多額納税議員によって構成され、任期は七年（勅選議員は終身）、全体の定数は選挙の都度に決める。この内、多額納税議員は各府県の満三〇歳以上の男子で直接国税納入者の上位一五名の中から一名を互選するもので、貴族院多額納税議員互選規則（勅令第七九号、明治二二年六月五日）によって実施された。

(2)　衆議院議員

第一回衆議院議員選挙は明治二三年七月一日実施されたが、議員選挙法は種々の規制を設けて制限選挙を行なう事となっていた。その主な内容は次の通りである。(1)

(1)　議員定数と選挙区　議員の定数は三〇〇人、原則として一人一区の小選挙区制で例外的に二人区も設けた。全国一五七選挙区の平均人口は一三五、〇〇〇人であった。

(2)　選挙権と被選挙権　選挙人は満二五歳以上の日本国籍を有する男子で同一府県に満一年以上居住し、直接国税一五円以上の納入者。被選挙人は満三〇歳以上の日本国籍を有する男子で同一府県に満一年以上居住し、直接国税一五円以上の納入者。

(3)　欠格事項　①華族の当主、現役軍人、精神障害者、破産者、受刑者又は拘留あるいは保釈中の者等は選挙権・被選挙権がない。②神官、僧侶、教師、警察官、収税吏、裁判官、宮内官、会計検査官、当該選挙区の官吏及び市町村吏員には被選挙権が無い。③府県会議員は兼務禁止。官吏は職務上の妨げのない限り兼務できる。

(4)　立候補制度はなく、選挙運動及び選挙費用に特別の制限はない。

(5)　詐偽登録投票、買収、暴行、強迫、騒擾等について罰則が設けられたが、更に衆議院議員選挙法罰則補則（法律第四〇号、明治二三年五月三〇日）が追加された。

(6)　選挙期日は通常七月一日とし、選挙人名簿は毎年六月一五日に確定する。

(7)　投票は市町村が実施し、選挙は郡長又は市長が管理する。具体的には衆議院議員選挙法施行規則（勅令第三号、明治二三年一月一〇日）に基づき、富山では富山県衆議院議員選挙法施行細則（県訓令第二九号、明治二三年三月七日）によって実施された。

二三年の富山県の人口は七七六、〇〇〇余人で、議員数は五名強の配分となり、郡を基準に選挙区を設定する事から、第一区・定数二名（富山市、上新川郡、婦負郡）、第二区・定数一名（下新川郡）、第三区・定数一名（高岡市、射水郡）、第四区・定数一名（砺波郡）の合計五名に決定された。県内の有権者は一〇、六九六名で人口の約一・四％に過ぎなかったが、それでも全国平均を若干上回っていた。(2)

二　富山県の政治情勢

(1)　大同団結運動

明治一八（一八八五）年一一月、大井憲太郎らが中心となり、朝鮮独立運動の支援を図ろうとして発覚した「大阪事件」で、起訴された五八名の内の一一名が越中自由党のメンバーで、総帥の稲垣示も逮捕された。(3)これで富山県の政界は改進党一色となり、全国の情勢と同じように自由党系の退潮は明らかであった。

二〇年になって伊藤内閣は条約改正問題で行き詰まり、全国的に地租改正・言論集会の自由・外交の挽回を求める〈三大事件建白〉運動が盛り上がり、富山からも賛否それぞれの代表が相次いで上京した。政府は同年一二月末に保安条例と新聞紙・出版条例改正を行って危険人物を東京から退去させ、運動を弾圧した。

この頃、後藤象二郎が中心となって藩閥打倒と在野政党の団結を図る大同団結運動を開始し、富山でも二一年七月、旧自由党系を中心とする中越大同倶楽部が発足した。(4)この年一二月七日から後藤は東海北陸地方の遊説に出発、二八日石川県七尾から富山県氷見町に入り、二九日は高岡、三〇日富山に着いて二二年一月三日まで滞在、四日には魚津から泊へ、五日には新潟県糸魚川へ向った。各地では演説会や懇親会が開かれて大いに運動が盛り上がった。(5)

二二年二月一一日憲法発布に伴う大赦で稲垣示らは出獄し、四月に自由党系の機関紙『北陸公論』を創刊、この頃は富山県内に七二の大同倶楽部が結成されていた。(6)この年三月下旬、後藤は突然に逓信大臣として入閣し、全国の大同団結運動は分裂状態となったが、富山には影響は無く、四月米沢での第二回東北十五州委員会へ二名、八月長野での第三回委員会には五名参加して、二三年五月高岡で第四回委員会を開催すると約束する（富山に会場変更後、八月に延期して結局中止）など意気盛んであった[7]。

富山県会議長島田孝之を中心とする改進党は機関紙『富山日報』が県示達等の掲載紙に指定されるなど[8]、大同派を上回る勢力を保持しており、大隈外相を支援して条約改正即時断行の建白を再三行っていた。一〇月下旬の大隈外相負傷が原因で条約改正は中止になったが、来るべき第一回衆議院選挙に向けて両党派の争いは激しくなる一方であった。

(2) 明治二三年三月の富山県会議員半数改選

二一年三月、第三回県会議員半数改選の結果、改進党は一八名、自由党四名と改進党の優位は変らなかった。『富山日報』は二三年に日刊四六四、〇〇〇部を越え、『北陸公論』の追随を許さなかった[9]。「北陸公論は（中略）大同団結の機関なりと自称して世に吹聴したりし」が、実際は「あられもなき人身攻撃を以てし毎度無責任の言論を放ちて」世間を混乱させるだけで[10]、「言論集会の自由を好みながら之を妨害するは言行一致せざる者」である、本来「弁士は其所論に於て責任を負うべき事彼れ教師と同一なる」者であり、誹謗中傷を乗り越えて正々堂々の選挙戦を闘うべしと言うのが改進党の行動理念であった[11]。

二一年三月県会半数改選では敗れたものの、稲垣の地元射水郡で三名全員当選を果した自由党（大同派）は、勢力を挽回せんと各地で激しい運動を展開し、改進党演説会の妨害や流言蜚語も度々であった[12]。『北陸公論』は次のように主張した。「言論集会結社の自由を希望するは全く自由主義に外ならず（中略）立憲国に於て輿論の貴むべく重ずべきことは論なきことにして（中略）自然の順流を追はしめざるべからず、若夫れ然らずして種々厳格なる法律条例を設け強て此の輿論の発達を防遏したらんには（中略）人民も亦其の輿論の赴く所を詳かにせざる為め其

の方嚮に迷ひて、種々秘密の手段を計画するに至るハ古来専制政体の国々」に多いと。(13)

二三年一月九日、富山県知事は内務大臣に県会選挙延期を内申した。その理由は次の通りである。

各派政党ノ競走劇甚ヲ極メ候ニ付選挙ノ際多少紛擾ヲ生シ可申（中略）渠等ハ帝国議会開設ノ后ハ安易ニ党派ノ勢力ヲ消長ナキモノトナシ将来ノ党派運命ハ本年ノ県会議員半数改選ノ結果ニテ定マルモノトナス以テ党派ノ競走ハ現今実ニ其極度ニ達セリ而シテ衆議院選挙ノ后ニ在テハ民心一新シテ亦現今ノ如ク甚シキ事モナカルヘクト存候（中略）一旦選挙ヲ行ハシメテ未タ数月モ経サルニ更ニ復タ選挙ヲ行ハシケルニアリ、而シテ前ニ行ハシメタル選挙ハ殆ント無効ニシテ人民ハ二度ノ労費ヲ要シ競走紛擾亦之ヲ再ヒスル事ニ相成候。(14)

この内申は認められなかったが、選挙戦が如何に激しかったかを窺い知る事ができる。二三年三月一三日予定通り実施された県会半数改選は大同派が全選挙区で圧勝し、県会の勢力分野は大同派一六名、改進党六名となって、大同派は正副議長から常置委員まで全役職を独占した。

三　衆議院選挙と磯部四郎

磯部四郎は嘉永四（一八五一）年、冨山藩士林太仲の第四子として出生、すぐに足軽上野宗右衛門の養子となって秀太郎と名乗った。慶応四・明治元（一八六八）年一八歳になった彼は富山の居住地に因む「磯部」を姓とし四郎を名として、それ以降は磯部四郎と呼ぶ事となった。(15) 明治維新の藩政改革で頭角を現わして富山藩大参事となった兄林太仲（太仲は歴代襲名）の尽力で、従弟林忠正（太仲の養子、一九〇〇年パリ万国博書記官長）と共に藩貢進生として大学南校に学び、明治八年司法省から選ばれてパリ大学に留学して法律を学んだ。(16) 一一年帰国して司法省に出仕、一三年から民法編纂委員となってボアソナードらと共に民法人事編・財産取得編を起草し、一九年末から始まった元老院審議には内閣委員として参画、その成立に全力を注いでいた。東京法律新聞社が二〇年に「日本法律家十二傑」を選定した際、磯部は第十位となって法律家としても高い評価を得ていた[17]。

不平等条約改正を実現する為には憲法制定と共に近代的な法整備が不可欠であったが、二二年一月から元老院本会議に付された民法原案に対し、「政府の拙速主義と慣習無視（泰西主義）とを批判」する等の反対運動が激しくなって、修正案が同年七月末にようやく元老院を通過した[18]。

この民法をぜひとも成立させ、国民の権利擁護を実現させねばならぬと考えた磯部らフランス法学者達は、帝国憲法下の国会においてその任務を果さなければならないと決意した。当時の国内の政治情勢の中で、自分の目でフランス共和制の現実を見てきた人々にとって、それは当然の帰結であったと思われる。内務省県治局長で自ら出馬して当選した末松謙澄が述懐している如く、「帝国議会てふものは何ても人民の大利益たることを為し呉るるものならんと其何事なるかは莫然として正確に描き出すこと能はさるも期望は極めて大なりしに相違なし」という当時の風潮にも影響されたのであろう[19]。

(1)　明治二二年七月

磯部は約二〇年ぶりに七月一日富山に帰った。東京では旧藩主前田侯を始め、在京越中出身者の安田善次郎、浅野総一郎、石崎謙、寺林清憲らと交流を持っていた[20]。二二年一月石上北天（東京虎ノ門光明寺住職、富山県砺波郡出身）が中心となり、在京の学生や官吏が集まって結成された「越中倶楽部」会員となって、機関紙『求友弍声』第一号に「官吏に対する侮辱罪の解」を寄稿、六月例会では法律講義を行った[21]。

郷里富山を忘れた事はないが、足軽としての辛い思い出が磯部の帰郷を妨げていたのであろうか。選挙出馬となれば被選挙人資格は三十歳以上で直接国税納付一五円以上、同一府県居住一年以上であるから、二三年七月一日の選挙期日に合せて帰ったのであった[22]。

帰郷の理由は病気療養あるいは墓参の為、東京では京阪地方漫遊の為となっていた[23]。

七月三日から一七日東京へ出発するまで、精力的に演説会や懇親会に出席して所見を述べた。演題は「衆議院議員の責任如何」、「立法行政司法の三大権を論ず」、「選挙人の心得」、「兵権と政権との区別」等、啓蒙的な通俗講話に終始して「格別耳新しき議論もなく、恰ながら法律の講義を承はる様な思ありし」、「彼様なものの政談演説は花もなく実もなく通常人類が口を開て物を言ったに過ぎざれば深く注意すべき程のものにあらず」等の酷評を受けたが(24)、磯部は「来年の衆議院議員撰挙に際しては其人の主義目的に拘らず其人物の如何に着目して之れか撰挙をなし適任なる人物を議場に立たしめさるべからず」と主張し(25)、私が当選しても富山県の為に尽くすか否かは私の自由であると述べた(26)。

越中人の出世頭、従五位奏任官一等司法権大書記官磯部四郎を候補者として擁立したいのは、大同派も改進党も同じであった。磯部が出馬予定の富山第一区定数二名では、彼と親しい改進党関野善次郎が意欲を見せており、大同派では旧自由党の領袖重松覚平の出馬が確実であった。

『北陸公論』は磯部の演説会や懇親会は集まりが悪く、料理代金など未払いのまま帰京したと報じた(27)。『富山日報』は好意的で七月一四日富山での送別会が盛況であった事、又、明治三(一八七〇)年富山藩合寺事件で兄林太仲が強引な寺院合併を行った怨みが、僧侶の間にはまだ根強く残っていると磯部に同情している(28)。彼自身も帰趨を決めかねていたらしく、帰省中のお礼広告を双方の新聞に載せた。

東京では二二年一〇月から民法批判・施行延期派の攻撃が激しくなり、民法編纂の中心となっていた磯部が施行断行派の立場で論文や講演で反撃に出て、「民法典論争」は燃え盛っていた(18)。磯部は民法を無事に成立施行させる為には政党の力を借りざるを得ないと考えたようで、富山では入江直友(兄太仲の親友、県属)や奥野綱城(元県会議員)らが彼を大同派候補者として擁立する工作を始めた(29)。

(2)　明治二三年一月

一月七日東京を出発した磯部は暖冬のお陰で上信越の豪雪地帯を難なく通過し、一〇日富山に着いた(30)。一七日には重松覚平らを招待して懇親会を開き、誠意を示して意見の一致を見て大同倶楽部加盟が決まり、一九日の『北陸公論』に加盟広告を載せた。二〇日から高岡市や伏木町、石動町、福野町、小杉町、上新川郡や婦負郡と連日、大同派演説会と懇親会に出席して全県的な支持協力を要請した。『富山日報』は、直ちに激しく糾弾した。

(イ)　大審院検事が大同倶楽部へ加盟するのは中立性を欠くから、検事を辞職すべきである。

(ロ)　官吏が国会議員になれば、その立場は政府側か、それとも人民の立場に立つのか。

(ハ)　昨年七月に無主義と公言し、「本県下の改進党にも大同派にも入らず自家の人物才能に由りて帝国議会に選出されんことを望めり」と言いながら、半年間に豹変して人身攻撃を加えられた北陸公論記者と「一味同心となりたり包容寛大の度量は人をしてビックリせしむること二十四時間開きたる口を閉ざす能はざらしむる者なり(31)」。

『北陸公論』は反論して、「来る者は拒まず去る者は追はず（中略）少異を捨て大同を取るは我が大同団結の主眼とする所にして（中略）内閣大臣と雖も吾党の主義目的を賛成して入党を求めば吾党は之を拒まざるなり況や一磯部氏に於てをや」と主張した(32)。

磯部は大同倶楽部加盟の理由を、「大同団結は皇室を尊崇し各人が自由を拡張し民力の休養を図る主意を以て起る政党なれば皇室と民間とを連合する実に論理に恰当する政党なれば将来は大同派の為に死生を誓ふて運動すべきむねを」述べたが(33)、相変わらずフランスの思い出話や法律解釈ばかりで宴会でも酒は全く飲めず、支持者の熱気に水を注すような場面も多かった。

前年一二月条約改正中止の逆風の中で一月一五日から再開された法律取調委員会では(34)、民法審議に磯部の存在は不可欠で司法省から帰京を求める電報が届いていた。彼は帰京を決め、二月一一日が憲法発布一周年に当たる事から二月四日魚津を出発して六日に帰京、七日から職務に復帰した。[35] 改進党は磯部の行動を「彼方立てれば此方が立たず双方立てれば身が立たず官吏兼候補者の苦心察するに余りあり」と皮肉った通り、[36] 彼の同志である宮城浩蔵や光明寺三郎なども選挙出馬の為に官職を辞するか否かで苦悩していたのであった。

三月一三日の県会半数改選で圧勝した大同派は、全県定数通り五名の候補者を擁立して衆議院議員選挙の勝利を目指し、改進党は各区一名の手堅い作戦を取る事にした。

(3)　明治二三年六月

富山県大同派（自由党）の総帥稲垣示は二二（一八八九）年二月大赦で政界復帰したが、衆議院議員選挙法第一四条第四項「禁錮ノ刑ニ処セラレ満期ノ後又ハ赦免ノ後満三年ヲ経サル者」は選挙権・被選挙権が無い事となり、彼は罪人隠避罪の部分がなお満期とならず、七月一日選挙日には無資格であると公表された。[37] 五月一七日には彼の地元の改進党員が射水郡長宛に「選挙人名簿誤載の件に付改正申立」をして彼の氏名を抹消するよう請求した。[38] 六月五日請求通りに射水郡長は氏名削除の判定を下したが、[39] 県も五月二〇日内務省へ伺い、六月二〇日に承認を得た。[40]

『北陸公論』は直ちに反論し、連日法律専門家の見解を掲載して不当性を強調、稲垣は六月七日富山始審裁判所へ不服申立てを行った。しかし、二七日却下されて敗訴となり、[41] 大同派は大黒柱を欠いたまま選挙を闘う事になった。

この頃まだ磯部は元老院での民法審議の内閣委員として多忙を極めていた。[18]「殆どの候補者は五月中に選挙運動を始めたのであり、そして六月一杯それを続けた(中略)生れ故郷に最早居住していない候補者は、当然の如く暫くの間帰郷していることが都合が良いことを認めていた。そこで選挙区を駆巡り、演説し、出来る限りの住民と会うことに最大の努力を置いた。時には投票日前に当地を離れ、東京へ帰らねばならぬこともあった。このような場合には有力な候補者は選挙区内の支持者に彼のために遊説することを依頼していた[42]」。

末松謙澄は述べている。

官吏にして議員となるは頗る難事なるか如し。議員選挙に付ては官吏は一般に人嫌ふ所なるか如し（中略）中央官衛の官吏にして民間士人と競走し勝を制するは、従来自家の党派を養成せるもの又は或る党派と結託し其声援を仮る者の外は概して云へは甚だ難事なるに似たり[43]。

この状況の中で大同派は富山第一区の改進党候補関野善次郎に攻撃の的を絞った。『北陸公論』は二三年四月から、関野が頭取を勤める第十二国立銀行の不正を追及、放漫経営で改進党の御用銀行となっており、国立銀行条例違反であると損害賠償請求訴訟を起こした[44]。五月に訴訟は却下されたが、その後も関野が銀行を私物化しているとの中傷記事を五十数回も掲載し、銀行の株主達は動揺し始めた。五月一六日関野は頭取を辞任したが[45]、なおも「富山県の改進党は何処へ行きたる乎」、「亦賄賂授受の不潔動物が現はれたり」等と攻撃の手を緩めなかった[46]。

二三年六月一〇日、富山県庁で貴族院多額納税議員互選が行われ、馬場道久（自由党）が六票を得て当選した。馬場は回船業（地主）で同年の納税額一九八一円余と県内第一位であった[47]。この勝利で大同派の意気は更に高まった。

六月一七日やっと帰郷した磯部は重松覚平と共に富山第一区議席独占を目指して運動を開始した。磯部陣営では候補者不在の間、大同団結内閣が出来れば彼が司法大臣になる[48]、彼の著書の宣伝や『磯部四郎君伝』の刊行など[49]、ＰＲに努めたが、改進党からは関野との友人関係や愛国公党から出馬した小林一生との繋がりを追及され、その弁解に苦しめられた。そして、関野とは交際はあったが常に関野からの協力提携の申入ればかりで、一度も同意していない、常に大同派の輿論に従って行動すると述べた[50]。小林とは全く無関係で小林自身は磯部と行動を共にすると言っているが、彼は代言人として借財は限りなく油断してはならないと注意を喚起し[51]、六月二五日『北陸公論』の広告で次の様に読者に周知した。

生は大同派の候補者にして或は改進党或は不偏不党と曖昧主義を抱く関野善次郎と政事上につき毫も相結託する等のこと無之又小林一生と政事上の関係ハ勿論私交上に於ても一面の識もこれなくに付併せて此段有志諸君に告く

明治廿三年六月廿日

磯部四郎

改進党も黙っていなかった。中央の大同派はすでに解散（康寅倶楽部に合流）しているのに、富山だけ旧大同派が存在しているのは納得できぬ。[52]「大同派は嘘を吐くを以て得意とし毫も忌み恥づることなき（中略）、数百人の耶蘇信者あるにも拘らず一人も居らぬ様に」言う、「爆裂弾を以て人を殺すとか竹槍で人を刺すとか国事犯を企つるとか又朝鮮と戦争を開かしめ其ドサクサの間に金を設けんなどの工夫を巧むことは是迄の行為にて明か」で、「財産平均を行はんと希望し居るものにして」、フランス革命の様な事態を招きかねないと批判した。[53]

又、磯部の兄林太仲の断行した合寺令への恨みは彼への反感となり、「上新川婦負二郡の有志者は（中略）今度東京の宿所へ宛て左の進上ものを送るよし　梵鐘千個　銅の火鉢一万個　桜谷の銅仏一躰　以上見事失敗の日迄目録にて」。[54]支持者達は「太仲の弟マ磯部四郎と婦負の土百姓重松覚平の提灯を持って、此程より足を擂木にして奔走して居たるが尋常の手段にては誰れあツて応ずる者とてなく此頃は一票五十銭宛にて頻りに買ひ集め居ると云う盗人猛々しいとは彼れ大同派の奴原の謂なるか」[53]とさんざんであった。

磯部は富山第四区（砺波郡）の武部尚志の応援にも出向いた。武部は元県会議長で明治法律学校（磯部が創立に参画、後に明治大学）卒業生武部其文の父で、[55]対立候補は改進党の総帥で県会議長島田孝之、形勢は互角で全国注目の選挙区であった。

磯部は出馬を決意してから官吏辞職を申し出たが、元老院審議のヤマ場であると強く慰留されていた。[56]思い悩んでいた時、六月二一日司法省官制改正（勅令第一〇〇号）が行われた事や民法審議の進行状況への思いが募り、投票日の翌日二日早朝、彼は東京へ出発した。

投票の結果は第一区は磯部と関野が当選、重松は次点であった。全県では第二区と第四区は大同派が敗れ、改進党三名と大同派二名の当選であった。当選した各陣営では盛大な祝宴が催されたが、本人不在の磯部陣営では意気上がらず、祝宴も乱闘で終る有様であった。(57)

四　衆議院議員辞職と県政界

磯部の同志の宮城浩蔵（山形一区）、光妙寺三郎（山口一区）、井上正一（山口二区）は全員当選した。磯部は司法省在職のまま議員兼務となったが、自由党を含めた政界の雰囲気は民法施行に批判的で彼は国会への失望を深めて行った。(58)彼は一〇月三〇日大審院判事勅任官二等に叙せられ、一一月四日従四位となった。(59)勅任官になれば議員法第七六条により議員勇退となるから、その知らせを聞いた支持者達の怒りは納まらなかった。

『北陸公論』は沈黙を守り、『富山日報』は磯部の豹変をあざ笑った。「先生の肩には名誉の重きよりも重き借金を擔非玉ふと聞けば八百円を捨て三千円を取る差引二千二百円の純益あり先生が心を寄するは誠に以て御尤至極の事に存ず気の毒なるはヤツサモツサと騒ぎ廻りて先生を擔ぎ出したる選挙区の人々、狐を馬に乗せた様な話、テモ詰らぬ事にぞありける御山下りの候補者は忘れても選挙すまじきものなり」。(60)

磯部の悪名は県政界の語り草として伝えられ、昭和一六（一九四一）年刊行の『富山県政史』には「選挙のことあるに際し、遽かに富山市に帰来し、民間の政治運動に尽瘁するが如き態度を以て稲垣示の配下となって、之に一臂の力を添へんことを約し、長らく政界に奔走した重松覚平と共に大同派の候補を名乗って出陣し、辛うじて当選したのであった。然るに官僚制に泥んだ磯部は、政府当局の勧誘を受けて勅任判事となり、当選後未だ一回の議場をも踏まずして、（中略）弊履の如く代議士の栄職を抛ったので、県民斉しく其の豹変の余りに早さを意外とし、選挙民の憤慨も亦一方ならざるものがあった」と書かれている。(61)

富山第一区補欠選挙日は一一月一五日に決まり、大同派は無念さを堪えて、候補者は「智識あり経験ありと云ッて徳義を蔑如し道理を軽視し敢て人民の利害を顧みず自己の利慾にのみ汲々たらば（中略）却ッて国家に害毒流し人民に禍害を與ふるを多し（中略）先には人民の肩を持つも後には政府のお味方を為すに至らんのみ」と指摘し、暗に磯部の裏切り行為を糾弾した。(62)

補欠選挙の候補者は再起を期す大同派の重松覚平と県会議長石坂専之介（立憲自由党）の二名で、改進党は出馬を見送った。旧自由党系は一致して重松を支援し、『北陸公論』も「石坂氏の運動費尽く」、「先の候補者たる重松氏あるにも拘ハらず之れを措て自ら候補者たるは何事ぞや彼の昨日までは大同派なりと云いながら今日ハ立憲自由党なりと称する」と石坂批判を続けた。(63)

改進党は石坂に好意的で『富山日報』は連日、石坂陣営の行動を報じてその支援を呼び掛けている有様であった。結果は四百数十票の差で石坂の当選となり、重松は又しても敗れ去ったのである。

五　選挙運動の実態

(1)　演説会

演説会は集会条例（明治一三年太政官布告第一二号。一五年追加、布告第二七号）で「開会三日前ニ講談論議ノ事項講談論議スルノ人ノ姓名住所会同ノ場所年月日ヲ詳記シ、其会主又ハ会長幹事等ヨリ管轄警察署ニ届出テ、其認可ヲ受ク可シ」、会場には臨検警察官の席を設け、演説の内容が届出の趣旨と異なる時や教唆煽動して社会の安寧秩序に反する場合には、弁士退場や演説会の解散を命ずる事が出来た。(64)

二二年から二三年は富山県会選挙運動の高揚で演説会の増加と共に演題不許可や解散も多かった（表1・表2参照）。会場は真宗寺院の本堂が圧倒的に多く、聴衆も有権者以上に一般住民が多かった。真宗では特に西本願寺系が長州閥との関係が深く、藩閥批判に繋がる末寺僧侶の政治活動への参加や本堂貸与を禁じていた。(65)明治一

表１　富山県内　政談演説会　実施状況

	演題		演説		解散		禁止		
	認　可	不認可	度数	人員	全会	結社	管内	全国	結社
明治17年（1884）	257	106	34	183	3	―	1	―	―
明治18年（1885）	95	10	8	18	―	―	―	―	―
明治19年（1886）	53		11	9	1				
明治20年（1887）	50		6	10	1				
明治21年（1888）	93	4	16	52	1	―	1	―	―
明治22年（1889）	1768	102	180	1308	11	―	4	―	―
明治23年（1890）	1608	69	206	1206	5	―	―	―	―
明治24年（1891）	250	―	42	559	―	―	―	―	―

出　典『富山県統計書』

表２　衆議院選挙　富山第一区管内　政談演説会　実施状況

	演題		演説		解散		禁止		
	認可	不認可	度数	人員	全会	結社	管内	全国	結社
明治17年（1884）	99	87	14	82	2	―	1	―	―
明治18年（1885）	25	―	1	4	―	―	―	―	―
明治20年（1887）	27		3	6	―				
明治21年（1888）	17	2	3	8	―	―	―	―	―
明治22年（1889）	530	20	45	396	2	―	―	―	―
明治23年（1890）	409	13	74	380	1	―	―	―	―
明治24年（1891）	121	―	17	336	―	―	―	―	―

出　典『富山県統計書』

六（一八八三）年一月越中を遊説した改進党の藤田茂吉は「越中ハ最モ真宗信者ノ多キ地ニシテ本願寺ノ金庫トモ称ス可シ余ノ行旅中最モ奇トシタルハ寺院ニ於テ演説ヲナスノ一事ナリキ蓋シ多数ノ人ヲ容ベキ寺院ハ多クハ真宗ニ属セリ而ルニ皆何レヨリカ政談会ニ貸与スルヲ禁セラレタルカ如シト雖モ如何ンセン其寺院ノ大檀越カ挙テ依頼スル所ナレハ勢ヒ之ニ背クヲ得ズ涙出テ、而シテ呉ニ妻スノ状ヲナスモノアリシ」と述べている。(66) 二三年六月東京で開かれた仏教各宗管長会議でも演説会等に本堂貸与禁止を申合わせたが、(67) 末寺僧侶らは大同派・改進党などに分かれて選挙に熱中していたから、この指示もなかなか守られなかった。

弁士が人力車を連ねて会場へ乗り込むとか、会場「門前には緑門（アーチ）を樹て『大同団結万歳』『自由万歳』と染めたる旗章を交叉し場内には幔幕を打ち廻したる等」(68)、県会選挙と同様であった。演説会終了後の懇親会は会場を変え、芸妓の接待に参会者が互いに献酬しながら演説（スピーチ）して天下国家を論じ、宴たけなわで散会するのを常とした。参会者には必ず引手物があり、記念の杯や「大同団結万歳」などと染めた団扇、扇子や手拭いなどが配られた。又、演説会妨害の壮士らの殴り込みも多く、特に大同派がこの戦術を多用した。

(2)　選挙費用

選挙法第一三章に罰則規定があったが選挙運動の過熱に実効をあげ得ず、更に選挙法罰則規定補則により、贈収賄の定義は「選挙会場又は投票場の近辺若くは選挙人往来の途中において選挙人に酒食を供し、又は選挙会場若くは投票所に往復する為に車馬の類を供したり、車馬賃とか休泊料を供する」事までに拡大された。贈収賄等の不正行為や暴力行為の行われなかった地域はなかったが、富山や新潟、高知及び石川は評判の紛争地域であった。(69)

罰則強化に各派共に異存はなく、各候補がこの罰則に抵触しないよう希望しているが、(70) 演説会に次ぐ重要な活動である懇親会は「候補者が彼の支持者及び有権者とくつろいだ雰囲気で一緒するということに極めて大きな効果を発揮した。誠実かつ有能な政治家たちでさえも、彼らの働きは懇親会に劣ることは疑いないところであったし、候補者が雄弁家でなかったとしても、また選挙民を買収することを何んとも思わなかったとしても、選挙運動全体のうちで（中略）懇親会はそのような行為に優るのでありさらにはそれらに取って代わることさえ出来た。合法的な接待と露骨な買収行為との境がはっきりしないのは避け難く、容易に交叉しがちであった。少くとも、宴会は、招待された人々がそのうちに彼等の票によって主人にお返しをしようと思わざるを得ないような暗黙の了解に達するように手配されていたのであ」り(71)、これが選挙費用の拡大に繋がって行った。

磯部は二二年七月帰郷の際、料理代金不払いの汚名を蒙ったので、二三年三月の県会選挙に一五〇円を寄付(72)、六月に二〇〇円を拠出(73)、富山第一区として重松五四〇円、磯部一八六〇円の合計二四〇〇円を負担したがすぐに不足となり、買収費（一票五〇銭が相場）は各運動員の立替払いにした。「磯部様は検事で法律の学者であるが法律は解釈の仕方に依ツてドーでもなると常に申されたから賄賂でも解釈の仕様に因ツては差搆へ無かるべしと信ずるなりとてドシドシ投票買込みに従事せり」(74)。

関野善次郎は「凡そ三千円の競走費を支出すと云ふ」(75)、上新川郡の運動員に百票買入れに五〇円、投票誓約書取り纏めに三〇〇円を渡し(76)、最終的には七五〇〇円を拠出、すべて第一二国立銀行からの借金であったという(77)。

熾烈な闘いの続く第四区（砺波郡）では島田孝之（改進党）が「思案の末とうど選挙人を音訪ふには白紙色（中には何があるか）持参で(78)」、最後の策として投票予約署名捺印に努めた(79)。

武部尚志（大同派）は「一投票所区域毎に一百円宛と見積り投票〇入、奔走人の給料懇親会諸費に充つる為め大奮発を以て武部其文氏は千五百円を寄付し（中略）千円は同派有志の醵金として差当り千五百円の運動費を」使った(80)。

これらの記事が必ずしも信憑性があるとは言えないが、全国的には「選挙人各自に贈られたのは僅か十銭か二十銭であると申し立てられていた。その後の報道は三十銭であると述べており、さらに幾つかの例では選挙周旋人が十銭を渡し、候補者が当選したならばそれを五十銭とする約束をして行ったことを付け加えている」。「小額の賄賂は金の場合は三円以下であったし、品物の場合は菓子箱、干魚、手拭、砂糖及びハンケチなどのように限られた安価な日常物品であった(81)」。

しかし、明治二一年～二三年の富山地域の賃金（表3）や物価（表4）と比較すれば、全体として莫大な金額の浪費である事は明らかで、投票日直前に『富山日報』は「選挙上の運動費」と題する論説を載せた。即ち、候補者一人千円以上の運動費を支出して個人の名利を求めて闘っているが、全国を合算すれば九十万円の巨額となる。「方今米価高騰細民は道途に彷徨と食尽きて草根木皮を喫むの惨状に到り動もすれば竹槍蓆旗の暴挙をなさんとするの悲境に陥れり（中略）此巨額の費を以て貧民に恤まは一人に一円宛を施與するとするも当さに九十万人の貧民を賑恤するを得べし(82)」と訴えたのも無理からぬ事であった。

表3　明治21年～23年　賃金表

		大工（日給）	左官（日給）	下僕（月給）	下女（月給）	農作男（年給）	農作女（年給）
明治二十一年（1888）	富山市街	0.220	0.200	1.600	0.660		
	上新川郡					18.000	8.520
	県　平均	0.198	0.190	1.516	0.502	21.352	11.616
明治二十三年（1890）	富山市街	0.200	0.200	1.400	0.650		
	上新川郡					18.000	8.520
	県　平均	0.192	0.192	1.342	0.592	19.008	13.144

出　典　『富山県統計書』。単位は円。

表4　明治21年～23年　富山地区の物価

	精米（一石）	清酒（一石）	醤油（一石）	薪（一貫目）	炭（十貫目）
明治21年（1888）	4.178	10.729	7.750	0.012	0.347
明治23年（1890）	8.368	13.820	9.000	0.013	0.365

出　典　『富山県統計書』。富山地区とは富山市・上新川郡・婦負郡である。単位は円。

(3) 米騒動への対応

明治二二年からの米価騰貴で富山県内各地の貧民による米商などへの嘆願や、県外への米積出しを阻止しょうとする米騒動の動きが拡大していった。二三年一月一五日東岩瀬港での米積出し反対行動、一八日には富山市役所へ女房達の嘆願行動があり、二三日に富山市役所、市会議員、商工会議所代表などが貧民救済の協議会を開いて対策を決めた。(32)

二三年三月の県会選挙を目前にした改進・大同の両陣営は対応を迫られた。改進党は事実関係を控え目に報じ、便乗組も加わっているから注意せよと指摘する程度で、選挙に利用する戦術は取らなかった。(83) 大同派は連日のように米価騰貴の実情や貧民の行動を報じて施米などを度々行った。富山橋北大同倶楽部は一月二九日～三一日を大同祭改良大安売として大同団結を宣伝した。(84)

その後の小康状態も端境期の六月に入って再燃し、富山市内では放火が相次ぎ、六月一三日から貧民が集団で豪商などへの嘆願を行った。高岡や伏木では二〇日を中心に騒乱状態となった。(85)

かねてより貧民の味方を自負する『北陸公論』は、富山市が「貧民救恤の義捐金を横取し」て共有金として使用しているのは許されぬと怒り、(39) 高岡の貧民暴動に就ては「富山市の貧民杯とハ大に異なり其の衣服等も甚だ賎汚ならず真の貧民とは思ハれざる者多しと果して然らば此の貧民の挙動たるや実に悪みても尚ほ余りありと謂べし（中略）聞く所に依れば今回の暴動を起さしめたるものハ（中略）米相場に失敗したる者が其の恨みを晴さん為め此等の貧民を煽動したるものなりと云へり（中略）貧民の惨状をも顧みず一攫千金の計を廻らして矢鱈に米穀を買〆むる者あるは是れ亦一つの奸商にして貧民の耐へ忍ハざる所ならん」、政府が外米を廉く払い下げても、実際には一部の米商の買占めでかえって米価騰貴を招く、「吾儕は実に貧民の暴行を悪む然れども此等の奸商を悪の度ハ更に一層甚しきなり」と批判、(86) 六月二七日石動町で貧民救恤演説会を開き、氷郷（氷見町）大同倶楽部は貧民救助に十円寄付する等の活動を各地で行った。(87)

『富山日報』は社説「此の窮民を如何せん」において、「今や窮民の哀声満天下に充塞し動もすれば竹槍蓆旗の暴動となり（中略）彼等の暴挙は実に悪むべしと雖ども其窮迫の惨状に至りては亦実に憫然の至りに堪へざる者あり（中略）大廈高閣の裡に起居し其の酒を美にし其の肴を佳にし侍女其左右を擁して歓楽を事とするの縉紳は此細民困」の状を見て何等の感想を惹起するか噫細民は救はざる可らず之を知りて救はざるは不仁なり上大臣より下芸人に至るまで苟くも余裕ある者は何ぞ奮って救恤の徳を布かざる」と力説した。[88]

大同・改進両派共に外米払下げ等の政府の米価対策を批判し、一致して貧民救済を強力に進めるべき事を主張したが、選挙戦術もあって、まず相手陣営の責任追及に走らざるを得なかった。

改進党は射水郡貧民蜂起の一因は高岡大同派の木津や菅野ら米商の買占めによる米価騰貴で[74]、「大同派の人を選挙すると此の米価も六円位になツて世間も安穏になると（中略）口から出任せ旨く譫言を列らべ頻りにかけ廻りて居る」と批判した。[89]

大同派は具体的な反論材料が乏しく、新潟県の糸魚川や能生町の貧民暴動を鎮めたのは大同派であるとか[90]、柏崎の騒動は米商と改進党が結託したもの[91]、等と県外の事例ばかりで迫力に欠けていた。

〈付記〉本稿の作成に当たっては、作家木々康子氏、明治大学法学部教授村上一博氏、法政大学ボアソナード現代法研究所研究員江戸惠子氏、武部保人氏、武部正毅氏、斉藤善夫氏、飛鳥寛栗氏、等のご教示を頂いた。深くお礼を申し上げる。又、富山県立図書館、富山県公文書館から史料閲覧についてご配慮頂いた事に感謝する。

（1）選挙制度七十年記念会『選挙法の沿革』（第一法規出版、一九五九年）。
（2）『富山県議会史』第一巻第二編第二章第三節六（富山県議会、一九七七年）。
（3）大阪事件研究会『大阪事件の研究』（柏書房、一九八二年）。

（4）『富山県史』通史編Ⅴ近代上、二九三頁（富山県、一九八一年）。
（5）指原安三『明治政史』上編第二一編（『明治文化全集』正史編上）。
（6）前掲（4）二九五頁。
（7）大槻弘『越前自由民権運動の研究』所収、補論「大同団結運動と地方連合―東北十五州会をめぐって―」第三節（大阪経済大学研究叢書第Ⅷ冊。法律文化社、一九八〇年）。第四回東北十五州委員会は二三年四月一五日「中越大同倶楽部に於て催ほしたる二市五郡有志の協議会に於て愈々之を富山市に開く事となれり而して其の日限は来る五月十三日より十五日まで都合三日間にて其間に右委員会、政談演説会、懇親会の三会を開く事と為れり」（『北陸公論』二三年四月二二日）と決めたが、五月七日に延期を決定し、五月九日から『北陸公論』に数回、選挙多忙に付き八月頃まで延期の広告を載せた。この頃から稲垣示の選挙資格無効が大問題となり、又、衆議院選挙関連の名誉毀損事件で稲垣が社主の北陸公論社は敗訴、その罰金対策で九月一三日廃刊した（九月一八日『北陸政論』として再出発）。自由党再興を目指して稲垣は二三年五月庚寅倶楽部に参加したが、結果は同年九月の立憲自由党結成となり、彼は旧大同系の同志と一一月下旬に国民自由党を旗揚げした（指原安三『明治政史』下編第二三編）。従ってこの時期に十五州委員会開催は不可能で、当時の新聞等にも関係記事は見当たらない。大槻氏の推論や『富山県史』通史編Ⅴ近代上、二九七～二九八頁の記述は誤りであろう。
（8）富山県達第五〇三号（明治二一年七月二四日、『富山県法規類聚』所収）。
（9）『富山市史』通史〈下巻〉一九〇頁（富山市、一九八七年）。
（10）『富山日報』二二年一二月四日。
（11）『富山日報』二三年二月一八日。
（12）『富山日報』二二年七月一六日。二三年一月二九日金沢市で北陸鉄道会社設立発起人会が開かれ、富山から出席した改進党員大橋十右エ門、関野善次郎らは、会社役員の配分に不満を持った自由党系の壮士に襲われ、大橋は負傷して治療を受けた（『富山県政史』第四巻政党史上、第四編第四章第七節一。富山県、一九四一年）。
（13）『北陸公論』二三年二月五日。
（14）「府県会議員改選ノ義内申」特発第一号（二三年一月九日、『富山県行政文書』。富山県公文書館蔵）。

(15) 富山藩は十万石で前田百万石の支藩。藩の領域は越中平野の中央を流れる神通川に沿って、百万石領に包括される様な形となっていた。藩設置の理由は幕府の前田藩取り潰しを避ける為であったと言われ、当初から構造的な財政難に苦しみ、幕末には金澤前田藩宗家の管理下にあった。
(16) 拙稿「富山藩合寺と林太仲」(梅原博士退官記念論集『歴史への視点—真宗史・仏教史・地域史—』所収。桂書房、一九八五年)。太仲と忠正、磯部四郎の人生とその絆については木々康子氏の三部作(『蒼龍の系譜』一九七六年、『陽が昇るとき』一九八四年、『林忠正とその時代』一九八七年。三冊とも筑摩書房)を参照の事。又、木々康子『林忠正』がミネルヴァ書房から刊行予定。
(17) 法政大学史資料委員会『法律学の夜明けと法政大学』一〇八頁(一九九二年)。
(18) 大久保泰甫『日本近代法の父　ボワソナアド』第四章(4)(岩波新書、一九七七年)。「民法編纂の始　磯部四郎氏の談話」(『明治事物起源』上巻、二三九頁。『明治文化全集』別巻)。
(19) 末松謙澄「選挙概論」(指原安三『明治政史』下編、二〇〇頁。『明治文化全集』正史編下)。
(20)『中越新聞』二〇年三月四日。
(21) 石上北天は「建白和尚」とも呼ばれ、明治維新の廃仏毀釈で失墜した僧侶の地位向上に奔走した(R・H・P・メイソン、石尾芳久・武田敏朗訳『日本の第一回総選挙』二九〜三〇頁。法律文化社、一九七三年)。『北陸公論』二二年六月七日、一三日。なお、『求友弌声』が何号まで続いたかは不明。石上の伝記は飛鳥寛栗『石上北天小伝』(高岡市善興寺、二〇〇五年)参照の事。
(22) 前掲(16)、木々康子『陽が昇るとき』第四章(2)。
(23) 地元では「病痾を故山に養ふ」為に帰国とする(『北陸公論』二三年六月二五日)。『東京朝日新聞』二二年七月二一日。
(24)『北陸公論』二三年七月四日、六日。
(25)『富山日報』二三年七月一四日。
(26)『北陸公論』二三年七月七日。
(27)『北陸公論』二三年九月八日、一五日。

(28)『富山日報』二二年七月一三日。
(29)『富山日報』二三年一二月八日。
(30)『富山日報』二三年一月一一日。
(31)『富山日報』二三年一月二三日。
(32)『北陸公論』二三年一月二五日。
(33)『北陸公論』二三年一月二二日。
(34)『東京朝日新聞』二三年一月八日。
(35)『読売新聞』二三年二月八日。
(36)『富山日報』二三年一月二四日。大久保利夫『衆議院議員 候補者列伝、一名帝国名士叢伝』列伝叢書13（六法館、一八九〇年。一九九五年復刻、大空社）には富山県関係で石坂専之介、島田孝之、伊藤祐寛、武部尚志、松岡文吉が予想の顔ぶれとなっており、磯部の出馬がこの頃まだ喧伝されていなかったと思われる。
(37)『富山日報』二三年四月三〇日、五月二日。
(38)『富山日報』二三年五月二一日。
(39)『北陸公論』二三年六月七日。
(40)『東京朝日新聞』二三年六月一九日。前掲（21）、メイソン三一頁。
(41)『北陸公論』二三年六月八日、一〇日、二八日。
(42)前掲（21）、メイソン一三二頁。
(43)前掲（19）、二一六頁。
(44)『北陸公論』二三年四月三～四日。
(45)『富山県政史』第四巻政党史上、第四編第四章第二項（富山県、一九四一年）。
(46)『北陸公論』二三年六月二九～三〇日。
(47)前掲（4）、四九三頁。全国の当選者四五名の内、千円以上の納税者は二四名であった。
(48)『北陸公論』二三年五月七日。

(49)　都沢敬治郎編、奥野綱城発行、二三年六月二七日北陸公論社出版（国立国会図書館蔵）。桂正直『中越名士伝』（清明堂、一八九二年。富山県立図書館蔵）所収の「磯部四郎君伝」はこの著を転載したものである。
(50)　『北陸公論』二三年六月九日。
(51)　『北陸公論』二三年六月二二日。
(52)　『富山日報』二三年六月二七日。
(53)　『富山日報』二三年七月一日。大阪事件の資金集めに米相場を利用していた事は確実で（前掲（3）Ⅰの二の二）、改進党は米価騰貴＝大同派（自由党）の買占めと、絶好の攻撃材料として利用していた。
(54)　前掲（52）。「合寺令」とは富山藩内の全寺院四百余寺を強制的に八か寺に合併し、寺院建物は売却取壊し、梵鐘や仏具金物は武器製造に利用しようとした。前掲（16）、（28）参照。
(55)　村上一博「明治法律学校における民法学の展開―岸本辰雄と横田秀雄を中心として―」（『駿台学の樹立　大学史紀要』第八号。明治大学史資料センター、二〇〇三年）。「県下名士の書生時代　前代議士弁護士　武部其文君」（『富山日報』明治四三年二月二五～二六日）。
(56)　『読売新聞』二三年四月七日。
(57)　『富山日報』二三年七月六日。
(58)　遠山茂樹「民法典論争の政治史的考察」（明治史料研究連絡会『民権論からナショナリズムへ』、明治史研究叢書第四巻。御茶ノ水書房、一九五七年）。前掲（18）参照。
(59)　『大正十二年　叙任』巻二八（国立公文書館蔵）。
(60)　『富山日報』二三年一一月五日。大審院判事の年俸は三千円、衆議院議員の年俸は八百円であった。
(61)　前掲（45）二八九頁。
(62)　『北陸公論』二三年一一月一二日。
(63)　『北陸公論』二三年一一月一三日。
(64)　富山県「警察官吏注意報規則」（明治一八年三月二五日、警第七号）に常に注意すべき項目として、集会及結社の景況原由、政治上の動静、公撰の投票に関する事、等が掲げられている（『富山県法規類聚』所収）。

(65) 明治一六年一月三一日、二三年五月二九日、等の東本願寺達（『近代大谷派年表』、東本願寺出版部、一九七七年）。二三年二月一日の西本願寺達（『本願寺年表』、浄土真宗本願寺派、一九八一年）など。
(66) 藤田茂吉「北遊紀行」抄（『富山県史』史料編Ⅵ近代上、二九九～三〇〇頁）。
(67) 『東京朝日新聞』二三年六月一五日、一七日。
(68) 『北陸公論』二三年六月一八日。改進党も『改進万歳』などと大書した扁額を掲げたりした。又、総帥島田孝之にかけて芸妓らに「島田髷」を結わせて懇親会を盛り上げた。
(69) 前掲（21）、メイソン四八頁。
(70) 『北陸公論』二三年六月六日。『富山日報』二三年六月二～三日。
(71) 前掲（21）、メイソン一三六～一三七頁。
(72) 『富山日報』二三年三月一三日。
(73) 『富山日報』二三年六月二五日。
(74) 『富山日報』二三年六月二八日。重松は田畑持高八〇石の内、五〇石は親戚が保管、三〇石分を選挙費用に充当した（『富山日報』二三年六月二九日）。
(75) 『北陸公論』二三年六月二五日。
(76) 『北陸公論』二三年七月一日。
(77) 『北陸公論』二三年七月五日。
(78) 『北陸公論』二三年六月二一日。
(79) 『北陸公論』二三年六月三〇日。
(80) 『富山日報』二三年六月一九日。武部は砺波地方の貸預金会社『滋芳社』が一九年に倒産した時の社長で、その責任を再三追及されていた。
(81) 前掲（21）、メイソン一五四～一五五頁。
(82) 二三年七月二日。
(83) 『富山日報』二三年二月三日。

(84)『北陸公論』二三年一月三〇日。
(85)『内務省年報・報告書』第一四巻、明治二三年～二五年。七八～七九頁（三一書房、復刻一九八四年)。米騒動全体への展望としては、井本三夫「日本近代米騒動の複合性と朝鮮・中国における連動」(『歴史評論』四五九号、特集・米騒動七〇年。一九八八年）を参照の事。
(86)二三年六月二四日。
(87)『北陸公論』二三年七月二日。
(88)二三年六月一七日。
(89)『富山日報』二三年七月二日。又、前掲（53）と同年四月二五日「米価の騰貴に就いて」。
(90)『北陸公論』二三年四月二三日。
(91)『北陸公論』二三年六月二七日。

磯部四郎の衆議院議員活動

長沼秀明

はじめに

磯部四郎は本書の表題および本書所収の諸論考に明らかなとおり、まさに日本近代法学の巨擘である。磯部が数え年六五歳の大正四（一九一五）年に刊行された『帝国法曹大観』を見れば、磯部は「法律取調委員」の部に従四位勲三等法学博士として、その輝かしい履歴が掲載されている。

しかし、その履歴をよくよく注意して見てみると、明治二三年七月の項に「衆議院議員当選、三十五年八月再当選」とあるのに気づく。また、この本が刊行された前年の大正三年三月の項には「貴族院議員」と記されており、彼が当時、法律取調委員であるとともに貴族院議員でもあったことが知られる。(1)つまり磯部は法律家・法学者であったと同時に、帝国議会の議員でもあったのである。この事実は磯部四郎について、かなり詳しい人であっても必ずしも、よく知られてはいないのではないかと思われる。

そこで本稿では帝国議会議員としての磯部四郎の活動に焦点をあて、磯部の業績の一端を明らかにしておく。日本近代法学の巨擘たる磯部四郎の全体像に迫ろうとする本研究論集の趣旨に鑑み、本来であれば貴族院議員時代の活動にも、ふれるべきであろうが、紙幅等の関係から本稿では、彼が衆議院議員として実際に活躍した明治三五（一九〇二）年から明治四一年までの時期に着目し、主として本会議における彼の発言を紹介しながら(2)、帝国議会議員としての磯部四郎について考えてみたい。この時期の日本は、日露戦争を境として社会が従来とは異なる様相を見せていく時代でもある。そのような激変する社会のなかで、衆議院議員として磯部は、どのような活動をしたのか、大いに興味が、わくところである。なお本稿で、ふれることのできなかった貴族院議員時代（大正三年に勅選議員(3)として就任）については、今後に機会があれば別途、発表したいと考えている。

一　第一回衆議院議員総選挙

磯部四郎が最初に帝国議会議員として登場しようとしたのは明治二三年、彼が数え年四〇歳の時に実施された第一回衆議院議員総選挙の際である。前年に大日本帝国憲法が発布され、この年いよいよ近代日本念願の国会である帝国議会が開設されることとなった。この選挙にあわせて刊行された摂提子編『（帝国議会）議員候補者列伝』全に掲載されている「磯部四郎君伝」は、磯部が維新の激動をへて法律学を修得し、法律家・法学者として活躍する経緯をかなり詳細に記し、「性洒々落々光風霽月ノ如シ而シテ学問淵博識見高遠其人ト談スルヤ議論風生其諸法学校ニ於ケル講義ノ如キハ間マ詼謔ヲ交ヘ数百ノ聴聞者ヲシテ唖然頤ヲ解カシムルコト尠カラスト云フ」と、彼のすぐれた性格と見識、そして弁舌巧みなさまを高く評価している(4)。この時、磯部の自宅は東京市京橋区築地二丁目にあったが、「大同派ニ入リ大ニ為スアルモノ、如シ(5)」といわれた彼は出身地の富山県から立候補し(6)、七月一日に行なわれた投票の結果、見事に当選を果たした。そして、所属する大同倶楽部をはじめとする全一二二名の議員によって八月二五日に立憲自由党が組織され、同月二八日には院内会派として弥生倶楽部が組織された。しかし一一月二五日の第一回帝国議会召集を前にして、彼は一〇月に大審院判事に任ぜられ(7)、一〇月三〇日には衆議院議員を退職することとなった(8)(この時の選挙の詳細、とくに富山県内の事情については本書の栗三論文を参照されたい)。したがって、この時は、磯部が議員としての活動を行なうことは、なかったのである。

二　第一七回帝国議会（明治三五年）

(1)　第七回衆議院議員総選挙

磯部四郎が帝国議会の議員としての活動を開始するのは、それから一二年後の明治三五年のことである。当時の日本社会は、後年、日清・日露戦間期と呼ばれることになる、日本資本主義の確立期にあった。彼は、すでに明治二五年五月に大審院次席検事の職を賭博行為疑惑で辞して弁護士となっており、三一年には東京弁護士会長に就任していた(9)。あわせて明治二六年七月からは法典調査会委員も務めていた。明治三五年当時の磯部は、数え年五二歳になっていた。この時は本籍地の富山県からではなく、現住所地（東京市本所区亀沢町二ノ三）である東京市からの立候補であった(10)。磯部は「快活洒脱所謂江戸ッ児肌を有す、其這回東京市民の歓迎する所と為り衆議院議員と為る亦偶然にあらずと云ふべし」と評されており、その人気のほどが、うかがえる(11)。

八月一〇日に執行された第七回総選挙で彼は見事に当選を果たし、同年一二月六日に召集されて同月九日に開院式が行なわれた第一七回帝国議会（通常会）では、最大会派の立憲政友会（開院式当日の会派別所属議員数を見ると、欠員一名を除く衆議院議員総数三七五名のうち過半数の一九一名を占めていた）に所属して、いよいよ議員活動を開始する(12)。それでは磯部の最初の衆議院議員活動は、いかなるものであったのか、その様子を見てみることにしよう。

(2) 当時の政治情勢

この第一七回帝国議会は明治三五年一二月六日に召集された通常会であり、会期は同月九日から翌三六年三月八日までの九〇日間であった。この議会に集った衆議院議員たちは、帝国議会開設以来はじめての、衆議院議員任期満了にともなう総選挙(第七回衆議院議員総選挙)により選出された議員たちであった。また彼らは、先の第一四回帝国議会(明治三二年一一月召集の通常会)で改正された、新しい衆議院議員選挙法による最初の総選挙を経験した者たちであった。この新しい選挙法は、議員定数を三〇〇から三八〇に増やして小選挙区制を大選挙区制に変更するとともに、選挙資格を直接国税納税額一五円以上から一〇円以上に引き下げて、記名式投票を無記名式投票に改めることを主たる内容とするものであり、このほか市部を独立の選挙区とすることも定めていた(磯部の選挙区である東京市の議員定数は一一であった)[13]。この選挙には総数六七九名が立候補し、従来の選挙に見られたような政府側による選挙干渉のような事態は起こらずに平静に行なわれ、三七六名が当選した(定数を下回っているのは、北海道の一部および沖縄県で選挙が施行されなかったことによる)[14]。この当選者のうちの一人が、ほかならぬ磯部四郎その人だったのである。

当時の内閣は桂太郎内閣(第一次。前年の明治三四年六月に成立)であり、同内閣は同年三月に第一六回帝国議会が閉会された後、行財政整理と海軍拡張計画に重点を置いたが、いずれも議会との対立が予想されていた。とくに後者は地租増徴継続を前提とするものであったので、議会召集直前の一二月三日には立憲政友会(伊藤博文総裁)と憲政本党(大隈重信党首)との提携も実現していた[15]。立憲政友会に所属する磯部の政治的立場は当然、このような状況のなかで規定されたものであったといえよう。

(3) 議会の概況

一二月六日、衆議院は議長に片岡健吉(立憲政友会、前議長)を、副議長に元田肇(立憲政友会、前副議長)をそれぞれ選出し、翌日、両者は勅任された。同月一一日、地租増徴継続法案である地租条例中改正法律案および関連の府県制市制及町村制中改正法律案、海軍拡張費を含む明治三六年度予算案などが、政府から衆議院に提出された。二日後の一三日、衆議院では桂首相および曾禰蔵相の演説と、これに対する質疑とが行なわれたが、地租増徴継続法案をめぐる政府と議会との対立状況を反映して審議は、きわめて難航した。

そして一六日、野党側は特別委員会で地租増徴継続法案を圧倒的多数で否決した。さらに即日、この結果を本会議に上程して一気に同法案を否決しようとはかったが、本会議では首相が原案維持の演説を行ない、海相、逓相の演説の後、議員による反対、賛成の討論が行なわれ、その後、議会は一六日から二〇日まで五日間の停会を命ぜられた。さらに停会中の二〇日には、翌二一日から二七日までの七日間にわたる停会が命ぜられた。

二回の停会中に政府と議会との妥協は成立せず、ついに桂首相は停会明けの一二月二八日の衆議院本会議で解散の詔勅を伝達したのであった(16)。磯部四郎が初めて衆議院議員として臨んだ第一七回帝国議会は、このように波乱のうちに衆議院解散という事態を迎え、磯部自身が、この議会で活躍する場は与えられなかったのである。

三　第一八回帝国議会（明治三六年）

(1)　第八回衆議院議員総選挙

明治三五年一二月末の衆議院解散をうけて翌三六年三月一日、前回の総選挙から七ヵ月を経ずして執行された第八回衆議院議員総選挙に、再び東京市から立憲政友会所属候補として立候補した磯部四郎は、またもや当選を果たした。立憲政友会、憲政本党の両党は、前議員の再選を優先して両党の候補者の対立を回避することに努めたため、従来にはない両党提携による選挙戦を展開したのであった。同年五月八日に召集された第一八回帝国議会（特別会）は、衆議院議員総数三七六名のうち半数近い一八五名を立憲政友会所属議員が占めていた（憲政本党は八四名[17]。

実は、この間、政府は立憲政友会との妥協を模索し、政友会総裁の伊藤博文は、地租増徴継続を見合わせるとともに鉄道建設費に充当すべき財源を公債で賄い、その分を海軍拡張費に回すという政府方針を了承していた。しかし、議会召集前日に開催された立憲政友会の議員総会で、伊藤総裁の方針は否定され、前議会と同様の方針で新議会に臨むことが決議された[18]。当時の日本をとりまく内外情勢をみれば、前年の二月に日英同盟協約が成立し、この年四月のロシアの満州第二期撤兵不履行を機に国内には対露強硬論が台頭していた[19]。

(2) 議会の概況

この議会は、まず召集日の五月八日に議長、副議長候補者を選挙して、それぞれ片岡健吉（立憲政友会、再選）、杉田定一（立憲政友会）を選出し、両者は翌九日に勅任された。前議会からの懸案事項であった地租増徴問題について政府は、すでに地租増徴継続を断念していたが、同月一九日に地租増徴継続法案が特別委員会で否決されると桂首相は、伊藤総裁との先約にもとづいて立憲政友会との妥協に踏み切るため、ただちに蔵相、海相とともに政友会の代表者と会談し、政府が地租増徴継続法案を撤回すること、および、これに伴う歳入不足は行財政の整理、電話・鉄道建設事業の延期、公債募集によって補い、海軍拡張を実施することを申し入れて、政友会内部の協議等のため五月二一日から三日間、議会を停会した。

そして停会明けの二四日、政友会議員総会は、この妥協案を承認したのであった[20]。このように日清戦争後の帝国議会は、初期議会に見られた政府と議会との対立状況を乗り超えた、新たな関係が模索されつつ形成されていく時期であった。

(3)　磯部四郎の発言

このような状況のなか、この第一八帝国議会では政府提出の法律案が全一二件提出されて、うち七件が成立し、また衆議院議員提出の法律案は全一九件提出されて、うち五件が成立している（貴族院議員提出法律案は、なし）。[21] そして磯部四郎は、この議会で二つの法案を他の議員と共同で提出しているのである。寄留法案（他の一名と共同）および刑事訴訟法中改正法律案（他の二三名と共同）が、それである。海軍拡張計画決着後の五月二六日、両法案の第一読会が衆議院本会議で行なわれた。寄留法案は全三〇条から成り、第一章「寄留簿及取扱手続」、第二章「寄留届出手続」、第三章「罰則」、および附則という構成の、きわめて詳細な法律案である。[22] また刑事訴訟法中改正法律案は、同法二八一条第一項中「受命判事ノ報告書ヲ差出スマテハ」を「公判ノ弁論終結マテハ」に改めて同条第二項を削除する内容である。[23] 両法案とも磯部四郎の名が提出者の筆頭に、あげられている。この両法案は、それぞれ九名の委員を議長が指名し、委員会において審議されることとなった。[24]

二日後の五月二八日、刑事訴訟法中改正法律案の第一読会の続きが行なわれ、磯部四郎が同法律案の委員長として登壇し、同改正案の説明を行なった。彼は前日（二七日）の委員会で全会一致により同案が可決になったことを述べたうえで、つぎのように述べた。

刑事訴訟法二八一条は、刑事事件において国民が有する上訴権に関する規定であるが、昨年（明治三五年）の暮に大審院の判例が変更されて上訴が制限されるに至った。終身官である大審院判事は「楽の出来るだけは楽をして成るべく事件は已れの方に背負ひ込まぬやうにしたら宜からう、さうして判事の地位を保つた方が宜い、此方が楽で宜しいと云ふ趣意に基いて居る」と大審院の判例変更を痛烈に批判し、「在野法曹界は挙げて斯の如く大審院を行動せしめるがために吾々の力よりは法律の力を以て此事を行はしめるやうにしなければ所詮人民の固有の上訴権を結局まで自由に行ふて往くことが出来ないであらう」（傍点は引用者。以下同）と述べ、今回の改正も、そのためのものであると説明した。そして、この改正案に反対している政府は、その反対理由として改正案に上訴期限が設けられていないことをあげているが、民事事件については上訴期限が設けられていないとして政府の見解に反論し、「公訴」である刑事事件においては人民の名誉、身体、さらには生命を断つほどのものが上訴権にほかならず、これに期限を付すことは、「僅に財産の問題に関係するが如き」民事事件において「極度まで自由に上訴権を行はしめる」ことに比較して「甚だ不権衡」であると鋭く指摘した。そして、この改正は「内外の情勢ではない法律の情態に鑑みて改正を要する点」だと結び、満場一致の採決を求めた。(25)

この説明に対し、望月長夫議員より内容確認の質問があり、これに対する磯部の回答中に「総て法律は分らぬのです、分らぬ所からして是までは大審院は相当の分らぬものにいろ〳〵着物を着せて吾々の上訴権を伸張せしめ来つたのであります」とあるが、(26)これは磯部の法律観を考えるうえで、たいへん興味深いように思われる。

この後、吉田源八議員より政府委員の反対理由について質問が出されたのをうけ、政府委員の波多野敬直(司法総務長官)(27)は「政府は此改正案に御同意致す訳に参りませぬ」と述べたうえで、つぎのような答弁を行なった。現行の刑事訴訟法において上告理由を定める形式は上告趣意書の提出にほかならず、上告趣意書は訴訟の目的を定め上告裁判所での審理の範囲を限定すべきものであり、もし上告の趣意が、いつまでも変更されることが可能になるならば、目的の定まらない訴訟が裁判所に係属するという「奇観」を呈することになる。大審院による刑事訴訟法第二八一条の法文解釈によれば、弁明書は、いったん定まった訴訟の目的を変更して審理の範囲を拡張するものである。弁明書が、このような効力を有するならば、その提出期間に一定の制限を置かざるを得ないことは明白である。今回の改正案は、訴訟当事者の不便を救済するということが改正の理由の一つとなっているが、現行法の制限が、どのような点で訴訟当事者に不便を感じさせているのかは、ほとんど了解に苦しむ。現行法が「受命判事ノ報告書ヲ差出スマテ」上告趣意の拡張を認めているのは、もっぱら被告人の弁護にむかって便宜を与えたものであり、訴訟当事者に不便不利を与えることはないと信ずる。大審院と弁護士との間で法律の解釈が異なった結果を生じたからといって、ただちに立法上の手段をとって法文の改正を企てるというようなことは、よほど慎まなければならないと考える。波多野は、このように述べて、議会側を厳しく批判したのである。この法案をめぐる議会と政府との法文解釈をめぐる対立の背後には、そもそも立法のあり方をめぐる両者の対立が深く根ざしていたと考えるべきであろう。

この波多野の答弁の後、望月議員が確認の質問を行ない、その後、恒松隆慶議員が「二十四名の多数殊に法律に明るい諸君の提出に係る案であり又委員会も全会一致で賛成したのでありますから委員長の報告通読会を省略して可決あらんことを望みます！」と発言し、読会は全会一致で省略され、ここに刑事訴訟法中改正法律案は確定、可決した(28)。

このように磯部四郎は法律家・法学者としての自己の特性をさっそくに発揮して、衆議院議員としての活動を積極的に開始したのである。右に見た刑事訴訟法改正案に尽力する磯部の姿には、立法機関たる帝国議会の議員として、議会の権限を最大限に用いて自らの理想とする法律を策定していこうとする彼の積極的な姿勢を見てとることができる。

四　第一九回帝国議会（明治三六年）

(1)　当時の内外情勢

特別会たる第一八回帝国議会は明治三六年六月五日に閉会し(29)、同年一二月五日には第一九回帝国議会（通常会）が召集された。対露関係が緊迫化していた時期であった。すでに第一八回帝国議会閉会後の六月二三日には御前会議が開かれ、ロシアの満州・韓国への武力進出に対処するため、韓国については一部たりとも譲歩しないこと、満州についてはロシアの優位を認めて多少譲歩すること、などを内容とする対露交渉の基本方針が決定されていた。この方針にもとづき政府は八月、日露協商の基礎となるべき事項についてロシア側に提案を行なったが、ロシアは一〇月、これを拒否して新たな提案を出し、これに対して日本が同月中に修正案を提出し、一二月には再びロシアが対案を出すなど、両国間の外交交渉はロシア側の一貫した強硬姿勢のなかで続けられていた。また、ロシアは九月に清朝に対して新たな要求を出し、これを清朝が拒絶すると、一〇月期限であった満州からの第三期撤兵を履行せずに、同月末には奉天省城を再度占領していた。このような状況のなか、日本の世論は大いに沸騰し、開戦論が高まった。多くの新聞が主戦論に転じ、それまで慎重な態度を持していた財界・実業界も主戦論に同調した。

政府および政党にも大きな動きがあった。御前会議で対露交渉の基本方針が決定されたことをうけて、桂首相の意向のもと、伊藤博文が枢密院議長に就任し、山県有朋・松方正義の両元老が枢密顧問官に任命され、内閣改造も行なわれた（司法大臣には波多野敬直が就任した）。一方、このような政府の動向のなか、立憲政友会内部には伊藤総裁および幹部の党運営に対して不満が高じて、五月から六月にかけて尾崎行雄ら有力会員の脱会が相次いだ。また七月に伊藤総裁が突然、枢密院議長に就任して政友会を去り、代わって前枢密院議長の西園寺公望が新総裁に就任すると、金子堅太郎ら伊藤直系の官僚派が脱会して、前議会閉会時には一六八名を擁していた立憲政友会所属議員は第一九回帝国議会開会時には一二七名に減少していた(30)。

(2) 議会の動向

第一九回帝国議会召集日の一二月五日、衆議院では、先に死去した片岡健吉議長の後任の議長候補者の選挙が行なわれ、立憲政友会と憲政本党との提携によって河野広中（憲政本党）が当選して同日、勅任された。そして同月一〇日、衆議院では同日の開院式での勅語に対する、河野議長起草の奉答文案が可決された。ところが、この奉答文中に内閣弾劾の文言が挿入されていることが散会後に判明し、奉答文中には政治的な意味を含む内容は盛り込まないという帝国議会開設以来の慣例を破るものであるとして院の内外で大問題となり、奉答文案の再議、議長の辞任など、さまざまな意見が出された。しかし、政友会、憲政本党ともに再議に反対する態度を決定し、奉答文案の再議・修正は、ならなかった。そして翌日、衆議院は解散されたのであった。(31) 翌三七年二月、日露戦争が勃発する。

五　第二一回帝国議会（明治三七〜三八年）

(1)　第九回衆議院議員総選挙

前年（明治三六年）末の衆議院解散をうけて、日露戦争開戦中の明治三七年三月一日、第九回衆議院議員総選挙が施行された。この選挙では、これまで未施行であった北海道の三つの選挙区から三名が選出されることになったので、この時の選出議員総数は三七九名であった。各党派の候補者数は立憲政友会一七四名、憲政本党一二五名、自由党二三名、帝国党二三名、無所属その他二〇六名の、総数五五一名であった。選挙戦は平穏のうちに進行し、結果は立憲政友会一二八名、憲政本党九一名、自由党二三名、帝国党一七名、無所属一二〇名の当選者であった。

召集された議会に臨むにあたり、政友会および憲政本党の幹部は、今議会は戦時議会となるため政府に協力せざるを得ないと考えて、事前に政府と協議をすることとし、政府も、それを希望した。三月一五日に政友会、憲政本党の各代表一〇名づつが首相、海相、陸相、蔵相、内相らと会見し、政府側から戦時財政計画について説明をうけた。翌一六日、政友会と憲政本党は、それぞれ党大会を開いて政府支持を表明した。さらに他の会派も、政争を避けて政府を支援することになった。そして二日後の三月一八日、第二〇回帝国議会（臨時会）が召集されたのである。(32) しかしながら、この議会に磯部四郎が登院することは、なかった。彼は総選挙で落選したのであった。

ところが、彼に幸運が訪れる。会期終了日の同月二九日[33]に東京市選出の秋山定輔（無名倶楽部）が議員を辞職したため東京市選出議員に欠員が生じ、閉会中の翌四月一二日に磯部四郎（立憲政友会）が繰り上げ補充となったのである[34]。そして彼は、次の第二一回帝国議会で再び活躍することになる。

(2) 国内の状況

第二一回帝国議会は明治三七年一一月二八日に召集された、日露戦争開戦中の通常会である。戦局は日本側に有利に展開していたが、対露戦争遂行のための戦費は莫大な額に上り、戦時下の財政は逼迫していた。開戦直後に開かれた前議会で協賛を得ていた臨時軍事費三億八〇〇〇万円、臨時事件費四〇〇〇万円の合計四億二〇〇〇万円の財源は、当時の財政規模や国民経済力をもってしては賄いがたく、多額の内外公債に、よらなければならなかった。政府は、国民各層を挙国一致による戦時体制の中に組み込み、国民の勤倹努力を奨励した。

多くの国民は開戦と戦勝とに熱狂し、祝賀行事が盛んに行なわれ[35]、国債への応募も募集金額を超えるほどであった。しかし、戦争の遂行に伴い、巨額の増税と国債の負担とは国民生活に大きな影響を及ぼすようになっていた。とくに非常特別税が間接税であったため生活必需品が値上がりすることになり、倹約奨励による緊縮ムードは経済活動全体を沈滞させる結果となった。政友会と憲政本党は、議会開会を前にして、ともに党大会を開いて、それぞれ宣言を発表し、両党とも軍事費は承認するものの、増税に対しては国民生活擁護の立場から慎重な対応を政府に求めた[36]。

(3) 議会の概況

第二一回帝国議会は明治三七年一一月三〇日に開院式を行ない、翌一二月一日の貴族院は「満州軍ニ対スル感謝決議案」および「帝国連合艦隊ニ対スル感謝決議案」を全会一致で可決した。一二月三日、衆議院で、桂首相の施政演説および曾禰荒助蔵相の財政演説が行なわれた（貴族院では同月二〇日に行なわれた）。翌明治三八年一月二日の旅順開城の報をうけて、衆議院は同月六日に特別に本会議を開き、旅順陥落の賀表を奉呈する上奏案「日露事件ニ関スル件」および決議案「旅順攻囲軍ニ対スル功労感謝ノ件」を上程し、可決した(37)。

このような、日露戦争という「国家の大問題(38)」を背景に、地租増徴を主な内容とする非常特別法中改正法律案ほか七件が、衆議院での修正を経て可決され、この改正により、地租のほか営業税、所得税、酒税等が増徴されるとともに、通行税、織物消費税（ただし毛織物を除く）が新たに課されることになり、さらに相続税が新設された。この議会では予算案のほか、多数の法律案が提出されたが、戦時議会であるということもあってか比較的平穏な審議経過をたどっている(39)。そして磯部四郎は明治三六年の第一八帝国議会に引き続き、この第二一帝国議会においても得意の法律論を展開して積極的な発言をしているのである。なお磯部は、常任委員会は懲罰委員会に所属し、その委員長を務めている。

(4)　磯部四郎の発言

まず、明治三八年二月一四日の本会議で行なわれた二つの発言を見よう。一つは、裁判所構成法中改正法律案の第三読会における発言である。磯部は、第一六条第三項すなわち区裁判所の管轄に関する条文案に対し、修正案を提出する。それは磯部によれば「極く簡単な修正案」であり、「本刑一年以下」とある原案を「本刑六箇月以下ノ禁錮ニ当ル罪」とする修正案であった。理由も「極く簡単」であり、現行刑法中の条文のみでも本刑六箇月以下の刑に処せらるべき罪は全部で四八箇条もあるが、これらの罪の性質を考えれば「紳士君子と云ふやうなものでも、時々触れ易いところの罪」であるにすぎない。このような罪のみならず、それ以上の刑に相当するような罪を区裁判所に一任するのは「甚だ不都合」である。実は、この修正案ですら「人権を重んずる」観点から、あまり賛成ではないのだが、原案に配慮して、この修正案を提出するのであるから、この件については、直ちに賛成を願いたい、と提案したのである。これに対し望月長夫議員が、ただちに同意して議長により討議に付され、全会一致で磯部の修正案は採用された(40)。

同日の本会議での、もう一つの発言は裁判所管轄区域変更に関する法律案の第一読会(続)におけるものである。政府提出の、この法律案は大阪控訴院の管轄区域の変更を主たる内容とするものであり、名古屋、広島の両控訴院の廃止問題とも関連する、「地方問題」(この法律案を審議した奥繁三郎委員長の表現)であった。委員会では二対六の多数で政府原案に賛成と決したが、本会議で奥委員長は「本員一個の意見」として、あえて原案に反対し、これを廃案とすべき意見を訴えた。これに対し、磯部は「私は余り政府案として感服致しますのは、多くござりませぬが、此案だけには感服いたしました」と前置きして議員たちの笑いを誘ったうえで、つぎのように述べた。奥議員は、政治は国民のためにするものであるから国民の欲するとおりにしたほうがよいと発言したが、「富山に生れて、富山に育つた人間」である自分は、この管轄問題について、これまで協議や相談をうけたことがないので、少なくとも富山県に限っては、大阪から名古屋への管轄変更を希望していると思う。それよりも重要なことは、迅速な裁判を行なうことである。大阪控訴院は管轄区域が広範なために訴訟件数が、きわめて多く、刑事事件においては未決勾留の日数が他の控訴院に比較して、たいへん長期間にわたっている。管轄区域変更の問題は地域利害の問題ではなく「国家一般の利益」に関する問題であり、この観点から議論することが「立派なる国会代議士」の任務である。また管轄裁判所が変わろうとも、裁判そのものに影響を与えることは、ない。裁判管轄区域が変更になり、迅速な裁判が実現されることは「一家に取つても、一個人に取つても、訴訟人に取つても、国家に取つても、外国に聴えても、希望すべきこと」であり、管轄区域の変更という政府案が提出されたのは「当年の司法省中の大出来事」であるから「両手を挙げて賛成する次第」であると結び、政府案への賛同を訴えた。この磯部の発言には、訴訟当事者のために迅速な裁判が絶対に必要だという論理が貫徹している。また、衆議院議員は地域の代表者ではなく国民全体の代表者であるという考え方も明瞭に表現されている。磯部の裁判観および代議士観が見事に表現された発言であるといえよう。法案は賛成多数により、ただちに第二読会、第三読会をへて成立した(41)。

つぎに、二月二三日の本会議における磯部四郎の発言を紹介しよう。まず、外国裁判所の嘱託に因る共助法案（政府提出）の第一読会（続）における本案委員長たる磯部四郎の報告がある。磯部は委員会の審議経過を報告し、全会一致で政府案どおり可決したことを報告して「別段に詳細なことを報告する必要もなからうと考へます」と述べ、ただちに本会議での採決を求めた。これに対し、恒松隆慶議員が読会の省略を求め、ただちに法案は異議なく確定した(42)。

この日の磯部の発言で重要なものは、刑の執行猶予及免除に関する法律案（元田肇議員提出）の第二読会におけるものである。この法案は、罪を犯した者に改過遷善の道を開くもので、先に政府が提出した刑法改正案中にも刑の執行猶予の制度が盛り込まれていたのであるが、同改正案の議会通過が困難であることにより、本法案によって刑の執行猶予および免除に関することのみを定めようとしたものであった。衆議院の委員会での審議の結果、法案の名称中から「免除」を除くことなどの修正がなされて、本会議に上程されたのであった(43)。磯部は言う。この刑の執行猶予に関する本法案については委員会に十分な信用を与えて、委員会の報告どおりの案に賛成する。この法律は「我邦に始《マ》め《マ》て行はれるところの法律」であるから実際に一〜二年間ほど実施してみて後あらためて判断すべき問題が多いであろうから、適用上のことを現段階で論ずることは、あまり意味がない。そもそも刑の執行猶予とは、多少の過失を犯しやすい人間に対して社会が、ある程度の免除を与えてやろうというものである。法律は「何時でも差支の生じたとき——何時と云つてもおかしうございますが、一年に一度は改正も修正も出来るのであるから」、たとえ不完全であったとしても、一年程度は、その法律を「経験」したほうがよい(44)。この発言には、法律に対する磯部の、きわめて柔軟な姿勢が見てとれる。本法案は委員会修正のとおり可決された。日露戦争遂行中にも、ここに見たような裁判制度に関わる重要な法案が帝国議会で粛々と審議されていたことは、きわめて注目に値しよう。

六　第二二回帝国議会（明治三八〜三九年）

(1)　内外の状況

この議会は日露戦争講和後の明治三八年一二月二五日に召集された通常会である。日露戦争後の政局は激動の中にあり、この議会の開催直前には桂内閣の総辞職の方向が決まっていた。さかのぼって日露戦争の概況を見れば、戦局自体は日本に有利に展開しており、軍事力や経済力が底をついて戦争の長期継続は困難な状況にあったにもかかわらず国民は、そのことをまったく知らされず、いたずらに戦勝に酔うのみであった。このような状況のなか、アメリカ合衆国大統領ルーズベルトの勧告にもとづき日露両国は米国ポーツマスにおいて明治三八年八月一〇日から講和会議を開き、九月一四に日露講和条約および附属追加約款が批准交換されて翌一〇月一六日に公布された。

しかし、それ以前に講和会議の内容が明らかになると、国内世論は外交当局のとった譲歩的態度に怒り、九月五日の条約調印日には東京の日比谷公園で講和反対の国民会議が開かれ、講和条約破棄・戦争遂行の決議を採択した。この大会を制止する警官と民衆との衝突が起こり、大会終了後、警察の弾圧に憤慨した民衆は、やがて暴徒化して内務大臣官邸や警視庁、さらには首相私邸、桂内閣支持の国民新聞社、警察署、派出所などを襲って焼き打ちし、ついには電車や教会にまで火を放つに至った。このため政府は翌六日の夜に緊急勅令を発して東京全市と隣接五郡に戒厳令をしき、軍隊を出動させて鎮圧に努めた。

このような国民の動向をうけて、磯部四郎が所属する立憲政友会では、日本の軍事力や列強の対日情勢からみて講和条約の内容も、やむを得ないとする西園寺公望総裁が九月二日に協議員会を招集して党員に冷静な対処を促した。しかし党員の中には不満を抱く者も多く、在京代議士総会では、外交の失政に関して政府の責任を問うという党議が、なされた。一方、憲政本党では九月二日に調査委員会を開いて「帝国全権の議定した講和条件は、千載の屈辱なり」と声明を発し、講和条約反対を決議した。さらに日比谷焼き打ち事件が起こると政府に謝罪を勧告し、同月中に開かれた代議士評議員連合会で政府問責を決定した。ただし講和条約の批准に関しては、これを拒否することは国際信義に反するとして、これを承認した。なお、政友会、憲政本党以外の各派は、とくに集会は開催しなかったものの、いずれも講和条約の内容を是認したものはなく、都下の騒擾事件に対しては各党各派をあげて、政府の責任を追及した。そこで政府は九月八日に急きょ、貴衆両院の各派代表を首相官邸に招き、講和の、やむべからざる事情と、騒擾事件を鎮静せしめた経過とを説明して、その了解を求めることに努力した。しかし各派は必ずしも、これを了解したわけではなかった。

政府は騒擾事件に対する政府の責任を明確にするために、暴動鎮圧の直接責任者である警視総監安立綱之を罷免したが、これだけでは収まらず、九月一六日には内務大臣芳川顕正をも罷免して、内相は清浦奎吾農商務大臣が兼任した。また政府は、講和に反対して政府糾弾を唱えた帝国大学教授を休職に付したので、東京・京都の両帝国大学教授たちの反対を招き、山川健次郎東京帝国大学総長が辞職するという事態に発展した。そのため久保田譲文部大臣が一二月一四日に辞任し、桂首相が兼任することになった。政府の威信を失った桂首相は一二月一九日、立憲政友会総裁の西園寺公望に会見して辞任の意思を告げ、後継内閣の組閣を要請した(この背後には桂首相と原敬との秘密交渉があったといわれる)。西園寺総裁は、これを承認したので一二月二一日、桂内閣は閣議で全員の辞表をとりまとめ、これを奉呈した。この政権交代は従来とは異なり、元老の推薦によって後継首相が選ばれたわけではなく、現職の桂首相が立憲政友会総裁の西園寺公望を後継首相として奏請するという形式をとったことが特徴である。ただし、桂が西園寺を後継者に推薦したのは、その家柄と経歴とによるものであり、政友会総裁という立場によるものではないとされる。

議会開会後の翌明治三九年一月七日、桂内閣は総辞職して同日、西園寺公望に組閣の大命が下り、第一次西園寺内閣が組織され、親任式が行なわれた。立憲政友会からは原敬（内務大臣）、松田正久（司法大臣）の二名が入閣したが、西園寺内閣には独自の政策を立てる余裕がなく、すべて前内閣の政策を踏襲することになった。(45)

(2) 議会の概況

このように激動する政局のなかで第二二回帝国議会が明治三八年一二月二八日に開会し、衆議院は翌二九日からの、貴族院は三〇日からの、翌三九年一月二〇日までの年末年始の休会を議決した。休会中の一月七日に桂内閣が総辞職し同日、第一次西園寺内閣が組織されたことは先に見たとおりである。衆議院議長の松田正久は司法大臣となったため議長の職を辞し、一月一九日に勅許された。二二日に開かれた衆議院本会議では、まず議長候補者の選挙が行なわれ、立憲政友会の杉田定一が議長候補者に当選し、翌二三日に勅任された。翌々日の二五日、西園寺首相の施政演説が貴衆両院で行なわれ、衆議院では同日、阪谷蔵相の財政演説も行なわれた。

この時の衆議院の勢力分野には、以前とは多少の変動が見られた。一人一党主義をもって組織された政交倶楽部（旧同攻会全員に、有志会および無所属議員の一部が合体）と、桂前内閣と密接な関係を有する大同倶楽部（帝国党、甲辰倶楽部、自由党、無所属）とが出現したからである。立憲政友会は依然として第一党ではあったが過半数を有していなかったので、西園寺内閣は大同倶楽部の援助を期待し、桂の好意を留保しておく必要があったのである。(46)

この議会における最重要法案は、国債整理基金特別会計法案及び非常特別税法中改正法律案であった。日露戦争の戦費調達のための内外公債を整理することが国家財政上の重要問題となったため、新たに公債償還の基金を設置して特別会計とすることが主な内容であった。憲政本党および政交倶楽部は、この法案に反対したが、政友会と大同倶楽部との賛成により両案は、いずれも原案のとおり両院を通過している。また、多年の懸案であった鉄道国有法案が、朝鮮の京釜・京仁両鉄道買収法案とともに会期終了間際の三月三日に衆議院に提出された。この法案については加藤高明外務大臣が強硬に反対して同日に辞職し、内閣は一時、危機的状況となったが、衆議院では憲政本党と政交倶楽部との反対にもかかわらず、原案どおり可決された（貴族院では修正のうえ議決され、衆議院も、これに同意）。(47)

(3) 磯部四郎の発言

では、この議会における磯部四郎の発言を見てみよう。この議会でも磯部は前議会に引き続き、常任委員会は懲罰委員会に所属し、その委員長を務めている。磯部の面目躍如たるところは、やはり法律論の展開にある。この議会では、刑事訴訟法中改正法律案、質屋取締法中改正法律案、裁判所構成法中改正法律案の各審議において発言しているので、それらについて見ておこう。

まず三月三日の本会議における刑事訴訟法中改正法律案（すなわち同法第二八一条第一項中「受命判事ノ報告書ヲ差出スマテハ」を「公判ノ弁論終結マテハ」に改め、かつ同条第二項を削除するという案）の第一読会（続）では委員長として本改正案の趣旨を説明した。この改正案は先に見たとおり第一八帝国議会（明治三六年）で審議され、衆議院では全会一致で可決されたのであったが、磯部のことばを借りれば「誠に期日がなかつたか、貴族院で握潰されましたから遺憾ながら更に又提出」したものであった。この磯部委員長の説明をうけて望月長夫議員が、先に、この改正案に反対した政府は「甚だ愚劣極まる」その趣意を今回も保持して、またも反対するのかと糾した。この質問に対し、政府委員の平沼騏一郎は、上告趣意書が弁論終結まで、いつでも出せるということになると上告範囲が最後まで決まらず、訴訟手続上「困りますので」「遺憾ながら本案には御同意が出来ませぬのでございます」と回答し、この回答をうけて望月議員は、さらに質問を行なった。その後、加瀬禧逸議員の質問と政府委員の回答とを経て元田肇議員が、今議会においても委員会を設置して政府委員を納得させられるだけの十分な審議が必要であるとして、九名の委員を議長が指名することを発議し、全会一致で了承された(48)。

つぎに三月八日の本会議における質屋取締法中改正法律案の第一読会での発言を見よう。そもそも、この改正案は磯部四郎ほか一一名の議員による提出であり、同法第一六条中「警察官」の次に「ハ占有者ノ承諾ヲ得又ハ検事ノ指揮ヲ受ケテ」を加えることを内容とするものである。磯部は言う。同法第一六条は「質物ニシテ贓物ニ係リ若クハ遺失物ニ係ルトキハ警察官之ヲ徴収シ被害者ニ還附ス」という簡単な規定である。しかしながら現実には、その質物が、はたして贓物か否か、遺失物か否かという司法問題が決着しないうちに警察官が「職務に熱心の余り」これを徴収して被害者に還附した後、実は贓物にも遺失物にも該当しないということが判明し「日本全国の質屋全般」が大いに迷惑を被っているという実態がある。しかし他方において、裁判が確定するまで贓物をいつまでも質屋が占有しているということになれば、今度は被害者のほうが大いに迷惑する。したがって質屋の承諾を得たうえで贓物であることを認め、これを警察へ引き渡すようにするか、または警察官の「圧制」を幾分か抑制するかという問題については、司法官の「干渉」が必要である。警察官は行政警察においても司法警察においても、捜索に関することがらで司法権を「私する」ということは「当を得ぬ」のであるにもかかわらず、質屋取締法第一六条は警察官に「所謂司法処分の一部」を与えており、このため少なからぬ被害が生じている。この改正により、質屋（贓物を占有している質屋）が、その質物が贓物であることを認識して承諾をしたうえで被害者に与えること、または、質屋と警察官との間で意見の衝突が起こった場合は「司法執行官たるところの検事」の指揮をうけて警察官が処理することとしたほうが、「大いに穏当」である。このたび内務大臣（原敬）も警察の「宿弊」を十分改正になるとのことであるから、政府も、この改正には賛成であろう。議員諸氏も満場一致で賛成していただきたい、と結んだ。この提案の背後には、警察権力を司法権によって抑制しようとする磯部の基本的な考え方を見てとることができる。この磯部の提案に対し恒松隆慶議員が、本案については九名の委員を議長が指名し、その委員会に付託すべきことを提案し、この提案は全会一致で了承された(49)。

その後、この質屋取締法中改正法律案は三月一九日の本会議で第一読会の続きが開かれ、先に指名された委員会の委員長として磯部四郎が委員会での審議をつぎのとおり報告した(八日の第一読会で議論された同法第一六条改正の件に加え、第二二条中の文言削除の件も報告されたが、ここでは磯部の提案に直接関わる第一六条改正の件についてのみ見ておく)。第一回の委員会で政府委員から「少しばかり反対」があったため「余程慎重に審議」した結果、委員会では全会一致で本改正案を可決した。政府委員の反対意見は、これまで警察官に委ねていた権限を「更に司法権処分の方に持つて往く」ことは司法権が行政権に「侵入」するおそれがあるので甚だ、よろしくないということが「骨髄」の理由である。しかし委員会では、これまで警察官に、贓物を取り上げて被害者に還付するという権限を与え、司法処分権の一部を警察官に委ねるという「経験」をしたが、これは弊害が多く、少しも得るところがないので、これを司法権に取り戻すことは行政処分に司法権が「侵入」するのではなく、司法権に、その「権利」を取り戻すのであるから問題はない、として全会一致で可決したのである。この磯部の報告に対し、政府委員の古賀廉造は、あらためて反対の意思表示を行ない、つぎのように述べた。質屋取締法第一六条は、被害物件は警察官の手により、なるべく速やかに被害者に還付すべきであるという趣旨、すなわち被害者保護の趣意から、できあがった法律である。改正案のように質屋の承諾が必要となると、承諾は、なかなか困難となる。また、検事の指揮をうけることとすると、行政手続を進める警察官が被害者の保護をするために司法官たる検事の指揮をうけるために相当の日数が必要となり、被害者に不利となる。このように被害者に贓物を遅く還付することになる法律案は「面白くない」し、「行政執行に対して――行政法に対して」司法官が「干渉」することも「面白くございませぬ」と法案を激しく批判した。これをうけて磯部四郎は補足説明を「簡単ですから此処でやります」と自らの議席で、つぎのように行なった。そもそも、その質物が贓物であるか否か、または遺失物であるか否かは最初から決まっているわけではない。質屋が実際に占有している品物が、はたして贓物であるか否か、正当な所有者の質入れか否かという問題が生ずるのである。そして「刑事巡査と称する者の即ち手心」によって万事が取り扱われるので、ほとんど枚挙に暇がないほどの弊害が生ずるおそれがある。「公平に事を行ふ高等官」たる検事が「実に公正な地位に立つて」還付するということになれば、実際上の不都合は、なくなる。また質屋の側も現実には抵抗することは、ほとんどないと考えられる。磯部は、このように主張して古賀に反論した。この後、望月長夫議員が政府委員の古賀に質問を行ない、さらに久保伊一郎議員が委員長報告に反対の意見を述べて、恒松隆慶議員が第三読会を省略して委員長報告のとおり可決確定すべきことを提案し、ただちに採決に入り、委員会案は可決確定した(50)。

このように磯部四郎は帝国議会衆議院議員の一人として、自らの得意とする法律理論を駆使して、政府に対抗すべきときは対抗しながら、自らの理想とする法律を策定していったのである。ただし磯部の、このような姿勢は議場において必ずしも歓迎されるだけではなかったようである。たとえば三月二七日の本会議における監視廃止に関する法律案（望月長夫議員ほか六名提出）の第一読会（続）では、磯部が発言を求めて登壇すると「簡単簡単」と呼ぶ議員があったことからも、うかがえる。そして、これに対する磯部の対応が実に興味深い。磯部は登壇すると、ただちに、こう言った。「先づ第一に私の演説に向つて、簡単にしろと云ふ御声が懸つたやうでございますが、其辺に付いては、私は此壇上を長く潰したことはないのでございますから、其御注意は御無用であらうと考へます、極く簡単であります」と前置きしながら、四半世紀も前の明治一四年の旧刑法制定時における自らの建議をふまえた発言を滔々と行ない、最後に「此位な短かさならば、諸君も御満足でありませう」と結んでいるのである。先に見た質屋取締法中改正法律案の読会においても「簡単ですから此処でやります」と登壇せずに自らの議席で発言しながら、かなりの時間を用いて発言している。磯部四郎の特異ともいえる性格は、帝国議会においても存分に発揮されたようである(51)。

最後に、日程は遡るが裁判所構成法中改正法律案の三月一〇日に開かれた第一読会（続）での磯部の発言を見よう。ここでの彼の発言は、これまでの法律論の展開とは異なる趣がある。この改正案は加瀬禧逸議員ほか四名の提出になるもので、検事の任用について帝国大学法律科卒業生に限り第一回試験を経ずして任用することを得る、という法文を削除するという改正内容である。委員会（全七名）では四対三で、この原案が可決された。この改正案の背後には、むろん帝国大学と私立学校（私立大学）との、いわば格差の問題が存在していた。それでは明治法律学校をはじめとする私立学校で長らく講師を務める磯部四郎は、この法案に対して、はたして、いかなる態度をとったのか。磯部の意見を聴こう。

「私は此案には反対を致す者がございます」《ママ》と、まず意外にも思われる発言を冒頭に置く。彼は言う。「本案に付て已に今日まで却て反対の意味に於て心配して居りますして今日も調査中であるのでございます。即ち大学出身の諸君と、夫から私立学校から出ましたところの御方と、どちらに優劣があらうかと云ふ事を、余程心配を致しまして調査して見ますると云ふと幾ど優劣がないのでございます、でありますから却つて私の方針は成るべく後進を進むるがため、此相当の監督の下にあるところの私立大学の卒業生も、悉く試験なくして各省各官衙の門戸を開いて、是を歓迎するやうな方針に法律を進めたいと云ふ考を持つて居る、併し杜撰の譏りがあつては恐入りますから、時々其事に付いて今日調査して居ることであります」。このように磯部は、帝国大学卒業生と私立大学卒業生との間に、ほとんど能力差がないことを強調する。さらに、相当の年歴を経て相当の学問をした人には、なるべく門戸を開いて、どこへでも入れて、その業務に就かせるように努めることは社会の義務であると述べて、私立大学の卒業生にも、試験を課すことなく卒業証書のみによって各官衙の門戸を開き、相当の職分を与えるという方針を我々が探っていくことが必要であると訴え、「卑屈極った」原案は直ちに否決されることを希望すると結んだ。議場からは拍手が沸き起こった。この改正案については磯部のほか多数の議員も種々に発言し、松田司法大臣も意見を述べた。結局、この改正案の第二読会は開かれないことが採決の結果、決定した。(52)

七　第二三回帝国議会（明治三九～四〇年）

(1)　当時の国内状況

第二二回帝国議会は明治三九年三月二八日に閉会式を行なったが、この後すなわち明治三九年後半からの産業経済の各方面における発展は、日清戦争後の発展と比べて著しいものがあり、とくに軍事との関連において重工業が顕著な発展をとげた。また、この時期は鉄道国有化が進められる一方、朝鮮、南樺太、関東州への定期航路や、サンフランシスコ、豪州、ウラジオストック等への航路が開設され、陸海の輸送網が形成された。また通信事業においても国内外の通信網が拡大整備された。このような産業界の活況は、さらに空前の投資熱の高まりを招き、会社の事業拡張や新設のための株式募集が、さかんに行なわれた。株価は急上昇し、幸運を手にして金持ちになった者は「成金」と呼ばれた。

しかし、この好景気は意外に長続きせず、四〇年一月二一日には株式市場が暴落し、三月には支払い停止銀行が二三行に及ぶなど、日本経済は、この後、明治四一年七月頃まで後退を余儀なくされたのであった。このような経済状況のなか、西園寺首相は三九年五月に満韓方面の視察から帰国すると満州問題について元老および閣僚と協議し、委員会を設置して満州経営方法を調査させることにした。そして六月、勅令により「南満州鉄道株式会社ニ関スル件」を発布して拓殖経営を推進し、八月には遼東租借地の軍政を廃止して関東都督府官制をしいた。

日本国内では、産業経済が発展する一方で社会問題や労働問題も発生した。戦時中の増税は戦後も継続されることになり、この租税負担は、経済界の好況を反映した物価高騰の傾向と相俟って国民生活とりわけ労働者階級の生活を圧迫した。このため労働争議とくに賃上げ要求が、しだいに増加の傾向を示し、三九年から四〇年にかけて当時の代表的な官営・民営の大企業で争議が続発した。また、日露開戦前から『万朝報』で非戦論を唱え、

『平民新聞』や平民社を組織して反戦論を繰り返していた、幸徳秋水、堺利彦らが三九年二月に日本社会党を結成した。同党は同年三月に始まった東京市内電車の料金引き上げ反対の市民闘争を組織して大衆闘争の組織者・指導者になりつつあったが、四〇年二月には結社を禁止され、四月には『平民新聞』が発行停止になった。(53)

(2) 議会の概況

このような社会情勢を背景に政党の動きを見れば、政友会は四〇年一月に大会を開き、既定の方針にもとづき各般の急務を積極的に実施し、国家の進運を開導することを期するとの宣言を議決した。西園寺総裁（首相）は、財政の許す限り国力発達に資すべき事業を推進し、国務の充実に努力する方針であると演説した。これに対し憲政本党は同月に開かれた大会で、野党の立場を貫こうとする犬養毅らを抑えて、これまでの西園寺内閣反対の立場を変更し、政権接近の方針を標榜して党則を改正し、その政治綱領中に軍備充実の一項を加えた。また大同倶楽部は、会期半ばからは反政府の立場を明らかにするようになった。さらに政交倶楽部は、前議会の閉会とともに解散していたが、新たに猶興会が組織されて既成政党の弊害を指摘して政界浄化をめざすなど、反対党の中核としての観を呈していた。(54)

このような状況のなか、第二三回帝国議会は明治三九年一二月二五日に召集され、年末年始の休会後、四〇年一月二二日に再開された。この日、西園寺首相は貴衆両院で施政方針演説を行ない、阪谷蔵相は衆議院で財政演説を行なった。この議会における主要審議事項としては、明治四〇年度予算案、樺太に関する戦後処理法案、刑法改正案、郡制廃止法律案などが、あげられる。(55)

(3) 磯部四郎の発言

この第二三回帝国議会で磯部は、刑法改正案、戸籍法中改正法律案、薬品営業並薬品取扱規則中改正法律案などについて発言している。このうち刑法改正案に対する磯部の動向については山泉論文に全面的に譲り、本稿では、これ以外の彼の発言を紹介する。

まず二月一四日の本会議における戸籍法中改正法律案の第一読会における磯部の発言を見よう。この改正は、ある間違いから本籍を持たない者や本籍を二カ所に持っている者の就籍および除籍の手続方法について従来は、戸主が届け出て裁判所の許可を得たうえで改めることとなっていたが、これを就籍者本人または除籍者本人が直接、裁判所の許可を得て戸籍吏に届けることができるようにするというものであった。この改正について磯部は言う。そもそも、いろいろと不完全な法律が存在するなかでも戸籍法は「最も不完全」で「実際家は余程迷惑」しているが、今回の改正で「法律機関の運転」は「稍々穏当を得る」ことになる。この改正は「実地と法律の不備を補ふだけの法律」であるから賛成願いたい。これに対し、改野耕三議員が、議長指名の九名の委員会を設置して調査をすべきと提案し、そのように決まった。その後、本改正案は二月二三日に修正議決され、さらに貴族院で三月一一日に衆議院修正のとおり可決された(56)。

二月二一日の本会議では明治三四年法律第三九号中改正法律案の第一読会が開かれた。この改正案は磯部四郎ほか六名の提出になるもので、同法第二条に「但シ強制競売又ハ競売法ニ依ル競売ノ場合　此限ニ在ラス」という但書を加えるとする内容である。磯部は、この改正は「極く簡単な修正案」であって外国人の永代借地権に関する規定の整備であることを説明し「明法案」であるから賛成を願いたいと述べ、菅原伝議員の提案により議長指名の九名の委員に付託されることに決した(57)。

つぎに三月二五日の本会議における薬品営業並薬品取扱規則中改正法律案第二読会での発言を見ておきたい。磯部は、この改正案は「衛生の一般を重んじ」て「薬品の取締」をする内容であるから「大体に於ては至極御尤な案」であるが、いかに必要であるからといって「理屈に合はない法律」によって「此薬品を取締る」ことには無理がある、と異議を述べる。彼は言う。そもそも「社会の事柄」は何事によらず一つとして弊害のないものは、ない。弊害を調和していくのは「法律の力」であるから「其調和するところは何れに於ても理屈に適つて居なくては」ならぬ。しかし、この改正案は「罰を加へる」ことにおいて「甚だ理屈に合はない」として、二箇条の削除を求める修正動議を提出した。しかし採決の結果、この磯部の提案は賛成少数のため否決された(58)。

　ところで、この第二三回帝国議会で磯部は二つの建議案についても発言をしているので、これについても見ておこう。まず二月一四日の本会議における万国博覧会開設に関する建議案に関しては、明治維新の変革および議会開設に対する磯部四郎の見解が明瞭に披瀝されていると考えられる部分があるので、ぜひ紹介しておきたい。彼の発言は、つぎのとおりである。「明治御一新の初《ママ》まりから何か一つ事が出来ると尚早い早《ママ》で遷延して来ましたが、其早い早いと云ふ中に行つて来た事の中で、今日まで失敗に終つて居るものは一つもない」。「国会開設の如きは」かつて「尚早論者が内閣々臣の中に於て、明治三十五年を以て開設を期する、それでも早いが致方がない、国勢如何ともすることが出来ぬ」とする発言をしたのであるが、もし「三十五年まで国会の開設を延期したならば、日清戦争をなすことも出来ず、日露戦争を見ることも出来ずして亜細亜の一孤島に葬られたと思ひます」。この発言には、明治維新による議会制の確立と、それにもとづく国家の発展とを自らの体験をふまえて高らかに肯定する磯部の明治維新観が示されているといえる。磯部は自らが、くぐり抜け、かつ成し遂げた維新の大変革を帝国議会という近代国家の最重要機関ともいうべき場において、あらためて称賛し、明治四五年の万国博覧会開催への賛同を示したのであった(59)。

　また、三月二日の本会議には磯部自身が他の六名の議員とともに、大船渡鉄道鉄業の利用補給に関する建議案を提出し、その趣旨を説明している。彼は、こう述べる。東北地方は産物が十分にあることは明らかであるが「何分交通の便未だ荒きを得ざるがため、到底其発展を見ること」ができない。大船渡は「水利宜しきを得て即ち交通の便を得て」いるので、ここに鉄工場を設置することにでもなれば、自然と東北全体の発展を期して待つことが可能になる。しかし、この事業には莫大な費用が、かかり、その利益を「一両年の中に」見ることは、できないので「純然たる民業」としては、ほとんど「成就」を見ることが、できない。ついては一五年間にわたり「利益の年六分」を政府が補給することにより「東北発展」を実現しよう。このように彼は主張したのである。富山県出身で東京選挙区選出の磯部四郎が、なぜ「東北発展」に尽力しようとしたのであろうか。たいへん興味をひく建議である。この建議は一八名の委員を議長が選んで、その委員会に付託することが、ただちに決まった(60)。

なお、このほか磯部は三月一九日の本会議で『やまと新聞』掲載記事に関する「本院の体面に関し調査の件」につき冷静に対処することを求める発言を行なっている(61)。

八　第二四回帝国議会（明治四〇～四一年）

(1)　当時の国内状況

第二四回帝国議会は明治四〇年一二月二五日に召集された通常会である。当時の日本は内外ともに厳しい情勢にあった。西園寺内閣は当初、積極主義のもとに明治四〇年度予算を編成したが、四〇年に入ると経済不況に陥り、予算実施に難航した。さらに四一年度予算の編成方針に関する閣議は財源難のため容易に、まとまらなかった。この局面の打開をはかるため、政府と元老との間で、さまざまな交渉が行なわれたが、ついに松方正義、井上馨ら元老の強い勧めにより、経費を節減して事業を繰り延べ、新税の創設と増税とを断行することによって歳出入の均衡をはかることとなった。しかし、山縣伊三郎逓信大臣は帝国鉄道建設および改良費として継続費を増額して計上しようとして、これに反対する阪谷芳郎大蔵大臣と鋭く対立した。やむなく蔵相が逓相の提案をいれて予算案に計上したところ、今度は元老から異議が出され、ついに四一年一月一三日、両大臣は辞表を提出し、西園寺首相も翌一四日、他の閣僚とともに辞表を提出した。しかし聖諭によって内閣総辞職は思いとどまり、逓相と蔵相とを更迭するに、とどめた。

外交問題では、日韓協約の改正が大きな課題となっていた。四〇年六月の第二回ハーグ平和会議に韓国皇帝は密使を派遣して、主権の回復を列国に要請した。これを知った韓国統監の伊藤博文は韓国に対して強硬な談判を行ない、七月には皇帝が退位するとともに第三次日韓協約および秘密覚書が調印されて、韓国の内政は統監の指導下に置かれることになった。また、アメリカでは日本人移民排斥問題が発生していた。

このような内外情勢のなか、各政党の動きにも変化が見られた。立憲政友会は議会開会を前に党大会を開催し、政府の政策に協賛する旨を発表した。西園寺総裁（首相）は、自家の苦痛を忍んで、あえて増税案に賛成するのは大政党の襟度を発揮したものであるとして自画自賛した。一方、憲政本党は前議会における、あいまいともいえる態度を一変して政府への対決姿勢を明確にし、政府の戦後経営の失敗、外交の不振、鉄道計画の変更、予算編成の無責任等を指弾し、増税案にも反対した。また大同倶楽部も、しだいに反政府的色彩を濃厚にして、政府が財政処理を誤ったことは内外の信用を失い、国家の発展を阻害するものであるとして政府を攻撃した。さらに猶興会は政府の財政計画と増税案とに反対し、議会の再開を待って内閣不信任案を提出して政府を弾劾する意向を示した。(62)

(2)　議会の概況

明治四一年一月一七日、政府は明治四一年度予算案の要綱を両院議員に内示した。本会議は一月二三日に再開され、貴衆両院で西園寺首相の施政方針演説が行なわれ、衆議院では松田蔵相（阪谷蔵相更迭の後、法相との兼務をへて蔵相に転任していた）の財政演説も行なわれた。首相は内政外交にわたり政策の大綱を述べ、とくに財政の基礎を強固にする必要を力説した。また蔵相は将来にわたり歳出入の均衡を保ち財政の基礎を強固にするため、経費節約に努め、かつ軍事費の繰り延べを行なうこと、さらに歳入不足を補填するため、石油消費税の新設、煙草の定価引き上げ、酒税・砂糖消費税の増税を行なうことを述べ、歳入増加をめざすことを強調した。このような首相、蔵相の演説に対して衆議院は、政府が前内閣の方針を踏襲したり、元老の斡旋によって予算案を編成したりすることは、政府独自の意見が、ないことを示すものであり、政治の中心は、いったい、いずれにあるのかが、わからないと激しく批判した。また、増税を行なわなくとも、剰余金があれば歳入不足は補填可能であると反論した。

そして、この日の衆議院本会議において島田三郎議員(猶興会)ほか五名が、政府の財政計画および増税案に反対する趣旨の決議案「政府ノ無責任ニ関スル件」を上程した。この決議案には猶興会、大同倶楽部、憲政本党が賛成し、賛成は一六八名に上った。磯部四郎を含む立憲政友会ら一七七名が反対して決議案は否決されたものの、わずかに九票差であった。なお明治四一年度予算案は、衆議院で憲政本党および猶興会から予算返上の動議が出されたが否決され、政友会らの多数によって政府原案のとおり可決された(63)。

このような状況にあった第二四回帝国議会に提出された法律案のうち、議論の中心となったのは税法関係諸法案で、その数は二四件に上っている。これ以外の法律案としては、刑法改正にともなう陸軍刑法案、同施行法案、海軍刑法案、同施行法案、監獄法案、北海道国有未開地処分法改正法律案、東洋拓殖株式会社法案などが主なものであり、いずれも両院を通過している。しかし、衆議院議員提出になる普通選挙法案や、女性の政談集会参加等に関する治安警察法中改正法律案は不成立に終わった(64)。

(3) 磯部四郎の発言

実は磯部四郎は、この第二四帝国議会で衆議院議員としての活動を終えることになる(65)。衆議院議員としての最後の活動の舞台となった、この議会においても彼は、これまでと同様、積極的に法律論を展開した。彼は、裁判所構成法中改正法律案、裁判所構成法施行条例中改正法律案、刑法施行法案、監獄法案、公証人法案、質屋取締法中改正法律案、陸軍刑法案、海軍刑法案、陸軍刑法施行法案、海軍刑法施行法案、印紙犯罪処罰法案に関して発言している（その多くは委員長としての報告）。これらについて、その主な発言を見ておこう（ただし刑法関係については前述のとおり、これを原則として省略する）。(66)

まず、三月一〇日の本会議における裁判所構成法中改正法律案（政府提出、貴族院送付）の第一読会（続）での発言である。この改正案は、裁判所構成法第五八条中に定められている司法官試補の職務修習期間を三カ年から一年六箇月に短縮することが内容である。磯部は委員長として、委員会の経過をつぎのとおり報告した。この案については委員会で「余程議論」があり、はたして試補の期間が一年六箇月で十分であるということについて「政府当局者で心得があるか」、現実には三年でも、まだ足りない人があるようだという議論も、あった。やむを得ない事情があるのであれば賛成するが、司法当局者においては任官上、十分な注意を払ってほしい、という希望を述べたうえで、委員会において原案ならびに貴族院送付のとおり可決になった次第であると結んだ。この磯部の発言に対し、久保伊一郎議員からの質問があった後、ただちに第二読会を開き、第三読会を省略して確定した。(67)

三月一二日の委員長報告は、刑法施行法案、裁判所構成法中改正法律案、裁判所構成法施行条例中改正法律案、監獄法案をまとめて、第一読会で報告したものである。磯部は、この四案は「国家の大法典たる刑法に伴れて、施行するに必要な法案」であるとして「私は余り此演壇に登つたことがございませぬから」などと、うそぶいて議員たちに「静聴」を要求している。(68) 磯部らしさの表われた発言であるといえようか。

五日後の三月一七日には、公証人法案（政府提出）の第一読会で委員長として報告をしている。この法案は、従来の公証人規則が、その後に制定された民法、商法等と一致しない点を調整するとともに、公証人の職務の範囲を拡張し、その能力を向上させて公正証書の信憑力を高めることを内容とするものであった。(69) 磯部は委員会での修正について説明したが、さらに条文原案中の「又ハ」と「若クハ」との誤りについて、あえて補足を加え「ちよつと文字を一字修正を落しました点がございますから、それだけは申上げて置きます」と注意を促している。(70)

法文の一字たりとも、ゆるがせにしない、法律家としての磯部らしい発言では、なかろうか。

また同日、質屋取締法中改正法律案についても委員長として報告を行なっているが、この改正案は磯部自身を含む一三名の議員提出法案であり、先に見たように「一昨年」(明治三九年)の第二二回帝国議会では衆議院で可決した法案であったが、政府の強い反対があり結局、成立をみなかったものであった。磯部は「一昨年反対したから已むを得ず反対する」というような政府の姿勢を批判し、議会では「院議を重ぜられて全会一致を以て一昨年通り可決」されるべきことを訴えた。これに対し、政府委員の古賀廉造は、またも「政府は此案に対しては遺憾ながら同意を表することは出来ない」と従来の主張を繰り返し、「本案は速に否決あらんことを臨みます」と磯部に激しく反対した。これをうけて磯部は政府委員の古賀廉造君は警保局長として警察官を見るという「色眼鏡」があると攻撃し、「今日の時代に於て警察官なるものが司法権の一部を執行せらるゝと云ふことは、怪しからぬ訳である」と反論した。そして「警察官の権利濫用のために善良なる質屋の迷惑して居る」例があるとして「人権の如何と云ふことを処理する所は裁判所より外に無い」ことを強調した。この後ただちに第二読会が開かれ、第三読会を省略して、改正案は全会一致で再び可決されたのである(71)。

三月二四日は、衆議院議員としての磯部四郎の、最後の発言の日となった。この日、陸軍刑法案、海軍刑法案、陸軍刑法施行法案、海軍刑法施行法案、印紙犯罪処罰法案の第一読会が一括して行なわれ、委員長の磯部が登壇した。磯部は、これらの法案のうち「性質が違ひまする」印紙犯罪処罰法案を除く四法案について、まず委員会の経過を報告し、その後、印紙犯罪処罰法案について報告した。このうち印紙犯罪処罰法案について見ると、磯部は、この「大蔵省から出来て居る案」は「甚だ御調査がかつたと見えて(72)」今議会で可決された刑法施行法二五条と矛盾する内容であるから、委員会では満場一致で否決したと述べている。法案の矛盾点を委員会で指摘したのは、おそらく磯部本人では、あるまいか。

おわりに

以上、帝国議会衆議院議員としての磯部四郎の活動について、本会議における彼の発言内容を議会順に、かなり詳細に紹介しながら若干の検討を加えてきた。磯部の発言は、その、ほとんどが法案の内容に関する、かなり詳細な法律論の展開であるということができる。多くの発言は、当該法案を審議した委員長としてのものであり、時には政府委員と激論をかわしながら自らの信ずる法律解釈論を力強く展開する姿勢が、よく見てとれる。そして、彼の発言の根底には、法律とは人権を保障するために存在するのだという、彼の信念ともいうべき強固な法律観が存在しているように感じられる。このような法律に対する確固たる姿勢は、おそらくはフランス留学時代に形成されたのではないだろうか。本書所収の諸論考（とくに磯部の法律学説を分野別に詳細に分析した論考の数々）にも、同様の磯部の特質が表われているかと思われる。

思うに、磯部四郎という人物は、帝国議会の議員である前に、やはり、すぐれた一個の法律家であり法学者であったのであろう。そして磯部は、あくまでも法律家・法学者として議会活動を行なったといえよう。少なくとも彼の発言を見る限り、そこに日露戦争前後の変動する日本社会の状況が鋭く明瞭に反映されているとは感じられない。彼は、あえていえば、時代に流されることなく、立法機関としての帝国議会の役割を最大限に発揮すべく、法律家・法学者の立場から淡々と、かつ厳密に、あるべき法を策定しようと努力し続けたといえるのではないだろうか。その意味では、帝国議会においても、やはり磯部は日本近代法学の巨擘であったというべきである。

磯部四郎が、そもそも帝国議会という国家機関をどのように位置づけ、その中で自らが議員として活動することに、いったい、どのような意味を見出していたのか、それを今後、さらに追究していく必要が、ある。本稿は、磯部四郎の衆議院議員活動の全体を俯瞰したにすぎない。それぞれの法案に対する発言の意味を、当時の社会状況をふまえて、一つ一つ、さらに掘り下げて分析することが今後の課題となるだろう。

(1) 帝国法曹大観編纂会編『帝国法曹大観』(帝国法曹大観編纂会、一九一五年)(『日本法曹界人物事典』第一巻、ゆまに書房、一九九五年)二六ページ。
(2) 帝国議会の本会議における磯部四郎の発言に関する資料の蒐集については明治大学大学院法学研究科博士前期課程二年の三瓶貴弘君の尽力を得た。記して感謝する。
(3) 「国家ニ勲功アリ又ハ学識アル満三十歳以上ノ男子」から選ばれて内閣の推薦にもとづいて勅任された貴族院議員をさす。任期は終身。大正期には政党人や財界人の勅選議員が増加して政党系列に組織化される傾向が強くなったといわれる(酒田正敏「勅選議員」(国史大辞典編集委員会編『国史大辞典』第九巻、吉川弘文館、一九八八年))。
(4) 摂提子編『(帝国議会)議員候補者列伝』全(庚寅社蔵版、一八九〇年)九七二〜九七四ページ。
(5) 同右、九七五ページ。
(6) 同右、九七二ページ。
(7) 前掲『帝国法曹大観』二六ページ。
(8) 衆議院、参議院編『議会制度百年史』院内会派編(衆議院の部)(大蔵省印刷局、一九九〇年)一〜六ページ。
(9) 湯本豪一編『(図説)明治人物事典――政治家・軍人・言論人――』(日外アソシエーツ、二〇〇〇年)二六ページ。
(10) 前掲『帝国法曹大観』二六ページ、および「(本会所属)代議士略履歴◎磯部四郎君」『政友』第二六号(立憲政友会、一九〇二年一一月)三一ページ。
(11) 『二六新報』明治三五年八月一八日(湯本豪一編、前掲『(図説)明治人物事典』二六ページ)。この時の選挙で磯部が東京市から立候補した背景について考察することは、たいへん興味深く、かつ、きわめて重要であるが、磯部の帝国議会活動の全体像を明らかにしようとする本稿の趣旨に鑑み、今後の課題としておきたい。
(12) 前掲『議会制度百年史』院内会派編(衆議院の部)一一六〜一二一ページ。

(13) 大日本帝国議会誌刊行会編『大日本帝国議会誌』第五巻(大日本帝国議会誌刊行会、一九二七年)一八四二ページ。
(14) 以上は衆議院、参議院編『議会制度百年史』帝国議会史(上巻)(大蔵省印刷局、一九九〇年)二九六ページ。
(15) 同右、二九六〜二九七ページ。
(16) 同右、二九七〜二九八ページ。
(17) 同右、三一〇ページ。前掲『議会制度百年史』院内会派編(衆議院の部)一二六〜一二九ページ。
(18) 前掲『議会制度百年史』帝国議会史(上巻)三一〇〜三一一ページ。
(19) 同右、三一一ページ。前掲『大日本帝国議会誌』第五巻一八四〇ページ。
(20) 前掲『議会制度百年史』帝国議会史(上巻)三一一〜三一二ページ。
(21) 同右、三二〇ページ。衆議院、参議院編『議会制度百年史』資料編(大蔵省印刷局、一九九〇年)二三〇ページ。
(22) 前掲『大日本帝国議会誌』第五巻一九二九〜一九三〇ページ。
(23) 同右、一九三〇ページ。
(24) 同右、一九三一ページ。
(25) 同右、一九五〇ページ。
(26) 同右。
(27) 前掲『大日本帝国議会誌』第五巻一八八八ページ。
(28) 同右、一九五〇〜一九五一ページ。
(29) 前掲『議会制度百年史』帝国議会史(上巻)三〇九ページ。
(30) 同右、三二八〜三二九ページ。
(31) 同右、三三〇ページ。前掲『議会制度百年史』資料編三三ページ。
(32) 前掲『議会制度百年史』帝国議会史(上巻)三三五〜三三六ページ。
(33) 前掲『議会制度百年史』資料編三ページ。
(34) 前掲『議会制度百年史』院内会派編(衆議院の部)一四六、一五二ページ。

(35) 田山花袋の名作『田舎教師』の最終部は、このような社会状況をよく描いている。詳しくは長沼秀明「『田舎教師』の夢見た帝都東京——上京青年の上野公園——」(明治大学リバティ・アカデミー編『都市空間を歩く——近代日本文学と東京——』明治大学リバティ・アカデミー、二〇〇五年)を参照されたい。
(36) 前掲『議会制度百年史』帝国議会史(上巻)三五〇~三五一ページ。
(37) 同右、三五一ページ。
(38) 田山花袋『田舎教師』中の表現。
(39) 前掲『議会制度百年史』帝国議会史(上巻)三五二ページ。
(40) 大日本帝国議会誌刊行会編『大日本帝国議会誌』第六巻(大日本帝国議会誌刊行会、一九二七年)、三六四~三六五ページ。
(41) 同右、三八二~三八六ページ。
(42) 同右、四四五ページ。
(43) 前掲『議会制度百年史』帝国議会史(上巻)三六九ページ。
(44) 前掲『大日本帝国議会誌』第六巻四五三~四五四ページ。
(45) 前掲『議会制度百年史』帝国議会史(上巻)三七四~三七七ページ。
(46) 同右、三七七ページ。
(47) 同右、三七七~三七八ページ。
(48) 前掲『大日本帝国議会誌』第六巻八五三~八五四ページ。
(49) 同右、九三一~九三二ページ。
(50) 同右、一〇二一~一〇二二ページ。
(51) ちなみに、この議会から六年後の明治四五年に刊行された『名流漫画』には、居眠りしている磯部の姿が画かれ、その解説には「アーアと欠伸を一つして(略)市会でも裁判所でも一切御関ひなしにコクーリコクーリと初めるが自分の饒舌べる時には必ず眼を覚すから妙で有る」と記されている(前掲『(図説)明治人物事典』二一六~二一七ページ)。
(52) 前掲『大日本帝国議会誌』第六巻九四二~九四六ページ。

(53) 前掲『議会制度百年史』帝国議会史（上巻）三九六〜三九七ページ。
(54) 同右、三九七ページ。
(55) 同右、三九七〜三九八ページ。
(56) 前掲『大日本帝国議会誌』第六巻一三九七〜一三九八ページ、前掲『議会制度百年史』帝国議会史（上巻）四一〇ページ。
(57) 『大日本帝国議会誌』第六巻一四五七〜一四五八ページ。
(58) 同右、一六三四〜一六三五ページ。
(59) 同右、一四〇二〜一四〇三ページ。
(60) 同右、一四七九ページ。
(61) 同右、一五九一ページ。
(62) 前掲『議会制度百年史』帝国議会史（上巻）四一六〜四一七ページ。
(63) 同右、四一七ページ。
(64) 同右、四一八ページ。
(65) 磯部四郎の生涯については、本研究論集所収の他の諸論考、とくに江戸論稿および木々論文を参照されたい。
(66) なお、監獄法は自由刑執行に関する法規を受刑者保護の見地から法律の形式で定めよとの国際会議の要望にこたえるために提出されたもので「法律」をもって規定された世界初の監獄法であるといわれる（前掲『議会制度百年史』帝国議会史（上巻）四二八ページ）。
(67) 大日本帝国議会誌刊行会編『大日本帝国議会誌』第七巻（大日本帝国議会誌刊行会、一九二八年）、三九四ページ。
(68) 同右、四二八ページ。
(69) 前掲『議会制度百年史』帝国議会史（上巻）四二八ページ。
(70) 前掲『大日本帝国議会誌』第七巻四七八ページ。
(71) 同右、四八五ページ。
(72) 同右、五一三ページ。

出版人から見た磯部四郎の魅力

渡辺左近

一　わが国の西欧法「継受」と司法省法学校の果たした役割

(1)　信山社「日本立法資料全集」（本巻・別巻）の企画意図

小社は、一九九〇年刊行の「皇室典範［昭和二二年］」以来、憲法・行政法・民法・商法・刑法・刑事訴訟法・民事訴訟法・国際法など、明治期から昭和期にわたる重要立法の制定資料についての整理・考証に基づく刊行を社業の中軸として推進している。

その趣旨とするところは、立法作業における、立法担当者の立案意図と議論の経過の中に、法の解釈・運用・改正に資するアイデアが凝縮されており、わが国の法文化の内容と水準が示されていると考えるからである。

二〇〇六年から刊行を開始した、広中俊雄編著「日本民法典資料集成（全一五巻）」は、この事業の中核的な位置を占めるものであるが、これに限らず、制定資料の収集・整理・考証の作業は、難渋を極める。その原因は、さまざま上げられようが、とくに問題なのは、制定関係資料の所在と管理が極めてあいまいなままに放置されてきたということがある。結局立法担当者個々人の努力に任されてきたというのが実情であり、国会図書館・国立公文書館・法務図書館など、立法・行政担当機関での統一的管理方針・方法が出来ていないということである。このため、とくに研究者の資料へのアクセスが事実上閉ざされているため、折角の資料が、研究・立法に生かされていない憾みがある。

「日本立法資料全集」は、制定資料本体を整理・考証して刊行する「本巻」とは別に「別巻」として、明治期を中心として刊行しつつある復刻版のグループがある。これらは、本巻たる制定資料集の意味内容を明らかにするものであり、とくに一九世紀以降の西欧法とわが国の法典形成をつなぐものとして学説史・法制度史の資料として極めて重要なものである。しかしこれらの系統的な整理は従来ほとんどなおざりにされてきたといわざるをえない状態であった。

この別巻に収められている書物は、主として立法担当者が執筆した法典の注釈書・解説書と、立法担当者が参照したであろう諸国の文献の翻訳書である。

従来、わが国の法典形成に与った法律家としては、いわゆる「三博士」(穂積陳重・梅謙次郎・富井政章)を中心とした「法典調査会」に関係した人びとに焦点が当てられてきた。明治二〇年代前半のいわゆる「法典論争」の「勝ち組」に属した法律家たちである。

しかし、わが国で刊行された法律書の調査を進めるうちに判明したのは、明治前期における「司法省法学校」の卒業生たちの驚嘆すべき著作物の刊行であった。当社で別巻として復刊した書物はすでに四〇〇冊を超えているが、目下、学説史研究に資するため、より系統的に整理して重要文献の脱落を埋める努力をしているところである。磯部四郎は、これら文献の執筆者の中核的位置を占めているわけである。

(2) 明治期の資料・文献の調査

本巻および別巻の資料・文献の調査は、当初国会図書館を中心に行った。本巻関係の資料は、憲政資料室に収蔵されている各文書の現物を見せてもらうことができたが、各法典の立法資料の全体像を描くに必要な資料の発見にいたることはまれであった。この点は、今回の論題の中心ではないので省略させていただく。

磯部四郎をはじめとする司法省法学校卒業生を中心とする明治期の司法官僚・法律家の著作物は、国会図書館の「明治期文献目録」を手掛かりとして現物を借り出して直接「眺め」てみることから始めた。当初は、五里霧中という状態で手当たり次第に手にしてみていたが、現物をひろい読みしているうちに、内容の確かさから判断していくと、どうも司法省法学校関係の法律家のものが圧倒的な質量をもっていることが分かってきた。

とくに明治一〇年代以降においては、明治法律学校講法会の出版活動が極めて旺盛であり、そこで、『民法正義』をはじめとして各教師の講義録が書物としてまとめられて多数公刊されているのをみることとなった。明治法律学校においては、宮城浩蔵・加太邦憲・岸本辰雄・井上操など司法省法学校卒業生であり、二三年法体制構築の担い手たちが、次代の法律家養成と法律学の啓蒙活動として多くの講義録を刊行をしていることがうかがわれた。

磯部四郎は、明治法律学校では中心的役割を果たしてはいないようであるが、『仏国民法先取特権及抵当権講義』という大冊を同校講法会で刊行している（これは、国会図書館にも収蔵されているが欠落がある）。

この調査の経験から、明治法律学校を中心として、和仏法律学校・関西法律学校などのいわゆるフランス派の学校に関係していた法律家の存在がイメージづけられた。これによって司法省法学校系の法律家の著作物を系統的に眺めることが出来るようになり、磯部四郎・宮城浩蔵・井上正一・岸本辰雄・加太邦憲・井上操・亀山貞義・光妙寺三郎・熊野敏三・手塚太郎などの著作物の全容がみえてきた。このなかで、その豊富さにおいて、磯部四郎は、圧倒的な存在感をもつこととなった。

このようにして、当初はいわば「フランス派」の著作物を復刊することとなったが、次第に英法系・ドイツ法系の法律家の位置も分かってきたので、現在は、東京大学なども含めて明治期全般にわたって註釈書・解説書・

講義録・翻訳書の整理を進めているところである（『日本立法資料全集』の刊行状況については、小社目録をごらんいただきたい）。

(3) 司法省法学校生徒の「格闘」

「日本立法資料全集」の企画段階でご相談した先生からお伺いして強く印象に残ったことがあるので、以下に記録しておきたい。

本全集別巻の第一巻は『穂積陳重立法関係文書の研究』であるが、この刊行準備のため、当時大東文化大学学長であられた穂積重行先生のお話を伺う機会があった。

先生は、司法省法学校の学生名簿などいくつかの資料をお示しいただいたうえで、当時の学生のうちかなりの部分は結核などの病気で死亡したこと、そして明治期以降の司法の世界は、生き残った三十数名の人びとが作り上げた旨のお話をなさった。貢進生や大学南校からの転進組など、当時のスーパーエリートたちが苛酷な条件の中で勉強し、西欧法の「継受」、ひいては不平等条約克服のため努力した結果であることを話された。

また、穂積陳重が明治一四年に急ぎ帰朝を命じられ、東京大学の法学部門の創設にかかわったが、年報四、〇〇〇円（？）の破格の待遇であり（ちなみにボアソナードは六、〇〇〇円であったという）、現在の大学教員の比ではなかったことなど、興味深く聞いた。穂積の帰朝が、明治一七年の司法省法学校の廃止、同一九年の帝国大学令公布、同二一年ころからの「法典論争」などの伏線になったようであり、その政治的背景を併せ考えると甚だ興味深い。

もう一つは田中英夫先生のお話である。先生には編集代表として「日本立法資料全集」の企画についてアドバイスをいただいたが、そのなかで、わが国の西欧法の受容を「継受」というのはふさわしくなく、むしろ「摂取」と理解すべきであるということを強調された。その作業過程はまさに「格闘」というにふさわしく、当時の関係者の努力はすさまじいものであった。その例として、東京大学に鶴丈一郎という人の講義ノートがあったはずだが、それは、英語の授業をフランス語で筆記(あるいは逆か)したもので、その語学力は驚嘆すべきものであった、ということであった。

以上のお二方の談話は、明治期の法律家の養成と学生の能力のありようを示す認識として貴重なものである。

二　磯部四郎の業績と内容――「磯部四郎履歴・著作年譜」に即して

さて、司法省法学校の第一期生でありパリ留学第一期生でもある磯部の学問的業績は、別稿として掲げる「磯部四郎履歴・著作年譜」(上智大学大学院博士後期課程横内豪氏作成)に即して、若干の整理を試みたい。

(1)　ジェネラリストとしての磯部四郎

磯部が他の司法省法学校卒業生に比べてきわだつ特徴は、法律学のほぼ全分野にわたって著作物を残したことである。このような例は、私の知る限り日本には存在しない。牧野英一先生の民法・刑事法の著作、我妻栄先生の資本主義法研究と民法関係の著作など、大きな著書群を残された方もおられるが、内容面の完成度はともかく領域の広さでは磯部には遠く及ぶところではない。

この磯部に次ぐのは井上操である。関西法律学校の創立者の一人でもあり、大井憲太郎の「大阪事件」の裁判長でもあった井上は、パリ留学組ではなかったが、実務の世界では、大いに活躍したようである(著作物については、小社目録をごらんいただきたい)。

磯部が、若い時期に漢語・仏語を修得して、明法寮・司法省法学校の法学修得時代にどのような学習をしたのかは推測するよりほかないが、明治一一年末に帰国して(二七歳ぐらい)司法省の立法作業に参画しつつ、フランスの法令や登記実務書の翻訳（『民法釈義　完』『刑法要論　完』『仏国登記法辞書』）を刊行したのち、本格的な法律学の書物として最初に上梓したのが、明治一九年分冊刊行開始のエーリング原著・ムーランエール仏訳・磯部四郎重訳『法理原論』（ローマ法の精神）であった（明治二一年上・下巻合本刊行）。明治二〇年ごろから、明治法律学校・東京専門学校の講師となった磯部の著作活動は一気に活発化する。これらの詳細は別掲の「年譜」をごらんいただきたいが、フランス民法の講義録、民法草案の解説、刑法・治罪法の講義録、憲法注釈書など多方面に及ぶ著作が公刊されている。これらの中での中核をなすのが、『大日本新典民法釈義』シリーズと『大日本新典商法釈義』シリーズの二つである。これら二つのシリーズは、民法が総頁数五、〇〇〇頁、商法が四、六〇〇頁に及ぶ大冊であり、しかも明治二三年に併行して分冊刊行されている。しかもこの間に『憲法講義』『裁判所構成法注釈』『刑事訴訟法講義』なども刊行して、明治二三年法体制の普及に並外れた意欲をみせている。驚嘆に値する著作量である。

明治二三年は磯部の著作活動の絶頂期であった。

(2)　ユニバーサリストとしての磯部四郎

磯部訳の『法理原論』上巻の冒頭には、原著者イエーリングによる一八八七年三月六日付の序文と写真がのっている。序文には「余ノ法理論ハ貴下ノ訳述ヲ辱ウシ今ヤ遠ク其訳書ヲ恵投セラル、ノ栄ヲ得タリ余安ゾ深ク貴下ノ原意ヲ感謝セザランヤ是ヨリ先キ貴国ニ滞在セル一独逸人は既ニ余ニ此書ヲ寄送セリ然レドモ余ガ貴下ヨリ直接ニ寄送セラレタルヲ喜慶スル所以ハ蓋シ是レ余ヲシテ貴下ニ向テ其訳書ノ大ニ余ガ意ヲ満足セシメタルヲ証言スベキ機会ヲ与フル者タルニ在リ」とあり、イエーリングが直接磯部に礼状を送ったことが知られる。しかし、重訳とはいえ、この大冊をフランス派の磯部は、なぜ翻訳刊行しようとしたのであろうか。恐らく帰朝後三〇歳代前半の時期の仕事である。

また、『商法釈義』緒言のなかに、以下のような磯部の認識が示されている。
曰く、「商法ハ国際私法トモ称スルモノニシテ欧米各国殆ト其大要ヲ同フス故ニ之ヲ仏国ニ採ルモ独乙ニ採ルモ其原則ニ至リテハ大差アラサルヘシ（中略）故ニ商業ノ必要上ヨリ原則ノ大差アラザルコトハ寔ニ明瞭ノ点トス見ルヘシ我カ商法ハ独乙商法ヲ以テ其模範トシタルモノト雖ドモ将来内外ノ商業上ニ之ヲ適用シテ毫モ障碍ニ遭遇スルコトナクシテ得ル所ノ利益日ヲ追ッテ盛大ニ至ルヘキコトヲ」として、商法については、一八六一年のドイツ商法に範をとったのは当然のこととしている。事実、法典論争後の商法の内容は殆んど明治二三年法と変わっていない。

さらに、『民法釈義』緒言において磯部は、民法制定に際して「法理」と「慣習」をどう位置づけるかについて以下のように説く。

「新法ノ制定ハ法理ニ基カン歟将タ慣習ニ基カン歟蓋シ其国従来ノ慣習ニシテ人民ノ需用ニ反応スルモノハ新法制定ノ基礎ニ之ヲ採ラサルヘカラス他ナシ人民ノ慣ル、所ハ実際ニ誤リヲ致スコト稀レナルニ一大利益アレハナリ之ニ反シテ従来ノ慣習ニシテ今日ノ需用ニ反スルモノハ断然法理ヲ以テ之ヲ改正シ曽テ慣習ノ存セサル新事ニ関シテハ法理ニ照シテ之ヲ規定スルコトヲ躊躇セサルヲ良トス然ラサレハ新法制定ノ要アラサルナリ」とし、「新典民法ハ専ラ外国人ノ手ニ成リテ我カ国固有ノ慣習ヲ去テ顧ミスト世人ノ評スル如キハ全ク無識ノ妄想タル譏リヲ免レサルナリ慣習ヲ旨トスル人事相続ノ如キハ勿論其他ノ部分ト雖モ採ルヘキノ慣習ハ一トシテ我カ民法編纂者ノ漏サ、リシモノト余ハ断言シテ憚ラサルナリ」としめくくっている。これはすでに「法典論争」がたけなわになりつつある状況での磯部のスタンスを示している。

パリ留学により見聞・研究した一九世紀後半のヨーロッパの法律学の動向をふまえて、日本の法典編纂作業に従事した磯部の頭には常に「法理」という「世界基準」に従った法体制づくりの理想が息づいていたようである。

(3) 啓蒙家としての磯部四郎

磯部には、『民法応用辞解』『商法応用辞解』『民法辞解』『商法辞解』という四点の辞書がある。立法解説的な書物は明治二〇年代以降多く刊行されているが、これらの辞書がユニークなのは、『応用辞解』は民法・商法草案の、『辞解』は明治二三年民法・商法の法律用語の主なものを平明に解説している点にある。とくに『辞解』の方では、「俚言郷語」を用いて何人にも解し易いことをねらって叙述されており、共著者の服部誠一は当時『新東京物語』という書物が大当たりして四、〇〇〇両もうけたという有名な漢学者であった。内容的には、のちに梅謙次郎等がつくろうとした「法律辞書」(これは現在の大法律学辞典の方法的にも内容的にも原型となったものと思われる)には及ぶべくもないが、新法典を万人に普及させようとした磯部の熱意が伝わってくるものである。しかし、この『辞解』が公刊された明治二七年は、すでに「法典論争」が決着したあとであった。

もう一つは、教師としての磯部のありようである。帰朝早々の明治一二年四月から司法省法学校の教師となり、フランス刑法、治罪法を担当したのをはじめとして、同一六年には泰東法律学校、同一八年には明治法律学校と浅草法律学校、同二〇年には警官練習所、横浜法律学校、明治法律学校、東京専門学校などの講師となって多方面の科目を講じている。その副産物としての講義録も数多く公刊された。磯部は、宮城・岸本・矢代(明治法律学校)、梅謙次郎・本野一郎(和仏法律学校)、井上操・手塚太郎(関西法律学校)などのように拠点となるところを恐らく意識的にもたなかったインディペンデントであったようであるが、いまは痕跡さえない法律学校にまで出向いていたわけである。

三　燃え尽きた開明派司法官僚

(1)　著作活動の終焉

明治二五年には「法官弄花事件」を惹き起こしたため下野、弁護士となり、同二六年法典調査会委員となったものの、断行派の首魁として集中砲火を浴びている最中に、明治二六年一部施行の商法関係の書物(『会社法釈義』『手形法釈義』『破産法釈義』)および『改正増補刑法講義』を刊行している。続いて二七年には、いわば敗戦処理ともいうべき『民法辞解』『商法辞解』などを公刊して、実質的にこの年をもって磯部の著作活動は終わっている。最初の単独著書である明治一五年の『刑法要論完』から数えて一三年余り、五〇歳を前にして磯部の法学者としての活動は止んだ。以降の公刊物はほとんど「名板貸」に類するものである。わずかに明治四一年の『改正刑法正解』があるが、これには、「闘う」磯部の面影はない。

(2)　なぜ磯部四郎は「消された」のか

私が磯部に関心を持ったのは、その著作の豊富さにあったが、加えてその文体の自在さであった。聞くところによると下戸ではあったがかなりの粋人であったという。人によっては、磯部はくどいとか、あまいとかいう評をするようであるが、ドイツ法一辺倒になる前のわが国の法律学黎明期に、かくのごとき法律家がいたということは驚くべきことである。しかしなぜ、この人はわが国の法律学の世界から「消された」のか。

もちろん法典論争での政治的敗北が最大の理由であろうが、彼と彼の同僚である司法省法学校卒業生の著作物や事蹟がおしなべて「消された」のは、端的に震災と戦災が最大の理由であったように思われる。現在では、国会図書館に限らず、各大学の図書館の整備が進んで、インターネットなどで蔵書リストをのぞくことが出来るようになった。それでも現物にアクセスすることは甚だ難しい状況にある。小社の「日本立法資料全集別巻」に収めたいと思われるものはまだかなりあるが、磯部だけでもまだ十指に余るものの原典の入手が難しい。

明治大学での「磯部研究会」を機縁として、磯部に限らず司法省法学校卒業生の事蹟が幾分か明らかにされ、帝国大学令以前の、あるいは「法典論争」以前のわが国の法律家と法律学のイメージが次第に形づくられつつある。本書に先立って、村上一博教授のご努力による『磯部四郎論文選集』が刊行され、その中で、磯部をとりまく人脈と雰囲気を伝える文献が多数掲載されたのは、日本近代法形成史の資料として極めて意義深いものと思う。「日本の法律学は帝大三博士から始まった」とする大雑把な認識は今後見直されていくことになろう。

一介の編集者である私は、弁護士、政治家としての磯部にふれる準備も能力ももちあわせないが(本書の別稿をごらんいただきたい)、磯部が残した文献群からたちのぼるのは、まさに近代日本の法体制形成に向けたあふれるような熱気である。

磯部四郎履歴・著作年譜

横内　豪

一八五一（嘉永四）年
五月二六日　富山藩士林太仲英尚の第四子に生まれる[1]
上野宗右衛門の養子と爲る
養家を襲ぎ、上野秀太郎と稱する（六歳）
江戸邸に勤番（一五歳）

一八六七（慶應三）年
二月　禁闕警衛の爲め京都に赴く（一七歳）

一八六八（明治元）年
脱藩、出生地の名をとって磯部四郎と改名する
柏崎縣知事久我維麿（通城）の近侍と爲る

一八六九（明治二）年
許されて歸藩するも笈を負うて東京に出る
昌平黌に入る
昌平黌を出て、龜谷行（省軒）の下で漢學を修める

一八七〇（明治三）年
村上英俊の塾（達理堂）に入り佛蘭西學を修める

一八七一（明治四）年

一八七二（明治五）年　大學南校に入學

八月　司法省法學校に入學（正則第一期生）（二〇歳）(2)

一八七五（明治八）年

八月　法學專修の爲めパリ大學に官費留學(3)

一八七七（明治一〇）年

八月四日　パリ大學より法律得業生の學位を授與される

一八七八（明治一一）年

八月　法學士號取得論文（Thèse pour la Lisence en droit）を提出

同　六日　パリ大學より法律學士の學位を授與される

一二月八日　歸朝(4)

一八七九（明治一二）年

二月一七日　司法省檢事局判事に登庸される

三月一八日　修補課委員と爲る

四月　司法省法學校の教師として赴任、佛蘭西刑法と治罪法を擔當する(5)

四月二八日　「控訴期限間詐偽予防ノ意見」を提出(6)

五月一二日　加藤「重典売田宅律修正ノ儀」に反対意見を添付

五月一四日　兒島「諸規則ヲ犯シ罰金科料ニ処セラレ無力納完スル能ハサル者ヲ拘留ニ換ユルノ議ニ付上申案」に反対意見を添付

五月二二日　中川「本年二月本省丙第一号達修正ノ儀」に賛成意見を添付

五月二九日　伴「（糺問判事職務仮規則一部修正ノ儀）」に反対意見を添付

五月三一日　岡本「証拠金ノ儀ニ付上申案」に賛成意見を添付

六月三日　土師「無能力者ノ罰金科料ヲ禁獄ニ換フル儀」に賛成意見を添付

六月二七日　「刑事代言人ヲ許スノ議」を提出

九月一四日　井上好武「各人民ヨリ使府県以下ニ対スル訴訟ハ地方裁判所ニ於テ受理スヘキノ議」に反対意見を添付

九月一六日　中島錫胤「（明治九年四月本省達第四十八号司法警察仮規則増補ノ儀）」に意見を添付

一〇月二五日　橋口兼三「裁判官ニ於テ軽罪犯ヲ仮釈ス可キ議案」に反対意見を添付

一一月七日　丹羽竜之助「大審院上等及地方裁判所各職制増加ノ議案」に賛成意見を添付

一二月一二日　児島惟謙「明治十年二月十九日第十九号布告控訴上告手続第二十一条二条改正ノ議案」に意見を添付

一二月一五日　橋口兼三「自首律ヲ廃スルノ議案」に反対意見を添付

大木喬任の命により司法省修補課に於いて陪審法を起案[7]

ボアソナード起案＝磯部四郎直譯『刑法草案直譯』（司法省、成立年不詳[8]）

一八八〇（明治一三）年

一月　正八位に叙す

同　二二日　民法編纂委員兼務を命ぜられる

二月一七日　司法省権少書記官に轉じる[9]

三月五日　太政官権少書記官に遷り法制部勤務と爲る

四月三〇日　民法編纂委員を命ぜられる[10]

五月二五日　正七位に叙す

一一月八日　太政官少書記官に進む

一二月二〇日　従六位に叙す

『民法編纂局藏版　民法草案註解』財産編物權編　第一・第二（司法省、成立年不詳）

一八八一（明治一四）年
「治罪法論綱」明法志林二號
四月
「治罪法論綱（前號ノ續）」明法志林三號
同
磯部四郎抄譯『民法釋義　完』（弘令社、一八八一（明治一四）年）(11)
同
民法編纂局會計主務と爲る(12)
同　二二日
登記法取調委員に選ばれる(13)（至一八八二（明治一五）年一一月）
七月二七日
參事院議官補に轉じ、法制部勤務と爲る(14)
一〇月二五日
司法省少書記官兼參事院議官補と爲る
一一月一八日

一八八一（明治一五）年
磯部四郎校訂＝小笠原美治著『刑法註釋』（弘令社、一八八二（明治一五）年）
六月
磯部四郎校訂＝小笠原美治著『治罪法註釋』（弘令社、一八八二（明治一五）年）
同
磯部四郎述『刑法要論　完』（報告社、一八八二（明治一五）年）
一一月

一八八二（明治一六）年
泰東法律學校の講師と爲る（「仏蘭西財産法」担当）(15)
二月
シヤンピオンニエール＝リゴー合著＝磯部四郎譯『佛國登記法辭書』（司法省、一八八三（明治一六）年）(16)

一〇月
兼參事院議官補を免ぜられ、司法省少書記官に專任する(17)
一八八四（明治一七）年
五月一七日
司法省權大書記官に進む
六月三〇日
正六位に叙す
一一月一七日
司法省より法律學士を授かる(18)
同
アントワーヌ・サン・ジョセフ原著＝磯部四郎閲＝高野孝正＝前田達枝合譯『獨逸法律書

一名普通法　完』（報告堂、一八八四〔明治一七〕年）

一八八七〔明治一八〕年

一月　明治法律學校の教員と爲る（この年、第三年科「民法草案」担当[19]）

浅草法律學校の講師と爲る

一〇月　伊呂波別現行布告請求を申し出る[20]

一八八六〔明治一九〕年

二月　磯部四郎校閲＝市岡正一編纂『民法編纂局藏版　民事法規』上巻・下巻（勝島活版所、一八八六〔明治一九〕年）

三月八日　東京控訴裁判所檢事と爲る

四月一三日　民法草按編纂委員を命ぜられる[21]

六月　ル・ウヲン・エーリング原著＝ムーランエール佛譯＝磯部四郎重譯『法理原論』版權免許を得て、順次分册刊行開始[22]

七月一〇日　奏任官一等に叙す[23]

同　一三日　大審院檢事を命ぜられる

九月　玉乃世履序＝磯部四郎著『佛國民法契約篇講義』（泰東法律學校、一八八六〔明治一九〕年）

同　討論筆記「期滿効は法律上に於て設くへきものに非す」明法雑誌二〇號

一〇月　磯部四郎校閲＝武田忠臣訂正＝蟻川堅治著述『日本公証人規則註釋　全』（成美學館、一八八六〔明治一九〕年）

一一月二七日　従五位に叙し、民法第二編第三編議定に附き内閣委員を命ぜられる[24]

一二月　元老院會議にて第五一五號議案民法草案第二編第三編につき説明[25]

同　ショウボー・アドルフ＝フォースタン・エリー原著＝龜山貞義＝内藤直亮＝橋本胖三郎＝磯部四郎＝宮城浩藏共譯『佛國刑法大全』第一帙　上卷・下卷（司法省、一八八六〔明治一

九〕年）

同　磯部四郎訂正＝矢代操編纂＝島巨邦校正『鼇頭改廃沿革索引伺指令内訓現行類聚　改正大日本六法類編』第一編行政法上巻・第一編行政法下巻・第二編民事第三編商事第四編訴訟・第五編刑事第六編治罪（全四冊）（積善館、一八八六（明治一九）年）

同　リトレー＝カデー著＝舊民法編纂局譯『民法語彙稿本』（司法省、一八八六〔明治一九〕年）

一八八七〔明治二〇〕年

一月　ジュールダン著＝磯部四郎＝佐藤郁二郎譯＝若林友之校『儒氏論理學』上巻（牧野書房、一八八七〔明治二〇〕年）

二月一〇日　司法省法學生徒の教授を兼ねる

同　討論筆記「重罪裁判所に陪審員を設け事實の審判に與からしむ可し」明法雑誌二九號

三月　「書入質權之性質」明法雑誌三二號

四月　「我邦將來ノ法律」明法雑誌三三號

同　内務省より警官練習所に於ける刑法治罪法講義の囑託を受ける(26)

八月　ジュールダン著＝磯部四郎＝佐藤郁二郎譯『儒氏論理學』下巻（牧野書房、一八八七〔明治二〇〕年）

一〇月　「成文法ノ根原　纂論」明法雑誌四六號

一一月　「成文法ノ根原　纂論（前號の續）」明法雑誌四七號

同　「成文法ノ根原　纂論（前號の續）」明法雑誌四八號

同　講談會筆記「（監獄に關する討論）」明法雑誌四八號

同　九日　法律取調報告委員に選任される(27)

一二月　「餅は餅屋」明法雑誌四九號

同　「餅は餅屋（前號ノ續）」明法雑誌五〇號

同	討論筆記「相續權は暗黙の遺囑に因て生するものなり（發題）」明法雜誌五〇號
同　一九日	「用收權ノ廢ス可カラサル意見」を提出(28)
二二日	「用收權ノ廢ス可カラサル意見追加」を提出(29)
	横浜法律學校の講師と爲る
	明治法律學校にて「民法草案」「治罪法」「証拠法」「民法」を担当(30)
	磯部四郎講述『佛國民法先取特權及抵當權講義　完』(31)
	磯部四郎講述『佛國民法講義　證據篇』（製作者不詳、成立年不詳(32)）
	磯部四郎講述『佛國民法證據篇講義　完』（明治法律學校講法會、刊年不詳）
	東京專門学校の講師と爲る（以降、一八九四（明治二七）年に至るまで「刑法」「治罪法」「刑事訴訟法」「財産篇」を担当(33)）
	磯部四郎述＝首藤貞吉編輯『日本刑法』二冊（東京專門學校、刊年不詳）
	磯部四郎講義＝首藤貞吉編輯『治罪法』（東京專門學校、刊年不詳）
一八八八（明治二一）年	
一月	磯部四郎編『民法應用字解　全』（元老院、一八八八（明治二一）年(34)）
	磯部四郎＝井上正一起稿『民法草案獲得編第二部理由書　完』（司法省、成立年不詳(35)）
同	「羅馬國民の性質」明法雜誌五一號
同	「羅馬國民の性質（前號續）」明法雜誌五二號
同　一八日	「一般ニ人證ヲ許容スヘキヤ否ヤノ問題ニ關スル卑見」を提出(36)
二月	「羅馬國民の性質（前號の續）」明法雜誌五三號
同	「羅馬國民の性質（前號の續）」明法雜誌五四號
三月	刑事問題「人ヲ謀殺セントシ既ニ其事に著手スト雖トモ自ラ其所爲ヲ中止シ遂ケサル者ノ處分如何」五大法律學校聯合討論筆記一回

同　討論筆記「人を謀殺せんとし既に其事に着手すと雖とも自から其所爲を中止し（着手自止）遂げざる者の處分如何」明法雜誌五七號

四月　「法律の嚴制法式主義の利害」明法雜誌五八號

五月　「法律の嚴制法式主義の利害（前號續）」明法雜誌五九號

同　「法律の嚴制法式主義の利害（承前）」明法雜誌六〇號

同　民事問題「甲者其家屋ヲ乙ニ賣渡シタリ然ルニ乙未タ登記セサルニ先チ丙其事實ヲ知リツ、甲者ヨリ之ヲ買受ケ登記シタルトキハ其所有權何レニ屬スルヤ」五大法律學校聯合討論筆記二回

同　ル・ウヲン・エーリング原著＝ムーランエール佛譯＝磯部四郎重譯『法理原論』上卷・下卷（伊勢齊助、第二版、一八八八（明治二一）年）(37)

同　磯部四郎校閲＝相澤富藏編述『町村制詳解　附市制及町村制理由』（厚生堂、一八八八（明治二一）年）

七月　松方正義題辭＝磯部四郎校閲＝水越成章著述『市町村制釋義　附市町村制理由』（吉岡活版部、一八八八（明治二一）年）

同　「刑法第四十三條之解（沒收論）」明法雜誌六三號

同　「刑法第四十三條之解（沒收論）（承前）」明法雜誌六四號

八月　「天然義務ニ關スル我カ民法草案ノ條項當否如何ノ卑見」を提出(38)

九月　「天然義務ニ關スル意見書」を提出（箕作、光妙寺、井上と共に）(39)

一〇月　名村泰藏序＝磯部四郎校＝松井誠造＝脇屋義民＝後藤亮之助＝黒岩鐵之助共輯『日本訴訟法典　完』（後藤亮之助、一八八八（明治二一）年）

同　磯部四郎校閲并自序＝蟻川堅治講述＝加地鈔太郎鼇頭參照『鼇頭參照市町村制講義　附理由書』（同盟書館、一八八八（明治二一）年）

一二月　磯部四郎講述＝井土經重筆記『日本刑法講義筆記』一巻＝二巻（警官練習所、一八八八（明治二一）年）

一八八九（明治二二）年

二月　磯部四郎著『大日本帝國憲法註釋』（坂上半七、一八八八（明治二二）年）(40)

同　「隠居相續論」明法雑誌七八號

三月　磯部四郎著『議院法衆議院議員選擧法及貴族院令註釋』（坂上半七、一八八八（明治二二）年）(41)

同　磯部四郎校訂并序＝井土經重註釋『大日本帝國憲法註釋　附議院法、衆議院議員選擧法、會計法、貴族院令』（永昌堂、一八八九（明治二二）年）(42)

同　「隠居相續論（前號續）」明法雑誌七九號

同　一一日　「相續編等ニ於テ検事ノ立會ヲ要スル訴訟書類」に関し意見提出(43)

四月　磯部四郎口述＝都澤敬治郎筆記『憲法講義　并附属法律』（同盟書館、一八八九（明治二二）年）(44)

同　磯部四郎校閲＝樋山廣業著述『鼇頭參照　市町村制問答正解　附理由書及參考諸令』（日本書籍、一八八九（明治二二）年）

同　「官吏に對する侮辱罪の解」求友弌聲一號

六月　「普及撰擧及限定撰擧」明法雑誌八六號

同　二四日　「可決相續法草案ニ對スル卑見」を提出(45)

七月　磯部四郎講義＝井土經重筆記『現行日本治罪法講義』上巻（博聞社、一八八九（明治二二）年）(46)

八月　磯部四郎講義＝井土經重筆記『現行日本治罪法講義』下巻（博聞社、一八八九（明治二二）年）(47)

九月一〇日　「民法草案財産編第三七三條　國家ノ責任ニ關スル意見」を提出(48)

一二月　磯部四郎講述＝井土經重筆記『日本刑法講義筆記』三巻＝四巻（奎文堂、一八八九（明治二二）年）

一八九〇（明治二三）年

「法果譲産相續新案」を作成(49)
「相續法竝之ニ關係スル法條改正案」を作成(50)

一月　「法理精華ヲ讀ム」法政誌叢九九號
同　「法理精華ヲ讀ム（承前）」法政誌叢一〇〇號
同　「刑法上古代復讐主義ヲ脱セサルモノアリ宜シク改正スベシ」東京五大法律學校聯合討論筆記二編
二月　「法理精華ヲ讀ム」法政誌叢一〇二號
三月　「法理精華ヲ讀ム」法政誌叢一〇三號
同　二八日　「贈與ノ減殺廢止説ニ對スル卑見」を提出(51)
四月　國際法問題「一國ノ改正憲法ニ抵触スヘキ外國條約ノ項目ハ廢棄シ得ルヤ」東京五大法律學校聯合討論筆記三編
五月　磯部四郎著『裁判所構成法註釋　完　附施行條例』（久貝義次、一八九〇（明治二三）年）(52)
同　二〇日　法例民法財産取得編續民法人事編を元老院の議定に附するに當たり、内閣委員を命じられる(53)
同　宮城浩藏＝磯部四郎閲＝小川鐵吉＝大倉鈕藏＝松平信英合著『日本民法註釋』財産編之部（水野幸、一八九〇（明治二三）年）
六月　「新法發布の理由」東京五大法律學校聯合討論筆記四編
同　民事問題「永小作ハ第三者ニ對シテ効力アリヤ（發題）」東京五大法律學校聯合討論筆記四編
七月八日　富山縣第一選擧區より衆議院議員に選出される
一〇月三〇日　大審院判事勅任官二等に叙任せられ(54)、議員を辭す
一一月四日　從四位に叙す

一二月　磯部四郎著『刑事訴訟法講義』上巻（八尾書店、一八九〇（明治二三）年）[55]

磯部四郎著『大日本新典　民法釋義』（長島書房、一八九〇（明治二三）年）分冊刊行始まる[56]

磯部四郎著『大日本新典　商法釋義』（長島書房、一八九〇（明治二三）年）分冊刊行始まる[57]

磯部四郎口述＝松田茂三郎筆記『日本民法草案財産取得篇講義　賣買之部』（明治法律學校、成立年不詳）[58]

磯部四郎口述＝松田茂三郎筆記『日本民法草案取得篇講義　交換和解及會社法』（明治法律學校、成立年不詳）[59]

一八九一（明治二四）年

一月　磯部四郎著『刑事訴訟法講義』下巻（八尾書店、一八九〇（明治二三）年）[60]

二月　磯部四郎閲＝小川鐵吉＝大倉鈕藏＝松平信英＝井土經重合著『日本民法註釋』財産取得編之部・債權擔保編之部』（中村與右衛門、一八九一（明治二四）年）

三月　「新法ノ改正説ハ時ノ必需ニ應セス」法政誌叢一一九號

同　三〇日　勲六等旭日単光章を賜る

五月二二日　判事検事登用試験委員に命ぜられる

六月　磯部四郎校閲＝奥野綱城編述『實用民事訴訟手續』（同盟書房、一八九一（明治二四）年）[61]

七月一三日　検事勅任官二等に叙任される[62]

同　一四日　大審院検事に轉じる

八月　「新法制定ノ沿革ヲ述ブ」法治協會雑誌二號

九月　「新法制定ノ沿革ヲ述ブ（承前）」法治協會雑誌三號

磯部四郎講述『民法證據編講義　完』[63]

一八九二（明治二五）年

大審院次席検事と爲る

一月　磯部四郎校閲＝奥野綱城編述『實用刑事訴訟手續』（同盟書房、一八九三（明治二五）年）

三月　磯部四郎校閲＝奥野綱城編述『實用民事刑事訴訟手續』（同盟書房、合本版、一八九二（明治二五）年）

四月　「法典實施ノ必要」法治協會雜誌一〇號

五月　「駁東京日々新聞民法修正論」法治協會雜誌號外

同　七日　依願免本官(64)

同　一〇日　代言人免許を受ける

六月　「重駁東京日々新聞民法修正論」法治協會雜誌號外

ボアソナード講述＝磯部四郎通譯『性法講義　完』（明治法律學校講法會、刊行年不詳）(65)

磯部四郎講述『民法相續編講義　完』（明治法律學校講法會、刊年不詳）(66)

磯部四郎講述『民事訴訟法講義　完』（明治法律學校講法會、刊年不詳）

一八九三（明治二六）年

三月　磯部四郎著『改正增補刑法講義　上卷』（八尾書店、一八九三（明治二六）年）(67)

五月　磯部四郎著『大日本商法會社法釋義』（長島書房、一八九三（明治二六）年）(68)

同　磯部四郎著『大日本商法手形法釋義』（長島書房、一八九三（明治二六）年）(69)

六月　磯部四郎著『大日本商法破産法釋義』（長島書房、一八九三（明治二六）年）(70)

七月　磯部四郎著『改正增補刑法講義　下卷』（八尾書店、一八九三（明治二六）年）(71)

同　岡村輝彥題＝中島又五郎序＝宮城浩藏代序＝磯部四郎＝中島安邦閲＝加藤直方編述『民刑訴訟法期間便覽』（筆耕館、一八九三（明治二六）年）

同　「管財人ニ關スル意見」日本之法律五卷七號

同　三日　法典調査會査定委員を命ぜられる(72)

八月　「相馬事件ノ原因」明法誌叢一八號

九月　「相馬事件ノ原因」日本之法律五巻九號

磯部四郎講述＝小山愛治編輯『民法通論・法例　完』（東京専門學校、一八九三（明治二六）年）

磯部四郎講述＝浦部章三編輯『民法財産篇　完』（東京専門学校、刊年不詳）

一八九四（明治二七）年

三月三一日　法典調査會委員を命ぜられる[73]

七月　磯部四郎＝服部誠一共著『伊呂波引　民法辭解』（八尾新助、一八九四（明治二七）年[74]）

九月　磯部四郎＝服部誠一共著『伊呂波引　商法辭解』（八尾新助、一八九四（明治二七）年[75]）

磯部四郎講義『刑事訴訟法　完』（東京専門學校、刊行年不詳[76]）

一八九六（明治二九）年

七月　磯部四郎校閲＝林金次郎著述『改正民法正解』一編二編・三編・四編五編（長島文昌堂、一八九六（明治二九）年）

一八九七（明治三〇）年

四月　磯部四郎＝井本常治＝飯田宏作＝花井卓藏＝高橋捨六＝長島鷲太郎＝山田喜之助＝朝倉外茂鐵＝齋藤孝治＝岸本辰雄＝江木衷著『上告裁判所に於ける判事の評議を公開すへき意見』（齊藤清吉、一八九七（明治三〇）年）

七月　磯部四郎＝岡村輝彦提出「上告裁判所ノ上告ヲ廢止スルノ件」日本辯護士協會録事一號

同　「佛國裁判所構成法沿革（一）」日本辯護士協會録事一號

九月　磯部四郎＝岡村輝彦提出「上告裁判所ノ上告ヲ廢止スルノ件」日本辯護士協會録事二號

一八九八（明治三一）年

一月　「刑法改正ニ就テノ意見」日本辯護士協會録事六號

四月　磯部四郎＝濱地八郎提出「幼年者ノ刑事被告人ニハ總テ辯護人ヲ付スルノ件」日本辯護士協

會録事九號

同　「密室監禁ニ關スル考案」日本辯護士協會録事九號

五月　東京組合辯護士會長に選ばれる（以降、明治三七年、同三八年、同三九年、大正一二年の計五回）

九月　磯部四郎校閲＝法典實習會編輯員共著『實用親族法正解　完』（奎章堂、一八九八（明治三一）年）

一一月　磯部四郎校閲＝法典實習會編輯員共著『實用戸籍法正鑑　完』（奎章堂、一八九八（明治三一）年）

太田資時＝磯部四郎＝守屋比助提出「緊急議題四件」日本辯護士協會録事一五號

一八九九（明治三二）年

五月　磯部四郎＝小澤政許序＝齋藤孝治著述『登記法全書』（青木嵩山堂、一八九九（明治三二）年）

六月　清浦奎吾題字＝磯部四郎序文＝齋藤孝治＝内田晴耕合著『改正府縣制郡制釋義』（貳書房、一八九九（明治三二）年）

同　清浦奎吾題字＝磯部四郎序＝齋藤孝治著『訓註　新商法要義』（魁眞樓、一八九九（明治三二）年）

七月　磯部四郎校閲＝林金次郎著述『改正府縣制問答正解』（長島永昌堂、一八九九（明治三二）年）

九月　磯部四郎校閲＝齋藤孝治著『改正刑事訴訟法釋義』（魁眞樓、一八九九（明治三二）年）[77]

一二月　磯部四郎校閲＝奥野綱城編輯『現行罰則全書　全』（長島文昌堂、一八九九（明治三二）年）

一九〇〇（明治三三）年

四月　磯部四郎＝三好退藏提出「陪審制度ヲ設クルノ件」日本辯護士協會録事三一號

七月　磯部四郎＝花井卓藏提出「陸海軍裁判所ニ辯護制度ヲ設クルノ件」日本辯護士協會録事三四號

九月　「親族會ニ就テ」日本辯護士協會録事三五號

一〇月　「非刑法改正論」明治法學一三號

一二月　「古賀廉造氏ニ答フ」明治法學一五號

同　磯部四郎＝花井卓藏提出「囚人ヲ教誨及教育スルノ主義ヲ以テ監獄制度ヲ改良スルノ件」日本辯護士協會録事三八號

同　「古賀廉造氏ニ答フ」日本辯護士協會録事三八號

同　「清浦前法相の刑法改正案に關する演説筆記を讀む」法律新聞一一號

同　磯部四郎校閲＝奥野綱城著述『實用訴訟民事刑事人事非訟手續』（四書房、一九〇〇〔明治三三〕年）

一九〇一〔明治三四〕年

一月　「新刑法は帝國議會の立法權を傷害し併せて帝國臣民を侮辱したるものなり」日本辯護士協會録事三九號

三月　「運動論」日本辯護士協會録事四一號

同　「刑法ノ改正ニ就テ」明治法學一八號

六月　「磯部四郎先生譚話拝聴筆記」大木喬任文書

七月　「明治法律學校支部講話大要」[78]北陸政論

八月　箕作麟祥に關する談話を述べる

一二月　「非刑法改正論」政友一五號

一九〇二〔明治三五〕年

五月　「魚河岸移轉の非を論ず」法律新聞八五號

八月一六日　東京府東京市より衆議院議員に選出される（以降、一九〇三〔明治三六〕年、一九〇四〔明治三七〕年の計三回）

一九〇四〔明治三七〕年

一月　「裁判所廃合ノ議」日本辯護士協會録事七二號

九月　「磯部四郎君の茶話」法律新聞二三二號

一九〇五〔明治三八〕年

七月　「磯部四郎君の博士論」法律新聞二九一號

一九〇六〔明治三九〕年

四月一日　勲四等旭日小綬章を授かる

五月　「東京地方裁判所の武林男三郎に對する判決を讀む」日本辯護士協會録事九八號

六月　磯部四郎「刑法改正案に對する私見」日本辯護士協會録事九九號

同　磯部四郎講述＝都澤敬治郎筆記『憲法講義』（青木嵩山堂、四版、一九〇六〔明治三九〕年）[79]

同　八日　法律取調委員を囑託される

七月二一日　刑法取調委員會起草委員と爲る

一九〇七〔明治四〇〕年

四月　「開會の辭（臨時大會大演説[80]會に於て）」日本辯護士協會録事一〇八號

五月二一日　法律取調委員を仰せ附かる

同　三〇日　刑法施行法及監獄法主査委員と爲る

六月　磯部四郎著『改正刑法正解』（六合館、一九〇七〔明治四〇〕年）[81]

同　一三日　法學博士の學位を授かる

八月　「辯護士の職分」法律新聞四四六號

九月　「韓國司法制度に就て」法律新聞四四七號

一九〇八（明治四一）年

三月　「陸海軍刑法改正案に就て」日本辯護士協會録事一一八號

六月　東京市会議員に当選する

同　「借地權の由來」法律新聞五〇三號

一一月三〇日　刑事訴訟法改正主査委員と爲る

一九〇九（明治四二）年

三月　「義太夫通」伊藤竹酔編『新撰十八大通』（敬文館、一九〇九（明治四二）年）

七月　「陪審制度の設備を要する意見」政友一〇九號

一一月　「陪審制度の設定を望む」日本辯護士協會録事一三六號

同　「陪審を要する意見」法律新聞六〇六號

一二月　「陪審制度論」刑事法評林一巻四號

同　「刑事訴訟法改正必要」讀賣新聞一一六九九號

同　「刑事裁判改良ノ方法」政友一一四號

一九一〇（明治四三）年

三月　借地權救済に關して請願(82)

七月　「磯部岸本兩博士のボ氏追懐談」日本辯護士協會録事一四四號

八月　「法曹界に於ける梅博士」讀賣新聞一一九五三號

九月　「嗚呼梅謙次郎君逝く」日本辯護士協會録事一四五號

一二月　「陪審制度を要する實例」刑事法評林二巻一二號

大逆事件にて奥宮健之の辯護人と爲る

一九一一（明治四四）年

二月　再び、借地權救済に關して請願(83)

七月　磯部四郎序＝齋藤孝治著『訓註　改正商法要義』（岡崎屋、一九一一（明治四四）年）

一二月　借地權救済の陳情書を提出(84)

一九一二（明治四五）年

一月　「ルソーと其の立論」日本及日本人五八五號

二月　三度目の借地權救済に關する請願(85)

四月　漫録子「漫録數則」日本辯護士協會録事一六三號

（大正元）年

九月　「恩赦令の制定」法律新聞八一五號

一九一三（大正二）年

一月　「法律家より實務家に望む——各其職分を守るべし」法律新聞八三四號

二月　「防衛權の行使に非ず——國民新聞社員の行動」法律新聞八四三號

三月　「裁判所構成法改正案に就ての賛否——我が意を得たる案」法律新聞八四八號

同　四度目の借地權救済に關する請願(86)

八月　「裁判昔譚」法律新聞八七五號

同　「民法編纂ノ由來ニ關スル記憶談」法学協会雑誌三一巻八號

一二月二七日　叙勲三等授瑞寶章

一九一三（大正三）年

二月　「検事の聴取書に關する卑見」日本辯護士協會録事一八三號

三月三一日　貴族院議員に勅撰される(87)

一九一四（大正四）年

一月　「大隈伯後援會に就きて」日本辯護士協會録事一九三號(88)

八月　「日本辯護士総覧序」浅田好三編輯『日本辯護士総覽』

九月　「乃木家再興に就て」法律新聞一〇三七號
一一月　「大典雑話」日本辯護士協會録事二〇二號

一九一五（大正五）年

四月一日　授旭日中綬章

一九一七（大正六）年

六月　磯部四郎＝竹内房治共著『最新法律總覽』（帝國法政研究會、一九一七（大正六）年）

一九一八（大正七）年

七月　「磯部四郎博士　郷土歸來談片」北陸タイムス

一九一九（大正八）年

七月九日　臨時法制審議會委員を命ぜられる(89)
同　二五日　陪審法主査委員を命ぜられる
九月二九日　敍勳二等授瑞寶章

一九二〇（大正九）年

二月　「陪審制度の必要（摘録）」日本辯護士協會録事二四九號
三月一一日　民法主査委員を命ぜられる

一九二三（大正一二）年

一月　磯部四郎＝竹内房治著『法理應応釋義　帝國憲法及行政法』（内外出版協會、一九二三（大正一二）年）
同　磯部四郎＝竹内房治著『法理應応釋義　民法及民事訴訟法』（内外出版協會、一九二三（大正一二）年）
同　磯部四郎＝竹内房治著『法理應応釋義　刑法及刑事訴訟法』（内外出版協會、一九二三（大正一二）年）

四月 「立法権を弄ぶもの―辯護士會分裂問題―」中央法律新報第三年八號
九月一日 關東大震災に遭い逝去(七三歳)[90]
九月二〇日 叙正四位授旭日重光章
一九二五(大正一四)年
三月 磯部四郎＝竹内房治＝尾山萬次郎著『刑法及刑事訴訟法精義』(帝國法律研究會、一九二五(大正一四)年)
一一月 磯部四郎＝竹内房治＝尾山萬次郎共著『法理應用法律釋義』(内外出版協會、一九二五(大正一四)年)
一九二七(昭和二)年
磯部四郎＝竹内房治＝尾山萬次郎共著『独學研究 詳解法律』上巻・下巻(内外出版協會、一九二七(昭和二)年)

註

(1) 青年期に至るまでの経歴については、文献上不分明なところがあるが、時期的に最も早く書かれた、磯部四郎の門人都澤敬治郎の執筆にかかる伝記に従った。桂正直編『中越名士傳』(清明堂、一八九二(明治二五)年)一頁所収。本文の生年月日は同書による。その他、伝記の類として、摂提子編『帝國議會議員候補者列傳 全』(庚寅社、一八九〇(明治二三)年/皓星社、復刻版、二〇〇〇(平成一二)年、『日本人物情報大系二二巻 憲政編二巻』所収)九七二頁、木戸照陽編述『日本帝國國會議員正傳』(田中宗榮堂、一八九〇(明治二三)年/皓星社、復刻版、二〇〇〇(平成一二)年、『日本人物情報大系二三巻 憲政編三巻』所収)二〇五頁、關谷男也編纂『帝國衆議院議員實傳』(同盟書房、一八九〇(明治二三)年/皓星社、復刻版、二〇〇〇(平成一二)年、『日本人物情報大系二三巻 憲政編三巻』所収)二二九頁、『新選代議士列傳 全』(金港堂書籍、一九〇二(明治三五)年/皓星社、復刻版、二〇〇〇(平成一二)年)七頁年等があり、これらを適宜参照した。

(2) 松尾章一「明治政府の法学教育――明法寮と司法省法学校の史料を中心として――」法學志林六四巻三＝四号

（一九六七（昭和四二）年）一〇四頁。

（3）「正則科沿革略史」法曹記事二三巻一一号（一九一三（大正二）年）一一三頁。

（4）「仏国留学生磯部四郎上申」『公文録』明治一一年・一二〇巻・明治一一年一二月・司法省伺（国立公文書館蔵）、「同磯部四郎帰朝」『太政類典』第三編・明治一一年～一二年・五五巻・学制・教員制置及属員（国立公文書館蔵）。なお、国立公文書館所蔵の資料については原則として、国立公文書館デジタルアーカイブシステムの運用開始に伴い、本システム上のタイトルを表記した。

（5）「速成科沿革略史」法曹記事二三巻一一号（一九一三（大正二）年）一一六頁。

（6）本意見から橋口兼三「自首律ヲ廃スルノ議案」に反対意見迄の修補課各意見については、『修補課各委員意見書類』一巻・二巻（司法省、成立年不詳、法務図書館所蔵 XB100 S4-1）参照。

（7）尾佐竹猛「陪審ノ沿革（八）」法曹會雑誌一巻九号（一九二三（大正一二）年）八二頁。

（8）本書には大版と小版がある。手塚豊作成『法務図書館所蔵　貴重書目録』（一九七三（昭和四八）年）五二頁参照。なお、磯部による本直訳は、『草案比照刑法　完』（大審院書記局、一八八六（明治一九）年）において、三段組の下段に収録され（因みに上段は旧刑法、中段は刑法草案）、実務の用に供された模様である。

（9）「判事磯部四郎外一名権少書記官ニ転任並増俸ノ件」『公文録』明治一三年・一二八巻・明治一三年一月～六月・官吏進退（司法省）（国立公文書館蔵）。

（10）「舊民法編纂沿革」『舊民法編纂沿革・法典調査規程・法典調査ノ方針議事規則等・初期執務心得・法典調査會員特別擔任年月調（甲・乙）・法典調査會總裁副總裁及委員任免一覧表・聯合會日誌（日本近代立法資料叢書28）』（商事法務研究会、復刻版、一九八六（昭和六一）年）二頁。また、大久保泰甫＝高橋良彰著『ボワソナード民法典の編纂』（雄松堂、一九九九（平成一一）年）九七頁参照。

（11）抄譯のもととなった原著はその存否を含め不明である。なお、再版がある（天賜堂、一八八七（明治二〇）年）。再版は、著者表記が「磯部四郎纂」となっている点と正誤表が附されている点で初版と異なる。本書初版には、復刻版がある（信山社、復刻版、二〇〇〇（平成一二）年、日本立法資料全集　別巻159）。

(12)「會計主務官吏撰舉之儀ニ付上申」(民法編纂局罫紙・乙二五)(国立公文書館蔵)

(13)「登記法取調委員長以下撰定ノ件」『公文録』明治一四年・二六七巻・公文録官吏進退太政官一月～一〇月(国立公文書館蔵)。

(14)「少書記官磯部四郎兼務ノ件」『公文録』明治一四年・二六七巻・明治一四年・公文録官吏進退太政官一月～一〇月(国立公文書館蔵)。

(15)年譜本文と一部重複するが、磯部が講師として出向いていた学校等を列挙しておく。泰東法律學校、茂松法學校、明治法律學校、浅草法律學校、横浜法律學校、東京専門學校、日本法律學校、警官練習所、深川警察署、日本銀行である。

(16)本書には、原著を同じくすると思料される寫本が存在する。シャンピオンニエール＝リゴー共著＝木下哲三郎＝磯部四郎＝一瀬勇三郎共訳『仏国登記法辞書』(法務図書館蔵、配函番号 R320 S3-1)。手塚・前掲註(8)九頁参照。
本書には、復刻版がある(信山社、復刻版、二〇〇〇〔平成一二〕、日本立法資料全集 別巻162)。

(17)「司法少書記官磯部四郎員外議官補被免ノ件」『公文録』明治一六年・一七五巻・明治一六年九月～一二月・官吏進退太政官(皇居御造営事務局)(国立公文書館蔵)。

(18)「司法省旧明法寮以来成業ノ学生ヘ学位ヲ授与ス」『公文類聚』八編・明治一七年・四二巻・学政・総～雑載、衛生・総～疾疫(国立公文書館蔵)参照。

(19)『明治大学百年史』三巻(明治大学、一九九二〔平成四〕年)一四五頁、一五一頁。

(20)大日方純夫＝我部政男編『国立公文書館蔵 元老院日誌』四巻(三一書房、一九八二〔昭和五七〕年)五九六頁。

(21)前掲註(10)「舊民法編纂沿革」三頁。

(22)本書『法理原論』は当初、分冊刊行された。一八八六〔明治一九〕年六月から一八八七〔明治二〇〕年一二月にかけて、巻一から巻十八まで出版されたと思われる。現在、分冊刊行された版は、法務図書館と京都大学附属図書館に一部現存している。巻一・巻二は東明書院、巻三・巻四＝五・巻六＝七・巻八＝九は樋渡書店から出版されている。

(23)「検事磯部四郎外百三名叙等ノ件」『諸官進退・官吏進退』官吏進退・明治一九年官吏進退一六・司法省三止(国

立公文書館蔵)。
(24)「検事磯部四郎外一名元老院於テ民法議定ニ付内閣委員被命ノ件」『諸官・官吏進退』官吏進退・明治一九年官吏進退一・内閣(国立公文書館蔵)。
(25)『元老院會議筆記』後期二五巻(元老院会議筆記刊行会、一九八一〔昭和五六〕年)一九三五頁。
(26)「検事磯部四郎ニ警官練習所ニ於テ刑法治罪法講義ヲ囑託シテ手当金ヲ給与ス」『公文類聚』一一編・明治二〇年・二巻・官職門二・職務章程二(国立公文書館蔵)、「検事磯部四郎警官練習所於テ刑法治罪法講義囑託中手当金ヲ給与ス」『公文類聚』一二編・明治二一年・二九巻・財政六・俸禄・官給旅費附(国立公文書館蔵)。
(27)「検事磯部四郎外四名法律取調報告委員被命ノ件」『諸官進退・官吏進退』官吏進退・明治二〇年官吏進退一五・司法省五(国立公文書館蔵)。
(28)「用收權ノ廢ス可カラサル意見」『民法編纂ニ關スル諸意見並雜書(日本近代立法資料叢書10)』(商事法務研究会、復刻版、一九八八〔昭和六三〕年)二頁。
(29)「用收權ノ廢ス可カラサル意見追加」『民法編纂ニ關スル諸意見並雜書(日本近代立法資料叢書10)』(商事法務研究会、復刻版、一九八八〔昭和六三〕年)五頁。
(30)『明治大学百年史』一巻(明治大学、一九八六〔昭和六一〕年)一七九一一九七頁。
(31)本書には、本文一〇三六頁(明治法律學校講法會、刊年不詳)の版と、本文一三一六頁(明治法律學校講法會、刊年不詳)の版とが存在する。
(32)和装袋綴毛筆〔朱入〕、二冊からなる。
(33)『早稲田大学百年史』一巻(早稲田大学、一九七八〔昭和五三〕年)一〇三二頁。
(34)復刻版がある(信山社、復刻版、二〇〇〇〔平成一二〕年、日本立法資料全集 別巻160)。
(35)法務図書館所蔵本は戦災で焼失。手塚・前掲註(8)五七頁参照。
(36)『民法編纂ニ關スル諸意見並雜書(日本近代立法資料叢書10)』(商事法務研究会、復刻版、一九八八〔昭和六三〕年)三〇頁。

(37) 復刻版がある（信山社、復刻版、二〇〇〇（平成一二）年、日本立法資料全集 別巻157-158）。
(38) 『民法編纂ニ關スル諸意見並雜書（日本近代立法資料叢書10）』（商事法務研究会、復刻版、一九八八（昭和六三）年）一四五頁。
(39) 『民法編纂ニ關スル諸意見並雜書（日本近代立法資料叢書10）』（商事法務研究会、復刻版、一九八八（昭和六三）年）一四四頁。
(40) 『大日本憲法註釋 附 議院法衆議院議員選擧法及貴族院令註釋』（信山社、二〇〇三（平成一五）年、日本立法資料全集 別巻277）として『議院法衆議院議員選擧法及貴族院令註釋』（坂上半七、一八八八（明治二一）年）と合本のうえ復刻されている。
(41) 前掲註（40）参照。
(42) 復刻版がある（信山社、復刻版、二〇〇四（平成一六）年、日本立法資料全集 別巻293）。
(43) 『民法編纂ニ關スル意見書（日本近代立法資料叢書12）』（商事法務研究会、復刻版、一九八八（昭和六三）年）一五頁、三四三頁。
(44) 復刻版がある（信山社、復刻版、一九九七（平成九）年、日本立法資料全集 別巻4）。
(45) 『民法編纂ニ關スル諸意見並雜書（日本近代立法資料叢書10）』（商事法務研究会、復刻版、一九八八（昭和六三）年）二頁、『法律取調委員會 民法ニ關スル諸意見書綴込（日本近代立法資料叢書16）』（商事法務研究会、復刻版、一九八九（平成元）年）四二九頁。
(46) 復刻版がある（信山社、復刻版、一九九九（平成一一）年、日本立法資料全集 別巻130）。
(47) 復刻版がある（信山社、復刻版、一九九九（平成一一）年、日本立法資料全集 別巻131）。
(48) 「磯部報告委員ノ意見」『法律取調委員會 民法草案財産編第三七三條ニ關スル意見（日本近代立法資料叢書16）』（商事法務研究会、復刻版、一九八九（平成元）年）二二頁。
(49) 『民法編纂ニ關スル雜書（日本近代立法資料叢書12）』（商事法務研究会、復刻版、一九八八（昭和六三）年）九一頁。なお、手塚豊「明治二十三年民法（旧民法）における養子制度」『明治民法史の研究（下）』（慶應通信、一九九一（平成三）年）一二一頁参照。
(50)『民法編纂ニ關スル雜書（日本近代立法資料叢書12）』（商事法務研究会、復刻版、一九八八（昭和六三）年）五三頁。
(51)『民法ニ關スル意見書（日本近代立法資料叢書12）』（商事法務研究会、復刻版、一九八八（昭和六三）年）三四六頁。
(52) 復刻版がある（信山社、復刻版、二〇〇〇（平成一二）年、日本立法資料全集　別巻181）。
(53)「法律取調報告委員今村和郎外二名法例民法財産取得編人事編元老院議定ニ付セラレタルニ付内閣委員被命ノ件」『諸官進退・官吏進退』官吏進退・明治二三年官吏進退一・内閣（国立公文書館蔵）。
(54)「司法省・検事磯部四郎判事ニ判事富永冬樹陞叙ノ件」『諸官進退・官吏進退』官吏進退・明治二三年官吏進退五・司法省・文部省（国立公文書館蔵）。
(55) 本書には、再版（一八九二（明治二五）年）があり、これの復刻版がある（信山社、復刻版、二〇〇一（平成一三）年、日本立法資料全集　別巻211）。
(56)『大日本會社法釋義』等所載の広告によれば、全二一冊で完成後、『人事編釋義』、『財産編物權部釋義』、『全　人權部釋義』、『財産取得編釋義』、『全　相續部釋義』、『債權擔保編釋義』、『證據編釋義』の全七冊に合本する計画だったようである。合本版の完成は、『大日本民法釋義　證據編之部』（長島書房、一八九三（明治二六）年）の奥付が示すように、一八九三（明治二六）年一二月三一日までかかったと思われる。
『大日本新典民法釋義』はまた、全一〇冊で復刻されている（信山社、復刻版、一九九七（平成九）年、日本立法資料全集　別巻81-90）。巻別構成は、『財産編　第一部　物權（上）』、『財産編　第一部　物權（下）』、『財産編　第二部　人權及ヒ義務（上）』、『財産編　第二部　人權及ヒ義務（下）』、『財産取得編（上）　第一章〜第六章』、『財産取得編（中）　第六章〜第一二章』、『財産取得編（下）　相續法之部』、『證據編之部』、『人事編之部（上）』、『人事編之部（下）』となっている。債權擔保編は復刻されていない（原本の存在が確認されていない）。
(57)『大日本會社法釋義』等所載の広告によれば、全一五冊で完成後、合本全四冊に纏められた。同広告によれば、合本版の構成は、『巻ノ一』、『巻ノ二』、『巻ノ三』、『巻ノ四』となっている。

『大日本新典商法釋義』は、全七冊で復刻されている（信山社、復刻版、一九九六〔平成八〕年、日本立法資料全集 別巻11‐17）。巻別構成は、『第一編 第一章～第六章（第一條～第二五三條）』、『第一編 第六章～第七章（第二五四條～第三五二條）』、『第一編 第八章～第十章（第四五九條～第五八一條）』、『第一編 第十章～第十一章（第五八二條～第七五二條）』、『第一編 第十二章～第二編 第六章（第七五三條～第九三〇條）』、『第二編 第七章～第三編（第九三一條～第一〇六四条）・商法附帯法律釋義・商法釋義付録』となっている。
(58) 和装袋綴毛筆（朱入）。自第一回至拾五回との書入れが表紙にあり、講義の日付は、本文によれば、明治廿二年一二月四日から〔翌〕四月二日となっている。
(59) 和装袋綴毛筆（朱入）。本文によれば、「第拾六回 四月七日」から「第二〇回 四月二三日」まで講義が行われた。講義回数、日付、並びに、筆記者が「明治法律學校三年生 松田茂三郎」であることから、前書の続きであると思量される。
(60) 本書上巻同様、再版（一八九二〔明治二五〕年）があり、これの復刻版がある（信山社、復刻版、二〇〇一〔平成一三〕年、日本立法資料全集 別巻212）。
(61) 磯部四郎による序文がある。
(62) 「司法省・判事磯部四郎検事ニ転任ノ件」『諸官進退・官吏進退』官吏進退・明治二四年官吏進退四・司法省・文部省（国立公文書館蔵）
(63) 本文四六六頁（明治法律學校講法會、刊年不詳）、本文五三三頁（明治法律學校講法會、刊年不詳）、及び本文五四八頁（明治法律學校講法會、刊年不詳）の版が存在する。
(64) 「司法省・検事磯部四郎依願本官被免ノ件」『諸官進退・官吏進退』官吏進退・明治二五年官吏進退五・司法省・文部省（国立公文書館蔵）。なお、弁護士となってからの活躍については、例えば、江木衷復評＝新井正三郎著『日本民事訴訟法判例論評』上巻（明治舘、一八九六〔明治二九〕年／信山社、復刻版、二〇〇四〔平成一六〕年、日本立法資料全集 別巻302）二〇〇頁、二六九頁、同下巻（明治舘、一八九六〔明治二九〕年／信山社、復刻版、二〇〇四（平成一六）年、日本立法資料全集　別巻303）八八〇頁、九三三頁、一〇〇〇頁に垣間見ることができる。
(65) 復刻版がある（宗文館書店、一九八六（昭和六一）年）（ボアソナード文献叢書16）。その奥付には「明治25年（？）版復刻」とある。
(66) 完成を見たのは、一八九二（明治二五）年一〇月である。法律政治講義録・第壹期・二四四號（明治法律學校講法會、一八九五（明治二五）年一〇月五日發兌）参照。
(67) 復刻版がある（信山社、復刻版、一九九九（平成一一）年、日本立法資料全集　別巻138-139）。
(68) 復刻版がある（信山社、復刻版、一九九六（平成八）年、日本立法資料全集　別巻８）。
(69) 復刻版がある（信山社、復刻版、一九九六（平成八）年、日本立法資料全集　別巻９）。
(70) 復刻版がある（信山社、復刻版、一九九六（平成八）年、日本立法資料全集　別巻10）。
(71) 復刻版がある（信山社、復刻版、一九九九（平成一一）年、日本立法資料全集　別巻140-141）。
(72) 「外務省翻訳官本野一郎外十二名法典調査会主査并査定委員命免ノ件」『任免裁可書』明治二六年・任免巻一三（国立公文書館蔵）。
(73) 「行政裁判所評定官箕作麟祥外二十九名法典調査会委員被命ノ件」『任免裁可書』明治二七年・任免巻六（国立公文書館蔵）。
(74) 復刻版がある（信山社、復刻版、一九九七（平成九）年、日本立法資料全集　別巻６）。
(75) 復刻版がある（信山社、復刻版、一九九七（平成九）年、日本立法資料全集　別巻７）。
(76) 復刻版がある（信山社、復刻版、二〇〇三（平成一五）年、日本立法資料全集　別巻266）。
(77) 本書の巻頭には、磯部四郎撰序文がある。
(78) 大槻文彦『箕作麟祥君傳』（丸善、一九〇七（明治四〇）年）一一一頁。なお、石井研堂著『明治事物起原』上巻（春陽堂、増補改訂版、一九四四（昭和一九）年／春陽堂、復刻版、一九九六（平成八年））二一二頁参照。
(79) 本書には新たに、後藤本馬著「改正衆議院議員選擧法釋義」が追加されている。
(80) 「司法大臣松田正久外四十七名法律取調委員会会長委員及幹事被仰付ノ件」『任免裁可書』明治四〇年・任免一四

（国立公文書館蔵）。

(81) 復刻版がある（信山社、復刻版、一九九五〔平成七〕年、日本立法資料全集　別巻34-1）。

(82) 「借地権救済ニ関スル件」『請願建議関係文書』議院回付請願書類原議（四）（国立公文書館蔵）。

(83) 「借地権救済ニ関スル件」『請願建議関係文書』議院回付請願書類原議（四）（国立公文書館蔵）。

(84) 「磯部四郎外二千一百人提出借地問題救済陳情書ノ件」『公文雑纂』明治四四年・三二巻・建議・建議・未決法律案（附否決）（国立公文書館蔵）。

(85) 「借地権救済ニ関スル件」『請願建議関係文書』議院回付請願書類原議（六）（国立公文書館蔵）。

(86) 「借地権救済ニ関スル件」『請願建議関係文書』議院回付請願書類原議（六）（国立公文書館蔵）

(87) 「男爵牧野伸顕外五名貴族院令第一条四項ニ依リ貴族院議員ニ任スルノ件」『任免裁可書』大正三年・任免巻七（国立公文書館蔵）。

(88) 復刻版がある（ゆまに書房、復刻版、一九九六〔平成八〕年、『日本法曹事典』八巻所収）。

(89) 「法学博士男爵穂積陳重外三十八名臨時法制審議会総裁副総裁並幹事被仰付ノ件」『任免裁可書』大正八年・任免巻二〇（国立公文書館蔵）。

(90) 「磯部四郎特旨叙位ノ件」『叙位裁可書』大正一二年・叙位巻二八（国立公文書館蔵）。本資料では、磯部の詳細な官職・議員歴が作成されている。本文中の履歴について別に註なきものはこれに依った。また、「正四位勲一等磯部四郎勲章加授ノ件」『叙勲裁可原書』大正一二年・叙勲巻三・内国人三（国立公文書館蔵）。

磯部四郎関係図書分野別目録

横内　豪

A　法令集

1　磯部四郎訂正＝矢代操編纂＝島巨邦校正『鼇頭改廃沿革索引伺指令内訓　現行類聚　改正大日本六法類編』第一編行政法上巻・第一編行政法下巻・第二編民事第三編商事第四編訴訟・第五編刑事第六編治罪（全四冊）（積善館、一八八六〔明治一九〕年）

2　磯部四郎校閲＝市岡正一編纂『民法編纂局藏版　民事法規』上巻・下巻（勝島活版所、一八八六〔明治一九〕年）

3　磯部四郎校閲＝奥野綱城編輯『現行罰則全書　全』（長島文昌堂、一八九九〔明治三二〕年）

B　論理学

4　ジュールダン著＝磯部四郎＝佐藤郁二郎譯『儒氏論理學』上巻・下巻（牧野書房、一八八七〔明治二〇〕年）

C　基礎法

5　ル・ウヲン・エーリング原著＝ムーランエール佛譯＝磯部四郎重譯『法理原論』上巻・下巻（伊勢齊助、一八八六〔明治一九〕年／第二版、一八八八〔明治二一〕年／信山社、復刻版、二〇〇〇〔平成一二〕年）

6　ボアソナード講述＝磯部四郎通譯『性法講義　完』（明治法律學校講法會、刊年不詳／宗文館書店、復刻版、一九八六〔昭和六一〕年）

D　公法

7　磯部四郎著『大日本憲法註釋』（坂上半七、一八八九（明治二二）年／信山社、復刻版、二〇〇三（平成一五）年）

8　磯部四郎口述＝都澤敬治郎筆記『憲法講義　并附属法律』（同盟書館、一八八九（明治二二）年／青木崇山堂、四版、一九〇六（明治三九）年／信山社、初版復刻版、一九九七（平成九）年）

9　磯部四郎校訂并序＝井土經重註釋『憲法註釋　附議院法、衆議院議員選擧法、會計法、貴族院令（永昌堂、一八八九（明治二二）年／信山社、復刻版、二〇〇四（平成一六）年）

10　磯部四郎著『議院法衆議院議員選擧法及貴族院令註釋』（坂上半七、一八八九（明治二二）年／信山社、復刻版、二〇〇三（平成一五）年）

11　磯部四郎＝竹内房治著『法理應用法律釋義　帝國憲法及行政法』（内外出版協會、一九二三（大正一二）年）

E　地方制度

12　磯部四郎校閲＝相澤富藏編述『町村制詳解　附市制及町村制理由』（厚生堂、一八八八（明治二一）年）

13　松方正義題辭＝磯部四郎校閲＝水越成章著述『市町村制釋義　完　附市町村制理由』（吉岡活版部、一八八八（明治二一）年）

14　磯部四郎校閲并自序＝蟻川堅治講述＝加地鈔太郎鼇頭參照『鼇頭參照　市町村制講義　附理由書』（同盟書館、一八八八（明治二一）年／改訂増補版、一八九三（明治二六）年）

15　磯部四郎校閲＝樋山廣業著述『鼇頭參照　市町村制問答正解　附理由書及參考諸令』（日本書籍、一八八九（明治二二）年）

16　清浦奎吾題字＝磯部四郎序文＝齋藤孝治＝内田晴耕合著『改正府縣制郡制釋義』（貳書房、一八九九（明治三二）年）

17　磯部四郎校閲＝林金次郎著述『改正府縣制郡制正解』（長島文昌堂、一八九九（明治三二）年）

F　民法

18　磯部四郎＝井上正一起稿『民法草案獲得編第二部理由書　完』（司法省、成立年不詳）
19　磯部四郎抄譯『民法釋義　完』（弘令社、一八八一（明治一四）年／天賜堂、再版、一八八七（明治二〇）年／信山社、復刻版、二〇〇〇（平成一二）年）
20　アントワーヌ・サン・ジョセフ原著＝磯部四郎閲＝高野孝正＝前田達枝合譯『獨逸法律書　一名普通法　完』（報告堂、一八八四（明治一七）年）
21　玉乃世履序＝磯部四郎著『佛國民法契約篇講義』（泰東法律學校、一八八六（明治一九）年）
22　磯部四郎講述『佛國民法先取特權及抵當權講義　完』（明治法律學校講法會、刊年不詳（本文一〇三六頁）／刊年不詳（本文一三一六頁））
23　磯部四郎講述『佛國民法講義　證據篇』二冊（和装袋綴毛筆（朱入））（製作者不詳、成立年不詳）
24　磯部四郎講述『佛國民法證據編講義　完』（明治法律學校講法會、刊年不詳）
25　磯部四郎口述＝松田茂三郎筆記『日本民法草案財産取得篇講義　賣買之部』（和装袋綴毛筆（朱入））（明治法律學校、成立年不詳）
26　磯部四郎口述＝松田茂三郎筆記『日本民法草案取得篇講義　交換和解及會社法』（和装袋綴毛筆（朱入））（明治法律學校、成立年不詳）
27　磯部四郎編『民法應用字解　全』（元老院、一八八八（明治二一）年／信山社、復刻版、二〇〇〇（平成一二）年／雄松堂、復刻版、二〇〇一（平成一三）年）
28　磯部四郎著『大日本新典　民法釋義』（長島書房、一八九一〜九三（明治二四〜二六）年／信山社、復刻版（全一〇冊分冊刊行）、一九九七（平成九）年）
29　磯部四郎＝服部誠一共著『伊呂波引　民法辭解』（八尾書店、一八九四（明治二七）年／信山社、復刻版、一九九七（平成九）年）
30　磯部四郎講述＝小山愛治編輯『民法通論・法例　完』（東京専門学校、刊年不詳）

31　磯部四郎講述＝浦部章三編輯『民法財産篇　完』（東京専門学校、刊年不詳）

32　磯部四郎講述『民法相續編講義　完』（明治法律學校講法會、刊年不詳）

33　磯部四郎講述『民法證據編講義　完』（明治法律學校講法會、刊年不詳〔本文四六六頁〕／刊年不詳〔本文五三三頁〕／刊年不詳〔本文五四八頁〕）

34　宮城浩藏＝磯部四郎閲＝小川鐵吉＝大倉鈕藏＝松平信英合著『日本民法註釋』財産編之部（水野幸、一八九〇〔明治二三〕年）

35　磯部四郎校閲＝小川鐵吉＝大倉鈕藏＝松平信英＝井土經重合著『日本民法註釋』財産取得編・債權担保編（中村與右衛門、一八九一〔明治二四〕年）

36　磯部四郎校閲＝林金次郎著述『改正民法正解』一編二編（長島文昌堂、一八九六〔明治二九〕年）・三編（長島文昌堂、一八九六〔明治二九〕年）・一編二編三編合本再版（長島文昌堂、一八九六〔明治二九〕年）・四編五編（長島文昌堂、一八九六〔明治二九〕年）・自一編至五編合本三版（田中宗榮堂、一九〇九〔明治四二〕年）

37　磯部四郎校閲＝法典實習會編輯員共著『實用親族法正解　完』（奎章堂、一八九八〔明治三一〕年）

38　磯部四郎＝竹内房治著『法理應用法律釋義　民法及民事訴訟法』（内外出版協會、一九二三〔大正一二〕年）

39　磯部四郎校閲＝法典實習會編輯員共著『實用戸籍法正鑑　完』（奎章堂、一八九八〔明治三一〕年）

40　シャンピオンニヱール＝リゴー共著＝木下哲三郎＝磯部四郎＝一瀬勇三郎共訳『仏国登記法辞書』八冊（翻訳課写本）（司法省、成立年不詳）

41　シャンピオンニヱール＝リゴー合著＝磯部四郎譯『佛國登記法辭書』（司法省、一八八三〔明治一六〕年／信山社、復刻版、二〇〇〇〔平成一二〕年）

42　磯部四郎＝小澤政許序＝齋藤孝治著述『登記法全書』（青木嵩山堂、一八九九〔明治三二〕年／増補再版、一八九九〔明治三二〕年）

G　商法

43　磯部四郎著『大日本新典　商法釋義』（長島書房、一八九〇〜九一〔明治二三〜二四〕年／信山社、復刻版〔全七冊分冊刊行〕、一九九六〔平成八〕年）
44　磯部四郎著『大日本商法　會社法釋義』（長島書房、一八九三〔明治二六〕年／信山社、復刻版、一九九六〔平成八〕年）
45　磯部四郎著『大日本商法　手形法釋義』（長島書房、一八九三〔明治二六〕年／信山社、復刻版、一九九六〔平成八〕年）
46　磯部四郎著『大日本商法　破産法釋義』（長島書房、一八九三〔明治二六〕年／信山社、復刻版、一九九六〔平成八〕年）
47　磯部四郎＝服部誠一共著『伊呂波引　商法辭解』（八尾書店、一八九四〔明治二七〕年／信山社、復刻版、一九九七〔平成九〕年）
48　清浦奎吾題字＝磯部四郎序＝齋藤孝治著『訓註　新商法要義』（魁眞樓、一八九九〔明治三二〕年）
49　磯部四郎序＝齋藤孝治著『訓註　改正商法要義』（岡崎屋、一九一一〔明治四四〕年）

H　刑法

50　ボアソナード起案＝磯部四郎直譯『日本刑法草案直譯』（司法省、成立年不詳）
51　ショウボー・アドルフ＝フォースタン・エリー原著＝亀山貞義＝内藤直亮＝橋本胖三郎＝磯部四郎＝宮城浩蔵共譯『佛國刑法大全』第一帙上巻・第一帙下巻（司法省、一八八六〔明治一九〕年）
52　磯部四郎述『刑法要論　完』（報告社、一八八二〔明治一五〕年）
53　磯部四郎講述＝井土經重筆記『日本刑法講義筆記』一巻＝二巻（警官練習所、一八八八〔明治二一〕年）・三巻＝四巻（奎文堂、一八八九〔明治二二〕年）
54　磯部四郎講義＝首藤貞吉編輯『日本刑法』二冊（東京専門學校、刊年不詳）

55 磯部四郎著『改正増補刑法講義』上巻・下巻（八尾書店、一八九三〔明治二六〕年／信山社、復刻版、一九九九〔平成一一〕年）
56 磯部四郎校訂＝小笠原美治著『刑法註釋』（弘令社、一八八二〔明治一五〕年）
57 磯部四郎著『改正刑法正解　全』（六合館、一九〇七〔明治四〇〕年／信山社、復刻版、一九九五〔平成七〕年）
58 磯部四郎＝竹内房治著『法理應用法律釋義　刑法及刑事訴訟法』（内外出版協會、一九二三〔大正一二〕年）
59 磯部四郎＝竹内房治＝尾山萬次郎著『刑法及刑事訴訟法精義』（帝國法律研究會、一九二五〔大正一四〕年）

I　司法制度

60 磯部四郎著『裁判所構成法註釋　完　附施行條例』（久貝義次、一八九〇〔明治二三〕年／信山社、復刻版、二〇〇〇〔平成一二〕年）
61 磯部四郎校閲＝武田忠臣訂正＝蟻川堅治著述『日本公証人規則註釋　全』（成美學館、一八八六〔明治一九〕年）
62 磯部四郎＝井本常治＝飯田宏作＝花井卓藏＝高橋捨六＝長島鷲太郎＝山田喜之助＝朝倉外茂鐵＝齋藤孝治＝岸本辰雄＝江木衷著『上告裁判所に於ける判事の評議を公開すへき意見』（齊藤清吉、一八九七〔明治三〇〕年）
63 岡村輝彦題＝中島又五郎序＝宮城浩藏代序＝磯部四郎＝中島安邦閲＝加藤直方編述『民刑訴訟法期間便覧』（筆耕館、一八九三〔明治二六〕年）
64 磯部四郎校閲＝奥野綱城編述『實用民事訴訟手續』（同盟書房、一八九一〔明治二四〕年）
65 磯部四郎校閲＝奥野綱城編述『實用刑事訴訟手續』（同盟書房、一八九二〔明治二五〕年）
66 磯部四郎校閲＝奥野綱城編述『實用民事刑事訴訟手續』（同盟書房、合本版、一八九二〔明治二五〕年）
67 磯部四郎校閲＝奥野綱城著述『實用訴訟民事刑事人事非訟手續』（四書房、一九〇〇〔明治三三〕年）

J　民事訴訟法

68 名村泰藏序＝磯部四郎校＝松井誠造＝脇屋義民＝後藤亮之助＝黒岩鐵之助共輯『日本訴訟法典』（後藤亮之助、一八

八八（明治二一）年）
69 磯部四郎講述『民事訴訟法講義』（明治法律學校講法會、刊年不詳）

K　刑事訴訟法

70 磯部四郎講義＝首藤貞吉編輯『治罪法』（東京専門學校、刊年不詳）
71 磯部四郎校訂＝小笠原美治著『治罪法註釋』（弘令社、一八八二（明治一五）年）
72 磯部四郎講義＝井土經重筆記『現行日本治罪法講義』上巻・下巻（博聞社、一八八九（明治二二）年／信山社、復刻版、一九九九（平成一一）年）
73 磯部四郎著『刑事訴訟法講義』上巻・下巻（八尾新助、一八九〇～九一（明治二三～二四）年／信山社、復刻版、二〇〇一（平成一三）年）
74 磯部四郎講義『刑事訴訟法　完』（東京専門學校、刊年不詳／信山社、復刻版、二〇〇三（平成一五）年）
75 磯部四郎校閲＝齋藤孝治著『改正刑事訴訟法釋義』（魁眞樓、一八九九（明治三二）年）

L　法学全般

76 磯部四郎＝竹内房治共著『最新法律總覧』（帝國法政研究會、一九一七（大正六）年）
77 磯部四郎＝竹内房治＝尾山萬次郎共著『法理應用法律釋義』（内外出版協會、一九二五（大正一四）年）
78 磯部四郎＝竹内房治＝尾山萬次郎共著『独學研究　詳解法律』上巻・下巻（内外出版協會、一九二七（昭和二）年）

新聞記事から見た磯部四郎活動年譜

江戸恵子

はじめに

本年譜は、一九九九年に読売新聞より発売された同紙CD―ROM版を利用して収集したものを通してみた磯部四郎という法曹家の人生である。

立法家・弁護士・著述家そして政治家などの業績についてはそれぞれの分野の担当者が述べておられるので、ここではそれらの活動をリアルタイムで伝えていた当時最先端のメディア「新聞」紙上に躍る姿を追った。

読売新聞は明治七年一一月二日、子安峻・本野盛亨・柴田昌吉により創刊された。その初期は漢語調の「大新聞」に対して「小新聞」と呼ばれ、傍訓を付すことにより漢語が意味するところをわかりやすく註釈する意味を持たせていた。新聞創刊時の名称検討の協議の中で、発刊の目的を「婦女子の眼を開」く・「新聞は国民の反影なり」と位置づけている。言わば非知識人＝大衆を啓蒙するという使命を帯びていた訳だ。これは、後に述べる磯部の思想の根底にある思いに通じるものでもある。

磯部が同紙に登場するのは留学を終え高級官吏としての道を歩む明治一九年「民法草案編集委員任命」の記事

からである。本年譜ではそれ以前の事跡は公文書を中心に原則的として磯部と同時代に発行された評伝類で補っている。また磯部はその人生を通じ、政治家・立法関連の公職についていることを勘案し、できるだけ上記以降についても公文書にみられるものは収録した。結果として柔軟な新聞と硬い公文書による構成となったが、これもまた磯部の性格を表すような気がする。

次に、磯部四郎とそれに関わる時代を記事から見ておこう。

まず、ひとつのポイントになる民法典起草については、磯部は明治一九年四月以来民法人事篇財産取得篇の起案に従事し、元老院会議の説明員を務めた。翌年一二月からは民法人事篇財産取得篇取調報告委員となっている。ここで注目されるのは明治二二年六月四日付の記事。すでに半ばまで起草されている民法人事篇に関して、やり直し論議が内閣から出てきていることを報じている。フランスの法律学士磯部・熊野敏三が草案制定を専任し半ばまで起草しているが、「人事篇はその性質上」議論するところが多い「日本の古制習慣を酌」んで制定すべきなのに担当者がフランス流では日本の「国情」に適しない。すでに取調報告委員に手を離れたといっても「内々に命令を下してご苦労ながらもう一度作り直して」くれ、「仏蘭西臭い草案」ではなく、「前の草案はそれまでとなし更に日本の古制習慣を酌量して」制定してくれと内命したと伝える。この年、黒田清隆内閣は大隈外相の条約改正の手法に五月以降は内閣内部からも外からも反感をかっており、一日も早い法典の施行を見なければならないにも拘らず、磯部らの起草草案が内部からの声で変更を余儀なくされていたことを窺い知る。

そんな状況下で、磯部の「選挙人生」がスタートする。明治二二年七月の新聞には「京阪漫遊」から帰京とのみのベタ記事が載っているが、これは第一回衆議院選挙準備のため富山に帰省していたことを伝えるものと推察される。すでに在京の新聞でも磯部の選挙に向ける動きを取材し始めていたのだろう。そもそも心血を注いでいる「民法草案」にとっても重要なこの時期に選挙活動をし始めたのはなぜだろう。「法」をつくって自らがフランスで体験してきた自由・権利というものを広く一般の「大衆」に認識せしめ浸透を図るために、また「民法草案」

の議論渦巻く現場におり、当時の政府内における危機的な状況を間近に見ていたからこそ自らが議員となる必要性を強く感じていたのかもしれない。この心中を「辞職の上大同派に入って運動する」こともあるし、同僚の宮城浩蔵を説いて「同去たらしめん」としており宮城も「同様の決心を起こして将に其準備を胸中に巡らして」いる。この二人は「先に携えて巴里の花を眺め相助けて天外の客窓に読書し」司法省においても同じ業務を行い「然るに今また揃ひも揃って冠を掛け」大同派に入るということはその交情を推して知るべしと新聞は伝えている。

この明治二二年以来「選挙」関連の報道が幾度となく載ることになる。落選をものともせず、借金を重ね精神がおかしくなった、落選はしたが磯部が次点となると何かが起こり次点から這い上がる、補選があればすぐに名前が挙げられるなど当時のメディアに格好の話題を提供している様が紙面から見て取れる。ただ、いつもいつものことなので、さすがの磯部も取材を煩わしく感じた時期もあったようで、弁護士事務所に選挙関連の取材お断りの張り紙を出したこともある。

議員選挙を巡る報道はその後、磯部が貴族院議員に推挙されるまで続く。がしかし、磯部の「選挙人生」はここで終わらない。弁護士会長選挙でもかなりの熾烈な争いの模様を新聞は伝えている。ただ皮肉なことに読売新聞における報道で磯部の名が見られる最後の記事は磯部死去に伴う弁護士会長選挙であった。

では弁護士活動においてはどうだったか。磯部はいわゆる重要事件に関わりが多い。そもそも弁護士（当時は代言人）となっての初仕事ともいうべきなのが「弄花事件」である。自らも官吏を辞すこととなった事件の代理人として出廷している。磯部自身が関係者なのだから、事情を熟知しているのは好都合だと伝えている。自らの口が招いた禍が仕事となるとは、これも磯部らしい関わり方であるといえば言える。

磯部の弁護士時代のエピソードとして、裁判中居眠りをしたりフランス語の小説を読んでいた、被告の弁護人なのに原告側の論述をしたなどが多くの評伝の類に取り上げられている。依頼人側としては不安極まりないことである。これらのことで後世の磯部のイメージが作り上げられているような気がする。現代では、新聞は「真実の報道」を旨としているが、一方のメディアであるテレビやネット情報においては見ている者がいかに意外性を求めているかという視点、つまり「瓦版」的発想からの連鎖的報道がなされている。大衆が面白いと感じることを前面に出すことによってメディアの受け手側を引き付けて、それが繰り返されることによりある種の「真実」として定着するという経過をたどることにつながる。

それはさて置き、磯部の思想や人となりが垣間見える記事を以下に紹介しておこう。

ひとつは、大正三年の神奈川県警の公文書偽造事件である。磯部は、本件は予審決定書その他取調べの事実つまり自白によって、断罪がなされようとしている、被告側の証人をすべて拒否却下されたのは弁護の余地を閉鎖されたも同様である、このことを判決書に記載して留めよと、怒りの申述をしている（このことと関連する記事としては本稿大正五年五月の項、平沼談話を参照）。

もうひとつは本稿大正八年九月の項、翌九年度より東京市が導入しようとした道路整備のための目的税である遊興税の新導入に関してである。料理屋や貸座敷はそう儲かるものではないし、労働者が汗水たらして働いた帰りに酒を一杯やったり、学生がたまに外食や観劇をすることにまで課税するのは言語道断だ、むしろフランスでは政府が教養を養うための観劇などには補助金を出しているくらいだ、弱者ばかり苦しめず、むしろ貴族や金持ちの大庭園に課税すればよいのだ、と磯部は言っている。今日の「福利厚生」にも眼を向けており、フランスかぶれと揶揄されたことが多々あったが、留学中に法の運用ということも肌で感じ学んできていたといえる。また短い記事の中に弱者救済の精神を知ることができる。

ほかにも紹介しておきたいものもあるが、借地問題・陪審員に関する件・幸徳事件・相馬事件・お茶の水事件など挙げればきりがない。養母との関係もしかり。これらはまた別の機会に譲ることとする。

本稿は断片的な新聞記事を編年したものに過ぎないし、各事項において詳細な検証を行っていないため諸処ご指摘を受けることと思う。新聞記事は断片的な資料ではあるが、世の中の動きと連動しリアルタイムで書かれており、磯部が生きた時代を身近に感じることができる。メディアの取材対象として恰好の人物であった磯部四郎を「新聞の記事」を通して見ていただき、多面的な活動などを探るきっかけにしていただければと考えている。

〔凡例〕

1　年代順に編年し、年譜各項の典拠は〔　〕内に、注記は改行し一段下げて記載した。
2　明治五年までは旧暦、以降は新暦。また明治六年からはできる限り曜日も記載した。
3　原則として引用箇所の変体仮名は仮名に、旧漢字は常用漢字にした。
4　傍線を付した箇所は、引用原文のママを示す。
5　不明部分は□で示した。
6　「読売新聞」は読売新聞社のCD—ROM版〔一九九九年一一月　読売新聞社、（法政大学図書館所蔵）〕を使用し、典拠としたのはすべて朝刊である。
7　右記6を除く典拠資料はできるだけ所蔵先を記載した。

嘉永　四（一八五一）年

七月一五日

富山県藩士英尚の子として生まれる。後、まもなく上野宗右衛門の養子となる（上野秀太郎と名のる、本籍：富山県富山市惣典輪町四三六番地）。〔『大正十二年　叙位　巻二十八』（国立公文書館所蔵）、『本省勘合帳　官記課三号　第二巻』外務省記録自明治七年一月至九年一月（外交資料館所蔵）、『大正十二年叙位　巻二十八』（国立公文書館所蔵）〕

①『帝国議会議員候補者列伝全』〔明治二三年四月一五日庚寅社〕、②『日本帝国国会議員正伝』〔明治二三年八月一八日（明治二三年九月二〇日再版）田中太右衛門〕、③『帝国衆議院議員実伝』〔明治二三年八月二四日同盟書房〕、④『日本現今人名辞典』〔明治三三年九月第一

版日本現今人名辞典発行所蔵版〕、⑤『新選代議士列伝』〔明治三五年一二月六日金港堂書籍株式会社〕などでは林太仲の「四男」・「四子」と記載されている。
誕生の日も右記①⑤では五月、④五月二六日とあるが、死後叙勲上申に付された履歴〔『大正十二年　叙位　巻二十八』〔国立公文書館所蔵〕および『帝国法曹大観』〔大正四年一一月三〇日帝国法曹大観編纂会〕では七月一五日となっているが、ここでは公文書記載に従う。
主な伝記としては、『従五位磯部四郎君伝』〔明治二三年六月奥野網城（国立国会図書館所蔵）〕『百家高評伝』〔明治二六年一一月文寿堂書林（国立国会図書館）〕、『明治弁護士列伝』〔明治三一年九月周弘社（国立国会図書館）〕がある。

安政　六（一八五九）年

六月　後に妻となる、せき生まれる。〔『大衆人事録』昭和三年版帝国秘密探偵者・帝国人事通信社〕

明治　元（一八六八）年

この頃　越後柏崎県知事久我准麿につき学ぶ。〔『新選代議士列伝』明治三五年一二月六日金港堂書籍株式会社〕

明治　三（一八七〇）年

この年　上京、昌平黌に入る。
亀谷省軒の塾に入門するが辞して、村上英俊につく。〔『新選代議士列伝』明治三五年一一月六日金港堂書籍株式会社〕
昌平黌は、明治政府になり昌平学校、後大学校と称されるが、明治三年休校、翌年閉鎖となる。

明治　四（一八七一）年

この年　大学南校入学。

明治　五（一八七二）年

八月一七日　司法省明法寮入学。〔『自明治五壬申年至十五　司法省法学校』〔東京大学総合図書館所蔵〕〕

二〇歳新川県と記載がある。

上級本課と下級本課に分れており、前者では、文章添削・地理・史略等の科目があり、栗塚・岸本・中川・井上・加太・木下・関口・水野・小倉が受講。磯部は後者に所属し、ここでは文法・誦読・小説書取等の科目が設置され、他生徒は、熊野・佐藤（金三郎）・岡村（誠一）。『商法会議局概則全』〔明治七年一月　明法寮〕に拠れば、同書は明法寮仏国教師ドリベロールが「其国ノ法書ニ就キ商会方法ノ要領ヲ摘録セシメ法学生徒ニ課シ之ヲ翻訳セシム」とあるように磯部たち生徒も学びつつ法務家の道を歩きはじめていた。

明治　八（一八七五）年

七月　五日(月)　司法省より法律修行のため仏国留学を命じられる。〔『大正十二年　叙位　巻二十八』(国立公文書館所蔵)〕

八月一九日(木)　司法省より派遣の仏国留学に際し、旅券が発行される。〔『本省勘合帳　官記課　三号　第二巻』外務省記録自明治七年一月至九年一月（外交資料館所蔵)〕
旅券番号は一六一四号。ここに記載の事項は左記の通り。
「籍　新川県士族
齢　二十三年一ヶ月
眼　小キ方
鼻　高キ方
口　並
面　長キ方
色　白キ方
身　五尺三寸強
右司法省ヨリ仏国前日断」
同じ日の木下広次（旅券番号一六一〇号）・井上正一（同一六一一号）・栗塚省吾（同一六一

八月二五日(水) 二号)・関口豊(同一六一三号)については、「官費ニテ留学トシテ仏国江司法省ヨリ派遣」とある。

他、熊野敏三(同一六一五号)・岡村誠一(同一六一六号)も仏国派遣。

この派遣に関しても明法寮での上級生徒・下級生徒と同じ区分をされているようだ。

フランス留学の途につく。〔L'Echo du Japon 一八七五年八月二七日〕留学中のエピソードとして、洋服新調の話がある。パリでは洋服が高価なので、古着屋で安い服を見つけ購入するが学校で笑われる。不審に思ってボアソナード先生の母夫人を訪ね理由を問うと田舎紳士のものだから笑われると言われる。結局また服を買わなければならなくなり、「廉価の品より不廉なるはなし」という原則を発見したと言う。〔『赤毛布』明治三三年一一月 文禄堂(国立国会図書館所蔵)〕

九月二〇日(月) パリ日本公使館より身元保証書が交付される。〔『鮫島尚信在欧外交書簡録』二〇〇二年 思文閣出版〕

一〇月一八日(月) 磯部ら七名の留学生について、バカロレア資格免除で法学部講義受講許可を得る申請がされる。〔『鮫島尚信在欧外交書簡録』二〇〇二年 思文閣出版〕
鮫島公使からドゥカーズ公爵宛書簡中に彼らは、東京の法律学校で特別の準備教育を受けたと記されている。

明治一一(一八七八)年

八月 四日(日) 仏蘭西国巴里府法科大学に於いて「パツウリエー」の学位を受ける。〔『大正十二年 叙位 巻二十八』(国立公文書館所蔵)〕

八月 六日(火) 仏蘭西国巴里府法科大学に於いて「リサンシエー」の学位を受ける。〔『大正十二年 叙位 巻二十八』(国立公文書館所蔵)〕

一二月 八日(日) 留学を終え帰朝。〔『公文録・明治十一年・第百二十巻・明治十一年十二月・司法省伺』(国立公文書館所蔵)、『太政類典・第三編・明治十一年～明治十二年・第五十五巻・学制・教員制置及

一二月一三日㊎　司法卿大木喬任より右大臣岩倉具視宛に磯部の法律科「リサンス」及第と帰朝の報告がされる。〔『公文録・明治十一年・第百二十巻・明治十一年十二月・司法省伺』（国立公文書館所蔵）、『太政類典・第三編・明治十一年〜明治十二年・第五十五巻・学制・教員制置及属員』（国立公文書館所蔵）〕

明治一二（一八七九）年

二月一七日㊊　判事に任命される。〔『大正十二年　叙位　巻二十八』（国立公文書館所蔵）、東京日日新聞明治一二年二月一八日〕

太政官記事。

三月一八日㊋　修補委員となる。〔『大正十二年　叙位　巻二十八』（国立公文書館所蔵）〕

一二月　長女ツヤ生まれる。〔『大衆人事録』昭和三年版帝国秘密探偵者・帝国人事通信社〕

明治一三（一八八〇）年

一月二二日㊍　民法編纂委員兼務を命じられる。〔『大正十二年　叙位　巻二十八』（国立公文書館所蔵）〕

二月一四日㊏　司法権少書記官に転任の件、上奏される。〔『公文録・明治十三年・第百二十八巻・明治十三年一月〜六月・官吏進退（司法省）』（国立公文書館所蔵）〕

官位は正八位。

上奏宣告案は同年同月一二日。

二月一七日㊋　司法省権少書記官となる。〔『大正十二年　叙位　巻二十八』（国立公文書館所蔵）〕

三月　五日㊎　太政官権少書記官法制部勤務となる。〔『大正十二年　叙位　巻二十八』（国立公文書館所蔵）〕

四月三〇日㊎　民法編纂委員を命じられる。〔『大正十二年　叙位　巻二十八』（国立公文書館所蔵）〕

五月二五日㊋　正七位に叙せられる。〔『大正十二年　叙位　巻二十八』（国立公文書館所蔵）〕

一一月　七日㊐　太政官少書記官となる。〔『大正十二年　叙位　巻二十八』（国立公文書館所蔵）〕

東京日日新聞明治一三年一一月九日では「一一月八日、太政官権少書記官正七位」との掲載一二月二〇日(月)　があるがこれは誤り。
従六に叙せられる。〔『大正十二年　叙位　巻二十八』（国立公文書館所蔵）〕

明治一四（一八八一）年

六月　四日(土)　従来の太政官書記官民法編纂委員に加え、民法編纂局会計主務を兼務。〔『公文録・明治十四年・第二百六十七巻・明治十四年・公文録官吏進退太政官一月～十月』（国立公文書館所蔵）〕
五月九日、民法編纂総裁大木喬任より左大臣熾仁親王宛て上申。
兼担理由は「本年四月第三十六号公達ニ依リ」とある。
『大正十二年　叙位　巻二十八』（国立公文書館所蔵）では、明治一四年六月二三日「民法編纂局会計主務被仰付候事　太政官」とある。

七月二七日(水)　登記法取調委員となる。〔『大正十二年　叙位　巻二十八』（国立公文書館所蔵）〕
一〇月二五日(火)　参事院議官補六等官相当となる。〔『大正十二年　叙位　巻二十八』（国立公文書館所蔵）〕
一一月一八日(金)　参事院員外議官補兼務を命じられる。〔東京日日新聞明治一四年一一月二一日〕
『大正十二年　叙位　巻二十八』（国立公文書館所蔵）では「任司法省少書記官兼参事院外議官補」とある。

明治一六（一八八三）年

六月三〇日(土)　正六位に叙せられる。〔『大正十二年　叙位　巻二十八』（国立公文書館所蔵）〕
九月二四日(月)　民法編纂の事務に従事し兼務繁劇につき「司法少書記官磯部四郎員外議官補被免」上奏される。〔『公文録・明治十六年・第百七十五巻・明治十六年九月～十二月・官吏進退太政官（皇居御造営事務局）』（国立公文書館所蔵）〕
磯部の肩書きは「司法少書記官兼参事院員外議官補」
一〇月三日辞令。

一〇月三〇日(火)　留学時に発行された旅券を返納。〔『本省勘合帳　官記課　三号　第二巻』外務省記録自明治七年一月至九年一月（外交資料館所蔵）〕

明治一七（一八八四）年

五月一七日(土)　司法権大書記官となる。〔『大正十二年　叙位　巻二十八』（国立公文書館所蔵）官報明治一七年五月一九日〕

七月一〇日(木)　司法省「成業生証書授与式」に出席を予定する。〔『明治十六年七月法学生徒卒業証書授与式取扱書類　司法省七局　寄宿生徒』（東京大学総合図書館所蔵）〕
卒業生を含め一四一名が招待され、一二八名が出席を予定。事前に出欠の確認がされている。
この年の主席は、河村譲三郎と梅謙次郎。

一一月一七日(月)　司法省より法律学士の称号を授与される。〔『大正十二年　叙位　巻二十八』（国立公文書館所蔵）、時事新報明治一七年五月一九日〕
旧明法寮生徒中優等の者で現諸官に採用された者或いは代言の職務に十分なる学力を有するとして授与。

この頃　烏森芸者秀吉の許に泊っている時、風俗掛に踏み込まれる。〔『明治奇聞録』明治三五年一二月　天方貞造（国立国会図書館所蔵）〕

明治一八（一八八五）年

一〇月一九日(月)　請求していた伊呂波別現行布告をもらう。〔『各種日誌・日記　明治十八年元老院日誌　十月～十二月』（国立公文書館所蔵）〕
磯部の所属は民法編纂局。

明治一九（一八八六）年

三月　四日(木)　検事に任命される。〔官報明治一九年三月八日〕
『大正十二年　叙位　巻二十八』（国立公文書館所蔵）では明治一九年三月六日付けで「任検事五等官相当　司法省」とある。

三月一八日(木)　東京控訴裁判所詰を命じられる。〔『大正十二年　叙位　巻二十八』（国立公文書館所蔵）〕

四月一五日(木)　民法草案編纂委員に任命。〔読売新聞明治一九年四月一六日一面〕

七月一〇日(土)　明治一九年三月三一日・四月一五日官報欄。
他委員に任命された者は、高野・熊野。
『大正十二年　叙位　巻二十八』（国立公文書館所蔵）では、明治一九年四月一三日付け「民法編纂委員ヲ命ズ　司法省」とある。

七月一三日(火)　奉任官一等（検事正六位勳六等）となる。〔『官吏進退・明治十九年官吏進退十六・司法省三止』（国立公文書館所蔵）、『大正十二年　叙位　巻二十八』（国立公文書館所蔵）〕
上奏の日付は、七月二日。

一一月二七日(土)　大審院詰を命じられる。〔『大正十二年　叙位　巻二十八』（国立公文書館所蔵）〕
民法第二編第三編の元老院議定につき、熊野敏三とともに内閣委員となる。〔『官吏進退・明治十九年官吏進退十六・司法省三止』（国立公文書館所蔵）、『大正十二年　叙位　巻二十八』（国立公文書館所蔵）〕
一一月一八日、元老院議長大木喬任より内閣総理大臣伊藤にあて、民法第二編第三編の元老院議定となるに当り、ボアソナードの起稿案の訳訂など磯部・熊野が専ら担当してきた。「本院会議ニ際シ従来専ラ担任ノ向キ無之テハ説明其他種々差支ノ次第モ可有之ト存候」云々と上申がなされる。
一一月一八日、右記大木の意見書、内閣総理大臣より司法大臣にあて「照会案」を付し回される。
一一月二二日、この件、司法大臣山田顕義より内閣総理大臣にあて回答される。

この頃　警察訓練所において、刑法治罪法講義を嘱託される。〔読売新聞明治一九年四月二二日二面〕

明治二〇（一八八七）年

一月　五日(水)　東京法律新聞社で実施された本法律家十二傑投票結果が掲載され磯部四郎は六八票を獲得し十二傑に滑り込む。〔山陰新聞明治二〇年一月一四日〕
才識家法律学士と評される。

　　　　　　　総得票三、六四八で最高得点は五八六票を獲得した星亨、二位は四九六票の鳩山和夫、三位は四三七票の堀田正忠。

二月一〇日㈭　司法省より法学生徒教授を命じられる。〔『大正十二年　叙位　巻二十八』（国立公文書館所蔵）〕

四月一九日㈫　警察官練習所における刑法治罪法講義嘱託および手当金につき内務省辞令を受ける。〔『公文類聚・第十一編・明治二十年・第二巻・官職門二・職制章程二』（国立公文書館所蔵）〕

　同年同月の決定金額は一ヶ年、三六〇円。

　磯部の前任者は、宮城浩蔵で、同日で解任。

九月一一日㈭　東京専門学校の講師となる。〔読売新聞明治二〇年八月九日三面〕

　九月一一日は同校の始業日。

一〇月一九日㈬　東京専門学校講義録に「日本刑法」を掲載する。〔読売新聞明治二〇年一〇月二二日三面〕

同誌は、校外生向けのもので法学部講義（一〇月一五日創刊）と政学講義（一〇月一九日創刊）に別れており、磯部は後者に掲載。

東京専門学校における講義「日本刑法」は第二年級・政治科講義録第二二号を確認した。〔京都大学附属図書館所蔵、谷村文庫目録〕

同校における磯部による講義の出版物としては、「民法財産篇」〔浦部章三編輯、出版年不明（京都大学附属図書館所蔵　谷村文庫目録）〕、「刑法訴訟」が法律科第七回第二年級講義録と行政科第六回第三年級講義録〔国立国会図書館所蔵〕として確認できる。

一一月　九日㈬　法律取調報告委員に任命される。〔『官吏進退・明治二十年官吏進退十五・司法省五』（国立公文書館所蔵）、『大正十二年　叙位　巻二十八』（国立公文書館所蔵）〕

　磯部の肩書きは「検事」。

他に、検事では光妙寺三郎、司法省参事官では高野真遜・熊野敏三、司法省書記官では出浦力勇が任命される。

従来、磯部・光妙寺・高野・熊野は民法人事篇起草者。

明治二一（一八八八）年

九月二四日(月)　警察練習所における刑法治罪法講義嘱託の手当金につき内務省辞令を受ける。〔『公文類聚・第十二編・明治二十一年・第二十九巻・財政六・俸禄・官給旅費附』（国立公文書館所蔵）〕

同年同月の決定金額は一ヶ年、五〇〇円。

一〇月二〇日(土)　午後一時、第一高等中学校にて開催の五大法律学校有志連合討論会に講師として出席する。〔読売新聞明治二一年一〇月二三日二面〕

明治二二（一八八九）年

三月頃　ボアソナード文庫設立発起人の一人となる。〔読売新聞明治二二年三月六日三面〕

四月二二日(月)　午後七時、京橋区役所議事堂にて開催の公民会に出席する。〔読売新聞明治二二年四月二一日三面〕

六月　四日(火)　従事している民法人事篇草案制定に関する報道がなされる。〔読売新聞明治二二年六月四日一面〕

草案は半ばまでできてはいるが、学士（磯部・熊野）がフランス流なので、日本の事情とかけ離れている。例えば「日本の相続法は長子相続にありしもこの草案は外国の分派相続法を採用し又結婚離婚の法の如きも大いに日本の習慣に反きたる」ゆえに内閣諸大臣からは国情にあう古制慣習を酌量した草案を要望すると言う。

七月一九日(金)　京阪漫遊から帰京。〔読売新聞明治二二年七月二一日二面〕

七月二〇日(土)　法律取調所へ出仕、民法の取調べに従事する。〔読売新聞明治二二年七月二一日二面〕

一一月一九日(火)　午後六時、京橋区役所議事堂にて開催の公民会において、「憲法講義」を講演する。〔読売新聞明治二二年一一月一八日二面〕

林和一らの辞退により、幹事補欠選挙後の講演。

明治二三（一八九〇）年

一月一一日(土)　午後一時、上野公園楼雲台にて開催の越中倶楽部員大会に出席する。〔読売新聞明治二三年一

月一四日二面〕
一月二三日(木) 当日は、「将来の運動に関して大に協議」がなされた。
二月　二日(日) 旅行中の富山から帰京する。〔読売新聞明治二三年一月二一日二面〕
富山に帰京中の磯部は、司法省より起草中の相続法に関する件につき帰京を促されるが、電報にて辞職を伝えた旨の報道がなされる。〔読売新聞明治二三年二月二日二面〕
二月　六日(木) 「大同団結の主義」を熱烈に賛同。
二月　七日(金) 越中富山地方を遍歴し帰京する。〔読売新聞明治二三年二月八日二面〕
四月　三日(木) 法律取調所へ出向く。〔読売新聞明治二三年二月八日二面〕
大審院検事を辞職し有力者の支援を受けるか、また諸般の事情で辞職は難しいので大同派に入り選挙運動をするか、さらに宮城浩蔵にも同様の決心を促すかなどの報道がなされる。〔読売新聞明治二三年四月三日二面〕
同紙上では、磯部・宮城パリ修学時代その後の交流を若干記す。
四月　五日(土) 午後六時、箕作司法次官は、磯部宅に「親展書」を発す。〔読売新聞明治二三年四月七日一面〕
同紙上では、辞職に関する件ではと、推察している。
磯部肩書きは、司法省法律取調報告委員。
四月　七日(月) この日より、元老院において説明委員（民法人事篇草案）として通読会に出席。〔読売新聞明治二三年四月一〇日一面〕
過日、山田法律取調委員長は元老院議官へ人事篇草案に親展書を添えその意見を諮問した。
この通読会では、意見が多く出されたという。
四月二七日(日) 午後一二時、神田区一ツ橋通りの帝国大学講義室にて開催の五大法律学校連合討論会において講演を行う。〔読売新聞明治二三年四月二七日二面〕
演題は不明。
四月三〇日(水) 国会議員候補者を希望し、富山県の東北十五洲会に赴く。〔読売新聞明治二三年四月二九日二

面〕
五月三〇日㈮　内閣より法例民法財産取得編人事編元老院議定に付き内閣委員を命じられる。〔『大正十二年叙位　巻二十八』（国立公文書館所蔵）〕
六月　七日㈯　午後三時、上野公園楼雲台にて開催の下谷区民大懇親会に出席し、「候補者選挙人に関する注意」の演説をする。〔読売新聞明治二三年六月九日一面〕
他の演説者は、益田克徳。候補者の予選は種々理由でなされなかったが、会場の世論は益田についた。
七月　八日㈫　富山県第一選挙区に於て衆議院議員に当選。〔『大正十二年　叙位　巻二十八』（国立公文書館所蔵）〕
七月　九日㈬　「衆議院議員の略伝連載其七」で略歴が掲載される。〔読売新聞明治二三年七月九日二面〕
掲載は左の通り。
旧富山県藩士
明治二年昌平校に入る
同三年村上英俊につき、フランス学を修める
同八年司法省明法寮生徒としてフランス留学を命じられる
同一二年法律学士の学位を得て帰国
帰国後、司法省書記官・太政官権少書記官・太政官書記官を歴任、司法権大書記官に栄進
同一九年検事に任命される。任官の始めより、法典の編纂に従事する
傍ら、旧茂松法律学校・明治法律学校・東京専門学校の講師を勤める
現今、大同派に加盟
七月二二日㈫　衆議院議員に当選、在職のまま議員となるやの報道をされる。〔読売新聞明治二三年七月二二日二面〕
一〇月二一日㈫　奉任官より勅任官へ転任、検事から判事（勅任官二等）となる件、上奏される。〔『官吏進退・

明治二十三年官吏進退五・司法省・文部省』〔国立公文書館所蔵〕〕
官位は従五位。

一〇月三〇日(木) 判事叙勅任官二等となる。

一一月　三日(月) 補大審院判事となる。〔『大正十二年　叙位　巻二十八』〔国立公文書館所蔵〕〕

一一月　四日(火) 検事（奉任一等）から判事（勅任二等）となる筈であるが議員法により、退職者と見做されるとの報道をされる。〔読売新聞明治二三年一一月三日一面〕

一一月一一日(火) 議員法七六条、「法律により議員たることを得ざる職務に任ぜられたるときは退職者とす」。
従四位に叙せられる。〔『大正十二年　叙位　巻二十八』〔国立公文書館所蔵〕〕
判事に選出されたが議員を辞さないため、来る一五日に補欠選挙を行う旨富山県知事より通達がなされたと報道される。〔読売新聞明治二三年一一月一一日二面〕

一一月一五日(土) 選挙後の磯部の挙動に不満を持つ後援者は近日抗議のため、談判員五名を選び、上京する旨の報道がなされる。〔読売新聞明治二三年一一月一一日一面〕
『大正十二年　叙位　巻二十八』〔国立公文書館所蔵〕では、富山県により「成規ノ資格ヲ有シ正当ノ手続ヲ経テ第一選挙区ニ於テ衆議院議員ニ当選シタルコトヲ証明ス」とある。
深川倉庫組合の依頼により、深川区万年町の増林寺で開催される商法講習会の講師となる。
〔読売新聞明治二三年九月二八日二面〕
同会の事務所は、深川区小松町五番地。
開会日は、毎第一・二・三の日曜日。

明治二四（一八九一）年

二月　八日(日) 正午より、木挽町の厚生館にて開催の東京十二大学名士連合学士協会大演説会の討論会に出席する。〔読売新聞明治二四年二月七日二面、読売新聞明治二四年二月八日二面〕
パテルノストロ発題による死刑存廃の討論会。
他の出席者は、加藤弘之・井上哲次郎・山田喜之助ら。

三月一五日(日)　同紙上に記載の演題は「新法修正論ハ時の必需に応ぜず」。正午より、神田一ツ橋通りの帝国大学講義室にて開催の東京十二大学名士連合学士協会大演説会において演説をする。〔読売新聞明治二四年三月一五日二面〕

磯部の演題は、「新法修正論ハ時の必需に応ぜず」。その他は宮城が「刑法改正改正の必要」等。

三月三〇日(月)　討論は、先回に続き「死刑存廃の可否」。

四月頃　勲六等旭日□光章を授賞。〔『大正十二年　叙位　巻二十八』(国立公文書館所蔵)〕

法治協会の評議員となる〔読売新聞明治二四年四月一六日二面〕

同会は、「新法典を維持しその発達改良を謀る為め朝野の法律家をもって組織」され、会長は大木喬任・副会長南部甕男。

五月二一日(木)　「浄瑠璃会」の発起人となる。〔読売新聞明治二四年五月二一日三面〕

裁判官・代言人中で、浄瑠璃が流行し、師匠を聘し稽古などおこなう。

五月二二日(金)　司法省より判事検事登用試験(委員?)を命じられる。〔『大正十二年　叙位　巻二十八』(国立公文書館所蔵)〕

七月一三日(月)　勅任官(判事から検事)へ転任の件、上奏される。

検事叙勅任官二等となる。〔『官吏進退・明治二十四年官吏進退四・司法省・文部省』(国立公文書館所蔵)、『大正十二年　叙位　巻二十八』(国立公文書館所蔵)〕

官位は従四位勲六等。

「任検事　叙勅任官二等」。

七月一四日(火)　この辞令、補大審院検事(勅任官二等)と紙上に掲載(読売新聞明治二四年七月一五日一面)。

補大審院検事となる。〔『大正十二年　叙位　巻二十八』(国立公文書館所蔵)〕

明治二五（一八九二）年

四月一七日(日)　留学中のエピソードが新聞のコラム「明治紳士ものがたり」に掲載される。〔読売新聞明治二五

年四月一七日一面〕

五月　三日(火)　留学中しばしば金に窮した。公使館にて借用を思い付き蜂須賀公使を訪ねるが断られたため、短刀を懐にして、もし断られれば自決してこの難を逃れるという一計をもって接し、この請いを遂げる。

五月　五日(木)　松岡検事総長のもとに辞表（大審院検事）を提出する。〔読売新聞明治二五年五月四日二面〕弄花事件に因す。親友某にその心中を告げ提出。紙上では、代言人なる決心であると記す。辞表が司法大臣田中不二麿内閣総理大臣松方正義に回送される。〔『官吏進退・明治二十五年官吏進退五・司法省・文部省』（国立公文書館所蔵）〕「免官御執奏願」として、病気のにつき執務耐え難く速やかに免官を願う旨を記載している。同月六日閣議に供される。

五月　七日(土)　願いにより本官（大審院検事）を免じられる。〔読売新聞明治二五年五月一〇日付録一面、『官吏進退・明治二十五年官吏進退五・司法省・文部省』（国立公文書館所蔵）、『大正十二年　叙位巻二十八』（国立公文書館所蔵）〕
辞職に際して、大審院諸氏に「今度の弄花事件に付き己れ一身に責を負うて辞職しざれば児島院長以下を懲戒裁判に付して糺治する丈は見合わせ」てくれとの申込をしたと言う。関連の記事は読売新聞明治二五年五月一八・一九日に「弄花事件に付児島院長の談話」がある。

五月一〇日(火)　代言人の免許状を受ける。〔『大正十二年　叙位　巻二十八』（国立公文書館所蔵）〕

五月頃　代言業に従事するにつき、広告を出す。〔読売新聞明治二五年五月二九日付録一面〕代言事務所開業広告について、同従四位の菊池武夫を引き合いに出されての批判記事。

六月頃　弄花事件被告人中定勝の代理人となる。〔読売新聞明治二五年六月二三日付録一面〕他、児島は城数馬、栗塚は菊池武夫、岸本は宮城浩蔵、加藤祖一は斉藤孝治が各々代理人、高木豊三のみ自ら出廷予定。

磯部は自らも関係者であるので、中判事の代理人とはならないとの説もあるが、今では代言人であり、かえって当事者として事実を知っているという利点があるので予定通りであろうと記す。

懲戒裁判の手続きは普通刑事裁判の手続とは異なり、被告人は下調口頭弁論とも代理人を用いてもよい。事実の調査上自身の出廷の必要がある場合を除いては代理人で可〔読売新聞明治二五年六月二三日付録一面〕。

この事件を公表した松岡検事総長に対する風当たりは強く、辞職勧告の運動の声も聞かれた〔読売新聞明治二五年六月二三日付録一面〕。

七月　五日(火)　本所区公民会では、この日より毎月五・二〇日の両日、磯部を聘し民法・商法の講義を行う予定であったが、磯部が都合によって辞退したため、梅謙次郎を聘することとなった。〔読売新聞明治二四年七月四日二面〕

この時の梅の講義筆記は、後に印刷物として出版された（但し未完、明治大学、志田鉀太郎文庫所蔵）。

法政大学には、梅の原稿が所蔵されている。

七月二六日(火)　磯部の大審院検事辞職に伴う後任人事が紙上で話題となる。〔読売新聞明治二五年七月二六日一面〕

因みに後任は、函館控訴院検事長奥山政敬。

一名の欠員に伴い玉突き的にその後任を争う模様が掲載されている。

九月一八日(日)　午前九時より、木挽町の厚生館にて開催の学園会大会の討論会に弁士として出席する。〔読売新聞明治二五年九月一七日三面〕

この時、落語などとともに、磯部の好んだ浄瑠璃（金波等二演題の記載あり）も余興として催された。

一〇月一七日(月)　神田区錦町錦輝館において、仁科喜代松が設立した東京雄弁学会の発会式に出席し、演説を行

う。〔読売新聞明治二五年一〇月一七日一面〕

一〇月二一日㊎　演題は不明。
他の弁士は、髙田早苗（「美辞学一斑」）・島田三郎など。
午後六時、横浜市羽衣町の羽衣座において開催の横浜有志政談演説会に出席し、「商業の自由」と題して演説を行う。〔読売新聞明治二五年一〇月二〇日二面〕
他の弁士は、鈴木充美（「干渉貿易の害」）・大塚成吉（「横浜貿易商組合を論ず」）・馬袋鶴之助・城数馬など。

明治二六（一八九三）年

一月二八日㈯　東京地方裁判所の民事事件の被告側弁護人として出廷、被告側敗訴。〔読売新聞明治二六年一月三〇日二面〕
原告は華族坊城俊章他二〇名・代言人は岡崎正也、被告は旧共立商社株主華族蜂須賀茂韶他一四名で、預金請求の訴えについてのもので、被告が弁償すべしと判決。

三月一九日㈰　帝国ホテルに、「十二の鷹」の展示を見に行く。旧知の大審院検事某と出会う。〔読売新聞明治二六年三月二一日三面〕
この記事の冒頭で、磯部を「法律家として前の大審院検事として若しくは著述家として名声法律社会に喧すしき代言人磯部四郎は常に大鵬扶博の志を抱き自ら負《たの》むこと亦最も深しと聞く」と紹介する。
この某検事は、磯部に対して司法次官の辞令を受け取ったのではないかといってからかう。

三月頃　弁護士会長候補者の選定について仏（法）派は、岸本辰雄が固辞したため磯部を推挙、この申入れを承諾する。〔読売新聞明治二六年三月二三日一面〕
英（法）派は三月二一日芝紅葉館においての協議会で元田肇を推挙。

四月頃　弁護士会長候補者の選定について仏（法）派は、岸本辰雄を候補者と決す。磯部も岸本のために尽力することを約す。〔東京日日新聞明治二六年四月一九日〕

四月二五日(火) 横浜住吉町に矢野祐義とともに代言事務所開設、その披露の宴会を千歳楼にて催す。〔読売新聞明治二六年四月二七日二面〕
来賓は百名を超し、盛会であった。

五月 四日(木) 午後五時、神田明神境内の開花楼における仏(法)派の会合に出席。〔読売新聞明治二六年五月六日一面〕
弁護士会長の選挙について磯部・岸本、明治法律学校出身者斉藤孝治・野口本之助・小笠原久吉他五〇人超は協議の結果、抽選派と合同を決定。

五月 八日(月) 午後四時、木挽町厚生館における東京弁護士会創立式に出席。
創立会は午後五時半散会し、抽選派は新肴町開花亭で会合。〔東京日日新聞明治二六年五月九日〕
この日は弁護士三七〇～三八〇名来会。喧騒の中、北田正董を仮議長とし東京弁護士会議事規則を協議する。ことに野出鋿三郎らは第八条(正副会長の補欠選挙について)修正を求めるが、磯部は「其提出の順序議事規則の規定に反す」と一蹴。
この日磯部は、抽選派の勇将として大井憲太郎・中島又五郎・林和一らとともに頗る尽力とある。

六月 四日(日) 午前九時半、木挽町厚生館における東京弁護十会創立式に出席。〔東京日日新聞明治二六年六月六日〕
抽選派は新肴町開花亭、選挙派は厚生館楼上の大広間に陣を張り四方八方に迎車し同志募る。当日の役員選出選挙もまたしても紛糾、選挙係りの選任法についてさえ「弁護士会に於ける委員は、選挙を以て本則とすれば、此の場合に於ても亦選挙すべしと、例の流暢なる弁舌を以て、滑稽交りに述べ立てたり」と磯部について記す。
結果、大井憲太郎が会長、林和一が副会長に選出された。

六月頃 東京弁護士会員名簿に登録する。〔『大正十二年 叙位 巻二十八』(国立公文書館所蔵)〕

七月　三日(月)　内閣より法典調査会査定委員命じられる。〔『大正十二年　叙位　巻二十八』（国立公文書館所蔵）〕
八月　三日(木)　午前、論旨辞職勧告判事の件で談判のため三好大審院長を訪ねる。〔読売新聞明治二六年八月四日二面〕
八月二一日(月)　磯部の指示で書生奥野某は、上新川郡滑川町辺に地所購入の手続きをするとの記事が新聞に掲載される。〔読売新聞明治二六年八月二一日一面〕
八月二二日(火)　神田法律書生の名で、相馬事件に関して磯部に言及した投書が掲載される。〔読売新聞明治二六年八月二二日一面〕
八月二三日(水)　黄金陳人の名で、相馬事件に関して磯部に言及した投書が掲載される。〔読売新聞明治二六年八月二三日二面〕
　磯部は演説の中で、秀胤は家督相続の権利ありと主張していたにもかかわらず、今では分家説をとり仲裁を行なっているという。
九月一四日(木)　宇都宮地方裁判所における控訴審に控訴人の代理人として出廷。〔読売新聞明治二六年九月一四日三面〕
　栃木県那須郡那須村大字高久平山喜代蔵他七名より同村平山甚吉他五七名に対する下草料の改正（八銭六厘五毛の値上げ）を求める控訴で、非控訴人の代理は鳩山和夫。紙上では、従四位の磯部と従五位の鳩山の関わる訴訟としては何と金額の低いことかと記す。
一一月　八日(水)　富山県第一区補欠選挙の候補者の噂もあるが、同選挙に関野善次郎を応援をするつもりとの風説が新聞に掲載される。〔読売新聞明治二六年一一月八日二面〕
一一月一一日(土)　午前一〇時事務所に、東明《しののめ》しげ子の訪問を受ける。午後事務所に、岡部綱紀の訪問を受け、暫し談話する。〔読売新聞明治二六年一一月一四日三面〕
　東明しげ子は相馬秀胤の実母。

一一月一四日(火) 本郷・下谷両区選出の津田真道辞職の噂がたち、その後任の候補者として名が出ているとの報道がされる。〔読売新聞明治二六年一一月一四日二面〕
本郷区では、辻新次・田口卯吉等、下谷区は磯部の他斉藤孝治等の名が挙がる。

一二月二八日(木) 相馬事件に関連する予審決定後、平沼専蔵からすぐに弁護の依頼を受ける。〔読売新聞明治二六年一二月三〇日二面〕
相馬事件関連中、一一月一八日東京地方裁判所の二回の予審において刑法第二九八条第二項に該当とされる。

明治二七（一八九四）年

一月　六日(土) 錦織事件の弁護人となる。〔東京日日新聞明治二七年一月七日〕
磯部は斉藤孝治とともに平沼専蔵を担当。
因みに錦織剛清・小山トキを大岡育造、後藤新平を芳賀政賢・芹沢孝太郎、山田重兵衛を三宅碩夫、岡野寛を青木詢・江間俊一が担当。

一月頃 「衆議院議員選挙談は御断申上候」の貼札を事務所に掲げる。〔読売新聞明治二七年一月二五日二面〕

二月一二日(月) 上野松源楼における宮城浩蔵の一周忌の法会に参会する。〔読売新聞明治二七年二月一四日付録一面〕
宮城と親交のあった岸本・斉藤など四〇名超が参会。

三月三一日(土) 内閣より法典調査会委員を命じられる。〔読売新聞明治二七年四月三日二面、官報明治二七年四月六日、『大正十二年　叙位　巻二十八』（国立公文書館所蔵）〕
法典調査会規則の会改正につき旧委員、主査・査定の両委員が無資格となったため。委員の任命は四月四日の官報に記載。

九月頃 府下第五区の一〇月一日の補欠選挙にむけ、同区の有力者に名刺を配布し候補者になるための運動をしているとの噂が報道される。〔読売新聞明治二七年九月一六日五面〕

明治二九（一八九六）年

三月一八日㈬　山本判事の弁護人となり、東京地方裁判所に弁護届を提出する。〔読売新聞明治二九年三月一九日三面〕

六月二〇日㈯　全国弁護士倶楽部設立発起人の一人となり、築地柳花苑における発起人会に出席する。〔読売新聞明治二九年六月一一日五面〕
　他の発起人は、菊池武夫・岸本辰雄・鳩山和夫。
弁護士社会の風紀を矯正し訴訟手続きの均一を計ることを目的とし、裁判官の組織である法曹会に対する組織とし、機関誌の発行を計画する。

明治三〇（一八九七）年

二月一九日㈮　板垣退助・片岡健吉の紹介で、自由党に入党の手続きをする。〔読売新聞明治三〇年二月二三日二面〕
　予てより、入党の噂はあった。

二月二七日㈯　東京統計で開催の弁護士協会維持委員会に出席し、幹事に選出される。〔読売新聞明治三〇年三月三日五面〕
　他の幹事は、菊池武夫・岸本辰雄・鳩山和夫。
　この日は、四月から一回ずつ「録事」を発行することが決議される。

三月二〇日㈯　義太夫に熱中する旨の記事が掲載される。〔読売新聞明治三〇年三月二〇日〕
芸名は、竹本四光、目下中将姫雪責の段を研究。三日毎に下谷松源楼で浄瑠璃会を催すと言う。

三月頃　磯部他一〇名連名の「上告裁判所に於ける判事の評議を公開すへき意見」を発表する。〔『上告裁判所に於ける判事の評議を公開すへき意見』明治三〇年四月三日斉藤清吉編（国立国会図書館所蔵）〕
　裁判所構成法改正に関する意見。衆議院議員鳩山和夫・鈴木充美より第一〇議会に提出した九月二三日(木) 裁判所構成法中改正法律案が満場一致で可決したが憾たるものがある。特に第一二一条の密室主義的規程について、「裁判所の評議は公明正大の断案に基くを要す。曖昧隠秘の事情あるを許さず裁判の威信於是乎在焉」、上告裁判所に於ける判事の評議を公開すべきである云々。連名者は、井本常治・飯田宏作・花井卓蔵・高橋捨六・長島鷲太郎・山田喜之助・朝倉外茂鉄・斉藤孝治・岸本辰雄・江木衷。

麒麟麦酒会社会計係ポルトガル人エスセベリム(三七歳)の詐欺罪に対する東京地方裁判所の予審判決・有罪を不服とし、鳩山和夫とともに東京控訴院へ抗告を行うとの報道がなされる。〔読売新聞明治三〇年九月二三日三面〕

一一月二六日(火) 茨城県阿見原開墾地事件に関する演説会を磯部が開いて以来、阿見原農民に対する同情が集まっている旨の報道がなされる。〔読売新聞明治三〇年一一月二六日三面〕

買主である色川派は宿すら拒否をされている。

明治三一年(一八九八)

一月 五日(水) 府下第一〇区の候補者選びに、磯部の名が出る。新宿淀橋等の有力者が磯部を担いで、本人とも交渉済で半ば決定との噂が報道される。〔読売新聞明治三一年一月五日二面〕

三月 四日(金) 京橋区山城町の日本統計協会における、日本弁護士協会第七例会に会長として出席。〔読売新聞明治三一年三月八日三面〕

「検事制度を改正するの件」に関し討議が四時間余りに渡ってなされ、検事制度改定を要すとの説に決定される。

緊急議題として「名古屋弁護士大喜虎之助外三名が同地方裁判所刑事第二部に於て裁判長桜庭裳陰に退廷を命ぜられたる件に付調査委員を設くる件」、磯部他数名が委員に選出される。これは、裁判所構成法に反する、またかって花井卓蔵が退廷を命じられ件のようにうやむやにしないとした。

『大正十二年 叙位 巻二十八』(国立公文書館所蔵)では、明治三一年五月「東京組合弁護

六月一二日(日)　士会長ニ当選ス」となっている。
弁護の引き受け手の無い松平紀義の公判弁護を、益民館の依頼もあり引き受けるとの報道がなされる。〔読売新聞明治三一年六月一二日四面〕
お茶の水事件と呼ばれ、御世梅《ごせめ》このを殺害し神田川へ遺棄した事件。

六月二八日(火)　松平紀義に面会をする。〔読売新聞明治三一年六月二九日四面〕

八月二四日(水)　司法次官の後任者との呼び声は高いが、憲政党内に反対が多い旨の報道がなされる。〔読売新聞明治三一年八月二四日一面〕
本稿明治二六年三月一九日参照。

明治三二（一八九九）年

一月一一日(水)　日本弁護士協会第一六回評議員例会において、「弁護士法中改正の件」の実行委員の一人に選出される。〔読売新聞明治三二年一月一五日二面〕
同件の他の委員は、岡村輝彦・岸本辰雄・沢田俊三・大田資時・井本常治などで、岸本は他の案件（刑事訴訟法中改正法律案に関する件）の実行委員も兼ねる。

二月　六日(月)　日本弁護士協会第一七回評議員例会において、懸案の「予審に弁護人を付するの件」に関し意見発表のための委員の一人に選出される。〔読売新聞明治三二年二月一〇日二面〕
他の委員は井本常治・飯田宏作・花井卓蔵・信岡雄四郎など。
他、当日は「刑事上告事件に付凡て弁護人を付するの件」を可決。

五月二六日(金)　本日午後一時、錦輝館において弁護士会会長（磯部）、任期満了につき改選を行う。〔読売新聞明治三二年五月二六日二面〕
磯部の後任は、三好退蔵。

一一月　一日(水)　午後、上野精養軒において開催の日本弁護士協会総会に出席し、幹事として「事業及会計報告」、「決議案」を朗読する。決議案二件は満場一致で可決される。〔読売新聞明治三二年一一月三日二面〕

第一号は予審に弁護人を付すに関して刑事訴訟法改正案を第一三回帝国議会に提出した件。第二号は政府の刑法改正案には検討すべきことがあるので同意を表さない。

明治三三（一九〇〇）年

一〇月一三日(土)　江東中村楼で偶然に出会った星亭とのやり取りが新聞ネタとなり掲載される。〔読売新聞明治三三年一〇月一三日一面〕

星は磯部に「君は義太夫が余程巧いということだがそんなに巧まけりゃ弁護士を廃めても食ひはぐることはないね」と言い、磯部は「そうさ政治屋を廃めりゃ飯の食へないような君とは少し違うよ」とこれに応じる。

一二月　七日(金)　九州倶楽部において開催の東京弁護士会常議委員会に出席し、「風紀取締」の案件中の高橋某の件に関する決議に江間俊一らとともに反論をする。〔読売新聞明治三三年一二月一三日二面〕

高橋某の刑事上の不正は、弁護士法二六条により職務上の義務を尽くさずその品位を汚すときは常議委員会の決議により検事正に申告するが、職務外はこれに当たらないので訴追しないと決議されるが、磯部らは「苟も身司法上の一員を占むるものにして斯くの如き解釈の下に庇護をすれば今後不正の行為を為すもの輩出」となるではないかとし、さらに江間は直ちに辞職届を提出。

一二月一四日(金)　東京地方裁判所の収賄事件の証人時計売捌ファーブルブランド商会担当人ジャールシゴー召喚の際、勝手がわからないところを居合わせた磯部がサポートする。〔読売新聞明治三三年一二月一五日一面〕

被告人は太田直治・後藤。判事は潮。

明治三四（一九〇一）年

二月二四日(土)　午後二時、神田錦町錦輝館にて開催の非刑法改正八大法律学校大演説会に出席し、演説をする。〔読売新聞明治三四年二月二五日二面〕

他の演説者は、菊池武夫・花井卓蔵・三好退蔵・守屋此助他二余名、聴衆は千四・五十名。

三月二九日㈮　日本弁護士協会の幹事会を開き司法官辞職問題につき協議を行う。〔読売新聞明治三四年三月三一日三面〕

三月三〇日㈰　司法官辞職問題につき、日本弁護士協会の交渉委員として、金子法相を岸本辰雄とともに訪問する。〔読売新聞明治三四年三月三一日三面〕

一〇月　二日㈬　午後二時、政友会本部における政友会談話会に出席し、刑法改正案に対する反対演説をする。〔読売新聞明治三四年一〇月三日二面〕

因みに岸本は、賛成の演説を行う。これに対し磯部は「何れの点より論ずるも今日に於て刑法改正の必要を認めずと論結」、更に岸本の反駁、磯部の反論と続き四時に散会となる。

明治三五（一九〇二）年

四月　二日㈬　本所区が基盤の候補者蔵原惟廊は地元の有力者を参謀としているが、磯部らには及ばずの報道がされる。〔読売新聞明治三五年四月二日二面〕

七月　六日㈰　浅草区での衆議院選挙運動の様子が報道される。〔読売新聞明治三五年七月六日一面〕

浅草区は大混戦、鳩山、角田真平優勢、磯部の扱いは付け足し程度。

八月一六日㈯　東京府東京市選挙区に於て衆議院議員に当選する。〔『大正十二年　叙位　巻二十八』（国立公文書館所蔵）、時事新報明治三五年八月一七日〕

一一月二九日㈯　本所区亀沢町二―三の自宅における盗難を、本所署に届出る。被害は六一円。〔読売新聞明治三五年一一月三〇日六面〕

一二月二二日㈪　読売新聞コラム「風の便り」欄に過去の弁護活動の逸話が載る。〔読売新聞明治三五年一二月二二日三面〕

同欄の出だしの部分で「法学博士磯部四郎と云へば、弁護士中の老練家で、殊に奇智頓才を以て有名な男であるが」とはじまり、品川遊郭一円亭の主人が詐欺罪で一ヶ月未決房に収監の後、無罪で放免となり、かの主人は告訴人に対し、損害賠償一千円を求めた。その告訴人の代理人が磯部で、その賠償額は高い、大体、遊郭には男はあってもなくてもよい、更に、刑法では一日の禁固につき一円の罰金に換算している。よって一日一円三〇日で三〇円が妥当だ。「況んや相手方は一円亭の主人なるに於てをや」というと「満廷は吹き出して仕舞った」。判決は一日一円であったそうだと記している。

明治三六（一九〇三）年

一月　九日(金)　磯部事務所の事務員・古川芳松（佐賀県出身、二二歳）が離婚示談詐欺をはたらき浅草署で逮捕されたとの報道がなされる。〔読売新聞明治三六年一月九日四面〕

一月一五日(木)　読売新聞コラム「噂の噂」欄に控訴院の控所での守屋此助との「お金」についてのやりとりが載る。〔読売新聞明治三六年一月一五日二面〕

磯部が、代議士もいいが選挙運動を借金でやっており、ヨーロッパの金が有り余って如何にして金を使うかに心を砕くくらいじゃないと面白くないというのを、守屋が聞き、「君に至ては、如何に金を使うかと言うことの外に他人の金を如何に引き出そうかに付いて迄、随分肝胆を砕いて居るんだから、君のほうが余程えらい」と。

二月　七日(土)　「市中候補者の及落占ひ」という記事が読売新聞に掲載される。〔読売新聞明治三六年二月七日五面〕

磯部の他、鳩山和夫・田口卯吉・関直彦・城数馬ら一八名について松本常之丈という易者が占った要点が掲載されている。

磯部については、「山雷頤〃五六仏経居貞吉不可渉大川〃同大言を吐かず慎重の態度を以て区民に当るべし左すれば当選すべし」とある。

三月　一日(日)　読売新聞の「本日の東京市」と題する記事中で、選挙の当選が危ないと書かれる。〔読売新聞明治三六年三月一日二面〕

記事は「栗塚氏と磯部氏（危ない）折角の必死運動も些程効無く之れ亦た当選の栄を得ん事殆んど望むべからず」とある。

三月　四日(水)　午前九時より東京市会議事堂にて行われた東京市選挙会において六五〇点で一一人中九位で当

選する。〔読売新聞明治三六年三月五日二面、時事新報明治三六年三月五日〕
　このブロックのトップ当選は岩谷松平九九〇点、最下位は高梨哲三郎の六〇四点。
　因みに、この総選挙で、関直彦・花井卓蔵・加藤高明・肥塚龍らは落選。

三月一一日（水）　東京府東京市選挙区に於て衆議院議員に当選する。〔『大正十二年　叙位　巻二十八』（国立公文書館所蔵）〕

五月一三日（水）　議会召集され、衆議院常任委員の懲罰委員に選出される。〔読売新聞明治三六年五月一四日二面〕

五月一九日（火）　刑事訴訟法第二八一条の改正法律案を他の二三名とともに衆議院に提出する。〔読売新聞明治三六年五月二〇日二面〕

八月二二日（土）　合併派の磯部の本拠地、本所寿座にて「街鉄非合併演説会」が開催される。〔読売新聞明治三六年八月二三日七面〕
　この日の演説者は、高木益太郎他六名。街鉄とは東京市街鉄道のことで、明治三九年東京電気鉄道・東京電車鉄道と合併し東京鉄道となる。

八月二四日（月）　午前、街鉄合併派の重役野中・藤山・吉田・高島の四名に同伴し、内務省の山縣総務長官を訪問する。〔読売新聞明治三六年八月二五日五面〕

九月頃　三好退蔵・岸本辰雄らとともに長谷川吉次を府会議員に推薦するための書状を発する。〔読売新聞明治三六年九月一五日二面〕
　長谷川は再三落選したので亦落選すのは気の毒云々の内容で、同紙は議員は公職、気の毒は私情、との批判を載せている。

一〇月　八日（木）　磯部の選挙落選と借金のゴシップ記事が、読売新聞に掲載される。〔読売新聞明治三六年一〇月八日三面〕
　四光太夫と別名のある磯部は自ら「選挙落選の段」という語りを作ったそうだ。また木魚を叩きながらの稽古に近所では「選挙で負けたから気が狂った」と噂され、その選挙で背負った半澤某からの借金催促に「素破こそ御参なれと座敷の真中に大胡座かり木魚打つ音も厳しく、仏説阿呆陀経抑々大千世界に困るといふは……」と応じる模様の法服姿の磯部のイラストが掲載されている。

花札・阿呆陀経・義太夫そして選挙が好みで、四光太夫ということか。

明治三七（一九〇四）年

二月頃　政友会からの出馬勧告を受け、再起の選挙運動に着手。〔読売新聞明治三七年二月二日五面〕

一時候補を断念していたが、磯部の不出馬を聞き各候補者が本所区を侵略、同区は政友会の地盤であるため、遺憾とした政友会は、磯部に出馬を要請した。しかし、既に西山・蔵原が運動しており、磯部は頗る苦戦と同紙は伝える。

二月二七日(土)　市内選挙の形勢の記事として、磯部の奮闘の模様が報道される。〔読売新聞明治三七年二月二七日四面〕

同記事では「日本橋、浅草、神田等を初め各区の得票百を越へざる形勢なるを以て一両日来運動者を各区に放ちて奮闘中なれども未だ総得票五百に達せざるものの如し」と伝える。

三月　二日(水)　三月一日に行われた総選挙結果、七八〇票で七位当確の報道。〔読売新聞明治三七年三月二日二面〕

予想に反して落選。

四月一二日(火)　東京市選出議員秋山定輔退職に伴う補欠選挙において、三月四日選挙の得票順序により八四七票の磯部が当選者となる。〔読売新聞明治三七年四月一三日二面〕

四月一三日(水)　東京府東京市選挙区に於て衆議院議員に当選する。〔『大正十二年　叙位　巻二十八』（国立公文書館所蔵）〕

一一月三〇日(水)　午前一一時四〇分衆議院開院式に大礼服にて登院、松田議長より新議員としての紹介を受ける。〔読売新聞明治三七年一二月一日二面〕

一二月　一日(木)　お抱えの車夫川出金太郎（三九歳）、袋叩きに会い重症となり近藤病院に入院。〔読売新聞明治

三七年一二月三日三面〕

明治三八（一九〇五）年

六月二一日㈬　重大事件被告人ブークアンの弁護を引受けることとなり、裁判所に出頭。〔読売新聞明治三八年六月二二日二面〕
　ブークアンが民事訴訟を依頼した某弁護士が言葉が通ぜず困惑していたときに磯部が手助けをしたのが今回依頼されることになった理由。

九月七日㈭　東京弁護士会において戒厳令下での巡査の帯剣停止あるいは抜剣厳禁の件が決議された。午後、東京弁護士会の代表として鈴木充美・芹沢孝太郎とともに、佐久間衛戍総督を訪問するも面会できず伊藤副官に面会しこの趣旨を伝える。同副官この決議大体において賛成し、総督に上申の約をする。〔読売新聞明治三八年九月九日二面〕
　ポーツマス条約反対し九月五日頭山満らが主催した国民大会に集結した民衆の起こしたいわゆる日比谷焼討事件に関するもの。

九月一一日㈪　事件（日比谷焼討）に関連し、被害者の実況を調査を行い、既に調査を終えた五〇余件について、弁護士会会長磯部四郎・副会長木内伝之助の名義で告発の手続きを行う。〔読売新聞明治三八年九月一二日二面〕
　他方、弁護士会では委員が佐久間衛戍総督・倉富検事長を訪問し捜査方法について交渉を行う。

九月一三日㈬　衆議院の騒擾調査会委員長に選出される。同理事は花井卓蔵と竹村良貞。〔読売新聞明治三八年九月一四日五面〕
　五日の事件に関して、磯部は委員長として「新総監を訪問し現下の状況を質し佐久間衛戍総督を訪問して同様の調査をすると同時に戒厳令解期を確むる由」とある。

九月一五日㈮　午後二時、東京市騒擾事件に関する衆議院議員有志調査会が開かれ、同会委員長の磯部は、司法大臣・衛戍総督・警視総監・控訴院検事長を訪問した顛末を報告する。〔読売新聞明治三八年

九月一六日㈯　九月一六日二面〕
騒擾調査会委員会において大石正巳の発議により、磯部ら七名は桂首相を訪問し三件の勧告を行う。〔読売新聞明治三八年九月一六日二面〕
勧告の内容は左記の通り。
一、戒厳令施行は民心を安堵せしむるにたらず故に急速該令解除を勧告する事
二、官憲側の暴行者（六日神田署に勾引せられたる被告に対し同署の巡査は被告の訴ふるも聞かずナマイキ云ふなとて署内にて抜剣切傷せしの類）の検挙捕縛を断行して民心の緩和を計るべき事
三、右検挙の断行者は成るべく人民に大なる信用を興ふべき機関を設定して之が実行をなさしむる事等なり

明治三九（一九〇六）年

二月頃　元検事正奥宮の訪問を二度程受ける。〔読売新聞明治三九年二月二八日一面〕
三月　二日㈮　栗塚省吾・奥繁三郎・立川雲平とともに騒擾事件に端を発した司法官涜職問題に関する件で、松田司法大臣を訪問する。〔読売新聞明治三九年三月四日二面〕
磯部らは、公平な処置を求めたが、法相は現在調査中なので近日に真否が判明する。事実ならば処分を行うと言う。
三月　三日㈯　質屋取締法改正法律案を鳩山・江間他九名とともに提出する。〔読売新聞明治三九年三月四日二面〕
第一六条中警官の下に「占有者の承諾を得又は検事の指揮を受けて」の二〇文字を加えるという建議案。
三月　八日㈭　衆議院にて、磯部らの提出した質屋取締法中改正法律案の理由が説明され、九名の委員に付託されることとなる。〔読売新聞明治三九年三月九日二面〕
四月　一日㈰　明治三七・八年事件の功により、勲四等旭日小綬章を授与される。〔『大正十二年　叙位　巻二

十八』（国立公文書館所蔵）〕

六月　八日㈮　事件が何をさすのか不明。日比谷焼き討ち事件のことか。

司法省における刑法改正案調査の法律取調委員を松田法相より嘱託される。〔読売新聞明治三九年六月九日一面、『大正十二年　叙位　巻二十八』（国立公文書館所蔵）〕

委員は二四名。他の委員としては、穂積陳重・八束、富井、花井、鳩山、都築、岸本、高木豊三、など。

六月一一日㈪　午後三時より司法大臣官邸にて刑法改正の第一回法律取調委員会に出席する。〔読売新聞明治三九年六月九日一面〕

同草案は九月頃脱稿され、穂積陳重を委員長として起草委員会を開き討議がなされた。

改正の要点は、明治三八年の法典調査会の草案を基礎として欧米の刑法の原則を、日本の国情に適するものを折衷加味した。要点は左記の通り。

一、刑の期間を延長し罪状に従い裁判官の審定に一任する方針を採る

二、死刑を存続する

三、付加刑の修正

〔読売新聞明治三九年九月八日一面〕

七月二一日㈯　刑法取調委員会起草委員に指名される。〔『大正十二年　叙位　巻二十八』（国立公文書館所蔵）〕

九月　七日㈮　東京市参事会において、磯部が依頼されていた鉄管仲裁問題の件、特別委員が嘱託弁護士岡崎正也の説を容れて法廷に持ち込むこととなり、同件は、不調の通告をすることが決議された。〔読売新聞明治三九年九月八日一面〕

同件は、東京市がベルギーのファーブルブランド会社に対し鉄管納付期遅延の損害賠償を起こし、同社は同市に対し鉄管代金の残額と保障物件の還付請求を起こした交換争議。いったんは、磯部の仲裁により、協議を行うことになっていた。

九月二二日㈯　午後、偕楽園にて開催された日本弁護士協会臨時評議会において寺島判事休職問題に関する実

行委員に選定される。〔読売新聞明治三九年九月二四日二面〕
実行委員は磯部・鳩山・岡村・増島・江木・岸本・菊池・鈴木他二一名。
趣旨は、左記の通り。
一、司法大臣を訪問して寺島判事の復職を請求する事
二、寺島判事を復職すること能はざれば相当の優遇方法を講ずべき事を司法大臣に交渉する事
三、司法内に帰属せる一大弊□調査改正する事
後に、日本弁護士協会総会において休職中の寺島直大審院検事へ賞状など贈与の決議がなされる〔読売新聞明治三九年九月二五日二面〕。


一〇月一三日㈯　この日出版された本に「磯部弁護士の奇行」と題するエピソードが掲載される。〔『近世法曹界逸話』明治三九年一〇月一三日法律経済新報社〕

磊落にして洒脱、言行は凡を抜く。

浄瑠璃などに堪能なので酒飲みと思われているようだが、実際は下戸で酒席では「レモナード、平野水」でつなぐ、磯部は下戸のため酒の力を借りた言行は一切なしと言う。

懇意にしている茶屋魚十の主人との逸話、婿夫婦の喧嘩仲裁、金銭に無頓着などのことが面白可笑しく掲載されている。

しかし、「其奇偉不羈の状概ね此くの如きも、法理腹笥に満ちて、造詣最も深く、胸中自から蓄へ得て十二分の乾坤あり、議論精格、往々法曹界を驚かす。当代の奇士に非ずして何ぞや」と最後に記す。

明治四〇（一九〇七）年

二月二〇日㈫　読売新聞コラム「隣の噂」欄に磯部のことが掲載される。〔読売新聞明治四〇年二月二〇日二面〕
二月二七日㈫　読売新聞「法曹付録」の紙面に衆議院刑法改正案特別委員長のタイトルを付した磯部の一段抜きの肖像写真が掲載される。〔読売新聞明治四〇年二月二七日法曹付録一面〕

三月二五日(月)　衆議院において両院協議会および同会交渉委員会の経過報告を行う。他、議事の七番目に薬品業並薬品取扱中改正案について、福井三郎とともに修正案を出すが、成立せず原案可決となる。〔読売新聞明治四〇年三月二六日二面〕

四月一〇日(水)　貴族院が内乱の主魁死刑未決犯□刑（刑法改正協議会成案）を貴族院通り譲歩することに全員一致にて協議会は可決。長谷場・望月・花井・谷沢は各派を代表して各協議会に賛成を言明、衆議院は満場一致にてこれを可決。

四月二〇日(土)　本月二〇日頃、芝離宮にて催される観桜会参加資格者九名の内一人との記事が掲載される。〔読売新聞明治四〇年四月一〇日一面〕

資格者は、貴族院・衆議院の従三位勲三等以上のもので、他は、鳩山・栗塚・林・尾崎・奥田・犬飼・大石・武富。

五月　九日(木)　明治四一年七月にベルリンにて開催予定の万国議員会議派遣委員の一人として名前が挙がる。〔読売新聞明治四〇年四月二〇日二面〕

東京弁護士会の役員改選、磯部の会長は疑いなきところとの報道なされる。〔読売新聞明治四〇年五月九日一面〕

この改選では、副会長は二派あり、岡本宏と塩谷恒太郎で、後者が優勢と伝える。

五月一二日(日)　千葉地方裁判所落成式に招待され祝辞演説を行うが、その内容が千葉法曹界の激論を招いた。〔読売新聞明治四〇年五月一六日一面〕

千葉の裁判所がこの落成を機として、信頼に価すべきと信じる。また磯部ら東京の弁護士が招待されたのは、東京の弁護士に多大な信頼があるからだという内容で、仮にも東京弁護士会長であるものの言葉とは思えない、千葉法曹を侮辱するものに止まらず司法権の神聖を無視するものだと同紙は伝える。

五月二一日(火)　司法省より委員嘱託を解かれる。

内閣より法律取調委員を命じられる。〔『大正十二年　叙位　巻二十八』（国立公文書館所蔵）、

五月三〇日㈭　官報明治四〇年五月二二日〕
　刑法施行法及監獄法主査委員を命じられる。〔『大正十二年　叙位　巻二十八』(国立公文書館所蔵)〕

六月　一日㈯　東京弁護士会の役員改選、磯部と菊池の二派にわかれ対陣との報道なされる。〔読売新聞明治四〇年六月一日一面〕
　磯部有利といえども、五分々で勢力均衡。また、その投票方法を巡り、磯部派は従来の慣例に従い一括投票を、菊池派は氏名点呼により一名づつ順次投票を提議。

六月　二日㈰　東京弁護士会の会長改選について「両派の調停成らず」の報道なされる。〔読売新聞明治四〇年六月二日二面〕

六月　五日㈬　午後五時本郷座において東京弁護士会総会開催予定が、混乱のうちに一時間程遅れて開催、議長として出席。
　この総会において会長改選投票が行われ、結果は菊池八六票、磯部七七票と次点となる。〔読売新聞明治四〇年六月六日一面、萬朝報明治四〇年六月六日〕
　当日は、混乱を極め、紳士の会合とは見られずと、ただ、「尚当日敵も味方も感服せしは磯部議長の公平なる態度なりき」と新聞は伝える(読売新聞明治四〇年六月六日三面)
　萬朝報には勝敗は別として、無事に終了したいとの磯部の談話が載る。

六月　八日㈯　法学博士号を推薦により授与される旨の報道がなされる。〔読売新聞明治四〇年六月八日一面〕

六月一三日㈭　文部省より法学博士の学位を授与される。〔『大正十二年　叙位　巻二十八』(国立公文書館所蔵)〕

七月二六日㈮　午後五時、新橋倶楽部にて開催の美音会第一回諸派演芸会に行く、同九時半頃散会。〔読売新聞明治四〇年七月二八日三面〕

明治四一(一九〇八)年

　同会は、「朝野の紳士紳商五〇余名の発起に係る歌舞音曲の奨励を目的として設立」された。

一月一〇日(金) 衆議院各委員長選定に関し、磯部は懲罰委員長に前回の通り決定かの予想報道がなされる。〔読売新聞明治四一年一月一〇日二面〕

二月　六日(木) 花井卓蔵・関直彦とともに衆議院議員選挙法改正案を提出する。

二月一六日(日) 他の一五名とともに東京市制案を衆議院に提出する。〔読売新聞明治四一年二月七日二面〕
午後一時より日本橋区箱崎四丁目一番の松本弁護士邸にて開かれた日蓮降誕会兼第一回法華経及び遺文録の読誦会に発起人の一人として出席する。〔読売新聞明治四一年二月一六日三面〕
弁護士の信仰者の集まりで、他の発起人は斉藤孝治・松本群太郎・吉田珍雄・梅田幸一郎・川島仟司・牧野賤雄・印東胤一など。
当日は、僧侶はよばず信仰の有志のみで集まり、本尊として日蓮真実大曼荼羅・聖祖の肖像を安置し会式をおこなったと言う。

二月二五日(火) 東京陶磁器組合の内紛のため別の組織化を計るための相談会（於、伊勢平楼）に招かれ、助言をする。〔読売新聞明治四一年三月一日三面〕
磯部はこの内紛の人々を自己の選挙運動に利用しようとし「臨時総会を開きて組合の解散を為すか一人々々脱会して其素志を貫徹すべし余は及ばず乍ら諸氏の後援ともなりて奔走すべし」とのアドバイスを行ったと同紙は伝える。

四月一五日(水) 総選挙の東京市内の立候補者の形勢で、磯部のことが報じられる。〔読売新聞明治四一年四月一五日二面〕
定員一一に対して、高木益太郎・鳩山和夫ら八名は安泰だが、残り三議席を巡って、磯部ら八名が奔走している。若干優勢とされる中にも磯部の名はない。

五月　五日(火) 午後一時より本郷座にて開かれた政友界大演説会に出席する。
磯部は伊藤痴遊らと連れ立って本郷座を出る際、群集に囲まれるが磯部には注意を払われず、伊藤が非難の対象となるが、伊藤はうまく切り抜け無事に茶屋の二階に引き上げる。〔読売新聞明治四一年五月六日一面、読売新聞明治四一年五月六日三面〕

政友会の市内候補者は「沈黙主義」を採っていたが、他派が連日のように政見発表を行っているため、ついにこの日幹部総出の演説会を開催することとなった。この日は午後の開催にもかかわらず、午前九時から聴衆が詰め掛け満員の状況となり、案内状持参者さえも入場できない状態であった。また、長谷場純孝の政友会の立場・増税問題・現内閣支持などの演説で、怒罵妨害で場が殺気立つが、次講演者磯部により、「得意の円転滑脱弁を発揮し急所に至る毎に直ちに一転語を下して聴衆の愛敬に投じたる為め紛々たる殺気大いに挫け」た。磯部をここに持ってきたのは成功だったと伝える。

他の演説者は鳩山和夫・竹越与三郎などで、夜まで続いた。

この演説会に対抗して進歩党は同月七日明治座で大演説会を行った。

五月　六日(水)　読売新聞の連載記事「選挙奇談（九）」に磯部の選挙基盤本所区の勢力の様子が記載される。〔読売新聞明治四一年五月六日五面〕

五月一六日(土)　磯部派の本所倶楽部、青木派の同志会における票読み予想。

第一〇回衆議院選挙の結果、一二〇七票獲得するが渡辺勘十郎に五一票差をつけられ次点となる。〔東京日日新聞明治四一年五月一七日〕

六月　六日(土)　東京市会一級議員選挙挙行され麹町区選出の磯部、一票の得点にて当選。〔読売新聞明治四一年六月七日二面、『大正十二年　叙位　巻二十八』（国立公文書館所蔵）〕

東鉄（東京鉄道）会社と電燈会社は各々票をもちこの候補者を競う。東鉄が磯部を推し、対する電燈会社は望月右内を推すが、望月は若輩のため棄権した結果。因みに、磯部は東鉄合併に関与（本稿明治三六年参照）。

六月二九日(月)　市議会の実権争いで「新議員一派が磯部四郎を中心として別に一団を結び容易に自派に来らざるべき模様に」大岡育造が市要局全部乗っ取り計画と報道される。〔読売新聞明治四一年六月二九日二面〕

実権を山崎助役に集約し、政友会が参事会を握ろうとする。

傾勢はアンチ尾崎に傾き、「大岡、森久保、磯部三氏間の往来甚だ頻繁を加ふる」が、大岡の計策は頓挫する。

七月　三日(金)　午後五時開会の東京市会に出席し、「市制三十三条に依る市制監査委員一五名を挙ぐる件」を発議する。この件、満場一致で可決、磯部他一四名が委員に指名される。〔読売新聞明治四一年七月四日一面〕

七月　六日(月)　東京市政監査会・委員主査会に出席、委員長に指名される。〔読売新聞明治四一年七月七日一面〕

八月一二日(水)　(1)公金、市有地貸地　(2)土木、衛生、教育　(3)市区改正、水道に分科し調査することとなる。

九月二一日(月)　司法省より破産管財人を命じられる。〔『大正十二年　叙位　巻二十八』(国立公文書館所蔵)〕

正午より浅草駒形国華座で開催の借地問題大演説会に出席。〔読売新聞明治四一年九月二一日一面〕

主催は、借地権保護会。他の出席者は、島田三郎・高木益太郎など。

一一月三〇日(月)　法律取調委員会より刑事訴訟法改正主査委員を命じられる。〔『大正十二年　叙位　巻二十八』(国立公文書館所蔵)〕

一二月一三日(日)　午後一時より同六時まで本郷座で開催の予備試験撤廃、学友同盟大演説会に出演。〔読売新聞明治四一年一二月一三日二面、読売新聞明治四一年一二月一四日三面〕

この七大私立法律学校生徒の団結による「判検事予備試験廃止期成会」は広く社会に趣旨を発表することと司法省当局に対する示威運動をかねて開かれた。期成会員は二千人に達したという。

他の出演者は立川雲平・卜部喜太郎・松田源治ら。

磯部は、「公平に人材を挙ぐる目的にて創始せられし試験制度が今日は却て私立学生苛めの道具となれる観あるを非難し併せて私立大学の程度を高めて帝大と同等の待遇を受けざる可からず」と論じた。

明治四二（一九〇九）年

一月一七日(日) 午後二時より政友会本部で開催の政友会東京支部大会に出席し、本部大会に出席する代議員に井田忠信とともに選出される。〔読売新聞明治四二年一月一八日二面〕

一月二四日(日) 午前一一時より新富座で開催の借地権救済演説会に出演。〔読売新聞明治四二年一月二五日二面〕

傍聴者一六〇〇名余り、閉会は午後四時半。二月二〇日は向島ビーヤホールにて借地人大会開催予定。

三月一五日(月) 午前一〇時より神田美土代町青年会館で開催の借地人大会に出演。〔読売新聞明治四二年二月一六日二面〕

演題は、磯部が「所感」、島田三郎が「住居の権利」、高木益太郎が「貴族院議員に訴ふ」など。また同会の議決文の朗読、貴族院訪問委員の選定などが行われた。

地主側は壮士を会場に送り、また印刷所への妨害などもあり、貴族院に対する陳情書などは法律新聞付録として発行するという。

三月二六日(金) 読売新聞のコラム「隣の噂」欄に選挙での磯部のことが記載される。〔読売新聞明治四二年三月二六日二面〕

磯部は珍しく幸運で、次点から二度も上がった。一度目は辞任者のあと、二度目は亡くなったものあと。で、ある人は磯部を次点にして当選するくらい恐ろしいことは無いと言っていると言う。今回の蔵原の失敗のあとに控えているのが、またしても磯部。

五月三一日(月) 東京弁護士協会役員改選執行、非協会派から会長候補として立つ。〔読売新聞明治四二年五月三一日二面〕

役員改選の協会派（桃李会）と磯部の属する非協会派（同志会）の改選運動は激烈を呈すとその様子を伝える。

協会派曰く、こちらは一流二流の弁護士や大学関係の新知識を網羅しているが、非協会派は磯部閥の徒を除いては人物がいない。

因みに協会派は会長に菊池武夫、副会長に町井鉄之助を、非協会派は会長に磯部、副会長岡本浩を推す。

六月一一日㈮　東京市参事会の改選の件につき、磯部は任期満了ではないが、市の利害に関わる訴訟代理人であるため辞任の意向である旨の報道がされる。〔読売新聞明治四二年六月一一日二面〕

七月二九日㈭　市会の多数派、月曜会は現在の平和状態維持のため改選者へは重任を希望し、磯部にはファーブルブランド商会の訴訟代理人であるが、これに関わったのは市の公職に関わる以前のことであるので、これにこだわる必要は無いと留任の説得をされ、磯部も事情を了承。〔読売新聞明治四二年七月二九日二面〕

一一月二〇日㈯　日糖事件により辞任した者の補欠選挙に栃木県より出馬するも落選との報道がされる。進歩党候補者□田嘉七郎九一一五票に対し磯部八四五七票、六五八票の差で敗れる。この日発行された法律新聞紙上で、陪審論議について述べる。〔法律新聞第六〇六号明治四二年一一月二〇日、四頁〕

「法曹間に於ても在朝者は、陪審制度に反対し、在野者は之を賛成す。予思へらく在朝者の概して反対するは予輩の之を必要とする最大の理由なりと」言う。

一二月一六日㈭　「刑事訴訟法改正必要」と題された磯部の談話が読売新聞に掲載される。〔読売新聞明治四二年一二月一六日二面〕

最近弁護士会では、人権蹂躙問題について大いに活動を試みつつある。

法律上の権利は公平だが、裁判上の権利は民事と刑事とでは甚だ不公平だ。刑事訴訟では予審をもうけ、被告の権利を擁護する弁護人を加味せず、強制などの手段で被告の本意で無い自白を引き出させる。予審の段階から弁護士をもってするのが公平であると言う。

明治四三（一九一〇）年

三月　九日㈬　磯部他六、一二一名の「借地権救済ニ関スル請願」書、貴族院議長徳川家達より内閣総理大臣桂

三月一二日(土) 太郎あて送付される。〔『議院回付請願書類原議（自明治四十二年至明治四十四年）四 内閣官房総務課』（国立公文書館所蔵）〕

早稲田（大学）擬（似）国会の中で、「地租を地方税とする建議案」が保守党提出にも拘らず、総理役の磯部はいなくなってしまったと書かれる。〔読売新聞明治四三年三月一二日三面〕

八月二七日(土) この会は、木曜会の都合で一一日に開催された。

韓国で客死した梅謙次郎についての談話が新聞に載る。〔読売新聞明治四三年八月二七日五面〕

明治二八・九年頃で厚生館での演説会で梅と始めて会った。梅はボアソナードの民法は修正すべき点はあるが、断行した方がよいという説で延期論ではなかったと記憶している。法典問題が起こったときのみいっしょになって、私上では余り関係がなかった。

梅を以下のように評す。目先のきく人であるので法律学以外もできる。古きを訪ね新しきを知るというタイプでなく、新しきによってなお新しきを知るというタイプだ。多くの人に門戸を開き快く会って話を聞く。平素は健康だったが、余りに身体を使いすぎたため今回の病気になり、内部の心の疲れが手伝ったのではないかと言う。

九月一五日(木) 「大日本水産会社払込問題」の仲裁人である磯部と横田義雄は向島の八百松に同社の財産調査員久保田常吉らを慰労のため招待する。〔読売新聞明治四三年九月一八日二面〕

重役派と断行派は妥協し一段落した為の慰労会であったが、宴席上、延期派は論戦を挑むなど財産調査が開始されても事業方針などでの対立を生む。

九月二七日(火) 午後一時より地学協会で開催の千代田瓦斯の株主大会に出席。〔読売新聞明治四三年九月二八日二面〕

瓦斯器具販売組合の広告事件（同社の名誉を毀損し、営業を妨害する）についての決議を求める株主総会で、同社の名誉を保持するため、磯部は重役を援助する委員に選出される。委員会は九月二八日三時開催で今後の行動を協議する。

一〇月 一日(土) 午後一時より二時半、東京商業会議所で開催の鬼怒川水力電気株式会社の創立総会に出席。

一〇月　六日(木)　〔読売新聞明治四三年一〇月二日二面〕
商法の規定に基づく検査役の一人としてのもので、磯部は創立中の収支計算株金払込状態適法正確なる旨の報告をする。
行政裁判所三評定官の退職問題に関する談話が新聞に掲載される。〔読売新聞明治四三年一〇月六日二面〕
退職処分の手続き上は問題無いが、政府による悪辣な干渉の結果とすれば在野法曹会は一大問題とすべきであるとする。
この問題は行政裁判法改正問題に絡んだもので、同職は終身であるのに「身体老朽化」のためと政府は説明した。

明治四四（一九一一）年

一月一八日(水)　幸徳秋水らの「大陰謀（いわゆる大逆）事件」特別裁判に出廷する。〔読売新聞明治四四年一月一九日三面〕

二月二〇日(月)　磯部他四〇六名の「借地権救済ニ関スル請願」書、貴族院議長徳川家達より内閣総理大臣あて送付される。〔『議院回付請願書類原議（自明治四十二年至明治四十四年）四　内閣官房総務課』（国立公文書館所蔵）〕

二月二八日(火)　磯部他四〇二名の「借地権救済ニ関スル請願」書、衆議院議長長谷場純孝より内閣総理大臣桂太郎あて送付される。〔『議院回付請願書類原議（自明治四十二年至明治四十四年）四　内閣官房総務課』（国立公文書館所蔵）〕

八月一二日(土)　司法省より破産管財人を命じられる。〔『大正十二年　叙位　巻二十八』（国立公文書館所蔵）〕

一〇月　九日(月)　鳩山の死去に伴う補欠選挙の候補者として磯部があげられているとの報道。〔読売新聞明治四四年一〇月九日二面〕
磯部は前回総選挙の次点者。

一〇月一二日(木)　読売新聞のコラム「隣の噂」欄に鳩山死去に伴う選挙に関して磯部のことが記載される。〔読売

一二月一一日(月)
新聞四四年一〇月一二日二面〕
磯部は本所方面では人望がない。府会選挙では全敗。
磯部他二、一〇〇名、内閣総理大臣西園寺にあて借地問題救済「陳情書」提出。〔『公文雑纂・明治四十四年・第三十二巻・建議・建議・未決法律案（附否決）（巻二巻十五ノ条ニ載ス）』（国立公文書館所蔵）〕
この請願書は現在国立公文書館に所蔵されている。
東京市借地人団体・各区借地人、本所区亀沢二丁目三番地、弁護士業、富山県士族、嘉永四年七月一五日生と磯部の欄には記載がある。
磯部の他高木益太郎の名も見られる。

明治四五年・大正元（一九一二）年

一月一二日(金)
市議会議長候補として名前が挙がっている旨の報道がされる。〔読売新聞四五年一月一二日二面〕
実権を掌握した政友会は市政は中央派出身者だと障害があるのでこの改選を機会に自派の出身者から選出の意向。

一月一五日(月)
本月一二日の報道につき、候補は磯部ではなく肥塚と紙上は伝える。〔読売新聞四五年一月一五日二面〕

一月二四日(水)
磯部他二、四〇六名の借地権救済請願書を衆議院に提出。〔読売新聞四五年一月二五日二面〕
明治四二年法律第四〇号は地処売買の悪弊を断つものであったが悪質地主の短期借地期限の定めある証書を差し入れる慣習あり、期間満了時に借地料の値上げを迫るなどのことがある。

一月三〇日(火)
磯部他二、二九四名の借地権救済請願書を議員岡内重俊男爵を介して貴族院に提出。〔読売新聞四五年一月三〇日二面〕

二月一五日(木)
磯部他二、二九四名の「借地権救済ニ関スル請願」書、貴族院徳川家達より内閣総理大臣西園寺公望あて送付される。〔『議院回付請願書類原議』（国立公文書館所蔵）〕

一一月二二日㈮

養母しげ子（八五歳）、東京府知事より表彰され三組木杯を受ける。〔読売新聞大正元年一一月二八日三面〕

夫磯部（上野）総左衛門を二四歳の時病気にて亡くした後、林太仲の弟秀太郎（後改名し、四郎）を養子とし貧しさの中にあってもよく養育し、今日のようにしたのは、母の薫陶によるのもので、「烈婦の鑑」であるというのが受賞の理由。

同紙の中で、養子となったのは一八歳の時、富山藩の「組頭を銃殺して国を逃亡し養母の家に身を匿したのが初まりです」。そして極貧の中、昌平黌に入れ、ここまで育てるのは容易ならない苦心をした。また、二五年に大審院検事から弁護士となったとき「母は、昔気質から罪のある者の弁護をする等は不可い事ではないかと申しますからその反対だと申聞かせるとそれなら金銭を取つてはならぬと万事がこのような調子です未だに何かと私の面倒をみてくれます」と磯部は語っている。

また、祝賀会を開きたいが、今年は遠慮して来年行いたいと言う。

大正二（一九一三）年

一月二二日㈬

北風霙交じりの中午後二時一〇分から開催された、政友会茶話会に出席し、現内閣の閣員について「講談的演話」を行う。〔読売新聞大正二年一月二三日二面〕

第三次桂内閣の総理大臣桂太郎・司法大臣松室致・内務大臣大浦兼武・逓信大臣後藤新平・文部大臣柴田家門・外務大臣加藤高明を皮肉交じりに評して語り、最後にかつてボアソナードが帰化を勧められた時、日本政府の殊遇はありがたいが、故国フランスには何ら恨みなどないので国籍はこのままにしたいとのことを例に引き、国民党領袖の変節を批判。

磯部が評したこの内閣は翌月一〇日大正政変（不況下の軍閥批判、憲政擁護運動に発展）により総辞職することとなる。

例えば、松室は幸徳事件でその功績を桂に認められただけで他と変わったところはない。ただ頬の格好がちょっと変わっている。大臣になりたいものは顔を変えたらいいなどと。

二月二四日(月) 磯部らが発起人となったボアソナードの銅像建設は、東京地方裁判所玄関右横手にまず基石設置工事が着手された。〔読売新聞大正二年二月二五日三面〕
他の発起人は、加太邦憲・井上正一・原嘉道らで、建設費五千円、除幕式は三月下旬頃を予定する。

五月三〇日(金) 東京地方裁判所構内本玄関脇にボアソナードの胸像は基石に備え付けられた。〔読売新聞大正二年五月三一日三面〕
この事業の委員長は加太、磯部・原嘉道ら一〇数名が賛助。
かねて工事中の基石に胸像が設置され、六月一五日に法曹界・新聞記者などを招き、除幕式を行う。また、その前に胸像の写真を撮りフランスの親戚・知己に送る予定と記事は伝える。

六月一五日(日) ボアソナードの胸像除幕式。〔読売新聞大正二年五月三一日三面〕

七月頃 市村羽左衛門の帰京祝宴会で、演説を行う。〔読売新聞大正二年七月一日六面〕
「一体芝居は勧善懲悪なもので」との磯部の演説の一説に、大概な老人も吃驚しまったそうなと伝える。

八月三〇日(土) かねて老衰にて療養中の養母茂子昏睡状態となる。〔読売新聞大正二年九月一日三面〕

八月三一日(日) 午後八時二〇分、養母茂子（八六歳）逝去。〔読売新聞大正二年九月一日三面〕
養母は、富山県・永森氏次女。婦徳の誉れ高く、東京府知事より表彰されたとの記載がある。

九月　三日(水) 午後二時より三時、養母茂子の葬儀を築地本願寺にて喪主として行う。〔読売新聞大正二年九月四日三面〕
導師は多田賢醇師。
主な参列者は、松室前法相、原内相代理、水野次官、床次鉄道員総裁、横田大審院長、川村控訴院長、鶴判事、浅野総一郎、井上角五郎、その他判事・弁護士ら一五〇〇余名。

九月二三日(火) 四名欠員となっている貴族院勅撰議員の候補所として名が挙がっている旨の報道がなされる。〔読売新聞大正二年九月二三日二面〕

一二月二〇日(土) 他の候補者は、床次鉄道員総裁・犬塚次官・林田・太田両院幹長。貴族院勅撰議員に内定か、の報道がなされる。〔読売新聞大正二年一二月二〇日二面〕
他の候補者は、伊集院彦吉・床次竹次郎・阪谷芳郎・益田孝。

一二月二七日(土) 法律取調委員としての功労にたいして叙勲の報道がなされる。勲三等綬瑞宝章を授与される。〔読売新聞大正二年一二月二七日二面、『大正十二年 叙位 巻二十八』(国立公文書館所蔵)〕
他に、関直彦・花井卓蔵も授与された。

大正 三(一九一四)年

四月 一日(水) 内閣より貴族院議員に勅撰される。〔『大正十二年 叙位 巻二十八』(国立公文書館所蔵)、読売新聞大正三年四月一日二面、読売新聞大正三年四月二日二面〕

六月一五日(月) ともに貴族院議員に勅撰された倉富勇三郎・岡喜七郎とともに交友倶楽部に加入の報道がされる。〔読売新聞大正三年六月一五日二面〕

一一月一六日(月) 元神奈川県警の岡田佳太郎らの官文書偽造などの事件公判に出廷。〔読売新聞大正三年一一月一七日七面〕

大正 四(一九一五)年

二月一〇日(水) 元、自身の地盤である本所地区において政友会の鳩山一郎の選挙応援に力を入れている旨の報道がされる。〔読売新聞大正四年二月一〇日七面〕
本所地区での選挙と言えば磯部だが、今回は「拙者は貴族院議員にて候」と言う。

二月一九日(金) 政友会の遊説で同月二三日まで和歌山県に滞在。〔読売新聞大正四年二月一七日二面〕

三月二七日(土) 政友会本部幹部室で、今回の選挙は惨敗の報を聞く。〔読売新聞大正四年三月二八日七面〕
奥前衆議院議長、大岡育三、岡崎邦輔ら大物が落選。同志会に敗北。

五月一八日(火) 金杉英五郎と野並慶定の選挙の運動費に伴う訴訟の和解金を野並が受け取りを拒否したため磯部が東京市会事務局に出向き書記の八田に向って「此処に要らない金が三千円あるから養育院

にでも寄付する手続をお頼み申す」といい紙幣千円束三つを放り出していった。〔読売新聞大正四年五月一九日五面〕

金杉英五郎が野並慶定に選挙の運動費一万円のことで訴えられた件の仲裁に江間俊一とともに仲裁にはいった顚末が「不用の三千円　金杉博士が吐出たを東京養育院に寄付す」と題し、報道される。金杉に対しては名誉のため、野並に対しても名誉のために和解を進め、金杉が三千円をだすも野並は受け取りを拒否。

八月一一日（水）　午前一〇時三〇分から同一一時まで、政友会本部で開催の協議員会に出席。〔読売新聞大正四年八月一二日二面〕

当日は、今回の政変について小川幹事長より報告がなされた。その他議案は満場一致可決と読売新聞は伝える。

九月一五日（水）　法廷での磯部のことが読売新聞コラム「隣の噂」欄に掲載される。〔読売新聞大正四年九月一五日二面〕

磯部は弁論の最中でも居眠りをするが、自分の番になれば何ごともなかったかのように弁論をする。しかし、失敗もある。先般は原告と被告を取り違え弁論をし、それを注意されると「いや被告の立場から弁ずればこうだ」と誤魔化したと言う。また、訴訟書類にも目を通さないので有名だと。

「居眠り」に関しては『名流漫画』〔明治四五年七月　大橋新太郎（国立国会図書館所蔵）〕の中でイラスト入りで取り上げられている。

九月二一日（火）　政友会の各地遊説スケジュール発表され、磯部は本日、府下青梅に奥繁三郎・川原茂輔とともに派遣。〔読売新聞大正四年九月二一日二面〕

一〇月一九日（火）　再度、法廷での磯部のことが読売新聞コラム「隣の噂」欄に掲載される。〔読売新聞大正四年一〇月一九日二面〕

訴訟書類にも目を通さないのを不安がった依頼人が、それでは心細いので目を通すように請求すると、「書類を見ぬからこそ弁護が出来るので、書類を見たら弁護の余地のないのを発見するかも知れぬから僕は見ない」と言う。

大正 五（一九一六）年

三月二二日(水) 代議士涜職事件の弁護のため、高松市に行く。〔読売新聞大正五年三月二三日五面〕

四月 一日(土) 三月二三日高松地方裁判所にて公判。裁判長波多野、検事山下・一松。第三五議会の満州における事業増師案をめぐる事件。

被告は林田亀太郎（贈賄側）、白川友一・増田穣三（収賄側）ら一七名。

旭日中綬章を授与される。〔『大正十二年 叙位 巻二十八』（国立公文書館所蔵）〕

五月 七日(日) 同日の記載として「大正三四年事件ノ功ニ依旭日中綬章ヲ授ケ賜フ、賞勲局」。
最近頻発する警察官の拷問、裁判所の誤判について平沼検事総長談話に付随する磯部の談話が紙上に掲載される。〔読売新聞大正五年五月七日五面〕
平沼は、有罪の証拠のみ集め、無罪の証拠は閑却となり、自白を唯一の証拠とすることに重きをなしていることに対する弊害を改善すべく調査中と言い、磯部は「旧幕時代にも警察官吏拷問を行ひたるが当時の捜査機関は頗る完備し先づ外部より証拠を蒐集したる後其の証拠に符号せしむべく犯人に自白を強要し自白せざる時に於て始めて拷問を行ひたり然るに今日の調べ方は何等の証拠なきに先づ嫌疑者を拉し来り其自白によりて証拠を挙げんとす、勢ひ無理なる拷問を行ふこととならざるを得ず」と言う。

大正 七（一九一八）年

三月二五日(月) 午前七時二〇分より、貴族院大正五年度予備資金支出の件他七件の委員会が開催され、委員長に互選。〔読売新聞大正七年三月二六日二面〕

三月二六日(火) 同委員会は正午の休憩をはさみ午後一時二〇分再開後議案全部可決し、午後三時散会。

貴族院本会議で登壇し、三月二五日委員会の経過および結果報告を行う。〔読売新聞大正七年三月二七日二面〕

磯部は、案件を審査するには時間がなく、既に支出されたものであるから、これを認めることとしたが、今後は重大案件を提出する場合は十分審査できる時間にしていただきたいとの希望を述べる。

大正 八（一九一九）年

一月二一日(火) 娘つや子と婿尚のことが、「磯部代議士の結婚ロマンス（一）」と題され読売新聞に掲載される。〔読売新聞大正八年一月二一日四面〕

つや子は女子学習院を卒業後、まもなく尚と結婚、この時点で八人の子に恵まれている。尚の幼少時に言及。

尚は福井県本多藩士日比野忠彦の弟、幼少の腕白は有名で、餓鬼大将の上理屈やで三百代言になるかよくて弁護士かと言われていたと言う。一五歳で故郷をでる。

二月　六日(木) 午前一〇時一五分から正午まで貴族院、借地法案特別委員会に出席。〔読売新聞大正八年二月七日二面〕

同委員会では、山内政府委員が各条を詳細に説明、磯部は質問に立ち、契約満了時の建物の扱い・大修繕後の建物の扱いを提言、山内は本件の趣旨は短期期間の定めあるに堅牢な建物の解決の規定であり、磯部の質問については、民法により当事者間で解決すべしと。

また、磯部は本案は期間満了時に如何に解決するかが問題であり、これでは将来、地主と借地権者の争いの解決とはならないといい、山内は、両者の争いは大変多いが、裁判となる前に解決をしようとするのが本案の趣旨であり、地主が建物を買い受けるまたは、借地権者が土地を買い取るというような強制的条項は必要ないと抗弁する。その後、訴訟件数中原被の勝訴件数などが述べられたが、未了のまま閉会となる。

七月　九日(水) 内閣より臨時法制審議会委員を命じられる。〔『大正十二年　叙位　巻二十八』（国立公文書館所蔵）〕

九月二一日(日) 築地精養軒における、遊興税撤廃の会合に座長として出席し、反対運動の方法を料理店主・劇

一〇月二五日㈯　場代表などと協議する。〔読売新聞大正八年九月二二日七面〕

臨時法制審議会諮問第二号（陪審法）主査委員となる。〔『大正十二年　叙勲　巻三』（国立公文書館所蔵）〕

特に同法公布にいたるまで尽力したということで、死後叙勲理由の一因となる。

日弁連司法改革推進センター事務局次長四宮啓は『司法改革の視点について官僚法律家と陪審制』の中で、法律専門家、とくに官僚法曹の多くは陪審に反対だ、陪審制度は本質的に、官僚裁判官制度に対するアンチ・テーゼであり裁判官が陪審制度を調査研究しても、マイナスの視点でしか見てこないことがありうる、「この点、興味深い意見があります。明治時代から大正時代の陪審論議」で、「磯部四郎という人は［法曹間に於ても在朝者は、陪審制度に反対し、在野者は之を賛成す。予思へらく在朝者の概して反対するは予輩の之を必要とする最大の理由なりと］と述べています（「法律新聞第六〇六号」明治四二年一一月二〇日、四頁）。彼は陪審制度の本質をよく理解していた官僚法律家であった」と言っている。

一二月　三日㈬　法制審議会陪審員制度主査委員会において、法曹側委員四名とともに辞表を穂積総裁に手渡す。〔読売新聞大正八年一二月八日三面〕

この後、一木委員長・穂積総裁の調停により、辞表は撤回され、同月一〇日主査委員会開催となる。

この問題は、政府委員は憲法二四条・五八条に抵触するとし、対して在野の法曹家は事実認定は裁判官がするのであり憲法には抵触しないと反論。

大正　九（一九二〇）年

三月三一日㈬　臨時法制審議会諮問第一号（民法）主査委員となる。〔『大正十二年　叙勲　巻三』（国立公文書館所蔵）〕

九月頃　政友会二〇周年祝賀会の席で、松田源治（内務省勅任参事官）に対し皮肉を言う。〔読売新聞大正九年九月一九日五面〕

「おい君は内務省に納まり返って鹿爪らしい顔をしながら訴訟書類の整理をしているそうじゃないか、悪い奴だ」と背中をたたいて言う。

大正一〇（一九二一）年

三月　九日(水)　証券交換所と株式取引所との合併に関する取引所法改正案の政府案が貴族院に提出。〔読売新聞大正一〇年三月一〇日五面〕
紙上では、政党各派の儲けどころであり、この法案については裏面に潜む種々の魂胆があると報ず。また磯部もその関係者として名が挙げられている。

三月二七日(日)　「大木（遠吉）法相の迷惑　磯部四郎氏の弁解」と題する記事が新聞紙上に載る。〔読売新聞大正一〇年三月二七日五面〕
大木が、証券交換所所有の株を転売して利益を得たとの報道が二、三の新聞で流布された件で、磯部は、取引所設立当初、無理に株を押し付けそのままにしていたが、売却を申し入れ、一株三円の損失で売却したのは事実だが、大木にはやましいところは無く誤解だ、弁解する。

大正一一（一九二二）年

七月末　大日本国粋会・関東本部会長を辞任する。〔読売新聞大正一一年八月一〇日五面〕
苛立っている関西側の中西信三郎らとの協議の末の辞任、後任は村野常右衛門。
一九一九年床次竹次郎の斡旋で成立。鈴木喜三郎らが会長をつとめ立憲政友会系とみなされた。一九二四年の奈良県水平社と同県支部の乱闘事件がある。
この時点で会員四〇万、後に最盛期は六〇万。創立の古い関東支部は実力を擁したと言う。
一九四五年解散したが、講和条約成立後、日本国粋会として再建。

一〇月一〇日(火)　大日本国粋会大会で予測される関東と関西の対立については、磯部が仲裁に奔走。〔読売新聞大正一一年一〇月一〇日五面〕

大正一二（一九二三）年

二月一一日　多年、貴族院議員の職に在ての労に対して金杯壱個を受ける。〔『大正十二年　叙位　巻二十五月二七日(日)　午後二時半から五時半地方裁判所構内の広場で開催された東京弁護士会総会で、二二二票の多数をもって同会長に当選する。〔読売新聞大正一二年五月二八日五面〕

磯部の所属は「法曹同志会」。

副会長には法曹同志会の岸本辰雄と緑新会の八太茂が同点で当選したが抽選で八太となる。

会長副会長の奪い合いもあったが、ごたごたもなく静粛であったと記されている（第一東京弁護士会が別れて、初めての総会であった）。

九月　一日(土)　関東大震災で被災、本所被服省跡で死亡。

九月一八日(火)　長年多数の公職につきその貢献に対し従四位から正四位に特進の旨、貴族院書記官長河井弥八により上申される。〔『大正十二年　叙位　巻二十八』（国立公文書館所蔵）〕

従四位から正四位に特進の件、九月一日付けにて決定される。〔『大正十二年　叙位　巻二十八』（国立公文書館所蔵）〕

九月一九日(水)　震災での死去に際して、臨時法制審議会での功績顕著であったと同会総裁穂積陳重の名で叙勲の内申書が提出される。〔『大正十二年　叙勲　巻三』（国立公文書館所蔵）〕

九月二〇日(木)　叙勲、旭日重光章の申請、裁可される。〔『大正十二年　叙勲　巻三』（国立公文書館所蔵）〕

九月二九日(土)　叙勲二等授瑞宝章を受ける。〔『大正十二年　叙位　巻二十八』（国立公文書館所蔵）〕

一〇月　四日(木)　午後一時から三時、裁判所構内弁護士会館にて告別式が執行される。〔読売新聞大正一二年一〇月一日四面〕

一〇月一六日(火)　東京弁護士会は午後二時投票の結果、磯部の後任として関直彦を選出する。〔読売新聞大正一二年一〇月一七日二面〕

関の対立候補者は岸本辰雄で、一六八対八二票の多数で当選した。

〔編者紹介〕
平 井 一 雄（ひらい・かずお）
中京大学法科大学院教授
村 上 一 博（むらかみ・かずひろ）
明治大学法学部教授

日本近代法学の巨擘 磯部四郎研究

2007年（平成19）年3月20日　初版第1刷発行

編　者　平　井　一　雄
　　　　村　上　一　博
発行者　今　井　　　貴
　　　　渡　辺　左　近
発行所　信山社出版株式会社
〒113-0033　東京都文京区本郷6-2-9-102
電　話　03(3818)1019
F A X　03(3818)0344
Printed in Japan

印刷・製本／松澤印刷・大三製本

ISBN978-4-7972-2460-3　C3332

人名索引

〔あ行〕

〔か行〕

〔さ行〕

〔た行〕

〔な行〕

〔は行〕

〔ま行〕

〔や行〕